## Die Ausgabe

Daß Literaturgeschichte ni~~c~~ ⟨...⟩
daß sie lebendig, erzähleris⟨ ...⟩
weniger will diese Geschic~~h~~ ⟨...⟩
Vom Mittelalter bis zur Ge~~g~~ ⟨...⟩
mungen der deutschsprachig ⟨...⟩ ...~~c~~~~v~~en, in
kürzerer Zusammenfassung, ⟨...⟩ ~~g~~ ~~c~~~~s~~~~c~~hichtlichen, politischen
und gesellschaftlichen Veränderungen, die sie begleitet und beein-
flußt haben. Die Lektüre erfordert kein spezielles Vorwissen: Es
ist das Ziel der Verfasser, so gradlinig und allgemeinverständlich
wie nur möglich zu schreiben, zwar auf der Höhe der wissenschaftlichen Kenntnisse, doch ohne Kompliziertheit und akribi-
sche Weitschweifigkeit.

Die bedeutendsten Dichtungen jeder Epoche werden ausführlich
nacherzählt und interpretiert, woran sich Hinweise auf die Umstände ihrer Entstehung knüpfen. Manches Geschichtliche, manches aus dem Leben und der Gedankenwelt der Autoren kommt
dabei zur Sprache. Eingeflochten ist außerdem eine stattliche Zahl
von Zitaten, dazu gedacht, den besonderen Stil, die Tonlage und
Atmosphäre der Werke eingehend zu belegen. Dergestalt entsteht
ein Bild der geistigen Bewegungen, in dem beides – Erklärung und
Original, Kommentar und Kommentiertes – zusammenwirkt, um
den Leser auf anschaulichste Weise durch die verschiedenen Epochen der deutschen Literatur zu führen.

Deutsche Literaturgeschichte
Band 3

Ernst und Erika von Borries:
Die Weimarer Klassik,
Goethes Spätwerk

Deutscher
Taschenbuch
Verlag

Originalausgabe
Februar 1991
Deutscher Taschenbuch Verlag GmbH & Co. KG, München
© 1991 Deutscher Taschenbuch Verlag, München
Umschlaggestaltung: Celestino Piatti
Gesamtherstellung: C. H. Beck'sche Buchdruckerei,
Nördlingen
Printed in Germany · ISBN 3-423-03343-4

Eine populäre Literaturgeschichte für den interessierten Laien zu schreiben, war das Ziel dieser Arbeit. Sie will eine erste Einführung in die literarischen Epochen bieten und mit ihren wichtigsten Autoren bekannt machen.

Im Mittelpunkt steht daher die ausführliche Interpretation einzelner Werke, die exemplarisch die Epoche und die Eigenart eines Dichters erhellen soll. Aus der Fülle der literarischen Zeugnisse repräsentative Beispiele für diese Einzeldarstellungen auszuwählen, war nicht immer einfach, galt es doch, ästhetische Maßstäbe ebenso zu berücksichtigen wie – unabhängig vom poetischen Rang – das Epochentypische herauszuarbeiten, auch wenn manches davon heute befremdlich erscheinen mag; gelegentlich entschieden einfach persönliche Vorlieben. Im ganzen glauben die Autoren jedoch, zwischen populär Gewordenem, Zeitbedingtem und Bleibendem eine Mitte gefunden zu haben, die den Reiz einer Epoche, die Spannung des literarischen Prozesses vermitteln kann. Daß bei diesem Konzept grundsätzlich auf die Diskussion wissenschaftlicher Positionen und Meinungen verzichtet wurde, ebenso auf Anmerkungen, weiterführende Literaturhinweise usw., versteht sich von selbst; auch wurde kein vollständiger Überblick über die deutsche Literatur angestrebt.

Die üblichen Epochenbezeichnungen sowie die Gliederung in lyrische, dramatische und erzählende Dichtung wurden, soweit möglich, beibehalten. Da die originalen Texte die Interpretationen unmittelbar belegen und ergänzen sollen, werden in der Regel Gedichte vollständig abgedruckt, aus Dramen, Erzählungen und Romanen auch längere Passagen zitiert. Auf diese Weise will diese Literaturgeschichte auch dazu verführen, die Werke weiterzulesen, wiederzulesen.

Um die Anliegen einer literarischen Epoche einleuchtend darzustellen, wurden zur Einführung jeweils die politischen, sozial- und kulturgeschichtlichen Grundlagen vorangestellt; diese kurzen Überblicke berücksichtigen vor allem die literaturrelevanten Ereignisse und Entwicklungen.

Auf biographische Angaben wurde weitgehend verzichtet, ebenso fehlt eine Aufzählung des vollständigen Werks eines Dichters oder der nicht besprochenen Autoren einer Epoche; die Verfasser meinen aber, daß solche zum Verständnis nicht weiter notwendigen Informationen leicht in jedem Lexikon nachgelesen werden können.

Für freundlichen Zuspruch, Rat und Kritik danken wir unseren Freunden und dem Lektorat des Deutschen Taschenbuch Verlages, ebenso Ulrike Graf für tatkräftige Unterstützung.

München, im Juli 1990          Ernst und Erika von Borries

# INHALT

## III. Die erzählende Dichtung

## IV. Die dramatische Dichtung

## Anhang

# DIE WEIMARER KLASSIK
(1786–1805)

# GOETHES SPÄTWERK
(1805–1832)

# I. Einführung in die Epoche

## 1.1 Politische und sozialgeschichtliche Grundlagen

### Reformen im aufgeklärten Absolutismus

Am Ende des 18. Jahrhunderts brachte der aufgeklärte Absolutismus, dessen allgemeines Ziel der vernünftig organisierte Wohlfahrtsstaat war, eine Reihe wichtiger, zukunftsweisender Reformen hervor, weil die Fürsten selbst wesentliche Gedanken der Aufklärung aufgenommen hatten. Die Reformbewegung verlief in den mehr als 300 Einzelterritorien, in die das Deutsche Reich zersplittert war, durchaus uneinheitlich; in den beiden deutschen Großmächten, dem protestantischen Preußen und dem katholischen Österreich, setzten Friedrich II. (1740–1786) bzw. Maria Theresia (1740–1780) und Joseph II. (1765–1790) entscheidende Akzente.

Eine Justizreform, wie sie in den meisten Reichsgebieten durchgeführt wurde, drängte die alte Feudalgerichtsbarkeit zurück und bewirkte eine gewisse Humanisierung der Rechtsprechung, als Folter und Willkür positivem (d.i. gesetzlich fixiertem) Recht weichen mußten. Seit 1786 wurde in Österreich das bürgerliche Recht neu kodifiziert und vereinheitlicht, 1788 erließ der Kaiser die »Josefina«, die das Strafrecht Maria Theresias ablöste. In Preußen bildete das Allgemeine Landrecht von 1794, an das auch der König gebunden war, den Abschluß einer Entwicklung zur Rechtsstaatlichkeit. Die Gleichheit aller Menschen vor dem Gesetz, eine wesentliche Forderung der Aufklärung, war damit in den wichtigsten beiden deutschen Staaten weitgehend verwirklicht, die übrigen Länder konnten sich dieser Entwicklung auf die Dauer nicht verschließen.

Auch im Bildungswesen gab es grundlegende Veränderungen, die der allgemeinen Wohlfahrt dienen sollten; Erziehungs- und Bildungsaufgaben, bisher vor allem von den Kirchen und Kommunen wahrgenommen, übernahmen jetzt die einzelnen Landesfürsten. In Österreich allerdings war das Bildungsmonopol der Jesuiten erst überwunden, als 1773 der Papst den Orden aufgelöst hatte. Die Idee der allgemeinen Schulpflicht setzte sich durch, die, in der Lutherischen Reformation wurzelnd (jeder Christ sollte wenigstens eines elementaren Bibelstudiums fähig sein), von den Pietisten wieder propagiert worden war. In ganz Deutschland wurden

Volksschulen errichtet, staatlich besoldete Lehrer bestellt und durch die Einführung allgemeiner Lehrpläne für einen gewissen Mindeststandard in der Ausbildung gesorgt.

Auch die Universitäten profitierten von dem Bildungseifer der Regierungen, die ihrerseits auf hochqualifizierte Spitzenbeamte angewiesen waren. Die »Hohe Karlsschule« in Stuttgart, die der junge Schiller besucht hatte, ist Beispiel für solch eine Elitebildungsstätte. Zu den bedeutendsten Universitäten Norddeutschlands zählten Königsberg, wo Kant lehrte, daneben Halle, die ehemalige Reformuniversität, und Leipzig, auch Göttingen und vor allem Jena, wo Schiller, Fichte und Hegel ihre Professuren hatten.

Zwar besaßen die protestantischen Länder durchaus eine führende Rolle im deutschen Geistesleben, dennoch nahm die Universitätsreform vom Süden, von Heidelberg, Würzburg und Landshut ihren Ausgang. Das für die nächsten 150 Jahre gültige Modell aber entwickelte der Staatsphilosoph und Sprachforscher Wilhelm von Humboldt 1810 in Berlin. Humboldt setzte die Unabhängigkeit der Hochschulen von staatlichem Dirigismus durch, also das bis heute gültige Prinzip der Freiheit von Lehre und Forschung. Als oberstes Erziehungsziel galt ihm die Ausbildung einer freien Persönlichkeit, die durch die Teilnahme am wissenschaftlichen Erkenntnisprozeß in Seminaren und Vorlesungen erfolgen sollte.

Als für die Kulturpolitik zuständiger Regierungsdirektor im preußischen Innenministerium wurde Humboldt zum Begründer des humanistischen Gymnasiums in Preußen, das von der Idee einer Erneuerung der menschlichen Kultur aus dem Geist der klassischen Antike geprägt war. Er forderte vor allem das systematische Studium der Griechen, die »soviel Einfachheit und Natur mit soviel Kultur« verbanden; mehr als jedes spezialisierende Fachstudium sei die Beschäftigung mit den klassischen griechischen Autoren zu empfehlen, da diese »gleichsam den ganzen Menschen zusammenknüpft, ihn nicht nur fähiger, stärker, besser macht, wozu zugleich Stärke der intellektuellen, Güte der moralischen und Reizbarkeit und Empfänglichkeit der ästhetischen Fähigkeiten gehört« (Brief an F. A. Wolf, 1792).

Schul- und Hochschulreform verbanden sich bei Humboldt, da seit seinem Erlaß von 1812 die Abiturprüfung an den Gymnasien die einzige Hochschulberechtigung in Preußen darstellte, und damit ein relativ einheitliches, hohes Niveau der Studenten gewährleistet war.

# Die Französische Revolution – Reaktionen in Deutschland

Im Frankreich des 18. Jahrhunderts bestanden – ähnlich wie in Deutschland – wachsende Spannungen zwischen der absolutistischen Regierung und dem Bürgertum, das den Staat wirtschaftlich und kulturell trug, von aller politischen Teilhabe aber ausgeschlossen blieb. Auf Grund außenpolitischer Mißerfolge, einer unglaublichen Verschwendungssucht des Hofs und finanzpolitischen Versagens mußte der französische Staat wiederholt den Bankrott erklären und riesige Anleihen aufnehmen, ohne daß sich am Regierungssystem etwas geändert hätte. Das Privilegiensystem ließ Adel und Klerus steuerfrei, dazu große Teile des Besitzbürgertums, das bedeutete: die Masse der Bauern mußte die Hauptlast der Steuern tragen. Eine Reihe von Mißernten kam hinzu, so daß die Verelendung insbesondere der Kleinbauern und Landarbeiter (immerhin ein Viertel der Bevölkerung!) nicht aufzuhalten war, die ab 1787 zu Hungeraufständen führte.

Die unbedingt notwendigen sozialen und politischen Reformen, die vor allem der dritte Stand in der Generalständeversammlung durchzusetzen versuchte, scheiterten; seine Vertreter erklärten sich schließlich am 17. Juni 1789 zur verfassunggebenden Nationalversammlung und schworen im Ballhaus von Versailles, »sich niemals zu trennen, bis die Verfassung errichtet« sei, und »nur der Gewalt der Bajonette« zu weichen. Diesem bürgerlich-gemäßigten Beginn der Revolution folgte die Radikalisierung durch die Massen, die am 14. Juli 1789 die Bastille stürmten, die als politisches Gefängnis dienende Zwingburg von Paris. Unter dem Druck der Aufstände hob die Nationalversammlung Anfang August die Feudalordnung des Ancien régime, d. h. die ständestaatliche Struktur Frankreichs, auf und erklärte am 26. August 1789 die Menschen- und Bürgerrechte; *Liberté, Egalité* und *Fraternité* hießen die berühmten Schlagworte der Proklamation: persönliche Freiheit, Gleichheit vor dem Gesetz und staatsbürgerliche Solidarität. Die Gefährdung der Revolution durch die Truppen der europäischen Mächte, die Ludwig XVI. zu Hilfe eilen wollten, und die Aufstände der hungernden Massen erzwangen weitere Radikalisierungen, die schließlich zur Hinrichtung des Königs und 1793 zur Diktatur des Wohlfahrtsausschusses unter Robespierre führten.

In ihren reformerischen Zielen wurde die Französische Revolution anfangs selbst von den Regierungen in Deutschland durchaus begrüßt, doch erschreckten ihre Auswüchse bald das Bildungsbürgertum und die Fürsten gleichermaßen. Die Septembermorde von 1792 zur »Reinigung der Gefängnisse«, vor allem aber Prozeß und Hinrichtung Ludwigs XVI. im Januar 1793 wurden fast einhellig als ungeheuerliches Sakrileg verurteilt. Die Angst vor einem Übergreifen der Revolution auf Deutschland führte zu einer erheblichen Verschärfung der polizeistaatlichen Überwachung und Unterdrückung in den einzelnen deutschen Ländern, so daß z. B. schließlich nur noch in einigen Reichsstädten verhältnismäßig freimütige politische Schriften erscheinen konnten. Auch die bürgerliche Elite verurteilte nun die ursprünglich bejahten Prinzipien und akzeptierte den Stillstand der Reformbewegung.

Angesichts der Schreckensherrschaft Robespierres, während der die Menschenrechte faktisch außer Kraft waren, und der Pervertierung der ursprünglichen Ziele der Revolution im Kaisertum Napoleon Bonapartes beherrschte die Frage, ob der Mensch der Freiheit überhaupt gewachsen sei, die politische, aber auch die philosophische Diskussion in Deutschland. Wesentliche philosophische Entwürfe und ihre Realisierungsversuche im fiktionalen poetischen Raum stellten Modelle vor, nach denen der Mensch zumindest in einer fernen Zukunft zur Freiheit und zu den Menschenrechten befähigt werden könnte. Darüber hinaus reagierte zweifellos die gesamte deutsche Literatur dieser Zeit mittelbar oder unmittelbar auf das Ereignis der Französischen Revolution.

Nur ein kleiner Teil der deutschen Intellektuellen blieb bei seiner Sympathie für die Revolution; diese »Jakobiner« – der Philosoph Fichte gehörte zu ihnen und Johann Georg Forster – verfielen nun dem allgemeinen Verdikt. Zu einer ernstzunehmenden revolutionären Bewegung konnte es, angesichts der deutschen Klein- und Vielstaaterei, allerdings nicht kommen.

Mit der Napoleonischen Herrschaft vollzogen sich tiefgreifende Veränderungen in Deutschland: Nach den verschiedenen, allesamt verlorenen Koalitionskriegen mußten die linksrheinischen Gebiete an Frankreich abgetreten werden. Als Entschädigung teilten die Fürsten die bisher geistlichen Territorien unter sich auf (Säkularisierung) und unterstellten die reichsunmittelbaren Kleinherrschaften und Städte ihrer Regierung (Mediatisierung). Damals entstanden die deutschen Einzelterritorien, deren Grenzen heute noch für die politische Landschaft der Bundesrepublik charakteristisch sind. Das ohnedies politisch bereits weitgehend handlungsunfähige Reich verlor damit seine letzten loyalen Stützen. Unter dem Druck Napoleons legte schließlich 1806 Franz II. die deutsche Kaiserkrone nieder und nannte sich künftig nur noch Kaiser Franz I. von Österreich. Das Heilige Römische Reich Deutscher Nation hatte rund 900 Jahre nach seiner Gründung endgültig aufgehört zu existieren.

## Das Bildungsbürgertum

Im Gegensatz zu Frankreich blieb die Gesellschaft in den deutschen Territorien geburtsständisch strukturiert. An der Spitze der Gesellschaftspyramide befanden sich – letztlich bis zur Revolution von 1918 – der regierende Hochadel und der durchaus privilegierte mittlere und niedere Adel. Der Klerus bildete keinen eigenen Stand, nach der Säkularisierung waren auch die katholischen Geistlichen von den Landesfürsten besoldete Beamte. Der die Literatur tragende Teil der Bevölkerung, d. h. die Schicht, aus der sich Autoren und Leser rekrutierten, setzte sich auch um die Jahrhundertwende vor allem aus den akademisch gebildeten Bürgern zusammen: Verwaltungsbeamten und Richtern, Pfarrern, Lehrern, Professoren, daneben Ärzten, Advokaten oder auch Bankiers, bedeutenderen Kaufleuten usw. Deutlich abgesetzt von ihnen, nach Bildungsstand und gesellschaftlichem Ansehen, waren als »Kleinbürgertum« die Handwerker, die vielfach auch zum einfachen »Volk« der Bauern, Dienstboten und Taglöhner gerechnet wurden, die die Masse der Bevölkerung bildeten und an Literatur und Wissenschaft kaum Anteil nahmen.

Während zu Beginn des 18. Jahrhunderts die bürgerliche Lesepraxis in der ständigen Wiederholung längst bekannter religiöser Texte bestand (wovon nur relativ wenige Intellektuelle abwichen), wandelte sich im weiteren Verlauf das Lesebedürfnis: Information war gefragt, Kenntnisse sollten erworben werden. Die Bildungspropaganda bereits der frühen Aufklärung trug enorme Früchte, der Qualifikationszwang für die Beamten tat ein übriges. Gegen Ende des Jahrhunderts expandierte der Buchmarkt in bisher ungekanntem Ausmaß, doch nicht nur schöngeistige Literatur, sondern vor allem Sachbücher, Nachschlagewerke und Lexika bewirkten den Aufschwung, dazu Zeitschriften und Zeitungen. Die regelmäßige Zeitungslektüre, bis heute für den Gebildeten selbstverständlich, wurde damals zum Charakteristikum des Bürgertums.

Die Zahl der Autoren wuchs entsprechend, doch wie das Durchschnittsniveau mit der steigenden Zahl der Leser sank, wurde auch das Niveau der meisten Druckerzeugnisse immer niedriger. Gegen die Flut von Trivialliteratur, die allenthalben den Markt überschwemmte, wehrte sich ein Teil der Autoren und Leser: Nicht mehr die Tatsache, daß er Bücher las, machte den Bildungsbürger aus, sondern die Lektüre und fundierte Kenntnis dichterischer Spitzenwerke wurde zum Statussymbol der gesellschaftlichen Elite; in diesem Punkt trafen sich Bürgertum und Adel. Die Kluft zwischen trivialem literarischen Kitsch und hoher Dichtung ist seitdem unüberbrückbar.

## 1.2 Die philosophischen Grundlagen:
## Kant – Der deutsche Idealismus

Immanuel Kant (1724–1804), der bedeutendste Philosoph der deutschen Aufklärung, wirkte mit seinen Gedanken weit über die Epoche hinaus. Den optimistischen Vernunftglauben des Rationalismus, die Vorstellung einer unmittelbaren praktischen Verwertbarkeit der Erkenntnisse, überwand Kant, indem er die Möglichkeiten und Grenzen der Vernunft jenseits der Erfahrung neu bestimmte. Mit seinen philosophischen Hauptwerken, die in den Jahren 1780 bis 1790 erschienen, begründete er den »transzendentalen« oder auch »kritischen Idealismus«, der die Welt- und Kunstauffassung von Klassik und Romantik, ihre Idee eines zweckfreien, die Realität überschreitenden Raums für die Kunst, entscheidend beeinflußte.

In seiner ›Kritik der reinen Vernunft‹ (1781) stellte Kant fest, daß zwar alle Erkenntnis mit Erfahrung anhebe, diese aber zur vollständigen Welterkenntnis nicht ausreiche. Der Mensch erkenne nicht die Dinge an sich, sondern nur deren Erscheinung. Erkenntnisse, die auf der Erfahrung beruhen, nennt Kant »a posteriori«, d.h. im nachhinein erfolgt. Jeder Mensch besitze aber bestimmte Grundvorstellungen, welche unabhängig von jeder Erfahrung seien: »Erkenntnisse a priori«. Solche apriorischen Anschauungsformen seien etwa Raum und Zeit, die erst die Begriffsbildung aus der Erfahrung ermöglichten. Zur Einsicht in den Sinnzusammenhang der Welt bedürfe der Mensch schließlich einiger weiterer nicht beweisbarer, aber auch nicht widerlegbarer Vorstellungen, die Kant »transzendentale Ideen« nennt; dies sind die Idee der Unsterblichkeit der Seele, der Freiheit des menschlichen Handelns und die Idee Gottes.

Damit ist Kant an den Grenzen der theoretischen Vernunft: Freiheit ist mit der »reinen Vernunft« nicht erkennbar, aber ihr Dasein ist eine Forderung der »praktischen«, das heißt bei Kant: sittlichen Vernunft; Gott ist keine logische, aber eine moralische Gewißheit. Kant trennt exakt zwischen Erkenntnistheorie und Ethik. Die Frage nach Gott, nach Gut und Böse, nach dem Sinn des Daseins versucht er nicht wie die »dogmatischen« Philosophen durch logische Beweisschlüsse zu beantworten, sondern weist sie der »praktischen Vernunft« zu, den Erkenntnissen über das sittliche Handeln der Menschen. Dabei erhalten die transzendentalen Ideen (Unsterblichkeit, Freiheit und Gott) »regulative« Bedeutung, sie werden zu Glaubensforderungen (»Postulaten«) erhoben, die das sittliche Leben der Menschen leiten und bestimmen.

Kant revidierte also das Bild einer von Anfang an auf gesetzmäßige Harmonie angelegten Welt (wie es Leibniz vertreten hatte), er maß vielmehr dem Menschen die Aufgabe zu, aus den ihn umgebenden Erscheinungen die Welt sich vorzustellen und zu ordnen und durch vernünftiges, d.h. sittliches Handeln eine allgemeine Weltharmonie herzustellen. In der ›Kritik der praktischen Vernunft‹ (1788) formulierte er den berühmten »kategorischen Imperativ«: »Handle so, daß die Maxime deines Willens jederzeit zugleich als Prinzip einer allgemeinen Gesetzgebung gelten könne!« Wenn dieser Wille von Einflüssen der Außenwelt abhängt, handelt der Mensch unfrei; sofern er aber sich selbst das Gesetz gibt, wird er frei, handelt er als autonomes Wesen. Die moralische Qualität des Handelns wird also nicht gemessen am Zweck, auch nicht an einem guten, sondern ausschließlich an der Erfüllung des Sittengesetzes (das allerdings notwendig die Förderung des eigenen Glücks wie des aller Menschen gebietet).

Für Kant bedeutete philosophische »Kritik« immer genaue Abgrenzung eines Begriffs oder Systems gegen das andere. Was nun die Theorie des Schönen anbelangt, die allgemein als Disziplin der Philosophie betrachtet wurde, so leugnete Kant gewissermaßen ihre Existenz: Das Schöne verlange nicht nach theoretischer Erklärung oder praktischer Normierung, entziehe sich also der reinen und der praktischen Vernunft, sondern werde erfaßt als Gegenstand »uninteressierten Wohlgefallens«, wie Kant in seiner ›Kritik der Urteilskraft‹ (1790) entwickelte. In der Kunst entspringe das Schöne immer der Kraft des Genies, nicht methodischer Arbeit, und es gefalle, ohne daß es Ziel menschlichen Wollens, also an einen Zweck gebunden sei.

Auf Kant berief sich der deutsche Idealismus (ca. 1780–1830): Nicht nur Schiller wurde von Kant zu seinen philosophischen Arbeiten angeregt; eine ganze Reihe bedeutender Gelehrter wie Fichte, Friedrich Schlegel, Schelling und Hegel setzte sich mit seinem Werk auseinander. Fichte, der das Kantische Postulat der Selbstbestimmung des Menschen als denkendem und sittlichem Wesen radikalisierte und den dialektischen Dreischritt (These, Antithese, Synthese) als Methode des Erkennens in die neuere Philosophie einführte, beeinflußte besonders die frühromantische Literaturtheorie. Schellings Betrachtungsweise der Natur als eines organischen Systems, an dessen Ende der empfindende Mensch steht, seine Vorstellung eines dualistischen Prinzips entgegengesetzter Kräfte in der Natur, die sich, als dialektischer Prozeß, auf höherer Ebene wieder vereinen, findet sich vor allem in Goethes Spätwerk wieder und wirkte nachhaltig auf die jüngeren Romantiker.

Der deutsche Idealismus bildete das philosophische Fundament der Epoche; sie wurde wesentlich mitbestimmt von dem Weltereignis der Französischen Revolution, das die Kritik an dem gegenwärtigen Gesellschaftszustand forcierte, sowie von der Vorstellung der Antike als einem Muster idealen Menschseins (über die anschließend zu sprechen sein wird). Alle drei Elemente sind deutlich aufeinander bezogen: Die Französische Revolution, als Teil eines allgemeinen gewaltigen Regenerationsprozesses begriffen, rechtfertigte nach den Septembermorden in besonderem Maße die Rückbesinnung auf die Antike, die das Bildungsideal eines künftigen freien, humanen, ganzseitig gebildeten Menschen, das der deutsche Idealismus propagierte, am besten zu vermitteln schien.

## 1.3 Kunsttheorie der Klassik und Frühromantik

Obwohl kulturgeschichtliche Prozesse nie genau einzugrenzen sind, läßt sich doch ab der Mitte der achtziger Jahre des 18. Jahrhunderts eine Veränderung in der deutschen Dichtungsauffassung feststellen. Rückbesinnung auf die ästhetischen Normen der klassischen Antike, von Winckelmann in den sechziger Jahren bereits vorbereitet, folgte dem ungezügelten Individualismus des Sturm und Drang, der sich mit dem Älterwerden der »Kraftgenies« zudem von selbst erschöpft hatte. Der jugendlich-stürmische Protest wurde abgelöst vom Bemühen um Ausgleich, um Objektivität und Selbstvervollkommnung innerhalb frei anerkannter Grenzen.

### Goethes Hinwendung zur Antike

Goethe war 1786 nach einer unfruchtbaren Schaffensperiode vom Weimarer Hof nach Italien geflüchtet, wo er bald das Glück neu erwachender Kräfte, einer »Wiedergeburt« gleich, erfuhr. So gelang es ihm endlich, dem liegengebliebenen ›Iphigenie‹-Drama in der klassischen Umgebung Italiens eine gültige Form zu geben: 1779 bereits hatte er die Prosafassung fertiggestellt, dann immer wieder an dem Schauspiel gearbeitet, doch erst jetzt schrieb er es in Verse um, wie es Herder geraten hatte, und wie es der klassische, aus der Antike übernommene Stoff verlangte.

Die Reise nach Italien veränderte Goethes gesamtes Welt- und Menschenbild. Nach der unruhigen Suche der Sturm-und-Drang-Jahre und den aufreibenden gesellschaftlichen und politischen Verpflichtungen der ersten Weimarer Zeit erlebte er jetzt eine Phase der Selbstbesinnung und Ausgewogenheit, die ihn ganz für Maß und Schönheit, Winckelmanns Ansätze der antikisierenden Kunstbetrachtung, aufschlossen. Dessen ›Gedancken über die Nachahmung der griechischen Werke in der Malerei und Bildhauerkunst‹ (1755) wurden Goethe im südlichen Klima, das auch Winckelmanns Begeisterung entzündet hatte, zum sinnlich nachvollziehbaren Erlebnis.

»Die Gestalt dieser Welt vergeht, ich möchte mich nur mit dem beschäftigen, was bleibende Verhältnisse sind, und so ... meinem Geiste erst die Ewigkeit verschaffen«, schrieb Goethe 1787 aus Italien (›Italienische Reise‹, 23. 8. 87). Bleibende Verhältnisse fand er in den Kunstwerken der Antike und in der Natur, die er nun nicht mehr subjektiv wie z. B. im ›Werther‹, sondern eher wissenschaftlich-objektiv wahrnehmen konnte. Der Vergleich vieler verschiedener Pflanzenarten führte ihn zur Vorstellung einer »Urpflanze« und dem »Naturgesetz« der ständigen Weiterentwicklung alles Lebendigen nach einem im Keim schon angelegten Plan. Die Kunst, so schloß Goethe, habe denselben »wahren und natürlichen Gesetzen« zu folgen wie die Natur, ja sie sei nur eine gesteigerte »zweite Natur«. Diese Erkenntnis, ebenfalls in Italien gereift, wurde zur Grundlage seiner Kunstauffassung und seines gesamten dichterischen Schaffens, das deshalb auch nie den Bezug zum Leben in seinen »lieblichen Grenzen« verlor. Der Italienaufenthalt vom September 1786 bis zum Juni 1788 wurde für Goethes Entwicklung zum klassischen Dichter entscheidend. Auch Schiller näherte sich in dieser Zeit der Antike: er übersetzte Euripides, schrieb für Wielands ›Teutschen·Merkur‹ sein berühmtes Gedicht ›Die Götter Griechenlands‹ und veröffentlichte den Aufsatz über den ›Antikensaal zu Mannheim‹. Mit dem Jahr 1786 läßt die Literaturgeschichte im allgemeinen die »Klassik« beginnen.

Der Begriff »Klassik«

Unter »Klassik« im engeren Sinne verstehen wir heute die Vollendung einer der Antike verpflichteten Nationalliteratur. Klar umrissener Höhepunkt der deutschen Klassik sind die Werke Goethes und Schillers aus der Zeit ihrer engen Zusammenarbeit in Weimar zwischen 1794 und 1805, d. h. bis zu Schillers Tod. Der Begriff »Weimarer Klassik« schließt alle anderen verwandten dichterischen Kräfte außerhalb des Weimarer Hofs aus – etwa Jean Paul, Hölderlin, Kleist –, wie es auch die beiden Dichterfürsten im Schutze ihres gemeinsamen Bundes bewußt handhaben; das »absolut und unter allen Umständen so subjektivisch Überspannte und Einseitige« der drei Autoren, deren Genialität sie allerdings anerkennen mußten, war ihnen aufrichtig zuwider.

Als »klassisch« galt im Deutschland des 18. Jahrhunderts zunächst die Dichtkunst der griechisch-römischen Antike: Seit der Renaissance wurde sie, vor allem durch französische Vermittlung, als Vorbild und Muster der abendländischen Kultur angesehen; ihre Regeln hatte Gottsched 1748 in seiner ›Grundlegung der Deutschen Sprachkunst‹ zum normativen »Geschmack« auch der neueren Poesie erhoben. Neben dem ursprünglich historischen Begriff wurde als »klassisch« bald auch die Vorbildlichkeit neuzeitlicher Werke, ja normsetzende Qualität allgemein bezeichnet.

Das Ideal des griechischen Menschen

Die Tendenz zum »Klassischen«, die etwa ab der Mitte der achtziger Jahre einsetzte, meint neben der Neuorientierung an den literarischen Vorbildern der Antike eine allgemeine Neubestimmung des Menschen und der Aufgabe der Kunst: Ausgleich der Gegensätze, Ganzheit, Humanität, Streben nach Vollkommenheit hießen die neuen Ideale, die als in der griechischen Antike gelebte Wirklichkeit heraufbeschworen wurden. Die Idealität der griechischen Plastik, die Winckelmann als »edle Einfalt« und »stille Größe« charakterisiert hatte, übertrug man ganz selbstverständlich auf den antiken griechischen Menschen. So wurde die Antike zu einem verklärten Gegenbild, in dessen Glanz die Entstellungen und Korruptionen der Gegenwart nur um so deutlicher sichtbar wurden. Alles, was man von der Antike vorgelebt glaubte: die Harmonie von Sein und Sollen, von Natur und Kunst, von Sinnlichkeit und Verstandeskräften, schien der Gegenwart verloren. Die Kultur mußte diese Harmonie wiederherstellen. Dem Künstler kam die Aufgabe zu, an die antiken »natürlichen« Ideale erinnernd, Möglichkeiten eines harmonisch ausgebildeten Individuums und Gemeinschaftswesens aufzuzeigen und damit der bewußt gewordenen Entfremdung des Menschen von sich selbst entgegenzuwirken.

In der Rückbesinnung auf die griechische Antike trafen sich die klassische und die beinahe gleichzeitig einsetzende frühromantische Kunsttheorie; auch in der kritischen Zeitdiagnose und in der Zielsetzung für die Zukunft stimmten sie zunächst überein. Die im Zusammenhang mit der Französischen Revolution aufgetretene Bewußtseinskrise des deutschen Bürgertums mußte, da an politischen Umsturz nicht zu denken war, geistig bewältigt werden. Die gemeinsame Intention von Klassik und Romantik war die Suche nach der verlorengegangenen Einheit des Menschen, die durch die differenzierende Kultur und die Befreiung von alten Traditionen nicht mehr gegeben war. Ihre Zeitkritik mündete in Reformprogramme, die auf allmähliche Lebensveränderung abzielten; dabei wurde der Kunst eine zentrale Aufgabe im Erziehungsprozeß der Gesellschaft zugemessen.

Von Hoffnung und Optimismus waren die Ideen der Klassik und Romantik getragen, daß die Zukunft jene ideale Harmonie aller Geistes- und Sinnenkräfte, die einst die griechische Kultur ermöglicht hatte, wiederbringen werde, daß der freie, gebildete, humane Mensch zu erziehen sei. Von einer »Morgenröte« war am Ende des Jahrhunderts allenthalben die Rede. Herder, der die »Wiege der Humanität« im griechischen Zeitalter sah (›Auch eine Philosophie zur Geschichte der Bildung der Menschheit‹, 1774), Lessing und andere waren schon wegbereitend mit ihren Toleranz- und Humanitätsgedanken an die Öffentlichkeit getreten, aber der revolutionäre Elan in den neunziger Jahren war neu. Die zunächst mit so großer Sympathie begleitete Französische Revolution, die rasch in Barbarei umgeschlagen war, in willkürliches Morden und gesellschaftliches Chaos, hatte gezeigt, daß der Mensch zu solcher Freiheit im gegenwärtigen Stadium noch nicht fähig sei. Auf ästhetisch-moralische Erneuerung, auf eine Revolutionierung des Geistes setzten daher die neuen Menschheitsentwürfe. Erst ein neuer Mensch würde solch politischer Freiheit gewachsen sein, könne politisch verantwortlich handeln. »Man wird damit anfangen müssen, für die Verfassung Bürger zu erschaffen, bevor man den Bürgern eine Verfassung geben kann«, schrieb Schiller.

## Schillers philosophische und ästhetische Schriften

Schillers Werk enthält eine der ausführlichsten und intensivsten Auseinandersetzungen mit der Französischen Revolution, nicht nur in den Gedichten und Dramen, sondern auch in den kunsttheoretischen Essays. Auch Schiller hatte wie Goethe nach einem ersten Arbeitssturm eine schöpferische Pause, die er zu einer strengen philosophischen Positionsbestimmung der Kunst brauchte, bevor er die neuen Ideen in seiner Dichtung praktisch umsetzen konnte. 1791 hatte er begonnen, sich eingehend mit der »Transzendentalphilosophie« Kants zu beschäftigen, die eine »kopernikanische Wende« in der Philosophie herbeiführen sollte: Kant verließ das naturwissenschaftlich orientierte Weltbild der Aufklärung; er maß dem Menschen die Fähigkeit zu, über das empirisch

Gegebene hinauszudenken und als autonomes Wesen zu handeln, d. h. kraft des eigenen freien Willens sittliche Vollkommenheit zu erlangen. Mit seinen Ideen legte Kant den Grund zur idealistischen Kunstauffassung der Klassik.

Schillers intensives Studium der Kantischen Philosophie führte zu seinen Abhandlungen ›Über Anmut und Würde‹, ›Über die ästhetische Erziehung des Menschen‹ und ›Über naive und sentimentalische Dichtung‹ (1793–95), in denen er, ausgehend von abstrakten ästhetischen Fragen, die Funktion des Schönen für den einzelnen und die Gesellschaft reflektiert. Schiller gab keine realpolitische Antwort auf die Unruhen seiner Zeit, sondern eine »idealpolitische«, denn über die Schönheit, glaubte er, führe der Weg zur Freiheit.

Distanziert vom politischen Aktivismus, vielmehr vom Wunsch nach Bleibendem, Überzeitlichem getragen, mit der Besinnung auf die eigene Kulturnation (wenn es schon keine politische geben konnte), formulierte Schiller für die deutsche Klassik die Ideen des Guten, Wahren und Schönen, die es in der Poesie darzustellen und im Leben zu verwirklichen galt:

Zu einer Zeit, wo das nahe Geräusch des Krieges das Vaterland ängstigt, wo der Kampf politischer Meinungen und Interessen diesen Krieg beinahe in jedem Zirkel erneuert und nur allzuoft Musen und Grazien daraus verscheucht, wo weder in den Gesprächen noch in den Schriften des Tages vor diesem allverfolgenden Dämon der Staatskritik Rettung ist, möchte es ebenso gewagt als verdienstlich sein, den so sehr zerstreuten Leser zu einer Unterhaltung von ganz entgegengesetzter Art einzuladen. In der Tat scheinen die Zeitumstände einer Schrift wenig Glück zu versprechen, die sich über das Lieblingsthema des Tages ein strenges Stillschweigen auferlegen und ihren Ruhm darin suchen wird, durch etwas anders zu gefallen, als wodurch jetzt alles gefällt. Aber je mehr das beschränkte Interesse der Gegenwart die Gemüter in Spannung setzt, einengt und unterjocht, desto dringender wird das Bedürfnis, durch ein allgemeines und höheres Interesse an dem, was *rein menschlich* und über allen Einfluß der Zeiten erhaben ist, sie wieder in Freiheit zu setzen und die politisch geteilte Welt unter der Fahne der Wahrheit und Schönheit wieder zu vereinigen ...

So schrieb Schiller 1794 in der Ankündigung seiner Zeitschrift ›Die Horen‹. Darin steckt einerseits die ungeheure Forderung, die drängende Wirklichkeit zu ignorieren und sich an die überzeitlichen Instanzen der Wahrheit und Schönheit zu halten. (Den Klassikern wurde schon bald von Zeitgenossen, aber auch z. B. von Vertretern des politisch engagierten »Jungen Deutschland« vorgeworfen, sie hätten die Kluft zwischen der Wirklichkeit und der Kunst vertieft, die der Sturm und Drang gerade zu verringern begonnen hatte; man denke an die sozialkritischen und popularisierenden Tendenzen im Werk G. A. Bürgers). Andererseits spiegelt sich in Schillers Sätzen der dringende Appell, die Kunst nicht im politischen Meinungskampf zu mißbrauchen, sie nicht zum Werkzeug zu degradieren und damit ihre gerade erst entwickelte Eigenständigkeit wieder aufzugeben. Das Schöne sei »Vollendung in sich selbst«, hatte der Berliner Schriftsteller und Gelehrte K. Ph. Moritz 1788 gegen die Wirkungsästhetik der Aufklärung postuliert, die ein Kunstwerk nach seinen seelenveredelnden und erzieherischen, eben »aufklärenden« Wirkungen beurteilte, und kurz darauf hatte Kant in der ›Kritik der Urteilskraft‹ die philosophische Begründung für die Autonomie des ästhetischen Geschmacksurteils gegeben. Hierauf basiert Schillers ›Ästhetische Erziehung‹; im 21. Brief schreibt er, erst die völlig zweckfreie, nur mehr unter dem Aspekt des Ästhetischen betrachtete Kunst schaffe dem Menschen die Möglichkeit, »aus sich selbst zu machen, was er will«, setze ihn wieder in die »Freiheit, zu sein, was er sein soll«.

In Abweichung von seinem großen philosophischen Lehrer Kant gab sich Schiller mit den Grenzziehungen zwischen Wissenschaft und Religion, Ethik und Ästhetik und mit dessen kalt-kategorischem Pflichtmenschentum nicht zufrieden. Er plädierte in seiner Abhandlung ›Über Anmut und Würde‹ für eine mit Freuden gelebte Sittlichkeit, entwarf in der »schönen Seele« einen vollendeten Menschen, der die Gegensätze von Pflicht und Neigung, Sinnlichkeit und Vernunft harmonisch versöhnt (entsprechend seinem früheren Vorbild, dem englischen Dichter Shaftesbury, dem ja auch Wieland nachgeeifert hatte). Diese Idee göttlicher Vollendung, die der Mensch auf Grund der »physischen Bedingungen seines Daseins selbst« nie erreichen werde, bestimmte Schillers Philosophie ebenso wie seine späteren Dramen und Gedichte.

›Über die ästhetische Erziehung des Menschen‹

Die Idee der Schönheit als »Symbol der Sittlichkeit«, wie Kant sie in seiner ›Kritik der Urteilskraft‹ erklärt hatte, leitete auch die anderen philosophisch-ästhetischen Schriften Schillers. Ausgehend von der Kritik an der verstandesorientierten poesiefeindlichen Gegenwart, in der der »Nutzen zum großen Idol der Zeit« geworden war, forderte Schiller in seiner in Briefen abgefaßten Arbeit ›Über die ästhetische Erziehung des Menschen‹ (1795) die Ausbildung des Empfindungsvermögens durch die Kunst, die das Ideal der Vollkommenheit aufzeigen müsse. Nur durch eine ästhetische Erziehung, die den einzelnen Staatsbürger veredele, ließe sich ein Staat der Freiheit und Gleichheit schaffen, nicht mit gewaltsamen Aktionen. Im Gegensatz zu dem französischen Aufklärer und

Kulturpessimisten Rousseau glaubte Schiller an eine positive Aufgabe der Kunst: Das idealische Griechentum, dieser höchste Gipfel der Menscheit, konnte nicht auf dieser Stufe stehenbleiben; zur Weiterentwicklung der Menschheit gehört der Widerstreit der Kräfte (wie die damals wiederbelebte dialektische Methode der Philosophie lehrte); in der Zukunft, von den »Symbolen des Vortrefflichen« allmählich erzogen, werde die idealische Welt des »schönen Scheins« einmal Wirklichkeit, und der jetzige »Staat der Not« werde sich in einen moralischen verwandeln.

... In dem ästhetischen Staate ist alles – auch das dienende Werkzeug ein freier Bürger, der mit dem edelsten gleiche Rechte hat, und der Verstand, der die duldende Masse unter seine Zwecke gewalttätig beugt, muß sie hier um ihre Beistimmung fragen. Hier also, in dem Reiche des ästhetischen Scheins, wird das Ideal der Gleichheit erfüllt, welches der Schwärmer so gern auch dem Wesen nach realisiert sehen möchte; und wenn es wahr ist, daß der schöne Ton in der Nähe des Thrones am frühesten und am vollkommensten reift, so müßte man auch hier die gütige Schickung erkennen, die den Menschen oft nur deswegen in der Wirklichkeit einzuschränken scheint, um ihn in eine idealische Welt zu treiben.
Existiert aber auch ein solcher Staat des schönen Scheins, und wo ist er zu finden? Dem Bedürfnis nach existiert er in jeder feingestimmten Seele, der Tat nach möchte man ihn wohl nur, wie die reine Kirche und die reine Republik, in einigen wenigen auserlesenen Zirkeln finden, wo nicht die geistlose Nachahmung fremder Sitten, sondern eigne schöne Natur das Betragen lenkt, wo der Mensch durch die verwickeltsten Verhältnisse mit kühner Einfalt und ruhiger Unschuld geht und weder nötig hat, fremde Freiheit zu kränken, um die seinige zu behaupten, noch seine Würde wegzuwerfen, um Anmut zu zeigen.
(Ästhetische Erziehung, Ende des 27. Briefs)

Der »Weimarer Musenhof« mit seiner aristokratisch-ästhetischen Gesinnung, von der Herzogin Anna Amalia ins Leben gerufen und ihrem Sohn Carl August fortgeführt, war sicher so ein auserlesener Zirkel, der ein Abheben von der Wirklichkeit (oder positiv ausgedrückt: das Übersteigen der prosaischen Gegenwart) begünstigte. Seit seiner Berufung zum Professor für Geschichte in Jena, vor allem aber seit Beginn der großen Freundschaft mit Goethe (1794) gehörte Schiller zu diesem illustren Kreis um Wieland, Herder und Goethe.

›Über naive und sentimentalische Dichtung‹

Zu seiner Abhandlung ›Über naive und sentimentalische Dichtung‹ (1795/96) wurde Schiller durch die Zusammenarbeit mit Goethe und die Erfahrung von dessen ganz andersartigem Talent veranlaßt. Die auf tiefer Menschenerfahrung beruhende Naturwahrheit Goethes, sein intuitives, aus der Anschauung kommendes Weltverständnis unterschied sich von Schillers zerlegendem Verstand so nachdrücklich, daß es ihn nach Darlegung und Begründung dieses Phänomens verlangte. In dieser Arbeit wurde nicht nur die verschiedene dichterische Begabung gewürdigt, sondern Schiller legte zugleich die Kriterien der modernen Dichtung im Verhältnis zur antiken fest:

Das »sentimentalische« Interesse an der Natur, in dem die Sehnsucht nach einer Einheit von Denken und Fühlen, von Einzelwesen und Gesellschaft zum Ausdruck kommt, sei deshalb in der Gegenwart so groß, weil die Kulturmenschen diesen vollkommenen Zustand, der den Griechen noch selbstverständlich gewesen sei, verloren hätten. Jetzt sehnten sie ihn wieder herbei. Der Dichter als Wahrer der Natur sei entweder naiver Dichter, der aus der unbewußten Einheit mit der Natur schaffe, oder er werde die verlorene Glückseligkeit bewußt in seinen Werken zurückzuholen suchen, dann sei er sentimentalischer Dichter. (Schiller stufte Goethe als »naiven«, sich selbst als »sentimentalischen« Dichter ein.) Die naive Dichtung hätte den seligen Naturzustand lebendig nachzuahmen; die sentimentalische (moderne) Dichtung rühre durch die Darstellung »unserer höchsten Vollendung im Ideal«, die »auf dem Wege der Vernunft und Freiheit« die Einheit des Menschen wiederherstelle. Schiller unterschied verschiedene Arten, die Beziehung zwischen Ideal und Wirklichkeit darzustellen: Von der Kluft zwischen beidem ausgehend, könne der Dichter die schlechte Wirklichkeit herausstellen – dann sei er ein satirischer Dichter – oder sich an das Ideal halten, dann werde er als elegischer Dichter trauernd das nicht mehr Erreichbare beklagen (Elegie), oder er könne das glückliche Ideal als gegenwärtig, als Idylle, darstellen. – Schiller glaubte, daß der glückhafte Naturzustand durch den Einbruch der Kultur gestört worden, aber auch nur durch kulturellen Fortschritt wiederzuerlangen sei; darin unterschied er sich also fundamental von Rousseau, der das Heil der Menschheit nur im »Zurück-zur-Natur« sehen konnte. In der Gestaltung des Ideals, das dem Menschen seine Einheit zurückgibt, ihn wieder mit der Natur versöhnt, liegt für Schiller das eigentliche, höchste Verdienst des sentimentalischen Dichters.


Der Bund Goethes und Schillers

Im Gegensatz zu Schiller verstieg sich Goethe nie ins Spekulative; die Anschauung der sinnlichen Natur lieferte ihm die Gegenstände seiner Lebensphilosophie sowie seiner Dichtungen. Die Symbiose der beiden großen Geister indes war perfekt: Schiller, der

kühn-pathetische Ideologe, männlich, rigide, erhaben in seiner
Lyrik und Dramendichtung, verbunden mit dem natürlich-orga-
nischen Talent Goethes, seiner lebendigen Fülle und Entwick-
lungsbereitschaft – das ergab eine schier unüberwindliche Bastion
gegen alles Andersgeartete, Andersdenkende. Das geistige
Deutschland blickte gebannt auf die beiden »Olympier«. Goethes
Dichtung – sein Epos ›Hermann und Dorothea‹, vor allem aber
sein Roman ›Wilhelm Meister‹ – gab das Anschauungsmaterial
für die »avantgardistischen« Literaturtheorien der Zeit; Goethe
wurde das Idol der frühromantischen Schule, obwohl er aus seiner Skepsis gegen ihr subjektives Transzendieren ins Überweltli-
che und Übersinnliche, gegen ihre Spekulationen der Einbildungskraft keinen Hehl machte; von dem prinzipienstrengen
Schiller distanzierten sich die Romantiker nach anfänglicher Bewunderung.

Mit einer Reihe volkserzieherischer Maßnahmen versuchten
Schiller und Goethe, ihre idealpolitischen Vorstellungen in die Tat
umzusetzen. Sowohl das politische Über-Interesse wie die Neigung zur Trivialliteratur, die den literarischen Markt seinerzeit
beherrschte, galt es zu bekämpfen. Die Herausgabe der ›Propylä-
en‹, einer anspruchsvollen Zeitschrift, in der Goethe und Schiller
das Publikum mittels Preisaufgaben zu aktiver Kunstteilnahme
auffordern wollten, fand aber wenig Echo. Die Weimarer Enklave
mochte den beiden den Blick für das deutsche Bildungspotential
verstellt haben, auch konnte Goethes eher mittelmäßiger Geschmack, was bildende Kunst und Musik betraf, kaum stilbildend
wirken, so daß das klassizistische Programm der ›Propyläen‹ im
Sande verlief. Die ›Xenien‹ in Schillers ›Musenalmanach‹, scharf
pointierte Kultur- und Zeitkritik, wurden später zum Forum, von
dem aus die »Olympier« mit schneidender Schärfe gegen die Igno-
ranz des Publikums wetterten.


Friedrich Schlegel

Gleichzeitig mit Schillers wichtigen philosophischen Schriften entstand Friedrich Schlegels Arbeit ›Über das Studium der griechischen Poesie‹ (1796); Schlegel, ein »Winckelmann der Poesie«,
nahm damit erstmals eine literaturgeschichtliche Einordnung der
antiken griechischen Dichtkunst vor. Dabei gleicht manches den
Thesen Schillers: Die Begeisterung für das Griechentum und der
Wille zu einer »reformatio« der Kunst waren ihre gemeinsame
Basis; progressiver als Schiller aber definierte Friedrich Schlegel,
der zum Wortführer der Jenaer Romantiker wurde, das Moderne

als Auftrag für eine neue, die »natürlichen« Grenzen erweiternde Poesie.

In der starren Ausrichtung auf die griechische Antike sah Schlegel die Gefahr des Stillstands, der Monotonie. Die griechische Dichtkunst dürfe nicht zur absoluten Norm werden, denn die antike Literatur sei »objektiv«, ruhe in sich abgeschlossen im Mythos, und könne daher nicht auf die Gegenwart, die durch Unbestimmtheit und Offenheit gekennzeichnet sei, übertragen werden. Statt der Übernahme äußerer Maßstäbe und starrer Normen postulierte Schlegel eine essentielle Verschmelzung von Antike und Moderne: In einem lebendigen, ewigen Prozeß müsse sich das »Wesentlich-Antike« mit dem »Wesentlich-Modernen« verbinden. Stärker noch als Schiller durch Fichtes dialektischen Ansatz von Zerstörung und produktivem Neuanfang geprägt, forderte Schlegel von der modernen Dichtung ständige Weiterbildung, Fortschreiten statt ruhigem Bewahren und ständigem Rückblick auf die »Alten«. Das offene »Fragment« wurde daher die bevorzugte Form der Romantiker, nicht das geschlossene Ganze, das »Werk«, wie es die Weimarer wollten.

Immer deutlicher gehen ab etwa 1800 Lebens- und Kunstauffassung der Klassiker und der Romantiker getrennte Wege. In der von den Brüdern Schlegel gegründeten Zeitschrift ›Athenäum‹, einem Gegenentwurf zu den ›Propyläen‹ der Klassiker, veröffentlichten die Romantiker ihre neuen Positionen. Im 116. Athenäumsfragment führte Friedrich Schlegel erstmals den Begriff »romantisch« zur Definition der modernen Dichtung (in Abgrenzung zur antiken) ein, die nun ganz entschiedene Zielsetzungen erhielt:

Die romantische Poesie ist eine progressive Universalpoesie. Ihre Bestimmung ist nicht bloß, alle getrennte Gattungen der Poesie wieder zu vereinigen, und die Poesie mit der Philosophie und Rhetorik in Berührung zu setzen. Sie will, und soll auch Poesie und Prosa, Genialität und Kritik, Kunstpoesie und Naturpoesie bald mischen, bald verschmelzen, die Poesie lebendig und gesellig, und das Leben und die Gesellschaft poetisch machen ...

Der Roman war in der streng klassischen Theorie immer noch als prosaische, »unreine« Dichtungsgattung abgewertet, wegen der Vielzahl der in ihm vereinigten Elemente (er kann ja Gedichte ebenso enthalten wie philosophische oder theologische Kurztraktate, Aphorismen und allgemeine Betrachtungen, Reiseberichte, Geographisches oder Reportagenhaftes). Gerade deshalb aber schien er Schlegel die ideale Form der romantischen Literatur zu sein, da er alle Dichtungsarten in sich aufnehmen konnte und dadurch dem universalpoetischen Anspruch genügte. »Der Roman ist die ursprünglichste, eigentümlichste, vollkommenste Form der romantischen Poesie, die eben durch diese Vermischung aller Formen von der alten klassischen, wo die Gattungen ganz streng getrennt wurden, sich unterscheidet.« Goethes Roman ›Wilhelm Meisters Lehrjahre‹ rühmte Schlegel als Gipfel der zeitgenössischen Dichtung, in der die wesentlichen Prinzipien des Romantischen eingelöst seien.

## Novalis (Friedrich von Hardenberg)

Der Naturwissenschaftler Friedrich von Hardenberg, genannt Novalis (wörtlich: der Neuland Gewinnende), war engster und intellektuellster Mitstreiter Friedrich Schlegels. Im Gegensatz zur allgemeinen Klage über den Verlust der Mensch-Natur-Einheit ging er von der immer existenten Harmonie des Menschen aus, die nur im Bewußtsein verlorengegangen sei. Die Bewußtseinskrise des modernen Menschen, der zwischen Triumph über seine geistigen Errungenschaften und tiefer Unsicherheit ob dieses Fortschritts hin- und hergerissen sei, könne durch eine auch das Unterbewußtsein erhellende Universalpoesie geheilt und erlöst werden: Diese Poesie, »Darstellung des Gemüths – der innern Welt in ihrer Gesamtheit«, steht nun ganz im Gegensatz zu den klaren, hellen Ideen der Klassik. »Indem ich dem Gemeinen einen hohen Sinn, dem Gewöhnlichen ein geheimnisvolles Ansehen, dem Bekannten die Würde des Unbekannten, dem Endlichen einen unendlichen Schein gebe, so romantisire ich es«, sagte Novalis.

Im Gegensatz zu Friedrich Schlegel verurteilte Novalis Goethes ›Wilhelm Meister‹. Mit seinem Verdikt ist eine scharfe Trennung zwischen klassischer und romantischer Kunstauffassung gezogen. Novalis warf Goethe vor, er habe in seinem Roman das Poetische, das Unbedingte den nüchternen, praktisch-vernünftigen Lebensforderungen aufgeopfert. Nicht mehr in der prosaischen Gegenwart, wie es ›Wilhelm Meister‹ versuchte, wollten die Romantiker fortan ihre Ideale realisieren, sondern sie zogen sich in jene historischen Wirklichkeiten des Mittelalters zurück, in denen ihrer Meinung nach die Ganzheit des Menschen noch gegeben war. Die Antike als Muster verabschiedeten sie damit; die Weimarer Klassik aber orientierte sich bis zuletzt an ihr und wurde so zu einem Sonderfall innerhalb der romantischen Bewegung Europas.

## 2.1 Goethes Lyrik des vorklassischen Jahrzehnts

Goethes Wende vom »Sturm und Drang« zur »Klassik« vollzog sich allmählich; in den ersten Jahren seiner Weimarer Amtszeit (1775–1786) prägten vor allem Herder mit seinen Humanitäts-Gedanken und die Frau des Weimarer Hofmarschalls, Charlotte von Stein, den stürmisch-lebensvollen, genialischen Musenliebling, führten ihn auf den Weg des rechten Maßes und der Pflicht zu höherer »Menschheit«. Der unmittelbares Gefühl artikulierende Ton der Sesenheimer Liebeslieder wandelte sich in Weimar in ein distanziertes Reflektieren über die Liebe.

Die ›Verse an Lida‹, wie Goethe seine an Frau von Stein adressierten Gedichte nannte, nehmen durch ihre zart-wehmütige Schönheit eine einzigartige Stellung in Goethes Liebesgedichten ein, wie sie der ungewöhnlichen Beziehung zwischen dem Dichter und der geistreichen, überlegenen Hofdame entsprach. Ihre geistig-platonische Liebe, die durchaus von der Weimarer Gesellschaft toleriert war, gegen die das »heiße Blut« des Jünglings aber auch immer wieder aufbegehrte, erkannte Goethe im Alter – neben Shakespeare – als die prägendste Begegnung seines Lebens. »Warum gabst du uns die tiefen Blicke« beginnt das folgende Gedicht ohne Titel, das erst nach Goethes Tod gedruckt erschien: 1775 hatte der Dichter es an Frau von Stein gerichtet, und bis zum Druck von 1848 existierte nur die Handschrift.

> Warum gabst du uns die tiefen Blicke,
> Unsre Zukunft ahndungsvoll zu schaun,
> Unsrer Liebe, unserm Erdenglücke
> Wähnend selig nimmer hinzutraun?
> Warum gabst uns, Schicksal, die Gefühle,
> Uns einander in das Herz zu sehn,
> Um durch all' die seltenen Gewühle
> Unser wahr Verhältnis auszuspähn?
>
> Ach, so viele tausend Menschen kennen,
> Dumpf sich treibend, kaum ihr eigen Herz,
> Schweben zwecklos hin und her und rennen
> Hoffnungslos in unversehnem Schmerz;
> Jauchzen wieder, wenn der schnellen Freuden
> Unerwart'te Morgenröte tagt.
> Nur uns armen liebevollen beiden

Ist das wechselseit'ge Glück versagt,
Uns zu lieben, ohn' uns zu verstehen,
In dem andern sehn, was er nie war,
Immer frisch auf Traumglück auszugehen
Und zu schwanken auch in Traumgefahr.

Glücklich, den ein leerer Traum beschäftigt!
Glücklich, dem die Ahndung eitel wär'!
Jede Gegenwart und jeder Blick bekräftigt
Traum und Ahndung leider uns noch mehr.
Sag', was will das Schicksal uns bereiten?
Sag', wie band es uns so rein genau?
Ach, du warst in abgelebten Zeiten
Meine Schwester oder meine Frau;

Kanntest jeden Zug in meinem Wesen,
Spähtest, wie die reinste Nerve klingt,
Konntest mich mit *einem* Blicke lesen,
Den so schwer ein sterblich Aug' durchdringt.
Tropftest Mäßigung dem heißen Blute,
Richtetest den wilden irren Lauf,
Und in deinen Engelsarmen ruhte
Die zerstörte Brust sich wieder auf;
Hieltest zauberleicht ihn angebunden
Und vergaukeltest ihm manchen Tag.
Welche Seligkeit glich jenen Wonnestunden,
Da er dankbar dir zu Füßen lag,
Fühlt' sein Herz an deinem Herzen schwellen,
Fühlte sich in deinem Auge gut,
Alle seine Sinnen sich erhellen
Und beruhigen sein brausend Blut.

Und von allem dem schwebt ein Erinnern
Nur noch um das ungewisse Herz,
Fühlt die alte Wahrheit ewig gleich im Innern,
Und der neue Zustand wird ihm Schmerz.
Und wir scheinen uns nur halb beseelet,
Dämmernd ist um uns der hellste Tag.
Glücklich, daß das Schicksal, das uns quälet,
Uns doch nicht verändern mag.

Der Dichter ist noch auf der Suche nach Übereinstimmung zwischen seinem Gefühl (für Charlotte von Stein) und der als schicksalhaft erkannten Bestimmung, in ihrer geistig-seelischen Verbundenheit Genüge und Glück finden zu müssen. »Glück ohne Ruh« nennt er in einem anderen Gedicht an »Lida« diese ihre Liebe, die auch in Zukunft keine sinnliche Erfüllung finden wird. Die Spannung zwischen Wunsch und Realität kennzeichnet den Inhalt dieses und der meisten anderen »Lida«-Gedichte, aber in der äußeren

Form ist die Ruhe der Entsagung schon gewonnen: In rhythmisch-gleichmäßigem Versfluß sind die pathetischen Trochäen gebunden.

Sich dem Gebot des Schicksals willig zu fügen, der Leidenschaft geistig Herr zu werden, gehörte zu den Leistungen, die Frau von Stein Goethe abverlangte, gehörte zu den Forderungen der Klassik. Goethes Natur war im Grunde auf Ganzheit angelegt und litt nicht diese Trennung von Neigung und Pflicht. So spürt man in den »Lida«-Gedichten bei allem Willen zu vernünftiger Einsicht doch auch Unmut und Trauer über den Verzicht. Halb beneidet er, halb wertet er hier das frisch gewagte »Traumglück« der naiv Liebenden ab, für das er noch wenige Jahre zuvor jede Gefahr auf sich genommen hätte: ›Willkommen und Abschied‹ (1771) feierte jenes spontane große Gefühl, durch das der Stürmer und Dränger sich im Einklang mit der Natur empfand, ja selbst Natur wurde (s. Bd. II). Diese unreflektiert emotionale Lebensform ist für den klassischen Dichter verloren, er hat sie als Selbstbetrug erkannt.

Anstelle des glücklich erlebten Augenblicks evoziert Goethe nun die sublimierende Kraft des Verzichts. In immer tiefere Schichten ihres Wesens dringen die Liebenden vor, die kein rasches äußeres Glück zufrieden macht, bis jeder den andern ganz kennt und versteht, sich wahrhaft in ihm spiegelt. Auch wenn der Mann zunächst eher hadert mit dem Schicksal, das ihm das »Traumglück« verwehrt, nimmt er schließlich diese auferlegte Beschränkung an, ja preist sich gerade deshalb glücklich: denn ewigen Bestand hat nur die vergeistigte, tief bewußte Liebe. Die Menge der Liebenden ergreift die Zufälligkeiten von Freude und Schmerz wie »im Wahn«, während die »armen liebevollen beiden« sich nicht betrügen können mit »leeren« Träumen, dafür aber ahnungsvoll erkennen, daß ihre Gefühle über die Grenzen dieses Lebens hinausreichen, in Vergangenheit und Zukunft. In früheren, »abgelebten Zeiten« müssen sie schon als Bruder und Schwester, als Mann und Frau verbunden gewesen sein, anders ist ihr inniges Vertraut-Sein, ihre so vollkommene Harmonie nicht zu verstehen. Der Gedanke der Wiedergeburt (ein seinerzeit viel diskutiertes Thema) verleiht ihrer Liebe diese Dimension der Überzeitlichkeit, hebt sie ins Objektive, Allgemeine. An Wieland schrieb Goethe im April 1776: »Ich kann mir die Bedeutsamkeit, die Macht, die diese Frau über mich hat, anders nicht erklären als durch die Seelenwanderung. Ja, wir waren einst Mann und Weib! Nun wissen wir von uns, verhüllt, in Geisterduft. Ich habe keine Namen für uns: die Vergangenheit – die Zukunft – das All.«

In der vierten Strophe, in der diese »wahre« Liebe hymnisch

gepriesen wird, gibt Goethe das persönliche »Ich« auf, markiert damit den Übergang vom individuellen Erleben in die ideelle Sphäre der Träume und Ahnungen. Die Verlagerung in unwirkliche Räume erlaubt Goethe nun, seine Wünsche nach einer ganzen, auch die sinnliche Erfüllung einschließenden Liebe auszusprechen. Doch mit dem Bewußtsein der Gegenwart und ihres schmerzlichen Verzichts kehrt notwendig das persönliche »Wir« zurück.

Frau von Stein war die Ältere, die Gebende in diesem Verhältnis; ihre realen Verdienste, d.h. ihr ordnender, mäßigender, ja heilender Einfluß auf das sich in leidenschaftlichem Wünschen verzehrende Genie, werden hier zu höchsten Liebestaten verklärt: Minneherrin und Mariengestalt, geistige Lebensgefährtin, zärtliche Vertraute und tröstender, bestätigender Partner in einem ist sie dem liebenden Mann, der mit demütiger Dankbarkeit antwortet, ihre Gaben anzunehmen weiß und damit erst zum vollkommenen Austausch ihrer Wesen beiträgt. Die Weimarer Realität zwang Goethe zur Verdrängung seiner vitalen Wünsche, seiner »halben Seele«; von der Kraft, die nötig war, nicht im Widerstand zu beharren, sondern weise das »quälende« Schicksal anzunehmen, zeugen die letzten Zeilen.

Den Glauben an die erlösenden Kräfte des Ewig-Weiblichen, die Goethe auch im ›Faust‹, in der ›Iphigenie‹ und anderen Dichtungen zum Ausdruck brachte, gab ihm wesentlich diese bewundernswerte Frau, die selbst ihren Gram darüber, *wie* Goethe sie später fallen ließ, schließlich freundlich gefaßt ertragen lernte.

Eines der populärsten Gedichte Goethes – es gibt bis heute über hundert Vertonungen davon – ist jenes ›Über allen Gipfeln ist Ruh‹, das der Dichter 1780 während einer Wanderung auf den Kickelhahn bei Ilmenau an die Bretterwand einer Holzhütte schrieb. (Unter der Überschrift ›Ein Gleiches‹ veröffentlichte Goethe es in seinen Werkausgaben als zweites ›Wandrers Nachtlied‹; einzeln abgedruckt, muß es also diesen Titel erhalten.) Der freie Rhythmus, in den Sturm-und-Drang-Hymnen Zeichen der ungebundenen Kraft, spürt hier nuancenhaft genau dem Ruhig-Werden des Menschen inmitten der abendlich dämmerigen Natur nach. Form und Gehalt stimmen aufs Vollkommenste überein, ja das Gedicht wurde selbst Teil der abendlichen Stille.

## Wandrers Nachtlied

Über allen Gipfeln
Ist Ruh,
In allen Wipfeln
Spürest du
Kaum einen Hauch;
Die Vögelein schweigen im Walde.
Warte nur, balde
Ruhest du auch.

Helle und dunkle Vokale folgen wie Tag und Nacht aufeinander, das Auf und Ab der Bewegung in den ersten Zeilen verlangsamt sich, kommt zum Stillstand, bis die Windstille in den Bäumen wunderbar eingeholt ist in Wort und Tonfall: »Spürest du / Kaum einen Hauch«. Der Strichpunkt markiert eine deutliche Pause, so daß der Nachsatz, diese lange langsame Zeile »Die Vögelein schweigen im Walde« für sich wirkt; sie vollzieht in ihrer Getragenheit die Ausbreitung der Stille eindrücklich nach, fügt den gewichtigeren übrigen Versen des Gedichts eine leichtere, an kindliche Schlummerlieder erinnernde Nuance bei. Der Punkt am Ende dieser Zeile gibt dem Leser wieder Zeit, sich in die Nachtstille zu versenken. Zuversichtlich versprechen die letzten Verse, in dunklem beruhigenden Ton, dem Menschen, der geduldiges Warten gelernt hat und demütig geworden ist in Anschauung der reinen Natur, die gleiche erquickende Versenkung in den Schlaf, wie sie dem ganzen Kosmos widerfährt.

Von Amts wegen hatte sich Goethe auch mit Problemen des Bergbaus befaßt und dabei genaue naturwissenschaftliche, vor allem geologische Kenntnisse erworben. Sein Verhältnis zur Natur wurde dadurch grundlegend verändert. Im Gegensatz zum ›Ganymed‹-Hymnus, in dem der Dichter sich in die göttliche Allnatur verströmen, einswerden wollte mit ihr, steht er in ›Wandrers Nachtlied‹ sozusagen auf dem Boden der Wirklichkeit, konstatiert sachlich Fakten der zur Nacht sich anschickenden Welt ringsum. Goethe weitet diese Naturbeobachtungen zum Symbol des ganzen Kosmos, der nach seinen Entwicklungsstufen vom unbelebten Gestein (Gipfel) bis zur organischen Natur (Wipfel), vom lebendigen Tier (Vögelein) bis zum letzten Glied in der Evolutionskette, dem Menschen, nach einem allumfassenden Gesetz eintaucht in den Stand der Ruhe, um am nächsten Tag wieder zu neuer Bewegung erquickt zu sein. Der Mensch als Bestandteil der Natur ist an dieses Gesetz des Kosmos gebunden und erlebt diese Gebundenheit als Beruhigung, als erlösende Gnade.

Goethes starkes Bemühen um Klassizität, seine Abkehr von der maßlosen Ichbezogenheit und Exzentrik der Geniezeit wird vor allem in den beiden Hymnen ›Grenzen der Menschheit‹ (1781) und ›Das Göttliche‹ (1783) sichtbar, markante Gegenstücke zu ›Prometheus‹ und ›Ganymed‹ (beide 1774). In der Distanz der Weimarer Umgebung, im neuen klassisch-humanen Bewußtsein erscheint dem Dichter jede vergleichende Annäherung an Gott als Vermessenheit. Der Dreißigjährige hat gelernt, die »Grenzen der Menschheit« anzuerkennen, ohne deshalb zu resignieren.

Grenzen der Menschheit

Wenn der uralte
Heilige Vater
Mit gelassener Hand
Aus rollenden Wolken
Segnende Blitze
Über die Erde sät,
Küss' ich den letzten
Saum seines Kleides,
Kindliche Schauer
Treu in der Brust.

Denn mit Göttern
Soll sich nicht messen
Irgend ein Mensch.
Hebt er sich aufwärts
Und berührt
Mit dem Scheitel die Sterne,
Nirgends haften dann
Die unsichern Sohlen,
Und mit ihm spielen
Wolken und Winde.

Steht er mit festen,
Markigen Knochen
Auf der wohlgegründeten
Dauernden Erde,
Reicht er nicht auf,
Nur mit der Eiche
Oder der Rebe
Sich zu vergleichen.

Was unterscheidet
Götter von Menschen?
Daß viele Wellen
Vor jenen wandeln,
Ein ewiger Strom:

Uns hebt die Welle,
Verschlingt die Welle,
Und wir versinken.

Ein kleiner Ring
Begrenzt unser Leben,
Und viele Geschlechter
Reihen sie dauernd
An ihres Daseins
Unendliche Kette.

Ein gemessener feierlicher Sprachduktus kennzeichnet das Gedicht, die kurzen Verse in klassisch-daktylischem Maß geben jedem einzelnen Bild großes Gewicht. Der Dichter will eine allgemeine Wahrheit zum Ausdruck bringen, deshalb verzichtet er auf individuelle Machtwörter wie in den Sturm-und-Drang-Hymnen, bekräftigt in einer ruhigen, gleichmäßigen, distanzierten Sprache die unumstößlichen Gesetze menschlichen Daseins. Die Vorstellung des christlichen Vater-Gottes und des Blitz und Donner schleudernden Zeus verbindet er zu einem allgemeinen Begriff der Gottheit, der sich gleichwohl von dem pantheistischen naturhaften Allgott des ›Ganymed‹-Hymnus deutlich unterscheidet. Vor der Allmacht der Götter, signalisiert in dem Paradoxon der »segnenden Blitze«, steht demütig der Mensch, in kindlich-gläubigem Vertrauen.

Vergebens nähert sich der Mensch den Göttern; wohl kann er sich weit erheben über die Erde und »mit dem Scheitel die Sterne« berühren (wie Ganymed), er bleibt doch ein Spielball der Elemente, in der Hand der Götter. Auch wenn er sich noch so stark im Irdischen gebärdet (wie Prometheus), er muß die Bescheidenheit seiner Existenz erkennen neben der reinen vollkommenen Natur, die Eiche und Rebe repräsentieren. Seine materielle Natur hindert den Menschen, an der Unsterblichkeit der Götter teilzuhaben, seine geistige aber entfernt ihn auch von der reinen Natur.

Dennoch verleiht gerade das Bewußtsein, das ihn nach seiner Stellung im Kosmos fragen läßt, dem irdisch gebundenen Menschen die Freiheit, sich zu vollenden. Der Ring, der begrenzt, zeigt zugleich die harmonische geschlossene Form an, mit der er teilhat am ewigen Sein des Göttlichen: Sein individuelles Schicksal mag dem Gesetz der Vergänglichkeit unterworfen sein, aber als Glied einer Kette von Menschengeschlechtern dauert er fort.

Wie der Mensch sich innerhalb des »Rings« vollenden kann, damit er dem Bilde Gottes sich nähere, spricht der zweite frühklassische Hymnus ›Das Göttliche‹ aus: »Edel sei der Mensch, / Hilfreich und gut...«. Im ethischen Handeln und in seiner schöpferischen Kraft, die »dem Augenblick Dauer« verleihen kann, liegt die göttliche Bestimmung des Menschen, die ihn aber nicht zur Überheblichkeit verführen soll, sondern immer Freiheit und Pflicht zugleich bedeutet. Und im Bild des Kreises nimmt Goethe in diesem Hymnus das Motiv des Ringes wieder auf: »Nach ewigen, ehrnen, / Großen Gesetzen / Müssen wir alle / Unseres Daseins / Kreise vollenden«.

## 2.2 Goethes klassische Lyrik

Der nach der ›Italienischen Reise‹ in den Jahren 1788–1790 entstandene Gedichtzyklus ›Erotica Romana‹ (Liebesgedichte in römischem Stil), später ›Römische Elegien‹ genannt, zeugt von der großen Veränderung, die vor allem das Rom-Erlebnis in Goethes Leben bewirkte. Zum erstenmal dichtete er in traditionellen antiken Versen, Distichen, und mit »natürlicher Grazie« und »kunstloser Leichtigkeit« (A. W. Schlegel) paßte er seine glücklich bewegten Gedanken den vorgeschriebenen Hexametern und Pentametern an. Um exakte metrische Regeln, wie sie seinerzeit die Philologen erarbeiteten, kümmerte er sich wenig. Goethe erfaßte neue rhythmisch-metrische Formen immer als Ganzes, alles theoretische Tüfteln widersprach seinem natürlichen Sinn für Poesie.

Als Elegie bezeichnete die Antike zum einen jedes Gedicht in Distichen, unabhängig von Inhalt und Stimmung, dann aber auch, als inhaltliche Definition, ein wehmütiges Klagelied, ohne festgelegtes Versmaß. Die ›Römischen Elegien‹ sprechen nur von glücklichem Erfüllt-Sein; ihre Intensität erhalten sie jedoch erst aus der erlittenen Erfahrung von nordischer Kälte und Zerrissenheit.

Römische Elegien

I.

Saget, Steine, mir an, o sprecht, ihr hohen Päläste!
    Straßen, redet ein Wort! Genius, regst du dich nicht?
Ja, es ist alles beseelt in deinen heiligen Mauern,
    Ewige Roma; nur mir schweiget noch alles so still.
O wer flüstert mir zu, an welchem Fenster erblick' ich
    Einst das holde Geschöpf, das mich versengend erquickt?
Ahn' ich die Wege noch nicht, durch die ich immer und immer,
    Zu ihr und von ihr zu gehn, opfre die köstliche Zeit?

Noch betracht' ich Kirch' und Palast, Ruinen und Säulen,
  Wie ein bedächtiger Mann schicklich die Reise benutzt.
Doch bald ist es vorbei; dann wird ein einziger Tempel,
  Amors Tempel nur sein, der den Geweihten empfängt.
Eine Welt zwar bist du, o Rom; doch ohne die Liebe
  Wäre die Welt nicht die Welt, wäre denn Rom auch nicht Rom.

Alle drei Motivkreise des zwanzig Gedichte umfassenden Zyklus
werden in dieser ersten Elegie programmatisch genannt: die Liebe,
die lebende Weltstadt mit ihrer Stein gewordenen Geschichte und
die antike Mythologie, hier in der Gestalt Amors. Das moderne
und das mythische Rom verbindet der Gott der Liebenden;
schalkhaft, munter, ewig jung lehrt er den traurigen »Fremdling«,
die unbefangene antike Sinnlichkeit zu begreifen: »Lebe glücklich,
und so lebe die Vorzeit in dir!« (XIII. Elegie). Das Wortspiel
zwischen Amor und Roma ist bezeichnend für die wechselseitige
Durchdringung von erfüllter sinnlicher Liebe und der von der
Schönheit der Liebe zeugenden Kunst dieser Stadt. Die berühmte-
ste der Elegien ist die fünfte, die das Glück sich steigernden Lebensgefühls in Liebes- und Kunstgenuß vollendet zum Ausdruck
bringt.

V.

Froh empfind' ich mich nun auf klassischem Boden begeistert,
  Vor- und Mitwelt spricht lauter und reizender mir.
Hier befolg' ich den Rat, durchblättre die Werke der Alten
  Mit geschäftiger Hand, täglich mit neuem Genuß.
Aber die Nächte hindurch hält Amor mich anders beschäftigt;
  Werd' ich auch halb nur gelehrt, bin ich doch doppelt beglückt.
Und belehr' ich mich nicht, indem ich des lieblichen Busens
  Formen spähe, die Hand leite die Hüften hinab?
Dann versteh' ich den Marmor erst recht: ich denk' und vergleiche,
  Sehe mit fühlendem Aug', fühle mit sehender Hand.
Raubt die Liebste denn gleich mir einige Stunden des Tages,
  Gibt sie Stunden der Nacht mir zur Entschädigung hin.
Wird doch nicht immer geküßt, es wird vernünftig gesprochen;
  Überfällt sie der Schlaf, lieg' ich und denke mir viel.
Oftmals hab' ich auch schon in ihren Armen gedichtet
  Und des Hexameters Maß leise mit fingernder Hand
Ihr auf dem Rücken gezählt. Sie atmet in lieblichem Schlummer,
  Und es durchglühet ihr Hauch mir bis ins Tiefste die Brust.
Amor schüret die Lamp' indes und denket der Zeiten,
  Da er den nämlichen Dienst seinen Triumvirn getan.

Nicht das politische Triumvirat, sondern die berühmte Dichter-
Dreiheit von Catull, Properz und Tibull, die in Rom Liebesge-

dichte schrieben, wird am Schluß der Elegie heraufbeschworen; bewußt setzt sich der fremde Dichter zu ihnen in Beziehung: In der Tradition ihrer Liebeslyrik durfte er es wagen, frei auch über sinnliche Liebe zu sprechen. Auch die »Ich«-Form war von den drei römischen Lyrikern vorgegeben, damit konnte Goethe sein Bekenntnis zur Sinnlichkeit in fiktive Dichtungsräume rücken.

Die Form der Elegie, die in Deutschland zum ersten Mal Friedrich Gottlieb Klopstock mit Virtuosität handhabe, hat Goethe eingehend bei den genannten Dichtern studiert (von Properz hatte ihm der Freund Knebel seine gerade fertiggestellte Übersetzung geschickt). Eifrige Philologen haben nach Übernahmen und Anspielungen gesucht – und sie auch gefunden, aber Goethes ganz einzigartiger Ton, sein ganz anderer, ins »Idyllische« gehender Umgang mit dem Motiv der Liebe etwa, die bei ihm von schöner Erfüllung, Treue und göttlicher Zeitlosigkeit geprägt ist, bleiben doch das Wesentliche. Nicht Nachahmung, sondern Anverwandlung war Goethes Kunst.

Die Übereinstimmung von Kunst und Natur hatte Goethe angesichts der Farben und Formen Italiens erfahren; ein neues Sehen und Begreifen hatte er gelernt, das von der sinnlichen Wahrnehmung ausging und dem »unbefriedigten Geistes«-Menschen aus dem Norden zur ganzheitlichen Welterfahrung verhalf: »Sehe mit fühlendem Aug', fühle mit sehender Hand«. Die Kraft der Sinnlichkeit wurde ihm der Schlüssel zur antiken Kunst; vom lebendig Gegenwärtigen aus erschloß sich dem Künstler auch die alte Mythologie, die daher eine ganz konkret-plastische Gestalt in den ›Elegien‹ gewann.

Die geliebte Frau ist es vor allem, die die antike Schönheit vergegenwärtigt. Sie ist ganz naive Sinnlichkeit, ungeteilt, während der dichtende Mann auch objektiv betrachtender, denkender, lernender, schöpferischer Mensch ist, der aus der Erfahrung nordischer Problematik fast rauschhaft das Glück ästhetisch-geistiger und naturhaft-sinnlicher Einheit genießt. – Die Vermittlung dieser ganzheitlichen zeitübergreifenden Lebenshaltung rechtfertigte wohl auch den Abdruck der ›Elegien‹ in der Zeitschrift ›Die Horen‹, die programmatisch gegen alle Tendenzen der Vereinzelung vorging und über »rein menschliche« Interessen ihr Publikum »unter der Fahne der Wahrheit und Schönheit« zu neuem Bewußtsein erziehen wollte.

Die Veröffentlichung 1795, mit der Goethe wohlweislich gezögert hatte, erregte Aufsehen und heftige Kritik: Die freie intime Schilderung einer Liebesbeziehung war ein unerhörtes Novum in der damaligen literarischen Öffentlichkeit. Man entrüstete sich über die schamlose Nacktheit in den ›Elegien‹, zumal man wußte, daß bei Goethe immer gelebte Wirklichkeit in der Dichtung enthalten war. Doch verstanden auch schon Zeitgenossen, daß die Körperlichkeit der Geliebten nicht provozieren, sondern das Gestalthafte der Kunst vorführen sollte, ja erst den eigentlichen Zugang zur Vollkommenheit der klassischen Marmorfiguren ermöglichte.

Daß Goethe in Rom eine »Faustine« fand – wie er seine Geliebte in den Elegien nannte –, wissen die Biographen; aber das berauschende, befreiende Liebesglück, das er in dem Gedichtzyklus feiert, hatte er wenige Wochen nach seiner Italien-Rückkehr in dem Nähmädchen Christiane Vulpius gefunden, die in ihrer einfachen Natürlichkeit den Dichter endlich Leben und Kunst konfliktfrei vereinen ließ. Aber weder die reale »Faustine« in Rom noch Christiane in Weimar füllen die Gestalt der erdichteten Geliebten ganz, die, eng verknüpft mit der antiken Götter- und Heroenwelt, Eros' ewige Macht spiegeln sollte.

In der siebten Elegie dominiert der dritte Motivkreis, die Begegnung mit der antiken Mythologie, die aus der Spannung von nordischer Düsternis und Schwere und dem Feuer des südlichen Äthers, dem Formenreichtum Italiens sich zu besonderer Seligkeit steigert. In seiner überschäumenden Lebensfreude fühlt sich der Dichter an die Göttertafel emporgehoben, von Hebe, der Göttin ewiger Jugend, erfaßt; die verjüngende, wunderbar erneuernde Kraft, die Goethe in Italien erfahren hatte, wird damit den ›Elegien‹ anvertraut. Die von Phöbus erleuchteten Farben und Formen haben auch den Dichter des Nordens entzündet, daß er als Halbgott sich wähnt und einzieht in den Olymp. Gegenwart und Vergangenheit, Norden und Süden verschmelzen für einen Augenblick zu höchstem Glück, so daß selbst der Tod demütig als Geschenk erwartet werden kann:

VII.

O wie fühl' ich in Rom mich so froh! gedenk' ich der Zeiten,
    Da mich ein graulicher Tag hinten im Norden umfing,
Trübe der Himmel und schwer auf meine Scheitel sich senkte,
    Farb- und gestaltlos die Welt um den Ermatteten lag,
Und ich über mein Ich, des unbefriedigten Geistes
    Düstre Wege zu spähn, still in Betrachtung versank.
Nun umleuchtet der Glanz des helleren Äthers die Stirne;
    Phöbus rufet, der Gott, Formen und Farben hervor.
Sternhell glänzet die Nacht, sie klingt von weichen Gesängen,
    Und mir leuchtet der Mond heller als nordischer Tag.
Welche Seligkeit ward mir Sterblichem! Träum' ich? Empfänget
    Dein ambrosisches Haus, Jupiter Vater, den Gast?

Ach! hier lieg' ich und strecke nach deinen Knieen die Hände
  Flehend aus. O vernimm, Jupiter Xenius, mich!
Wie ich hereingekommen, ich kann's nicht sagen; es faßte
  Hebe den Wandrer und zog mich in die Hallen heran.
Hast du ihr einen Heroen herauf zu führen geboten?
  Irrte die Schöne? Vergib! Laß mir des Irrtums Gewinn!
Deine Tochter Fortuna, sie auch! die herrlichsten Gaben
  Teilt als ein Mädchen sie aus, wie es die Laune gebeut.
Bist du der wirtliche Gott? O dann so verstoße den Gastfreund
  Nicht von deinem Olymp wieder zur Erde hinab!
»Dichter! wohin versteigest du dich?« – Vergib mir; der hohe
  Kapitolinische Berg ist dir ein zweiter Olymp.
Dulde mich, Jupiter, hier, und Hermes führe mich später,
  Cestius' Mal vorbei, leise zum Orkus hinab.

Während der italienischen Reise glaubte Goethe dem Geheimnis der Urpflanze ganz nahe gekommen zu sein, die ihm »Modell« und »Schlüssel« allen übrigen Lebens sein sollte. Angeregt durch Herders ›Ideen zur Philosophie der Geschichte der Menschheit‹, in denen er die ganze Schöpfung bis zum kleinsten Käfer einem allgemeinen göttlichen Plan unterworfen erklärte, wollte Goethe einen »Naturgedicht«-Zyklus schreiben, der die alle Gebiete des Lebens verbindende große Welt-Idee dichterisch darstellen sollte. Aber das Vorhaben führte Goethe nicht aus.

1798, acht Jahre nach einer wissenschaftlichen Abhandlung ›Versuch die Metamorphose der Pflanzen zu erklären‹, legte Goethe seine naturkundlichen Beobachtungen in poetischer Form nieder. Die beiden Elegien, ›Metamorphose der Pflanzen‹ und ›Metamorphose der Tiere‹, in der Tradition antiker und frühaufklärerischer Lehrdichtung geschrieben, zeigen indes, wie anders am Ende des Jahrhunderts der wissenschaftlichen Differenzierungen ein Lehrgedicht abgefaßt ist: (Subjektiver Ausdruck der) Kunst und (objektive Beschreibung der) Wissenschaft lassen wie in der Antike ihre gemeinsame Wurzel der Naturdarstellung erkennen. Von Goethes Bedürfnis nach Verbindung der getrennten Disziplinen zeugen die ›Elegien‹, sie sollten gewissermaßen beweisen, daß »Wissenschaft und Poesie vereinbar seien, …, daß, nach einem Umschwung der Zeiten, beide sich wieder freundlich, zu beiderseitigem Vorteil, auf höherer Stelle, gar wohl wieder begegnen könnten« (aus den ›Schriften zur Morphologie‹, 1817). Und in seiner ›Farbenlehre‹ schrieb Goethe: »Man müßte keine der menschlichen Kräfte bei wissenschaftlicher Tätigkeit ausschließen. Die Abgründe der Ahnung, ein sicheres Anschauen der Gegenwart, mathematische Tiefe, physische Genauigkeit, Höhe der Vernunft, Schärfe des Verstandes, bewegliche, sehnsuchtsvolle Phantasie, liebevolle Freude am Sinnlichen, nichts kann entbehrt werden.«

Die Metamorphose der Pflanzen

Dich verwirret, Geliebte, die tausendfältige Mischung
    Dieses Blumengewühls über dem Garten umher;
Viele Namen hörest du an, und immer verdränget
    Mit barbarischem Klang einer den andern im Ohr.
Alle Gestalten sind ähnlich, und keine gleichet der andern;
    Und so deutet das Chor auf ein geheimes Gesetz,
Auf ein heiliges Rätsel. O könnt' ich dir, liebliche Freundin,
    Überliefern sogleich glücklich das lösende Wort!
Werdend betrachte sie nun, wie nach und nach sich die Pflanze,
    Stufenweise geführt, bildet zu Blüten und Frucht.
Aus dem Samen entwickelt sie sich, sobald ihn der Erde
    Stille befruchtender Schoß hold in das Leben entläßt,
Und dem Reize des Lichts, des heiligen, ewig bewegten,
    Gleich den zärtesten Bau keimender Blätter empfiehlt.
Einfach schlief in dem Samen die Kraft; ein beginnendes Vorbild
    Lag, verschlossen in sich, unter die Hülle gebeugt,
Blatt und Wurzel und Keim, nur halb geformet und farblos;
    Trocken erhält so der Kern ruhiges Leben bewahrt,
Quillet strebend empor, sich milder Feuchte vertrauend,
    Und erhebt sich sogleich aus der umgebenden Nacht.
Aber einfach bleibt die Gestalt der ersten Erscheinung;
    Und so bezeichnet sich auch unter den Pflanzen das Kind.
Gleich darauf ein folgender Trieb, sich erhebend, erneuet,
    Knoten auf Knoten getürmt, immer das erste Gebild.
Zwar nicht immer das gleiche; denn mannigfaltig erzeugt sich,
    Ausgebildet, du siehst's, immer das folgende Blatt,
Ausgedehnter, gekerbter, getrennter in Spitzen und Teile,
    Die verwachsen vorher ruhten im untern Organ.
Und so erreicht es zuerst die höchst bestimmte Vollendung,
    Die bei manchem Geschlecht dich zum Erstaunen bewegt.
Viel gerippt und gezackt, auf mastig strotzender Fläche,
    Scheinet die Fülle des Triebs frei und unendlich zu sein.
Doch hier hält die Natur, mit mächtigen Händen, die Bildung
    An und lenket sie sanft in das Vollkommnere hin.
Mäßiger leitet sie nun den Saft, verengt die Gefäße,
    Und gleich zeigt die Gestalt zärtere Wirkungen an.
Stille zieht sich der Trieb der strebenden Ränder zurücke,
    Und die Rippe des Stiels bildet sich völliger aus.
Blattlos aber und schnell erhebt sich der zärtere Stengel,
    Und ein Wundergebild zieht den Betrachtenden an.
Rings im Kreise stellet sich nun, gezählet und ohne
    Zahl, das kleinere Blatt neben dem ähnlichen hin.

Um die Achse gedrängt, entscheidet der bergende Kelch sich,
  Der zur höchsten Gestalt farbige Kronen entläßt.
Also prangt die Natur in hoher, voller Erscheinung,
  Und sie zeiget, gereiht, Glieder an Glieder gestuft.
Immer staunst du aufs neue, sobald sich am Stengel die Blume
  Über dem schlanken Gerüst wechselnder Blätter bewegt.
Aber die Herrlichkeit wird des neuen Schaffens Verkündung;
  Ja, das farbige Blatt fühlet die göttliche Hand,
Und zusammen zieht es sich schnell; die zärtesten Formen,
  Zwiefach streben sie vor, sich zu vereinen bestimmt.
Traulich stehen sie nun, die holden Paare, beisammen,
  Zahlreich ordnen sie sich um den geweihten Altar.
Hymen schwebet herbei, und herrliche Düfte, gewaltig,
  Strömen süßen Geruch, alles belebend, umher.
Nun vereinzelt schwellen sogleich unzählige Keime,
  Hold in den Mutterschoß schwellender Früchte gehüllt.
Und hier schließt die Natur den Ring der ewigen Kräfte;
  Doch ein neuer sogleich fasset den vorigen an,
Daß die Kette sich fort durch alle Zeiten verlänge
  Und das Ganze belebt, so wie das Einzelne, sei.
Wende nun, o Geliebte, den Blick zum bunten Gewimmel,
  Das verwirrend nicht mehr sich vor dem Geiste bewegt.
Jede Pflanze verkündet dir nun die ew'gen Gesetze,
  Jede Blume, sie spricht lauter und lauter mit dir.
Aber entzifferst du hier der Göttin heilige Lettern,
  Überall siehst du sie dann, auch in verändertem Zug.
Kriechend zaudre die Raupe, der Schmetterling eile geschäftig,
  Bildsam ändre der Mensch selbst die bestimmte Gestalt.
O, gedenke denn auch, wie aus dem Keim der Bekanntschaft
  Nach und nach in uns holde Gewohnheit entsproß,
Freundschaft sich mit Macht aus unserm Innern enthüllte,
  Und wie Amor zuletzt Blüten und Früchte gezeugt.
Denke, wie mannigfach bald die, bald jene Gestalten,
  Still entfaltend, Natur unsern Gefühlen geliehn!
Freue dich auch des heutigen Tags! Die heilige Liebe
  Strebt zu der höchsten Frucht gleicher Gesinnungen auf,
Gleicher Ansicht der Dinge, damit in harmonischem Anschaun
  Sich verbinde das Paar, finde die höhere Welt.

Goethe stellte das Gedicht in seinen Werkausgaben zu den ›Römischen Elegien‹; damit betonte er den engen Zusammenhang zwischen Natur und Kunst, der ihm wesentlich in Italien aufgegangen war: beide folgten den gleichen morphologischen (d. i. Gestaltwerdungs-)Gesetzen. Eine so fundamentale Erkenntnis fand in der klassischen Gattung der Elegie angemessenen Ausdruck; das Distichon in seiner Abfolge von offenem Hexameter und geschlossenem Pentameter eignete sich wie keine andere Strophe, das Geheimnis der Metamorphose, Gleichmaß und Bewegung, Ausdehnung und Konzentration, in ihrem ewig lebendigen Wechsel auch formal nachzubilden.

Das »geheime Gesetz«, das »heilige Rätsel«, das hinter der verwirrenden Erscheinungs- und Namensvielfalt der Pflanzen steht, will nicht einfach erklärt werden, sondern das Erkennen muß Schritt für Schritt aus der genauen Betrachtung erfolgen, gewissermaßen das Werden in der Natur nachvollziehen. »Stufenweise« entwickeln sich aus dem Samen, der alle Anlagen künftiger Vollendung schon enthält, unter dem Einfluß von Licht und Wasser die ersten einfachen Keimblätter; immer von der ersten Grundgestalt ausgehend, bildet der »frei und unendlich« scheinende Trieb mannigfaltige Blattformen aus, bis er, von »mächtigen Händen« zart angehalten, den Stengel erzeugt und als Krone der Erscheinungen die Blüte hervortreibt, die mit ihrem süßen Geruch zur Befruchtung anlockt und wiederum unzählige Keime zu neuem Leben in sich birgt. Ewig setzt sich dieser Kreislauf der Natur fort; als einfach und vollkommen offenbaren sich der »Göttin [Natur] heilige Lettern«.

Der Ring der ewigen Kräfte, der sich wie eine »Kette« durch alle Zeiten fortsetzt, war auch schon in dem Hymnus ›Grenzen der Menschheit‹ genannt. Die Übertragung des Metamorphose-Gesetzes auf den Menschen leitet Goethe mit dem sinnfälligen Bild der sich zum Schmetterling wandelnden Raupe ein, das in sich wiederum den Rhythmus von Ruhe und Bewegung einschließt: »Kriechend zaudre die Raupe, der Schmetterling eile geschäftig . . .« Der überall in der Natur beobachtete Prozeß stufenweiser Steigerung, der auch schon im Pflanzenbeispiel mit dem Vokabular zwischenmenschlicher Beziehungen geschildert ist und damit die Analogie vorbereitet (befruchtender Schoß, Kind, holde Paare, Hymen, geweihter Altar), führt beim Menschen über den »Keim der Bekanntschaft« zu »holder Gewohnheit«, Freundschaft, schließlich zu höchster Übereinstimmung und Bindung des Paares in »heiliger Liebe«. Während aber alle Natur das Gesetz der Metamorphose unbewußt erfüllt, hat allein der Mensch, wiewohl auch naturbestimmtes Objekt, die Gestaltung seines Ichs selbst in der Hand: »Bildsam ändre der Mensch selbst die bestimmte Gestalt!«

Goethe hat die Elegie mit Bedacht an die Geliebte adressiert; das Gedicht selbst sollte demonstrieren, wie das Streben nach Harmonie und Weiterentwicklung, am Beispiel der Pflanze liebevoll erklärt, sich im Paar-Verhältnis von belehrendem Mann und lernender Freundin fortsetzt. Christiane Vulpius als Sinnbild des Naturmäßigen, die soviel Verständnis und auch praktischen Sinn für Goethes botanischen Sammeleifer hatte, war mit der Geliebten angesprochen; ihre anfängliche Verwirrung wandelt sich in Staunen, dann in klares Erkennen, bis das vorher ungleiche Paar sich auf einer Stufe begegnet, zur »höchsten Frucht gleicher Gesinnungen« gelangt und zu »höherer Welt« aufsteigt.

Goethe war davon überzeugt, daß Zahlen und exakte Beschreibungen das Wesenhafte, Allgemeine hinter der einzelnen Naturbeobachtung nicht vermitteln könnten. »Das Wahre, mit dem Göttlichen identisch, läßt sich niemals von uns direkt erkennen, wir schauen es nur im Abglanz, im Beispiel, im Symbol« (›Versuch einer Witterungslehre‹, 1825). Das Symbol, das im poetischen Bild die Idee verdichtet und gleichzeitig anschaulich und faßbar macht, gibt es in der Wissenschaftssprache nicht. Um die ahnungsvoll gewußten (nicht experimentell erwiesenen) Zusammenhänge zwischen Pflanzen-, Tier- und Menschenwelt aufzuzeigen, bedurfte Goethe also der Kunst, das heißt der begeisternden lyrischen Kraft der Poesie, die Verstand und Gefühl anspricht. Mit Dank und freudiger Ergriffenheit sollte der Mensch die wunderbare Schöpfung erkennen; solches Pathos konnte die rein beschreibende, objektive Sachsprache der Wissenschaft nicht leisten.

Goethe war immer daran interessiert, seinen Formenreichtum noch zu erweitern, seine künstlerische Beweglichkeit unter Beweis zu stellen. Angeregt durch die Romantiker, zumal August Wilhelm Schlegel, die romanische Gedichtformen wie Stanzen, Kanzonen, Sonette usw. wieder aufnahmen, versuchte er sich nach 1800 auch in der Zucht des strengen Sonetts, das in seinem antithetischen Charakter und seiner gedanklichen Organisation zu den beliebtesten Gattungen des Barock gehörte. Während der Barock aber im Sonett allein den Alexandriner zuließ, der repräsentatives Pathos vermittelte und durch seine Mittelzäsur die Antithetik des Gedankengangs noch verstärkte, übernahm Goethe von A. W. Schlegel die leichteren, natürlicheren Jamben.

Den neuen Vorstellungen von Poesie entsprechend, betonten die Lyriker Ende des 18. Jahrhunderts das »wohl abgerundete Ganze« des Sonetts, die »leichte Grazie seiner hin und her schwebenden Fortbewegung« (G. A. Bürger), seine »Füll' in engen Gränzen«, das »reine Ebenmaß der Gegensätze« (A. W. Schlegel), lösten also das starre Argumentationsschema des barocken Sonetts auf. So auch im folgenden ›Sonett‹ Goethes:

> Natur und Kunst, sie scheinen sich zu fliehen
> Und haben sich, eh' man es denkt, gefunden;
> Der Widerwille ist auch mir verschwunden,
> Und beide scheinen gleich mich anzuziehen.

Es gilt wohl nur ein redliches Bemühen!
Und wenn wir erst in abgemeßnen Stunden
Mit Geist und Fleiß uns an die Kunst gebunden,
Mag frei Natur im Herzen wieder glühen.

So ist's mit aller Bildung auch beschaffen:
Vergebens werden ungebundne Geister
Nach der Vollendung reiner Höhe streben.

Wer Großes will, muß sich zusammenraffen;
In der Beschränkung zeigt sich erst der Meister,
Und das Gesetz nur kann uns Freiheit geben.

Natur und Kunst empfand der Sturm und Drang als Gegensatz, das schöpferische Individuum lehnte jedes Kunstgesetz, jedes Regelwerk als Einschränkung seines sich frei entfaltenden Ichs ab; in diesem um 1800 entstandenen Sonett erfahren sie ihre klassische Synthese. Keinen »Widerwillen« mehr empfindet der Dichter, sein Gefühl, das doch im Gedicht frei fließen will, künstlich zu reglementieren. Mit natürlicher Leichtigkeit und zugleich kunstvoll argumentierend, entwickelt Goethe seine Gedanken, so daß Form und Wohllaut des Sonetts zum symbolischen Beweis der aufgestellten These werden.

Die Synthese von Freiheit (Natur) und Bindung (Kunst) überträgt der Dichter von dem besonderen Fall der Gedichtform auf den allgemeinen menschlich-sittlichen Bereich: Wenn der Mensch die Pflicht »abgemeßner Stunden« erfüllt, seine Gebundenheit an die Kunstgesetze und andere notwendige Ordnungen annimmt, wird er des Herzens Fülle, die die Natur ihm gab, wieder frei sprechen lassen können. In den Terzetten steigert sich dieser Gedanke der Einheit von Pflicht und Neigung, Sittlichkeit und Sinnlichkeit – oder wie man sonst diese zu überwindenden Gegensätze seinerzeit formulierte – zur klassisch-harmonischen Bildungsidee, gipfelnd in der berühmt gewordenen Schlußpointe: »In der Beschränkung zeigt sich erst der Meister, / Und das Gesetz nur kann uns Freiheit geben.« Alles Große bedarf der Begrenzung und der Konzentration, das gilt für den Künstler wie für den sittlichen Menschen. Auch das Gesetz der »Metamorphose der Pflanzen« steckt in Goethes Bildungsgedanken, denn die Blüte der Vollendung erreicht der strebende Mensch nur, wenn er sich dem Wechsel von ruhigem Sammeln (»sich zusammenraffen«) und vorwärtsdrängender Bewegung unterwirft.

Im strengen gedanklichen Argumentieren, das eigentlich nicht Goethes Naturell entsprach, ist Schillers Einfluß anzunehmen, der ihm sicher auch im »redlichen Bemühen« um Maß, Form und sittliche Vervollkommnung voraus war. Das vorliegende Sonett zeigt Goethes Fähigkeit, unterschiedliche Positionen zu verbinden: Während Schiller das neue »Romantische« rundweg ablehnte, setzte Goethe sich auf seine spielerisch anmutende, anschauliche, ironisch distanzierte Weise mit Zeitströmungen wie der Sonett-Mode auseinander. Kurz nach Schillers Tod (1807/8) schrieb er sogar einen ganzen Zyklus von Sonetten, Liebesgedichte in Petrarkischer Tradition, die die Spannung zwischen Leidenschaft und Entsagung reflektierend bewältigen.

Das folgende Gedicht (entstanden 1803) ordnete Goethe in der von ihm selbst besorgten ›Ausgabe letzter Hand‹ seines Gesamtwerks in die Gruppe ›Gott und Welt‹ ein, die weltanschauliche Lyrik enthält. Goethe befaßte sich hier mit Ideen und Vorstellungen, die ihn bis ins Alter beschäftigten.

Dauer im Wechsel

Hielte diesen frühen Segen
Ach, nur *eine* Stunde fest!
Aber vollen Blütenregen
Schüttelt schon der laue West.
Soll ich mich des Grünen freuen,
Dem ich Schatten erst verdankt?
Bald wird Sturm auch das zerstreuen,
Wenn es falb im Herbst geschwankt.

Willst du nach den Früchten greifen,
Eilig nimm dein Teil davon!
Diese fangen an zu reifen,
Und die andern keimen schon;
Gleich mit jedem Regengusse
Ändert sich dein holdes Tal,
Ach, und in demselben Flusse
Schwimmst du nicht zum zweitenmal.

Du nun selbst! Was felsenfeste
Sich vor dir hervorgetan,
Mauern siehst du, siehst Paläste
Stets mit andern Augen an.
Weggeschwunden ist die Lippe,
Die im Kusse sonst genas,
Jener Fuß, der an der Klippe
Sich mit Gemsenfreche maß.

Jene Hand, die gern und milde
Sich bewegte wohlzutun,
Das gegliederte Gebilde,
Alles ist ein andres nun.

Und was sich an jener Stelle
Nun mit deinem Namen nennt,
Kam herbei wie eine Welle,
Und so eilt's zum Element.

Laß den Anfang mit dem Ende
Sich in *eins* zusammenziehn!
Schneller als die Gegenstände
Selber dich vorüberfliehn.
Danke, daß die Gunst der Musen
Unvergängliches verheißt,
Den Gehalt in deinem Busen
Und die Form in deinem Geist.

In regelmäßigen ruhigen Versen, leicht und melodisch hat Goethe
hier sein aus tiefer Einsicht gewonnenes Verhältnis zu »Gott und
Welt« abgebildet. Das Gestaltungsprinzip des klassischen Dichters
läßt sich an dem Gedicht noch einmal musterhaft vorführen. Die
Bilder der sinnlichen Natur, vor allem vom Auge liebevoll erfaßt,
haben immer zugleich eine symbolische Bedeutung: sie sollen über
den realen Gegenstand hinaus auf eine allgemeine überzeitliche
Idee verweisen. Das Thema der Vergänglichkeit abzuhandeln, bedient sich Goethe also eines Kunstmittels, des Symbols, das den
Bildern der vergänglichen Welt Dauer verleiht. Genau diese
schöpferische Fähigkeit des Dichters wird am Schluß als selbstbe-
wußte Antwort gegen die Vergänglichkeitsklage gesetzt.

Anlaß eines Gedichts war für Goethe fast immer persönliches
Erleben, das aber nun nicht mehr unmittelbar dargestellt wird wie
im Sturm und Drang, sondern durch das symbolische Bild vergei-
stigt, beruhigt erscheint. Gefühl und gestaltende Vernunft gehen
also gleicherweise ins Gedicht ein. Mit feinen Strichen deutet Goethe hier seine emotionale Beteiligung an. »Ach«, beklagt er die
Flüchtigkeit der Zeit, die er nicht für »eine Stunde« festhalten
kann. Dem glücklichen Augenblick Dauer zu verleihen, wie es von
jeher sein tiefstes Bestreben war, läßt das Leben nicht zu, das nur
den Wechsel als das Dauernde kennt. Im Bild des Baumes ist der
Lauf der Jahreszeiten veranschaulicht: Frühlingsblüte, Sommer-
grün, Herbststurm dauern nicht, auch das Ich inmitten der vertrauten Landschaft (»dein holdes Tal«) nicht. Der besondere
Baum, der reife und neu keimende Früchte zugleich trägt (Zitronen hatte Goethe in Italien gleichzeitig blühen und reifen gesehen),
stellt nur eine Steigerung des Vergänglichen im Gegenwärtigen
dar. Daneben aber symbolisiert der schattenspendende Baum, seit
der Antike Topos des zeitlosen Arkadiens, ewiges Glück und Frieden. Die Kette der Naturgleichnisse, die alle die Vergänglichkeit

der Zeit malen, schließt mit einem Bild des griechischen Philosophen Heraklit; der Fluß, in dem man nicht zum zweiten Male schwimmt, faßt wiederum wie das Bild des Baumes Dauer und Wechsel, Flüchtiges und Bleibendes zugleich: Alles fließt, alles bleibt in Bewegung.

In den Strophen drei und vier reihen sich assoziativ weitere Beispiele nur scheinbar unerschütterlicher Existenz; Mauern und Paläste, die auch Gesellschaftsformen festschreiben, Liebesbeziehungen, wagemutige Entschlüsse ändern sich in ihrer Bedeutung, auch das Ich selbst ist nur eine »Welle« im Fluß der Zeit. Erst mit der fünften Strophe wird der strömende Rhythmus der vorbeiziehenden Bilder angehalten durch den Imperativ: »Laß den Anfang mit dem Ende / Sich in *eins* zusammenziehn!« Der inneren Bewegung setzt der Dichter seine geistige Kraft entgegen, die ihn frei macht von der schmerzenden irdischen Begrenztheit. Wenn er seinen Geist nicht haften läßt an den wechselnden »Gegenständen«, erkennt er ihre Einheit: Das einzelne vergeht, aber das Ganze bleibt als unwandelbare »Weltvernunft« erhalten. Am ewigen Sein hat der Mensch teil durch die Beständigkeit seiner liebenden Gesinnung. »Was kann der Mensch mehr wünschen, als daß ihm erlaubt sei, das Ende an den Anfang anzuschließen, und wodurch kann dies geschehen als durch die Dauer der Zuneigung, des Vertrauens, der Liebe, der Freundschaft«, schrieb Goethe an Heinrich von Trebra am 5. Januar 1814. Dem Dichter haben die Musen zudem die Gabe verliehen, dank seiner gestaltenden Vernunft den Gesinnungen und Gedanken bleibende Gestalt zu geben. Im Kunstwerk leben sie zeitlos fort.


2.3 Schillers klassische Lyrik


Während bei Goethe die gelebte Erfahrung Ausgangspunkt seiner Dichtung ist, immer auch das persönliche Empfinden mitschwingt, ist Schiller der Meister der Gedankenlyrik, der die Ideen der Klassik mit philosophischer Strenge poetisch reflektiert. Sein gesamtes Werk zeugt im Grunde von dem Streben, sich über die irdischen Fesseln und Unzulänglichkeiten, die den Menschen niederdrücken, zu erheben, ins Vollkommene, Unvergängliche, Göttliche hinüberzuretten. Die schauerliche Faszination des Todes, die in seinen frühen Dichtungen immer wieder an den Barock gemahnt, Krankheit, materielle Not und Abhängigkeit, die seine Existenz peinigten, versuchte er sozusagen in einem Kraftakt des Willens zu besiegen. Das Pathos seiner Sprache rührt daher. Die gewaltige Disziplin, die Schiller der äußeren Natur des Menschen auferlegen mußte, scheint in seinem Werk durch und macht es uns Heutigen schwerer zugänglich als die eher heitersouveräne Poesie Goethes, den Schiller zeitlebens wegen seines ausgeglicheneren glücklicheren Temperaments bewunderte – und beneidete.

Schillers philosophischer Ansatz gründet in dem äußersten Willen, nicht zu verzweifeln angesichts des verlorengegangenen Arkadiens der Menschheit, die doch als göttliche Schöpfung vollkommen schön gedacht werden muß; daher zwingt er sich aus der Resignation in die Zuversicht, daß erst die Erfahrung der Trauer und Dissonanz den modernen sentimentalischen Menschen zu wahrer Vollendung herausfordere. In der 1795 entstandenen Abhandlung ›Über naive und sentimentalische Dichtkunst‹ stellt er der naiven Nachahmung der glücklichen Realität die viel höhere Leistung und Aufgabe des sentimentalischen Dichters entgegen, der das Ideal dieses Glücks neu und verlockend darzustellen habe. Größe, sagt er, zeichne den naiven Naturmenschen aus; Erhabenheit, nämlich die Kraft, sich im Unglück dennoch zu Schönheit und Freiheit seines »absoluten moralischen Vermögens« aufzuschwingen, erfahre nur der wissende Kulturmensch.

Das Streben nach Freiheit, nach Vergötterung des Menschen, die ihn seine irdische Gebrechlichkeit überwinden läßt, ist auch in Schillers Liebesgedichten thematisiert. Noch mitten in seiner Sturm-und-Drang-Phase, als Goethe schon längst auf dem Weg zu Ruhe und Mäßigung war, schrieb er für die ›Anthologie auf das Jahr 1782‹ neben einem Stückchen ›Meinem Prinzipal Dem Tod zugeschrieben‹ unter anderem das Gedicht ›Die seligen Augenblicke‹, heute bekannt als ›Entzückung an Laura‹. Da Schiller in der zweiten Fassung die explosivsten Strophen 5–9 wegließ, wir aber gerade den leidenschaftlichen Lyriker, der später mit so ausgeklügelter Gedanken-Leistung besticht, zeigen wollen, sei im folgenden die ursprüngliche Fassung wiedergegeben:


Die seligen Augenblicke

Laura, über diese Welt zu flüchten,
Wähn ich – mich in Himmelmaienglanz zu lichten,
    Wenn dein Blick in meine Blicke flimmt,
Ätherlüfte träum ich einzusaugen,
Wenn mein Bild in deiner sanften Augen
    Himmelblauem Spiegel schwimmt; –

Leierklang aus Paradieses Fernen,
Harfenschwung aus angenehmern Sternen
   Ras ich, in mein trunken Ohr zu ziehn,
Meine Muse fühlt die Schäferstunde,
Wenn von deinem wollustheißen Munde
   Silbertöne ungern fliehn; –

Amoretten seh ich Flügel schwingen,
Hinter dir die trunknen Fichten springen
   Wie von Orpheus' Saitenruf belebt,
Rascher rollen um mich her die Pole,
Wenn im Wirbeltanze deine Sohle
   Flüchtig wie die Welle schwebt; –

Deine Blicke – wenn sie Liebe lächeln,
Könnten Leben durch den Marmor fächeln,
   Felsenadern Pulse leihn,
Träume werden um mich her zu Wesen,
Kann ich nur in deinen Augen lesen:
   Laura, Laura mein! –

Wenn dann, wie gehoben aus den Achsen
Zwei Gestirn, in Körper Körper wachsen,
   Mund an Mund gewurzelt brennt,
Wollustfunken aus den Augen regnen,
Seelen wie entbunden sich begegnen
   In des Atems Feuerwind, – – –

Qualentzücken – Paradiesesschmerzen! – – –
Wilder flutet zum beklommnen Herzen,
   Wie Gewappnete zur Schlacht, das Blut,
Die Natur, der Endlichkeit vergessen,
Wagts, mit höhern Wesen sich zu messen,
   Schwindelt ob der acherontschen Flut.

Eine Pause drohet hier den Sinnen,
Schwarzes Dunkel jagt den Tag von hinnen,
   Nacht verschlingt den Quell des Lichts –
Leises ... Murmeln ... dumpfer ... hin ... verloren ...
Stirbt ... allmählich ... in den trunknen ... Ohren ...
   Und die Welt ist ... Nichts ...

Ach, vielleicht verpraßte tausend Monde,
Laura, die Elysiumssekunde,
   All begraben in dem schmalen Raum;
Weggewirbelt von der Todeswonne,
Landen wir an einer andern Sonne,
   Laura! und es war ein Traum.

O daß doch der Flügel Chronos' harrte,
Hingebannt ob dieser Gruppe starrte
   Wie ein Marmorbild – – die Zeit!
Aber ach! ins Meer des Todes jagen
Wellen Wellen – Über dieser Wonne schlagen
   Schon die Strudel der Vergessenheit.

Kraftvoll, wild bewegen sich die Wirbel der Erregung, Wollust und Wut mischen sich in dem leidenschaftlichen Sinnenrausch. »Wie Gewappnete zur Schlacht« kämpfen die Liebenden gegen das Wesen der Natur, die Gebundenheit der Zeit. In der Liebeserfüllung gelingt für einen Augenblick die Auflösung der irdischen Schranken; die Erregung des Bluts, das Hinüberschweben ins Nichts, das in seiner dunklen Schwerelosigkeit Elysium und Todeswonne zugleich bedeutet, spiegelt der abgebrochene Satzbau. In der seelisch-sinnlichen Liebe, die als Göttergabe die schöpferische Fähigkeit verleiht, Marmor und Felsen, Träume zum Leben zu erwecken, erfahren Körper und Seele eine »Elysiumssekunde« lang »Vergötterung«, treten aus der irdischen Schwerkraft in die Sphäre des Ewigen.

Vergeblichkeit verbindet sich seit Petrarcas sehnsuchtsvollen Gedichten mit dem Namen Laura. »Aber ach« – mit schmerzlicher Einsicht endet der Traum ewigen Glücks; den »seligen Augenblikken« Dauer zu verleihen, sie als gelebte Erfahrung dankbar zu bewahren, war Schiller nicht gegeben. Während Goethe in innerem Anschauen des Erlebten, im Symbol, tröstlich die Teilhabe am Göttlichen befestigte, blieb für Schiller nur tödliche Resignation: im Tod allein kann der unvollkommene Mensch sich vollenden. Später in Weimar fand Schiller den Ausweg aus der Depression in die Freiheit abstrakter Idealität. Aber noch in einem seiner letzten Gedichte ›Die Gunst des Augenblicks‹, in dem er den feuertrunkenen göttlichen Augenblick durch Logik und Entschluß zu bannen versucht (»Alles Göttliche auf Erden / Ist ein Lichtgedanke nur«), endet er resignativ in Grabesdunkel:

So ist jede schöne Gabe
   Flüchtig wie des Blitzes Schein,
Schnell in ihrem düstern Grabe
   Schließt die Nacht sie wieder ein.

In dem 1785 entstandenen, in seiner feierlichen Haltung odenhaften Lied ›An die Freude‹, das Beethoven zum Teil vertont und damit populär gemacht hat, gibt Schiller seiner Begeisterung für den neu gewonnenen Freundeskreis um Christian Gottfried Körner unmittelbaren Ausdruck. Die »Göttin Freude« hatte der Anakreontiker Hagedorn schon besungen, und Klopstock huldigte ihr, der »Schwester der Menschlichkeit«, in seiner berühmten Ode ›Der Zürchersee‹ (vgl. Bd. II).

An die Freude

Freude, schöner Götterfunken,
   Tochter aus Elysium,
Wir betreten feuertrunken
   Himmlische, dein Heiligtum.
Deine Zauber binden wieder,
   Was der Mode Schwert geteilt;
Bettler werden Fürstenbrüder,
   Wo dein sanfter Flügel weilt.

*Chor*
Seid umschlungen, Millionen!
   Diesen Kuß der ganzen Welt!
   Brüder – überm Sternenzelt
Muß ein lieber Vater wohnen.

Wem der große Wurf gelungen,
   Eines Freundes Freund zu sein;
Wer ein holdes Weib errungen,
   Mische seinen Jubel ein!
Ja – wer auch nur *eine* Seele
   *Sein* nennt in dem Erdenrund!
Und wers nie gekonnt, der stehle
   Weinend sich aus diesem Bund!

*Chor*
Was den großen Ring bewohnet,
   Huldige der Sympathie!
   Zu den Sternen leitet sie,
Wo der *Unbekannte* thronet.

Freude trinken alle Wesen
   An den Brüsten der Natur,
Alle Guten, alle Bösen
   Folgen ihrer Rosenspur.
Küsse gab sie *uns* und *Reben*,
   Einen Freund, geprüft im Tod.
Wollust ward dem Wurm gegeben,
   Und der Cherub steht vor Gott.

*Chor*
Ihr stürzt nieder, Millionen?
  *Ahndest* du den Schöpfer, Welt?
    Such ihn überm Sternenzelt,
Über Sternen muß er wohnen.

Freude heißt die starke Feder
  In der ewigen Natur.
Freude, Freude treibt die Räder
  In der großen Weltenuhr.
Blumen lockt sie aus den Keimen,
  Samen aus dem Firmament,
Sphären rollt sie in den Räumen,
  Die des Sehers Rohr nicht kennt.

*Chor*
Froh, wie seine Sonnen fliegen,
  Durch des Himmels prächtgen Plan,
  Laufet, Brüder, eure Bahn,
Freudig wie ein Held zum Siegen.

Aus der Wahrheit Feuerspiegel
  Lächelt *sie* den Forscher an.
Zu der Tugend steilem Hügel
  Leitet *sie* des Dulders Bahn.
Auf des Glaubens Sonnenberge
  Sieht man *ihre* Fahnen wehn,
Durch den Riß gesprengter Särge
  *Sie* im Chor der Engel stehn.

*Chor*
Duldet mutig, Millionen!
  Duldet für die beßre Welt!
  Droben überm Sternenzelt
Wird ein großer Gott belohnen.

Göttern kann man nicht vergelten,
  Schön ists, ihnen gleich zu sein.
Gram und Armut soll sich melden,
  Mit den Frohen sich erfreun.
Groll und Rache sei vergessen,
  Unserm Todfeind sei verziehn,
Keine Träne soll ihn pressen,
  Keine Reue nage ihn.

*Chor*
Unser Schuldbuch sei vernichtet!
  Ausgesöhnt die ganze Welt!
  Brüder – überm Sternenzelt
Richtet Gott, wie wir gerichtet.

*Freude* sprudelt in Pokalen,
   In der Traube goldnem Blut
Trinken Sanftmut Kannibalen,
   Die Verzweiflung Heldenmut – –
Brüder, fliegt von euren Sitzen,
   Wenn der volle Römer kreist,
Laßt den Schaum zum Himmel sprützen:
   Dieses Glas dem guten Geist.

*Chor*
Den der Sterne Wirbel loben,
   Den des Seraphs Hymne preist,
   *Dieses Glas dem guten Geist*
Überm Sternenzelt dort oben!

Festen Mut in schwerem Leiden,
   Hülfe, wo die Unschuld weint,
Ewigkeit geschwornen Eiden,
   Wahrheit gegen Freund und Feind,
Männerstolz vor Königsthronen –
   Brüder, gält es Gut und Blut, –
Dem Verdienste seine Kronen,
   Untergang der Lügenbrut!

*Chor*
Schließt den heilgen Zirkel dichter,
   Schwört bei diesem goldnen Wein:
   Dem Gelübde treu zu sein,
Schwört es bei dem Sternenrichter!

Rettung von Tyrannenketten,
   Großmut auch dem Bösewicht,
Hoffnung auf den Sterbebetten,
   Gnade auf dem Hochgericht!
Auch die Toten sollen leben!
   Brüder trinkt und stimmet ein,
Allen Sündern soll vergeben,
   Und die Hölle nicht mehr sein.

*Chor*
Eine heitre Abschiedsstunde!
   Süßen Schlaf im Leichentuch!
   Brüder – einen sanften Spruch
Aus des Totenrichters Munde!


Die Anakreontik verstand Freude ganz diesseitig als Lebensgenuß,
und Klopstock beschwor sie enthusiastisch als Ausdruck empfindsamer Gemütsbewegung, die schließlich zur Heiligung der
Freundschaft führte; bei Schiller soll sie die Dissonanzen dieser
Welt auflösen, den Menschen vollkommen machen wie den

Schöpfer selbst, von dem sie ausgeht. Der Aussagemodus des »Soll« und »Muß« weist die Freude als etwas zu Leistendes aus, das verdient, errungen sein muß, soll sich das Elysium schon auf Erden verwirklichen. Der Aufforderungscharakter vor allem in den vom »Chor« übernommenen Strophen, die die ganze Menschheit einbeziehen, ist durchgängig ausgedrückt in den Imperativen.

Eine eigenartige Gehaltenheit, ja Angestrengtheit geht von dem Gedicht aus, die in völligem Kontrast zur rauschhaften Emphase steht, in die es sich hineinsteigert: Freude ist hier nicht überströmendes heiliges Gefühl, wie es Klopstock ansteckend vermitteln konnte, sondern heißes Verlangen, diese Göttergabe möge die Allharmonie in der Welt stiften und den Menschen in ein ideales Wesen verwandeln. Während Klopstock in seiner Ode tief empfundenes, unendliches Gefühl feiert, gestaltet Schiller einen Rauschzustand, der von aller menschlichen Begrenztheit entfesselt. Aus der sich steigernden Stimmung gleichgesinnter Freunde, angefeuert durch den Wein, löst sich das Individuum selig in der Gemeinschaft verbrüderter Millionen auf. In solch elysischen Augenblicken kann die Kraft des Herzens trennende Standesschranken niederreißen, zu Heldenmut und großartiger Entfaltung aller geistigen und sittlichen Kräfte begeistern, so daß die Menschen ihre göttliche Bestimmung wieder erkennen lassen. Durch ihre läuternde Kraft wird Freude schließlich zur Gewißheit eines liebenden Gottes, der mit dem Paradies belohnt, die Hölle braucht es nicht mehr. Bis zum Schluß bleibt die Spannung zwischen Wunsch und Illusion, der Taumel des Gefühlsüberschwangs erhalten.

Schiller lehnte später, nach dem Studium Kants, das Gedicht ab, wollte es nicht in seine 1800 erschienene erste Gedichtsammlung aufnehmen (1803, um die letzte Strophe gekürzt und leicht überarbeitet, wurde es zum ersten Mal gedruckt). Als klassisch, als vollkommen konnte für den »nachkantschen« Schiller nur noch jene Lyrik gelten, die – ohne Resignation und Zwiespalt des gegenwärtigen Menschheitszustands zu leugnen – sich in neuer Freiheit und Würde in einen angst- und schmerzfreien ästhetischen Zustand der Idealität begäbe. In dem obigen Gedicht aber fehlt die Distanz des Betrachters noch ganz.

1788 schrieb Schiller für Wielands ›Teutschen Merkur‹ das Gedicht ›Die Götter Griechenlands‹; es markiert zusammen mit der Beschreibung des Mannheimer Antikensaals (›Brief eines reisenden Dänen‹) Schillers Hinwendung zur Antike. In einem Brief an seinen Freund Körner vom 20. August 1788 heißt es: »In den nächsten zwei Jahren habe ich mir vorgenommen, lese ich keinen modernen Schriftsteller mehr (...) Nur die Alten geben mir jetzt die wahren Genüsse. Zugleich bedarf ich ihrer im höchsten Grade, um meinen eigenen Geschmack zu reinigen, der sich durch Spitzfindigkeit, Künstlichkeit und Witzelei sehr von der wahren Simplizität zu entfernen anfing. Du wirst finden, daß mir ein vertrauter Umgang mit den Alten äußerst wohl tun, vielleicht Klassizität geben wird.« Während Schiller als Geschichtswissenschaftler die Gefahr sah, daß in einer »übertriebenen Bewunderung des Altertums«, in der »kindischen Sehnsucht nach vergangenen Zeiten« die Sicht auf »unsre eigenen Besitzungen« versperrt würde, stimmte er als Dichter durchaus der zeitgenössischen Griechenbegeisterung zu, ließ sich doch in den Schönheits- und Humanitätsvorstellungen, in der lebendigen Einheit von Sinnennatur und Geist, in der Götterbeseeltheit der griechischen Antike die Idee des Vollkommenen evozieren, die vor dem Hintergrund einer düsteren Gegenwart besondere Intensität erhielt. Nicht historische Wahrheit also wollte seine Dichtung über die ›Götter Griechenlands‹ wiedergeben, sondern das schöne Bild einer dichterischen Wirklichkeit heraufbeschwören.

Die Zeitgenossen hatten es schwer, die im Gedicht enthaltene Kritik an Christentum und Aufklärung, die zur nüchternen Vernunft, zur Sinnenfeindlichkeit der Neuzeit geführt hätten, als dichterische Denkfreiheit zu akzeptieren; die in jener Zeit immer wieder postulierte Autonomie der Kunst, die Lösung von den Bindungen an die Moral, Philosophie, Geschichte usw., war noch längst keine Selbstverständlichkeit. Auf den Vorwurf des Atheismus und der Gotteslästerung hin, der vor allem von dem pietistisch argumentierenden Friedrich Leopold Graf Stolberg vorgebracht wurde, milderte Schiller gut zehn Jahre später in einer zweiten Fassung (1800) einige mißverständliche Stellen, komprimierte, feilte noch einmal streng; diese zweite, um neun Strophen gekürzte Fassung geben wir im folgenden wieder:

Die Götter Griechenlands

Da ihr noch die schöne Welt regieret,
An der Freude leichtem Gängelband
Selige Geschlechter noch geführet,
Schöne Wesen aus dem Fabelland!
Ach, da euer Wonnedienst noch glänzte,
Wie ganz anders, anders war es da!
Da man deine Tempel noch bekränzte,
Venus Amathusia!

Da der Dichtung zauberische Hülle
Sich noch lieblich um die Wahrheit wand –

Durch die Schöpfung floß da Lebensfülle,
Und was nie empfinden wird, empfand.
An der Liebe Busen sie zu drücken,
Gab man höhern Adel der Natur,
Alles wies den eingeweihten Blicken,
Alles eines Gottes Spur.

Wo jetzt nur, wie unsre Weisen sagen,
Seelenlos ein Feuerball sich dreht,
Lenkte damals seinen goldnen Wagen
Helios in stiller Majestät.
Diese Höhen füllten Oreaden,
Eine Dryas lebt' in jenem Baum,
Aus den Urnen lieblicher Najaden
Sprang der Ströme Silberschaum.

Jener Lorbeer wand sich einst um Hilfe,
Tantals Tochter schweigt in diesem Stein,
Syrinx' Klage tönt' aus jenem Schilfe,
Philomelens Schmerz aus diesem Hain.
Jener Bach empfing Demeters Zähre,
Die sie um Persephonen geweint,
Und von diesem Hügel rief Cythere,
Ach umsonst! dem schönen Freund.

Zu Deukalions Geschlechte stiegen
Damals noch die Himmlischen herab,
Pyrrhas schöne Töchter zu besiegen,
Nahm der Leto Sohn den Hirtenstab.
Zwischen Menschen, Göttern und Heroen
Knüpfte Amor einen schönen Bund,
Sterbliche mit Göttern und Heroen
Huldigten in Amathunt.

Finstrer Ernst und trauriges Entsagen
War aus eurem heitern Dienst verbannt,
Glücklich sollten alle Herzen schlagen,
Denn euch war der Glückliche verwandt.
Damals war nichts heilig als das Schöne,
Keiner Freude schämte sich der Gott,
Wo die keusch errötende Kamöne,
Wo die Grazie gebot.

Eure Tempel lachten gleich Palästen,
Euch verherrlichte das Heldenspiel
An des Isthmus kronenreichen Festen,
Und die Wagen donnerten zum Ziel.
Schön geschlungne seelenvolle Tänze
Kreisten um den prangenden Altar,
Eure Schläfe schmückten Siegeskränze,
Kronen euer duftend Haar.

Das Evoë muntrer Thyrsusschwinger
Und der Panther prächtiges Gespann
Meldeten den großen Freudebringer,
Faun und Satyr taumeln ihm voran,
Um ihn springen rasende Mänaden,
Ihre Tänze loben seinen Wein,
Und des Wirtes braune Wangen laden
Lustig zu dem Becher ein.

Damals trat kein gräßliches Gerippe
Vor das Bett des Sterbenden. Ein Kuß
Nahm das letzte Leben von der Lippe,
Seine Fackel senkt' ein Genius.
Selbst des Orkus strenge Richterwaage
Hielt der Enkel einer Sterblichen,
Und des Thrakers seelenvolle Klage
Rührte die Erinnyen.

Seine Freuden traf der frohe Schatten
In Elysiens Hainen wieder an,
Treue Liebe fand den treuen Gatten
Und der Wagenlenker seine Bahn,
Linus' Spiel tönt die gewohnten Lieder,
In Alcestens Arme sinkt Admet,
Seinen Freund erkennt Orestes wieder,
Seine Pfeile Philoktet.

Höhre Preise stärkten da den Ringer
Auf der Tugend arbeitvoller Bahn,
Großer Taten herrliche Vollbringer
Klimmten zu den Seligen hinan.
Vor dem Wiederfoderer der Toten
Neigte sich der Götter stille Schar;
Durch die Fluten leuchtet dem Piloten
Vom Olymp das Zwillingspaar.

Schöne Welt, wo bist du? Kehre wieder,
Holdes Blütenalter der Natur!
Ach, nur in dem Feenland der Lieder
Lebt noch deine fabelhafte Spur.
Ausgestorben trauert das Gefilde,
Keine Gottheit zeigt sich meinem Blick,
Ach, von jenem lebenwarmen Bilde
Blieb der Schatten nur zurück.

Alle jene Blüten sind gefallen
Von des Nordes schauerlichem Wehn.
*Einen* zu bereichern unter allen,
Mußte diese Götterwelt vergehn.
Traurig such ich an dem Sternenbogen,
Dich, Selene, find ich dort nicht mehr,

Durch die Wälder ruf ich, durch die Wogen,
Ach, sie widerhallen leer!

Unbewußt der Freuden, die sie schenket,
Nie entzückt von ihrer Herrlichkeit,
Nie gewahr des Geistes, der sie lenket,
Selger nie durch meine Seligkeit,
Fühllos selbst für ihres Künstlers Ehre,
Gleich dem toten Schlag der Penduluhr,
Dient sie knechtisch dem Gesetz der Schwere,
Die entgötterte Natur.

Morgen wieder neu sich zu entbinden,
Wühlt sie heute sich ihr eignes Grab,
Und an ewig gleicher Spindel winden
Sich von selbst die Monde auf und ab.
Müßig kehrten zu dem Dichterlande
Heim die Götter, unnütz einer Welt,
Die, entwachsen ihrem Gängelbande,
Sich durch eignes Schweben hält.

Ja, sie kehrten heim, und alles Schöne,
Alles Hohe nahmen sie mit fort,
Alle Farben, alle Lebenstöne,
Und uns blieb nur das entseelte Wort.
Aus der Zeitflut weggerissen, schweben
Sie gerettet auf des Pindus Höhn,
Was unsterblich im Gesang soll leben,
Muß im Leben untergehn.

Schönheit, Freude und Zwanglosigkeit bestimmten jenes Goldene
Zeitalter der griechischen Antike, das ganz deutlich gleich zu Beginn des Gedichts als Fiktion ausgewiesen wird. Als »schöne Wesen aus dem Fabelland« bezeichnet Schiller die Götter Griechenlands, als märchenhafte Ausgeburt der Phantasie ihre selige Harmonie mit den Menschen. Sehnsuchtsvoll beschwört er jenes Paradies einer liebe- und gotterfüllten Natur, die so »ganz anders,
anders« war als seine Gegenwart einer aufgeklärten, entgötterten
und daher empfindungslosen Welt. Damals war die Poesie noch
nicht von der Wirklichkeit, der Wahrheit der Erkenntnis getrennt,
sondern konnte deren schöne verzaubernde »Hülle« sein. Sein
Wissen von der Welt erlaubte dem Dichter damals noch, das Leben als von Schönheit und göttlicher Sinngebung erfüllt zu preisen, ohne die Wahrheit zu verletzen.

Diese verlorengegangene Idealität muß durch die Kraft des
Dichters zum Idealisieren ersetzt werden. In seiner theoretischen
Schrift über die ästhetische Erziehung des Menschen, auch in an-
deren Gedichten, weist Schiller der Kunst die Aufgabe zu, den

Weg vom einstigen Arkadien über die Geschichte nach Elysium aufzuzeigen.

> Durch immer reinre Formen, reinre Töne
> Durch immer höhre Höhen und immer schönre Schöne
> Der Dichtung Blumenleiter still hinauf –

muß die Menschheit vom Dichter geführt werden, dann würden in Zukunft wieder Schönheit und Wahrheit zusammenfallen, heißt es in seinem großen Gedicht ›Die Künstler‹ (1788/89).

In den ›Göttern Griechenlands‹ führt Schiller als Dichter der Moderne elegische Klage über das verlorengegangene Arkadien. In hymnischem Ton besingt er den Traum von hellenischer Heiterkeit und Allharmonie, mit dem Pathos des Leidens »straft« er dagegen die eigene entzauberte Zeit. Das »holde Blütenalter der Natur« (vgl. Herders organisches Geschichtsbild), in dem die göttliche Spur im Sonnenlauf, in Bäumen, Strömen, Schilf und Steinen sich »lebenswarm« offenbarte, hatte Schiller in der ersten Fassung immer wieder scharf kontrastiert mit der von der Wissenschaft zu mechanischer Gesetzmäßigkeit erklärten, kalten Welt des »alternden Verstands«; diese dauernde Antithetik ist in der zweiten Fassung einer klaren Abfolge von elf »griechischen« und vier gegenwartsbezogenen Strophen gewichen.

Schiller hatte sich Ende der achtziger Jahre gründlich mit der griechischen Mythologie befaßt, davon zeugt diese Elegie: kaum eine Strophe, in der er nicht auf mythologische Figuren und Geschichten anspielt, die der Leser heute ohne lexikalische Hilfe kaum mehr enträtseln kann. Die Venus Amathusia, nach ihrer Kultstätte Amathus benannt, knüpfte mit dem Band der Liebe Götter und Menschen zusammen, ihrer Macht beugten sich die Götter bereitwillig. Von Heiterkeit, sinnlicher Freude war der Gottesdienst des glücklichen Griechenvolks gekennzeichnet, das sich mit allen Glücklichen verwandt fühlte, und dem Schönheit in jeder Form und jenseits aller Moral als göttlich galt. Der heilige Tempel wurde durch olympische Kampfspiele, durch Feste voll Lachen, Tanz und prangendem Schmuck nicht entweiht, sondern erschien um so herrlicher, erhöht zum Mittelpunkt eines vollen Lebens. Als ekstatische Steigerung des »dionysischen« Lebensgefühls führt der Dichter den Weingott selbst, von springenden, rasenden Mänaden begleitet, prächtig ins Bild. Der plötzliche Wechsel ins Präsens verlebendigt das Erscheinen des »Freudebringers« noch.

Selbst der Tod hat in der Antike keine Schrecken, keine Unerbittlichkeit; im Bild des Kusses ist das Sterben menschlich, versöhnlich geworden, der fackelsenkende »Genius« versinnlicht die göttliche Anteilnahme, die den Sterbenden begleitet. Das auffällige Enjambement »... Ein Kuß / Nahm das letzte Leben von der Lippe« verstärkt den Eindruck emotionaler Verbindung zwischen Diesseits und Jenseits, die, anders als im abstrakten Christentum, durch die sinnlich konkrete Erfahrung der Freude und Liebe miteinander verknüpft sind. Der enge Bezug zwischen Menschen und Göttern, zwischen irdischer und jenseitiger Welt machte Götter menschlicher und Menschen göttlicher; Castor und Pollux wurden wegen ihrer kühnen Heldentaten zu Halbgöttern erhoben, als leuchtendes Vorbild göttlicheren Menschseins erlangte das Zwillingsgestirn am Sternenhimmel Unsterblichkeit.

Mit der elften Strophe endet die hymnische Feier einer vergangenen schönen Welt, die so vollkommen nur noch »in dem Feenland der Lieder« als eine »fabelhafte« Gedankenschöpfung des sich nach solchem Ideal sehnenden Menschen existiert. Die leise Wehmut über den Verlust dieser Welt wird nun zur massiven Kritik an der Gegenwart. Obwohl erheblich gekürzt in der zweiten Fassung, blieben als Hauptpunkte der Klage der christliche Monotheismus und die kalte Vernunft der Aufklärung, die alle »Blüten« aus dem Leben vertrieben hätten: Alles Schöne, Leichte, Lebendige wurde durch abstrakte Zahlen und Ideen ersetzt, an die Stelle heiter-naturhafter Vielgötterei trat die enge Dogmatik christlicher Heilslehre, welche Tugend, ehemals eine herrlich zu erringende Kraft, mit Angst und »traurigem Entsagen« erzwingt. Die von Christentum und Wissenschaftsgeist »entgötterte« Natur ist nur mehr eine sich selbst erhaltende, objektivierte, fühllose Maschinerie, unempfänglich für den Lobpreis der Dichter oder ihre beseligende Wirkung auf die Menschen. Wärme, Schönheit, sinnliche Fülle gingen mit der Entwicklung der Menschheit zu aufgeklärten Individuen verloren (das war der Preis ihres Mündig-Werdens).

Nach dieser deprimierenden Feststellung schloß Schiller in seiner ersten Gedichtfassung mit der flehentlichen Bitte:

> Nimm die ernste, strenge Göttin wieder,
> Die den Spiegel blendend vor mir hält;
> Ihre sanfte Schwester sende nieder,
> Spare jene für die andre Welt.

Er bat also um Schönheit statt Wahrheit; die veränderte Elegie endet mit der in seinen philosophischen Arbeiten errungenen Antwort des Hochklassikers: Die Imaginationskraft des Dichters kann die Idee einer vollkommenen Natur, die es in der Wirklichkeit nie gab, so vollkommen darstellen, daß sie »unsterblich im Gesang« weiterlebt. Das Schöne der Antike mußte also verlorengegangen, in der trauernden Klage des Dichters zum Ideal umgestaltet worden sein, damit es wieder seine Kraft erhält, den Menschen zu »veredeln«. Auf einer höheren, da bewußteren Stufe kann so wiederum »Griechheit« entstehen. Die Elegie in ihrer schönen Harmonie von Form und Sprache will die hohe Aufgabe der Kunst, ästhetisch zu erziehen und Idee und Leben wieder zu vereinen, selbst leisten.

In die Zeit zwischen erster und zweiter Fassung der ›Götter Griechenlands‹ fiel Schillers neue Standortbestimmung der Kunst, sein Bemühen, insbesondere dem »Verfall der lyrischen Dichtkunst« entgegenzutreten. In seiner berühmten Rezension ›Über Gottfried August Bürger Gedichte‹ (1789) bzw. der ›Verteidigung des Rezensenten‹ als Erwiderung von Bürgers Kritikerschelte, entwickelte er aus der kritischen Auseinandersetzung mit dessen »Popularitäts«-Begriff (vgl. Bd. II) das Idealisierungsprogramm der Klassik, das er später in den ›Horen‹ vervollständigte: Nicht Anbiederung an den Geschmack der Masse dürfe die Intention der modernen Lyrik sein, sondern sie müsse den Geschmack der Volksmasse auf das Niveau des »Kenners« heben und dadurch der Trennung der Gesellschaftsklassen entgegenwirken. Eine so schwere Aufgabe könne nur eine Dichterpersönlichkeit leisten, die ihre Individualität zur »reinsten herrlichsten Menschheit« hinaufgeläutert habe, so daß sie es »verdient, allgemein zu werden«. Will der Dichter »aber einen Kunstzweck erreichen, d.h. will er allgemein rühren, will er gar die Seelen, die er rührt, durch diese Rührung *veredeln*, so entschließe er sich, von seiner noch so sehr geliebten Individualität in einigen Stücken Abschied zu nehmen, das Schöne, das Edle, das Vortreffliche, was wirklich in ihm wohnt, weislich zu Rat zu halten und womöglich in *einem* Strahl zu konzentrieren, so bemühe er sich, alles, was ausschließend nur in seinem einzelnen, umschränkten, befangenen Selbst haftet, und alles, was der Empfindung, die er darstellt, ungleichartig ist, davon zu scheiden und ja vor allem andern jeden groben Zusatz von Sinnlichkeit, Unsittlichkeit u. dgl. abzustoßen, womit man es im handelnden Leben nicht immer so genau zu nehmen pflegt . . .«

G. A. Bürger mangele es an »idealischer Reinheit und Vollendung, die allein den guten Geschmack befriedigt«, stellte Schiller fest. Das Originalgenie des Sturm und Drang mußte seine Eigenheiten, seine Natur strengstens sondieren und erziehen, um als klassisches Idealgenie wirken zu dürfen.

1795, während sein altes körperliches Leiden, eine chronisch gewordene kruppöse Lungenentzündung, Schiller wieder wochenlang auf sein abgedunkeltes Zimmer beschränkte, schrieb er das große elegische Gedicht ›Der Spaziergang‹, das er zunächst unter dem Titel ›Elegie‹ in den ›Horen‹ veröffentlichte. Es ist Flucht aus der physischen Enge und Gebrechlichkeit in die ewig freie und vollkommene Natur, wie sie ähnlich Ewald von Kleist in seinem berühmten Gedicht ›Der Frühling‹ besungen hatte. Auch von Hallers Lehrgedicht ›Die Alpen‹ (1732), in dem die Betrachtung der Natur kulturphilosophische Reflexionen auslöst (zu Haller und Kleist vgl. Bd. II), ließ sich Schiller bei seiner Elegie anregen. Eine Verbindung von Hallers strenger Gedankenlyrik und Kleists eher empfindsamer Naturbegeisterung stellt Schillers Gedicht dar – und mehr, nämlich die reinste lyrische Umsetzung seiner philosophischen Theorien dieser Zeit. So hatte es der Dichter selbst empfunden, im November 1795 schrieb er an Wilhelm von Humboldt, einen seiner engsten Freunde in Jena: »Mein eigenes Dichtertalent hat sich ... in diesem Gedichte erweitert: noch in keinem ist der *Gedanke* selbst so poetisch gewesen und geblieben, in keinem hat das Gemüth so sehr als eine Kraft gewirkt.«

Der Spaziergang

Sei mir gegrüßt, mein Berg mit dem rötlich strahlenden Gipfel!
  Sei mir, Sonne, gegrüßt, die ihn so lieblich bescheint!
Dich auch grüß ich, belebte Flur, euch, säuselnde Linden,
  Und den fröhlichen Chor, der auf den Ästen sich wiegt,
Ruhige Bläue, dich auch, die unermeßlich sich ausgießt
  Um das braune Gebirg, über den grünenden Wald,
Auch um mich, der endlich entflohn des Zimmers Gefängnis
  Und dem engen Gespräch freudig sich rettet zu dir.
Deiner Lüfte balsamischer Strom durchrinnt mich erquickend,
  Und den durstigen Blick labt das energische Licht.
Kräftig auf blühender Au erglänzen die wechselnden Farben,
  Aber der reizende Streit löset in Anmut sich auf.
Frei empfängt mich die Wiese mit weithin verbreitetem Teppich,
  Durch ihr freundliches Grün schlingt sich der ländliche Pfad,
Um mich summt die geschäftige Bien, mit zweifelndem Flügel
  Wiegt der Schmetterling sich über dem rötlichen Klee.
Glühend trifft mich der Sonne Pfeil, still liegen die Weste,
  Nur der Lerche Gesang wirbelt in heiterer Luft.
Doch jetzt brausts aus dem nahen Gebüsch, tief neigen der Erlen
  Kronen sich, und im Wind wogt das versilberte Gras.
Mich umfängt ambrosische Nacht; in duftende Kühlung
  Nimmt ein prächtiges Dach schattender Buchen mich ein,
In des Waldes Geheimnis entflieht mir auf einmal die Landschaft,
  Und ein schlängelnder Pfad leitet mich steigend empor.
Nur verstohlen durchdringt der Zweige laubigtes Gitter

Sparsames Licht, und es blickt lachend das Blaue herein.
Aber plötzlich zerreißt der Flor. Der geöffnete Wald gibt
Überraschend des Tags blendendem Glanz mich zurück.
Unabsehbar ergießt sich vor meinen Blicken die Ferne,
Und ein blaues Gebirg endigt im Dufte die Welt.
Tief an des Berges Fuß, der gählings unter mir abstürzt,
Wallet des grünlichten Stroms fließender Spiegel vorbei.
Endlos unter mir seh ich den Äther, über mir endlos,
Blicke mit Schwindeln hinauf, blicke mit Schaudern hinab.
Aber zwischen der ewigen Höh und der ewigen Tiefe
Trägt ein geländerter Steig sicher den Wandrer dahin.
Lachend fliehen an mir die reichen Ufer vorüber,
Und den fröhlichen Fleiß rühmet das prangende Tal.
Jene Linien, sieh! die des Landmanns Eigentum scheiden,
In den Teppich der Flur hat sie Demeter gewirkt.
Freundliche Schrift des Gesetzes, des menschenerhaltenden Gottes,
Seit aus der ehernen Welt fliehend die Liebe verschwand,
Aber in freieren Schlangen durchkreuzt die geregelten Felder,
Jetzt verschlungen vom Wald, jetzt an den Bergen hinauf
Klimmend, ein schimmernder Streif, die Länder verknüpfende Straße;
Auf dem ebenen Strom gleiten die Flöße dahin.
Vielfach ertönt der Herden Geläut im belebten Gefilde,
Und den Widerhall weckt einsam des Hirten Gesang.
Muntre Dörfer bekränzen den Strom, in Gebüschen verschwinden
Andre, vom Rücken des Bergs stürzen sie gäh dort herab.
Nachbarlich wohnet der Mensch noch mit dem Acker zusammen,
Seine Felder umruhn friedlich sein ländliches Dach,
Traulich rankt sich die Reb empor an dem niedrigen Fenster,
Einen umarmenden Zweig schlingt um die Hütte der Baum.
Glückliches Volk der Gefilde! noch nicht zur Freiheit erwacht,
Teilst du mit deiner Flur fröhlich das enge Gesetz.
Deine Wünsche beschränkt der Ernten ruhiger Kreislauf,
Wie dein Tagewerk, gleich, windet dein Leben sich ab!
Aber wer raubt mir auf einmal den lieblichen Anblick? Ein fremder
Geist verbreitet sich schnell über die fremdere Flur!
Spröde sondert sich ab, was kaum noch liebend sich mischte,
Und das Gleiche nur ists, was an das Gleiche sich reiht.
Stände seh ich gebildet, der Pappeln stolze Geschlechter
Ziehn in geordnetem Pomp vornehm und prächtig daher.
Regel wird alles, und alles wird Wahl und alles Bedeutung,
Dieses Dienergefolg meldet den Herrscher mir an.
Prangend verkündigen ihn von fern die beleuchteten Kuppeln,
Aus dem felsigten Kern hebt sich die türmende *Stadt*.
In die Wildnis hinaus sind des Waldes Faunen verstoßen,
Aber die Andacht leiht höheres Leben dem Stein.
Näher gerückt ist der Mensch an den Menschen. Enger wird um ihn,
Reger erwacht, es umwälzt rascher sich in ihm die Welt.
Sieh, da entbrennen in feurigem Kampf die eifernden Kräfte,
Großes wirket ihr Streit, Größeres wirket ihr Bund.

Tausend Hände belebt *ein* Geist, hoch schläget in tausend
    Brüsten, von *einem* Gefühl glühend, ein einziges Herz,
Schlägt für das Vaterland und glüht für der Ahnen Gesetze,
    Hier auf dem teuren Grund ruht ihr verehrtes Gebein.
Nieder steigen vom Himmel die seligen Götter und nehmen
    In dem geweihten Bezirk festliche Wohnungen ein,
Herrliche Gaben bescherend erscheinen sie; Ceres vor allen
    Bringet des Pfluges Geschenk, Hermes den Anker herbei,
Bacchus die Traube, Minerva des Ölbaums grünende Reiser,
    Auch das kriegrische Roß führet Poseidon heran,
Mutter Cybele spannt an des Wagens Deichsel die Löwen,
    In das gastliche Tor zieht sie als Bürgerin ein.
Heilige Steine! Aus euch ergossen sich Pflanzer der Menschheit,
    Fernen Inseln des Meers sandtet ihr Sitten und Kunst,
Weise sprachen das Recht an diesen geselligen Toren,
    Helden stürzten zum Kampf für die Penaten heraus.
Auf den Mauern erschienen, den Säugling im Arme, die Mütter,
    Blickten dem Heerzug nach, bis ihn die Ferne verschlang.
Betend stürzten sie dann vor der Götter Altären sich nieder,
    Flehten um Ruhm und Sieg, flehten um Rückkehr für euch.
Ehre ward euch und Sieg, doch der Ruhm nur kehrte zurücke,
    Eurer Taten Verdienst meldet der rührende Stein:
»Wanderer, kommst du nach Sparta, verkündige dorten, du habest
    Uns hier liegen gesehn, wie das Gesetz es befahl.«
Ruhet sanft, ihr Geliebten! Von eurem Blute begossen,
    Grünet der Ölbaum, es keimt lustig die köstliche Saat.
Munter entbrennt, des Eigentums froh, das freie Gewerbe,
    Aus dem Schilfe des Stroms winket der bläulichte Gott.
Zischend fliegt in den Baum die Axt, es erseufzt die Dryade,
    Hoch von des Berges Haupt stürzt sich die donnernde Last.
Aus dem Felsbruch wiegt sich der Stein, vom Hebel beflügelt,
    In der Gebirge Schlucht taucht sich der Bergmann hinab.
Mulcibers Amboß tönt von dem Takt geschwungener Hämmer,
    Unter der nervigten Faust spritzen die Funken des Stahls.
Glänzend umwindet der goldene Lein die tanzende Spindel,
    Durch die Saiten des Garns sauset das webende Schiff.
Fern auf der Reede ruft der Pilot, es warten die Flotten,
    Die in der Fremdlinge Land tragen den heimischen Fleiß,
Andre ziehn frohlockend dort ein, mit den Gaben der Ferne,
    Hoch von dem ragenden Mast wehet der festliche Kranz.
Siehe, da wimmeln die Märkte, der Kran von fröhlichem Leben,
    Seltsamer Sprachen Gewirr braust in das wundernde Ohr.
Auf den Stapel schüttet die Ernten der Erde der Kaufmann,
    Was dem glühenden Strahl Afrikas Boden gebiert,
Was Arabien kocht, was die äußerste Thule bereitet,
    Hoch mit erfreuendem Gut füllt Amalthea das Horn.
Da gebieret das Glück dem Talente die göttlichen Kinder,
    Von der Freiheit gesäugt, wachsen die Künste der Lust.
Mit nachahmendem Leben erfreuet der Bildner die Augen,

Und vom Meißel beseelt, redet der fühlende Stein,
Künstliche Himmel ruhn auf schlanken jonischen Säulen,
Und den ganzen Olymp schließet ein Pantheon ein.
Leicht wie der Iris Sprung durch die Luft, wie der Pfeil von der Senne
Hüpfet der Brücke Joch über den brausenden Strom.
Aber im stillen Gemach entwirft bedeutende Zirkel
Sinnend der Weise, beschleicht forschend den schaffenden Geist,
Prüft der Stoffe Gewalt, der Magnete Hassen und Lieben,
Folgt durch die Lüfte dem Klang, folgt durch den Äther dem Strahl,
Sucht das vertraute Gesetz in des Zufalls grausenden Wundern,
Sucht den ruhenden Pol in der Erscheinungen Flucht.
Körper und Stimme leiht die Schrift dem stummen Gedanken,
Durch der Jahrhunderte Strom trägt ihn das redende Blatt.
Da zerrinnt vor dem wundernden Blick der Nebel des Wahnes,
Und die Gebilde der Nacht weichen dem tagenden Licht.
Seine Fesseln zerbricht der Mensch. Der Beglückte! Zeriss' er
Mit den Fesseln der Furcht nur nicht den Zügel der Scham!
Freiheit ruft die Vernunft, Freiheit die wilde Begierde,
Von der heilgen Natur ringen sie lüstern sich los.
Ach, da reißen im Sturm die Anker, die an dem Ufer
Warnend ihn hielten, ihn faßt mächtig der flutende Strom,
Ins Unendliche reißt er ihn hin, die Küste verschwindet,
Hoch auf der Fluten Gebirg wiegt sich entmastet der Kahn,
Hinter Wolken erlöschen des Wagens beharrliche Sterne,
Bleibend ist nichts mehr, es irrt selbst in dem Busen der Gott.
Aus dem Gespräche verschwindet die Wahrheit, Glauben und Treue
Aus dem Leben, es lügt selbst auf der Lippe der Schwur.
In der Herzen vertraulichsten Bund, in der Liebe Geheimnis
Drängt der Sykophant, reißt von dem Freunde den Freund,
Auf die Unschuld schielt der Verrat mit verschlingendem Blicke,
Mit vergiftendem Biß tötet des Lästerers Zahn.
Feil ist in der geschändeten Brust der Gedanke, die Liebe
Wirft des freien Gefühls göttlichen Adel hinweg,
Deiner heiligen Zeichen, o Wahrheit, hat der Betrug sich
Angemaßt, der Natur köstlichste Stimmen entweiht,
Die das bedürftige Herz in der Freude Drang sich erfindet,
Kaum gibt wahres Gefühl noch durch Verstummen sich kund.
Auf der Tribune prahlet das Recht, in der Hütte die Eintracht,
Des Gesetzes Gespenst steht an der Könige Thron.
Jahrelang mag, jahrhundertelang die Mumie dauern,
Mag das trügende Bild lebender Fülle bestehn,
Bis die Natur erwacht, und mit schweren ehernen Händen
An das hohle Gebäu rühret die Not und die Zeit,
Einer Tigerin gleich, die das eiserne Gitter durchbrochen
Und des numidischen Walds plötzlich und schrecklich gedenkt,
Aufsteht mit des Verbrechens Wut und des Elends die Menschheit
Und in der Asche der Stadt sucht die verlorne Natur.
O, so öffnet euch, Mauren, und gebt den Gefangenen ledig,
Zu der verlassenen Flur kehr er gerettet zurück!

Aber wo bin ich? Es birgt sich der Pfad. Abschüssige Gründe
   Hemmen mit gähnender Kluft hinter mir, vor mir den Schritt.
Hinter mir blieb der Gärten, der Hecken vertraute Begleitung,
   Hinter mir jegliche Spur menschlicher Hände zurück.
Nur die Stoffe seh ich getürmt, aus welchen das Leben
   Keimet, der rohe Basalt hofft auf die bildende Hand.
Brausend stürzt der Gießbach herab durch die Rinne des Felsen,
   Unter den Wurzeln des Baums bricht er entrüstet sich Bahn.
Wild ist es hier und schauerlich öd. Im einsamen Luftraum
   Hängt nur der Adler und knüpft an das Gewölke die Welt.
Hoch herauf bis zu mir trägt keines Windes Gefieder
   Den verlorenen Schall menschlicher Mühen und Lust.
Bin ich wirklich allein? In deinen Armen, an deinem
   Herzen wieder, Natur, ach! und es war nur ein Traum,
Der mich schaudernd ergriff mit des Lebens furchtbarem Bilde,
   Mit dem stürzenden Tal stürzte der finstre hinab.
Reiner nehm ich mein Leben von deinem reinen Altare,
   Nehme den fröhlichen Mut hoffender Jugend zurück!
Ewig wechselt der Wille den Zweck und die Regel, in ewig
   Wiederholter Gestalt wälzen die Taten sich um.
Aber jugendlich immer, in immer veränderter Schöne
   Ehrst du, fromme Natur, züchtig das alte Gesetz,
Immer dieselbe, bewahrst du in treuen Händen dem Manne,
   Was dir das gaukelnde Kind, was dir der Jüngling vertraut,
Nährest an gleicher Brust die vielfach wechselnden Alter;
   Unter demselben Blau, über dem nämlichen Grün
Wandeln die nahen und wandeln vereint die fernen Geschlechter,
   Und die Sonne Homers, siehe! sie lächelt auch uns.

Der ganze ›Spaziergang‹ ist ein symbolischer Gang durch die
Menschheitsgeschichte. Beginnend in dem noch unschuldig-nai-
ven Kindheitsstand, da der Mensch vollkommen einig lebte mit
der Natur, führt das Gedicht den Leser aus dem zeitlosen Arkadien in die Geschichte, vollzieht die Entwicklung vom Natur- zum
differenzierten Kulturmenschen nach. Über die Straße geht der
Weg vorwärtsstrebender Menschheit zu den Städten des Handels
und der Künste, der geistigen Erfolge und immer größerer Unabhängigkeit bis zur Apokalypse der Französischen Revolution, die
im wilden Freiheitsrausch alle menschlichen Errungenschaften
zerstört. Aus bedrohlichem Chaos und Trümmern, aus dem willkürlich scheinenden Auf und Ab der Geschichte, dessen Gesetz er
nicht erkennen kann, rettet sich der Wanderer schließlich in die
distanzierte idealische Betrachtung der Welt, die ihn über jede
äußere und innere Bedrohung der Wirklichkeit erhaben macht und
auf einer höheren Bewußtseinsebene zur ewig schönen und verläß-
lichen Natur zurückkehren läßt. Diese letzte Vollkommenheits-

stufe der Versöhnung von Vernunft und Natur hat die Menschheit noch nicht erreicht, aber der Dichter weist den Weg dahin.

Der Wanderer sucht als sentimentalischer Städter die verlorengegangene Einheit mit der Natur. Das Bewußtsein des Abstands und der Wunsch nach Rückkehr zur Natur verdeutlichen Begrüßung und vertrauliche Anrede der ersten Verse: »Sei mir gegrüßt, *mein* Berg ...« Die Imaginationskraft des Dichters kann die arkadisch goldene Zeit für einen Moment »Wirklichkeit« werden lassen, indem sie das Ideal an der Schöne der Natur sichtbar macht: lieblich, säuselnd, balsamisch, fröhlich, heiter, frei, ruhig ist diese natürliche Idylle, unbefragte ewige Einheit mit sich selbst, in die der Wanderer wie selbstverständlich einbezogen wird. Aber in dieses ungestört schöne Dasein, das die Liebe regiert, bricht die Zeit, der Trieb des Menschen nach Erkenntnis. Die Natur entzieht sich ihm nun, wird Geheimnis, das erkannt werden will. Heraustretend aus dem Dunkel des Waldes, emporsteigend zum Licht, vollzieht der Wanderer das Bewußtwerden des Menschen, die Geschichte seiner Trennung von der Natur nach, die ihn in ihrer Unabsehbarkeit jetzt schwindeln und schaudern läßt. In diesem Gefühl des Ausgesetztseins gibt der »geländerte Steig« Halt, den der Kulturmensch gegen die bedrohlich gewordene Natur ersann. Als denkender, differenzierender Geist mehr denn als fühlendes Wesen nimmt der Wanderer jetzt die Menschheitsgeschichte wahr, so daß sie zum Objekt seiner Betrachtung werden kann; den erhabenen Standpunkt markiert der Berggipfel.

Dem klassischen Anliegen gemäß läßt Schiller ein typisches, allgemeines Bild abendländischer Volks- und Staatsentwicklung am inneren Auge des Wanderers vorüberziehen. Der Zyklus von Aufstieg, Blüte und Verfall ist auf alle Völker und Kulturen, ja auf die Menschheit insgesamt zu übertragen, so hatte Herder es in seinem organischen Geschichtsbild gelehrt. Zunächst trägt die frühe Form der Zivilisation noch idyllische Züge, das »glückliche Volk der Gefilde«, das schon geregelte Felder (also Eigentumsdenken), Straßen, Flöße, Handel kennt, erfüllt noch ruhig und fröhlich sein enges, naturgebundenes Gesetz; aber der Schritt über die Selbstgenügsamkeit hinaus ist getan. Der »fremde Geist«, der den Menschen aus seiner unbewußten Natürlichkeit drängt, breitet sich immer schneller aus, er lehrt zu ordnen und zu unterscheiden, zu abstrahieren und zu werten, so daß es nun hoch und tief, wertvoll und bedeutungslos, Herrscher und Diener gibt.

Die Stadt, die die Menschen in einer festen Gesellschaftsordnung aneinander bindet, fordert im Wettstreit ihre besten Kräfte heraus, die, wenn sie in *einem* nationalen Geist geeint sind, zu höchster wirtschaftlicher, künstlerischer und sittlicher Blüte zusammenwirken können. Anschauliche Beispiele solcher nationalpolitischer Höhepunkte sind Athen und Sparta: Stadtkulturen, die noch in enger Gemeinschaft mit den Göttern entstanden und ihre Bürger zu göttlichem Heroentum verpflichteten.

Mit zunehmendem Vernunftgebrauch, mit zunehmender Freiheit wachsen Bedürfnisse und Können der Menschen. Fleißig, frohlockend, voller Lust werden die Schätze der Natur in Besitz genommen, der Geschmack wird ausgebildet und verfeinert; ein Maximum an Reichtum und göttlichem Talent, das die Idee der Freiheit in ihrer Kunst zum Ausdruck bringt, scheint die Menschheit erreicht zu haben. Immer weiter strebend, forschend bemüht sie sich um tiefste Erkenntnis: um das Gesetz, das über aller Zufälligkeit und Vergänglichkeit steht, deren sie sich jetzt bewußt ist und das ihr einen »ruhenden Pol in der Erscheinungen Flucht« geben soll.

Aber im Höhepunkt des Kulturzyklus beginnt immer auch schon der Verfall. Freiheit der Vernunft, das Stichwort der Aufklärung, zielte auf ein geistig und sittlich mündiges Individuum – und entfesselte doch auch die triebhaften Begierden dieses zwitterhaften Wesens Mensch. Ausbildung und Verfeinerung führen, wenn Maß und moralischer Halt fehlen, zu Verweichlichung, ja Schlaffheit. Das ganze Weltgefüge bricht auseinander, wenn die zerteilende Vernunft selbst Gott in Frage stellt. Zur leeren Hohlform von Gesetz und Verfassung erstarrt der herrliche Gedanke, täuscht Fülle, Eintracht und Wahrheit vor, wo der »alternde Verstand« längst alle Begeisterung, allen lebendigen Bezug wegräsonierte. Der Absturz der sich verbrecherisch von ihren natürlichen Grenzen losreißenden Menschheit ist furchtbar, endet in Asche und schrecklicher Öde. Mit dem Appell zur Umkehr, zugleich auf Rettung vertrauend, schließt der Wanderer seine Betrachtung über den bisherigen Weg der Menschheit ab: »O, so öffnet euch, Mauren, und gebt den Gefangenen ledig, / Zu der verlassenen Flur kehr er gerettet zurück!«

Der Wanderer hat sich selbst miteinbezogen in die untergangsgefährdete Gesellschaft, er muß angesichts der äußersten Bedrängnis seinen gegenwärtigen Standort neu überdenken: »Aber wo bin ich?« Ohne Weg und Steg, einer rohen, wilden Natur ausgeliefert, die aller lieblichen Reize entbehrt, findet sich der Wanderer wieder. Die klassische Versöhnung mit der Natur endet nicht einfach in der anfänglichen Idylle. Ins »Elementarreich« fällt die Menschheit zunächst zurück, dort kann sie ihre ursprüngliche Kraft wiedergewinnen. Von den Uranfängen allen lebendigen Schaffens ausgehend, hofft der »Klassiker« auf eine bewußte Neugestaltung des Lebens.

Schiller war der Dichter der Freiheit, der angesichts der unglücklichen, ja tragischen Realität die produktive Kraft des Leidens beschwor. Stärkte nicht gerade die äußerste Gefahr des Menschen Willenskraft, seine Freiheit und Würde zu behaupten? Größe zeichnet den glücklichen, sinnlich-naiven Naturmenschen aus, Erhabenheit den unglücklich zerrissenen Sentimentalischen, zitierten wir schon einmal aus Schillers Theorien. In die schauerliche, bedrohliche Bergeinsamkeit verschlagen, die sinnlos sich gebärdende Geschichte im Bewußtsein, vermag der Mensch sich dennoch über seine Not zu erheben. Die Gefahr betrifft ja nur seine äußere Person, sein Geist jedoch ist absolut frei und unendlich über jede naturgesetzte Schranke des Verstandes und der Physis erhaben. Der Adler, der wie der Geist des Dichters einsam im Freiraum des Äthers schwebt, wohin keine irdischen Laute von »Mühen und Lust« dringen, ist Symbol dieser Freiheit, in die der seine körperlichen Grenzen überwindende Mensch vordringen kann.

Mit dem Abstürzen der »furchtbaren Lebensbilder«, die als Traum, also als unwirklich und phantasiert eingestuft werden, wird das Sich-Erheben des Dichters über die materielle Wirklichkeit und vordergründige Geschichte dargestellt. »Reiner«, nämlich sozusagen nur noch als reine Vernunft, nimmt er den großen Weltlauf dann wahr, erkennt im Reich der Ideen, daß die wahre Natur jenseits der Geschichte steht, unveränderlich, unzerstörbar. Als reiner Geist hat der Mensch an dieser ewigen Unzerstörbarkeit teil. So kann er die »Sonne Homers«, die einst über der naiven Menschheit stand, als Sinnbild der wiederhergestellten Harmonie von Natur und Vernunft anschauen. Daß die Sonne im Anfangsbild der Elegie lieblich die Idylle bescheint und am Ende dem mit der Natur versöhnten sentimentalischen Wanderer lächelt, macht ihre Symbolkraft als ewiges göttliches Sein evident.

Mit seinem Gedicht ›Dithyrambe‹ knüpfte Schiller an das Kultlied der griechischen Antike an, das in rauschhafter Ekstase, daher oft in unregelmäßiger Rhythmik, den Gott Dionysos feierte. Typisch für die antiken Dithyramben sind der Wechsel von Vorsänger und antwortendem Chor, sowie die ekstatische Ergriffenheit in der Verherrlichung des Weingottes, der den Beinamen »Dithyrambos« trug. Schiller übernahm rein äußerlich die alte, dem Wechselgesang dienende strophische Aufteilung, wobei nun aber nicht nur der Chor, sondern auch der Dichter selbst spricht. Begeisterung bis zum Rausch paßte eigentlich gar nicht zum klassischen Dichtungsideal; Schiller hat in seiner ›Dithyrambe‹ auch nicht das dionysische Eingehen ins Göttliche besungen, sondern in regelmäßigen

Strophen, in klassisch gebändigter Form also, Wunsch und Teilhabe des Künstlers an der himmlischen Unsterblichkeit dargestellt; insofern ist sein Gedicht eher als Pseudo- oder Anti-Dithyrambe zu bezeichnen.

Dithyrambe

Nimmer, das glaubt mir,
Erscheinen die Götter,
Nimmer allein.
Kaum daß ich Bacchus, den lustigen, habe,
Kommt auch schon Amor, der lächelnde Knabe,
Phöbus der Herrliche findet sich ein.
    Sie nahen, sie kommen
    Die Himmlischen alle,
    Mit Göttern erfüllt sich
    Die irdische Halle.

Sagt, wie bewirt ich,
Der Erdgeborne,
Himmlischen Chor?
Schenket mir euer unsterbliches Leben,
Götter! Was kann euch der Sterbliche geben?
Hebet zu eurem Olymp mich empor!
    Die Freude, sie wohnt nur
    In Jupiters Saale,
    O füllet mit Nektar,
    O reicht mir die Schale!

Reich ihm die Schale!
Schenke dem Dichter,
Hebe, nur ein.
Netz ihm die Augen mit himmlischem Taue,
Daß er den Styx, den verhaßten, nicht schaue,
Einer der Unsern sich dünke zu sein.
    Sie rauschet, sie perlet,
    Die himmlische Quelle,
    Der Busen wird ruhig,
    Das Auge wird helle.

Realistisch, nüchtern bleibt der Dichter trotz Bacchus, Amor und Phoebus Apollo, dem Gott der Künste, die als göttliche Freudebringer sinnlich-sichtbar in die irdische »Halle« treten, dem Menschen in herrlich gesteigertem Lebensgefühl sich offenbaren. Doch auf diese sinnlich-naive Weise kann der »Moderne« nicht mehr am Göttlichen teilhaben; der sentimentalische Dichter ist sich dessen bewußt, resignierend stellt er seine unzulängliche sterbliche Existenz der göttlichen Herrlichkeit gegenüber. Wahre Freude gibt es für ihn nur noch auf dem Olymp, nicht in der sinnlichen Welt. So bittet er die Himmlischen um die schöpferische Inspiration, um die geistige Kraft, derer er bedarf, wenn er Unsterbliches, den Göttern Würdiges vollbringen will.

Bewußt erbittet er das Geschenk und bewußt empfängt er es: So ist er, als Hebe ihm den Göttertrank gereicht hat, ganz ruhig und klar und erleuchtet, nicht etwa außer sich. – Wie ganz anders hatte Goethe in der VII. Römischen Elegie seinen Platz in der olympischen Götterrunde behauptet: In überschäumender Lebensfreude *war* er für einen Augenblick einer von ihnen und »dünkte« sich nicht nur, es zu sein.

Seine letzte Elegie überschrieb Schiller ›Nänie‹ (1798/99), im Titel die Kunstform bezeichnend, die er zu vollenden suchte: Die römische Antike bezeichnete als Nänie die zur Flöte gesungene Totenklage; und eine Klage über die verlorene Hoffnung, daß auf Erden das Vollkommene und Schöne überdauern könnte, eine Elegie, die gewissermaßen alle Elegien einschließt, ist dieses Gedicht.

Nänie

Auch das Schöne muß sterben! Das Menschen und Götter bezwinget,
　Nicht die eherne Brust rührt es des stygischen Zeus.
Einmal nur erweichte die Liebe den Schattenbeherrscher,
　Und an der Schwelle noch, streng, rief er zurück sein Geschenk.
Nicht stillt Aphrodite dem schönen Knaben die Wunde,
　Die in den zierlichen Leib grausam der Eber geritzt.
Nicht errettet den göttlichen Held die unsterbliche Mutter,
　Wann er, am skäischen Tor fallend, sein Schicksal erfüllt.
Aber sie steigt aus dem Meer mit allen Töchtern des Nereus,
　Und die Klage hebt an um den verherrlichten Sohn.
Siehe! Da weinen die Götter, es weinen die Göttinnen alle,
　Daß das Schöne vergeht, daß das Vollkommene stirbt.
Auch ein Klaglied zu sein im Mund der Geliebten, ist herrlich,
　Denn das Gemeine geht klanglos zum Orkus hinab.

Das eherne Gesetz der Vergänglichkeit aller sinnlich-irdischen Schönheit – in dem dreifachen »Nicht« am Zeilenanfang betont – erkennt der Dichter an. In der beherrschten, ruhigen Feststellung dieser Naturnotwendigkeit teilt sich auch die Kraft mit, den Schmerz darüber zu ertragen. Mit dem »Aber« setzt die Antwort auf das unumstößliche Schicksal ein: Die Klage der Hinterbliebenen bewahrt die Schönheit (mit der nie die rein äußere Erscheinung gemeint ist) vor der Auflösung ins Nichts, vor dem Vergessen. Ja, das Schöne, an die »zufällige Form des Daseins« gebunden, mußte erst den Tod erleiden, um Teil an der göttlichen Unsterblichkeit zu haben. Die Götter sind nicht fühllos, sie akzeptieren das unerbittliche Schicksal, aber sie trauern mit den Menschen. Indem sie einstimmen in die Klage, wird der Übertritt des Schönen ins Erhabene manifest.

In seiner ›Nänie‹ stellt Schiller also das Schöne und das Erhabene dar, wie es die vollkommene ästhetische Erziehung des Menschen verlangt. Er ruft die schöne Liebe zwischen Orpheus und Eurydike, die schöne Gestalt Adonis', den schönen Heldenmut Achills erinnernd zurück und führt den Leser in die Freiheit und Erhabenheit des Geistes, der die Idee des Schönen lebendig erhalten kann. Die als verloren beklagte Vollkommenheit ist rein abstrakt immer denkbar, lebt in den »heiteren Regionen« der reinen Form herrlich fort; das »Gemeine«, wie Schiller das rein sinnlich Fixierte im Gegensatz zum Geistigen, zum »Edlen«, »Großen« bezeichnete, ist indes zum klanglosen endgültigen Untergang bestimmt.

Der Genius des Erhabenen, den Schiller sich in seinem Weltleiden ersann, mußte den Menschen über die gefährlichen tödlichen Abgründe, vor denen alles Schöne versagt, hinüberretten, sonst bliebe nichts als Grabgefühl, Ohnmacht, erbärmliche Angst. Und die vielzitierte Freiheit des Menschen fände ihre Grenzen rasch und überall. Das Bewußtsein der Kraft, sich, den Götterwillen annehmend, dennoch über alle irdische Notwendigkeit hinaus zu erheben auf den Flügeln des reinen Geistes, entschädigte ihn für allen entbehrten Genuß des Daseins, zu dem das Schöne den Menschen verleitete. Genuß oder Hoffnung: nur eines von beidem sei dem Menschen vergönnt, heißt es in Schillers Gedicht ›Resignation‹ (um 1785).

## 2.4 Das klassische Bündnis

Das Verhältnis zwischen Schiller, der seit 1789 eine Geschichtsprofessur in Jena innehatte, und dem Weimarer Musenliebling Goethe war viele Jahre lang äußerst gespannt, ja von eifersüchtiger Haßliebe bzw. abweisender Distanz geprägt. Erst 1794 gab es eine Annäherung, die schließlich zur dauernden freundschaftlichen Zusammenarbeit führte. Am 2. Februar 1789 noch schrieb Schiller an Körner:

Öfters um Goethe zu sein, würde mich unglücklich machen: er hat auch gegen seine nächsten Freunde kein Moment der Ergießung, er ist an nichts zu fassen; ich glaube in der Tat, er ist ein Egoist in ungewöhnlichem Grade. Er besitzt das Talent, die Menschen zu fesseln und durch kleine sowohl als große Attentionen sich verbindlich zu machen; aber sich selbst weiß er immer frei zu behalten. Er macht seine Existenz wohltätig kund, aber nur wie ein Gott, ohne sich selbst zu geben – dies scheint mir eine konsequente und planmäßige Handlungsart, die ganz auf den höchsten Genuß der Eigenliebe kalkuliert ist. Ein solches Wesen sollten die Menschen nicht um sich herum aufkommen lassen. Mir ist er dadurch verhaßt, ob ich gleich seinen Geist von ganzem Herzen liebe und groß von ihm denke. Ich betrachte ihn wie eine stolze Prüde, der man ein Kind machen muß, um sie vor der Welt zu demütigen. Eine ganz sonderbare Mischung von Haß und Liebe ist es, die er in mir erweckt hat, eine Empfindung, die derjenigen nicht ganz unähnlich ist, die Brutus und Cassius gegen Cäsar gehabt haben müssen; ich könnte seinen Geist umbringen und ihn wieder von Herzen lieben ...

Schiller überwand schließlich seine durchaus aggressiven Ressentiments gegen das vom Schicksal so begünstigte Genie und schrieb Goethe, nach einem längeren Gespräch im Anschluß an eine Sitzung der Naturforschenden Gesellschaft in Jena, am 23. August 1794 einen bannbrechenden Brief, in dem er Goethes Denk- und Dichtungsweise charakterisierte. Goethe erwiderte darauf am 27. 8. 1794:

Reiner Genuß und wahrer Nutzen kann nur wechselseitig sein, und ich freue mich, Ihnen gelegentlich zu entwickeln: was mir Ihre Unterhaltung gewährt hat, wie ich von jenen Tagen an auch eine Epoche rechne ... Ich habe den redlichen und so seltenen Ernst, der in allem erscheint, was Sie geschrieben und getan haben, immer zu schätzen gewußt, und ich darf nunmehr Anspruch machen, durch Sie selbst mit dem Gange Ihres Geistes, besonders in den letzten Jahren, bekannt zu werden. Haben wir uns wechselseitig die Punkte klargemacht, wohin wir gegenwärtig gelangt sind, so werden wir desto ununterbrochner gemeinschaftlich arbeiten können.

Und wieder Schiller (am 31. 8. 1794):

Unsre späte, aber mir manche schöne Hoffnung erweckende Bekanntschaft ist mir abermals ein Beweis, wieviel besser man oft tut, den Zufall machen zu lassen, als ihm durch zu viele Geschäftigkeit vorzugreifen. Wie lebhaft auch immer mein Verlangen war, in ein näheres Verhältnis zu Ihnen zu treten, als zwischen dem Geist des Schriftstellers und seinem aufmerksamsten Leser möglich ist, so begreife ich doch nunmehr vollkommen, daß die so sehr verschiedenen Bahnen, auf denen Sie und ich wandelten, uns nicht wohl früher, als gerade jetzt, mit Nutzen zusammenführen konnten. Nun kann ich aber hoffen, daß wir, soviel von dem Wege noch übrig sein mag, in Gemeinschaft durchwandeln werden, und mit um so größerm Gewinn, da die letzten Gefährten auf einer langen Reise sich immer am meisten zu sagen haben.

So verschieden ihre geistige Herkunft, ihr Talent, auch ihre politischen Standpunkte im einzelnen waren, der Wille zur Gemeinschaft und das tiefe Bedürfnis nach fruchtbarer geistiger Auseinandersetzung erwiesen sich schließlich als stärker denn alles Trennende. Das zugleich Gegensätzliche und Ergänzende ihrer Denkansätze und Arbeitsweisen war bereits zu Beginn ihres Dialogs »aufs strengste bezeichnet«, als Goethe in dem oben erwähnten Gespräch von seiner Erfahrung der Urpflanze berichtete, und Schiller kopfschüttelnd sagte: »Das ist keine Erfahrung, das ist eine Idee.« – »Das kann mir sehr lieb sein, daß ich Ideen habe ohne es zu wissen, und sie sogar mit Augen sehe«, war Goethes Antwort, wie er selbst 1817 in seinem autobiographischen Essay ›Glückliches Ereignis‹ schrieb; das Gespräch dauerte in Goethes Haus noch lange fort, »und so besiegelten wir, durch den größten, vielleicht nie ganz zu schlichtenden Wettkampf zwischen Objekt und Subjekt, einen Bund, der ununterbrochen gedauert, und für uns und andere manches Gute gewirkt hat«. Zu jenem »Guten« gehört nicht zuletzt der großartige Briefwechsel, der als Werkstattgespräch der beiden Dichter zwischen Jena und Weimar bis zu Schillers Tod hin- und herging; da Goethes Realismus, seine sichere Wahrnehmung der konkreten Natur, und Schillers Idealismus, seine Fähigkeit zur abstrakten Reflexion, sich ergänzten wie »zwei Hälften von einander«, eine so positive Spannung ergaben, wurden ihre Briefe zu einem der faszinierendsten persönlichen Dokumente der deutschen Geistesgeschichte.

Der hohe Anspruch an eine nationale, politisch neutrale Literatur, das Bekenntnis zur vorbildhaften Antike und das Verdikt über die Französische Revolution (die Goethe aus prinzipieller Ablehnung aller gewaltsam-eruptiven Veränderungen, Schiller, nach anfänglicher Befürwortung, als verfrüht für die gegenwärtige Geschichte verurteilte) bildete die Basis ihrer gemeinsamen Initiativen. Zur Verbesserung des Geschmacks und zur »Reinigung« des deutschen Geistes sollte Schillers Zeitschrift ›Die Horen‹ wirken, an der Goethe von Anfang an mitarbeitete; in der ›Ankündigung der Horen‹ formulierte Schiller als der theoretische Kopf der beiden die gemeinsamen Grundsätze (vgl. oben S. 22 f.).

# Die Xenien

Als die anspruchsvolle Zeitschrift nicht den gewünschten Erfolg beim Publikum hatte, gingen die beiden »Olympier« mit geistreich-pointierten, teils bitterbösen, teils witzig-satirischen Distichen, den ›Xenien‹ in der Art des römischen Dichters Martial (ca. 38–101 n. Chr.), auf die offenbar unverbesserlich ignorante deutsche Autoren- und Leserschaft los. Schon der ironische Titel ›Xenien‹, den Goethe vorgeschlagen hatte, war polemisch zu verstehen, denn mit den freundschaftlichen poetischen »Gastgeschenken« des Römers hatten sie nichts gemein. Ein ganzer ›Xenien-Almanach‹ entstand, wie man Schillers ›Musenalmanach für das Jahr 1797‹ seines Schwerpunkts wegen nannte. Der jeweilige Anteil der beiden Dichter, die sich auch ein Vergnügen aus der Kritik an Moden und Mittelmaß und Kurzsichtigkeit der Zeitgenossen machten, ist nicht zu bestimmen; man weiß nur, daß sie Schiller gar nicht bissig genug sein konnten, während Goethe für mildere Kritik plädierte. Auf jeden Fall sorgte der ›Xenien‹-Almanach für Aufsehen, löste Ärger und Gegen-Xenien aus – und isolierte die beiden Großen vom übrigen geistigen Deutschland.

Die Eröffnung des ›Xenien‹-Feldzugs illustriert der folgende Brief Schillers vom 29. 12. 1795 an Goethe:

Der Gedanke mit den Xenien ist prächtig und muß ausgeführt werden. Die Sie mir heute schickten, haben uns sehr ergötzt, besonders die Götter und Göttinnen darunter. Solche Titel begünstigen einen guten Einfall gleich besser. Ich denke aber, wenn wir das Hundert vollmachen wollen, werden wir auch über einzelne Werke herfallen müssen, und welcher reichliche Stoff findet sich da! Sobald wir uns nur selbst nicht ganz schonen, können wir Heiliges und Profanes angreifen. Welchen Stoff bietet uns nicht die Stolbergische Sippschaft, Racknitz, Ramdohr, die metaphysische Welt mit ihren Ichs und Nicht-Ichs, Freund Nicolai, unser geschworener Feind, die Leipziger Geschmacksherberge, Thümmel, Göschen als sein Stallmeister u. dgl. dar!

Die Mehrzahl der ›Xenien‹ spricht nicht aus, auf wen sie gemünzt sind; sie zu erraten, wurde ein unterhaltendes Gesellschaftsspiel in den gebildeten bürgerlichen Zirkeln Deutschlands. Von den vielen hundert teils gedruckten, teils ungedruckten Epigrammen kann die folgende Auswahl nur einen Vorgeschmack geben – und zur weiteren Lektüre einladen. (Die Numerierung entspricht der »Hamburger Ausgabe« von Goethes Werken.)

18        J – b
Steil wohl ist er, der Weg zur Wahrheit, und schlüpfrig zu steigen,
    Aber wir legen ihn doch nicht gern auf Eseln zurück.

**32          Das Brüderpaar**
Als Kentauren gingen sie einst durch poetische Wälder,
   Aber das wilde Geschlecht hat sich geschwinde bekehrt.

**25          Eridanus**
An des Eridanus Ufer umgeht mir die furchtbare Waschfrau,
   Welche die Sprache des Teut säubert mit Lauge und Sand!

**39          Der Purist**
Sinnreich bist du, die Sprache von fremden Wörtern zu säubern;
   Nun, so sage doch, Freund, wie man Pedant uns verdeutscht.

**45          Wer glaubt's?**
»Newton hat sich geirrt?« Ja, doppelt und dreifach! »Und wie denn?»
   Lange steht es gedruckt, aber es liest es kein Mensch.

**71          Geschwindschreiber**
Was sie gestern gelernt, das wollen sie heute schon lehren –
   Ach, was haben die Herrn doch für ein kurzes Gedärm!

**79          Einer aus dem Haufen**
Cogito ergo sum. Ich denke und mithin so bin ich;
   Ist das eine nur wahr, ist es das andre gewiß.

**80          Ich**
Denk' ich, so bin ich. Wohl! Doch wer wird immer auch denken?
   Oft schon war ich und hab' wirklich an gar nichts gedacht.

**85          Ein Sechster**
Ich bin ich und setze mich selbst; und setz' ich mich selber
   Als nicht gesetzt, nun gut! setz' ich ein Nicht-Ich dazu.

**93          Gewissensskrupel**
Gerne dien' ich den Freunden, doch tu' ich es leider mit Neigung,
   Und so wurmt es mir oft, daß ich nicht tugendhaft bin.

**94          Decisum**
Da ist kein anderer Rat, du mußt suchen, sie zu verachten,
   Und mit Abscheu alsdann tun, wie die Pflicht dir gebeut.

Zu Nr. 18: Professor Jakob in Leipzig, der auf etwas primitive Art
Kants Philosophie popularisieren wollte.

Zu Nr. 32: Die Brüder Christian und Friedrich Leopold Stolberg (vgl.
Bd. II). In einer Ausgabe ihrer Gedichte von 1799 waren sie als Kentauren
im Titelkupfer dargestellt, was wenig zu der doch sehr engen, pietistischen Frömmigkeit paßte, aus der heraus Friedrich Leopold Schillers Gedicht ›Die Götter Griechenlands‹ heftig angegriffen hatte. Vielleicht erklärt sich die relativ milde Kritik daher, daß das Xenion von Goethe
stammt.

Zu Nr. 25 und 39: Der Pädagoge Joachim Heinrich Campe, seinerzeit
Schulrat in Braunschweig, machte sich als selbsternannter Sprachreiniger
über fremde Dichtungen her, um »hier ein wenig Staub auszublasen, etwa

dort ein Schmutzfleckchen auszutilgen«.(Eridanus hieß der sagenhafte Bernsteinfluß der Antike, hier ist die ebenfalls bräunliche Oker in Braunschweig gemeint.)

Zu Nr. 45: Goethe, dem seine naturwissenschaftlichen Ergebnisse wichtiger waren als seine Dichtungen, litt sehr darunter, daß seine ›Beiträge zur Optik‹ (1791/92) kaum Anklang fanden; Newtons Forschungen hielt er für einen Irrweg.

Zu Nr. 71: Mit den Brüdern Schlegel verband Schiller wahrlich keine Freundschaft: August Wilhelm hatte ihn mit einer witzigen Gedichtparodie verärgert, und Friedrich schien ihm mit erst 24 Jahren zu jung für seine selbstbewußten theoretischen Schriften, zumal er die dort vertretenen romantischen Thesen nicht teilen konnte.

Zu Nr. 79–94: Unter dem Titel ›Die Philosophen‹ nahm Schiller später eine Reihe von Xenien in seine ›Gedichte‹ auf, in denen er mit meisterlich satirischer Pointierung philosophische Richtungen charakterisierte und kritisch hinterfragte. Nr. 79 und 80 beziehen sich auf Descartes und seine Anhänger. Nr. 85: Über Fichte, der die Vernunft als absolutes Ich, den Menschen als empirisches Ich und alle Gegenstände außerhalb von ihm als Nicht-Ich definierte. (Der Titel spielt wie ›Einer aus dem Haufen‹ auf die fiktive Situation eines Gesprächs in der Unterwelt mit den versammelten Philosophen an.)

Zu Nr. 93 und 94: Trotz aller Kant-Verehrung lehnte Schiller die Idee ab, daß, um moralische Vollkommenheit zu erreichen, die Pflicht die natürliche Neigung überwinden müsse; bei Schiller fallen Pflicht und Neigung in der »schönen Seele« zusammen.

Der nächste ›Musenalmanach auf das Jahr 1798‹, den Schiller herausgab, enthielt »nach dem tollen Wagstück der Xenien« die 1797 gedichteten und im intensiven Werkstattgespräch durchgearbeiteten Balladen der beiden.


Goethes Entwicklung zur klassischen Ballade

Goethe hatte zur selben Zeit wie Hölty und Bürger die Ballade für sich als Kunstform entdeckt: Angeregt von Herders Volksliedstudien, sammelte er 1771 im Elsaß Volksballaden mit ihren Melodien, ohne sie wie üblich glättend oder korrigierend umzudichten (wie etwa die Romantiker Clemens Brentano und Achim von Arnim in ›Des Knaben Wunderhorn‹). Manche seiner Straßburger Gedichte enthalten balladeske Züge, wie das ›Heideröslein‹, das wiederholt als Goethes erste Ballade bezeichnet wurde, oder auch ›Willkommen und Abschied‹, doch hier wie dort unterstreicht das Erzählerische mehr den lyrischen Ansatz, als daß es zum eigentlichen poetischen Anliegen geworden wäre wie in den naturmagischen Balladen ›Der Fischer‹ (1778) oder der ›Erlkönig‹ (1782).

Der Titel ›Erlkönig‹ übernimmt einen Übersetzungsfehler Herders, der eine dänische Volksballade mit ›Erlkönigs Tochter‹ überschrieb, da er »ellerkonge« (d. h. »Elfenkönig«) falsch deutete. Das Wort aber entzündete die Phantasie Goethes, es kam seinen Vorstellungen von den Elementargeistern und der beseelten Natur entgegen.


Erlkönig

Wer reitet so spät durch Nacht und Wind?
Es ist der Vater mit seinem Kind;
Er hat den Knaben wohl in dem Arm,
Er faßt ihn sicher, er hält ihn warm. –

Mein Sohn, was birgst du so bang dein Gesicht? –
Siehst, Vater, du den Erlkönig nicht?
Den Erlenkönig mit Kron' und Schweif? –
Mein Sohn, es ist ein Nebelstreif. –

»Du liebes Kind, komm, geh mit mir!
Gar schöne Spiele spiel' ich mit dir;
Manch' bunte Blumen sind an dem Strand;
Meine Mutter hat manch' gülden Gewand.«

Mein Vater, mein Vater, und hörest du nicht,
Was Erlenkönig mir leise verspricht? –
Sei ruhig, bleibe ruhig, mein Kind!
In dürren Blättern säuselt der Wind. –

»Willst, feiner Knabe, du mit mir gehn?
Meine Töchter sollen dich warten schön;
Meine Töchter führen den nächtlichen Reihn
Und wiegen und tanzen und singen dich ein.«

Mein Vater, mein Vater, und siehst du nicht dort
Erlkönigs Töchter am düstern Ort? –
Mein Sohn, mein Sohn, ich seh' es genau;
Es scheinen die alten Weiden so grau. –

»Ich liebe dich, mich reizt deine schöne Gestalt;
Und bist du nicht willig, so brauch' ich Gewalt.« –
Mein Vater, mein Vater, jetzt faßt er mich an!
Erlkönig hat mir ein Leids getan! –

Dem Vater grauset's, er reitet geschwind,
Er hält in Armen das ächzende Kind,
Erreicht den Hof mit Mühe und Not;
In seinen Armen das Kind war tot.

Eine überraschende Frage leitet die Ballade ein, führt den Leser unmittelbar in eine gefahrvolle Situation, denn ohne Not reitet niemand des Nachts. Diese noch vage Gefahr wird sogleich zugedeckt durch die beruhigende Reihe gleichgebauter, kurzer Aussagesätze: Das Kind ist geborgen im Arm des Vaters. Doch die Sicherheit trügt, der Knabe ist ängstlich und scheint zu phantasieren. Noch kann der Vater durch ruhiges Fragen und rationales Erklären schützende Geborgenheit vermitteln, indem seine Worte als erster und letzter Vers der zweiten Strophe den »bangen« Hinweis auf den Erlkönig quasi umfangen.

Während die erste und letzte Strophe episch das Geschehen einrahmen, setzt mit der zweiten der dramatische Wechsel von Rede und Gegenrede ein; mit diesem Kunstgriff zwingt Goethe den Leser zur unmittelbaren Teilnahme. Was sich in der zweiten Strophe ankündigte und nur durch die nüchterne Antwort des Vaters verdrängt war: der Einbruch des Naturmagischen in die Vernunftwelt, vollzieht sich nun in den Dialogen der Strophen III bis VII.

Für die dunkle Magie der Natur sind vor allem die noch unbewußt lebenden Kinder offen, ihr naives Gefühl ist noch Teil der Natur und deshalb für Elementargeister wie den Erlkönig unmittelbar erreichbar. Goethe setzt hier die Sprache bewußt ein, um Effekte, um Atmosphäre zu erzeugen, ein Gestaltungsprinzip der Volksballade, das Bürger in seiner ›Lenore‹ glänzend vorgeführt hatte. Zunächst schmeichelnd, überredend, mit Wortwiederholungen und Alliterationen, verspricht der Erlkönig »manch' bunte Blumen«, »manch' gülden Gewand«. Der Vater dagegen, als aufgeklärter Mensch, nimmt den Erlkönig und seine Stimme gar nicht wahr, dennoch wird er in den Strudel der sich steigernden Angst des Kindes, der immer stärkeren Verlockungen des Erlkönigs einbezogen. Während das Kind vor Schrecken zu stammeln beginnt (»Mein Vater, mein Vater«), spürt nun auch der Vater die Bedrohung; die Mauer der rationalen Erklärungen zerfällt, hinter der er sich vor der ihm unbegreiflichen Dämonie zu verschanzen suchte. Immer mehr Eifer wird spürbar, ausgedrückt in der Wiederholung »Sei ruhig, bleibe ruhig«; in einem letzten Versuch will der Vater die unbestimmte Erscheinung (»es«) schließlich wegerklären, indem er sie beschreibt: »Ich seh es genau; es scheinen die alten Weiden so grau.« Die Verunsicherung des Vaters signalisiert das durchaus doppeldeutige »scheinen«, das hier als »schimmern, leuchten«, aber auch als »aussehen wie« verstanden werden kann.

Nach dem anfänglichen, noch ganz kindlichen Versprechen »schöner Spiele« lockt der Erlkönig mit einem vagen sexuellen Angebot: »Meine Töchter sollen dich warten schön«. Als die Lokkungen vergeblich bleiben, läßt der Erlkönig die Maske fallen: »Ich liebe dich, mich reizt deine schöne Gestalt«. Das Versprechen von Geschenken und Freude war nur Tarnung für die eigentliche Absicht – den Besitz des schönen, seiner Sinnlichkeit noch unbewußten Kindes. Aus Verführung wird Gier, schließlich zerstörende Wut: »Und bist du nicht willig, so brauch' ich Gewalt.«

In der epischen Schlußstrophe ergreift auch den Vater das Grauen vor dem Trugbild. Auch wenn die Beziehung zwischen Geisterreich und Menschenwelt unerklärlich bleibt, ist sie kein Hirngespinst, denn unverkennbar ringt das Kind mit einer unfaßbaren Macht um Leben und Tod. Der Vater versucht, dem Grauen durch Flucht zu entkommen – effektvoll in den Auslassungen von Artikel (»in Armen«) und Subjekt (»Erreicht den Hof...«) inszeniert –, doch wie »geschwind« er auch reitet, es ist vergebens. So gipfelt die Ballade in der wirkungsvollen, durch die Umstellungen im Satz beinahe stockend vorzutragenden Schlußpointe: »In seinen Armen das Kind war tot.« Keiner der Zeitgenossen hat wie Goethe das Unbewußte, die Beziehung des Menschen zur Natur und ihren dämonischen Kräften in der Ballade Gestalt werden lassen; erst die Romantik wird in der Märchendichtung das Unbewußte weiter erschließen.

Obwohl Goethes frühe Balladen durchaus an die Volksballaden G. A. Bürgers denken lassen, gehören sie keineswegs zum Sturm und Drang: Im Gegensatz zur ›Lenore‹ beispielsweise sind Goethes Spracheffekte sehr dosiert, fast beiläufig gesetzt. Er folgt damit der Idee Herders, den Geist der alten Volksdichtung wiederzuerwecken, nicht jedoch in falsch verstandener Begeisterung deren sprachliche Mittel nachzuahmen. Herder forderte nicht Überschwang, sondern Wissen und durchaus kritische Beurteilung, mit andern Worten: Distanz. Diese Grundhaltung klassischer Dichtung verbot die aktuellen Zeitbezüge, die dem Sturm und Drang noch charakteristisch waren, sowie das Streben nach möglichst großer Popularität, wie sie Bürger vorschwebte. Im Gegenteil: In seiner Rezension ›Über Bürgers Gedichte‹ verurteilte Schiller scharf solche Anpassung nach unten, forderte statt dessen Allgemeinverständlichkeit auf höchstem Niveau, die »rohe Masse« zum Dichter hinaufzuheben, zu veredeln (vgl. oben S. 62). Goethes frühe Balladen zeigen seine allmähliche Wendung zu den Grundsätzen klassischer Lyrik, auch wenn erst in der Zusammenarbeit mit Schiller die theoretischen Grundlagen für die Einordnung der Ballade als eines lyrischen Mischtyps geschaffen wurden.

Da beide Dichter sich in dieser Zeit intensiv mit gattungstheoretischen Fragen auseinandersetzten, reizte es sie, in dem ›Musenalmanach für das Jahr 1798‹ die vielfältigen Gestaltungsmöglichkeiten der Ballade praktisch zu demonstrieren, wobei sie jeweils den epischen, lyrischen oder dramatischen Zug stärker betonten; zugleich suchten sie dem Anspruch auf ästhetische Erziehung gerecht zu werden, den sie mit den ›Xenien‹ so vernehmlich erhoben hatten. Trotz alledem sollte nicht der Eindruck entstehen, als handle es sich bei der Ballade um eine bevorzugte Form klassischer Lyrik; beide Dichter unterstrichen die eher niedrig anzusetzende Stufe der Ballade innerhalb einer ästhetischen Wertskala. In zwei weiteren grundsätzlichen Einstellungen stimmten Goethe und Schiller überein: Die Ballade solle Ideen übermitteln, allgemeine Welterfahrung darstellen; ferner gebe die Rolle des »Sängers« die gattungsspezifische Form des öffentlichen Vortrags wieder, die aus der angenommenen mündlichen Tradition erwachsen sei und die Allgemeingültigkeit des Erzählten bestätige.

Doch bei aller Gemeinsamkeit in den theoretischen Rahmenbedingungen zeigen ihre im ›Musenalmanach für das Jahr 1798‹ veröffentlichten Balladen auffallende Unterschiede: Bei Schiller bleibt stets der Dramatiker spürbar, er arbeitete in seinen Balladen mehr die dramatischen Funktionen von Rollendisposition und Spannungsverlauf heraus, während bei Goethe, neben den Anlehnungen an die Volksballade, das erzählende Moment des Vortrags größeres Gewicht behält.

Aus der Vortragsweise des Sängers leitete Goethe das Gattungsmerkmal des »Geheimnisvollen« ab, worin er kein inhaltliches, sondern ein formales Kriterium sah: Durch die Vermischung von lyrischen, epischen und dramatischen Elementen entsprach für Goethe die Ballade auf dem Gebiet der Lyrik der »Urpflanze« oder dem »Blatt« in der Morphologie der Pflanzen. Die Ballade kam also dem vitalen, wenn auch ästhetisch noch unentwickelten Urtypus von Dichtung nahe, »weil hier die Elemente noch nicht getrennt, sondern wie in einem lebendigen Ur-Ei zusammen sind«. Goethe versuchte, das »Geheimnisvolle«, nicht Analysierbare einer solchen Einheit durch eine verrätselnde Darstellung einzufangen. Auslassungen, Durchbrechungen der Handlung, Rückblenden sollten diesen Charakter formal wiedergeben, denn »die Ballade hat etwas Mysteriöses, ohne mystisch zu sein; diese letzte Eigenschaft eines Gedichts liegt im Stoff, jene in der Behandlung«.

Goethe gliederte also die Ballade als »Urdichtung« in seine klassische Theorie einer »organischen« Entwicklung der Dichtungsarten ein. Allerdings löste er sich nie ganz von dem Naturmagischen und Volksliedhaften seiner früheren Balladen, in der Praxis hielt er die Trennung der Ebenen von »mysteriös« und mystisch nicht ein. (›Der Schatzgräber‹ und ›Der Zauberlehrling‹ etwa beziehen ihre geheimnisvolle, dämonische Wirkung durchaus auch aus dem Stoff.) Ganz im Gegensatz zu Schiller sah er die Ballade für völlig ungeeignet an zur Darstellung klassisch-griechischer Stoffe, die nach der Klarheit der Idee in Inhalt und Form verlangten. Seine Balladenstoffe gehören, nach der Schlegelschen Definition, nicht zum Bereich des »Südlich-Hellen«, sondern sind stets mystisch, »nordisch-dunkel«; Goethe schrieb also echte Balladen und keine »Romanzen«.

Einen indischen Mythos behandelt die Ballade ›Der Gott und die Bajadere‹, die den Untertitel ›Indische Legende‹ trägt. Mit vier weiteren Balladen (›Der Schatzgräber‹, ›Legende‹, ›Die Braut von Korinth‹, ›Der Zauberlehrling‹) veröffentlichte Goethe sie 1798 im besagten Musenalmanach; seit ihrem Erscheinen verursacht sie Verwirrung und Ablehnung. Selbst Herder, dem geistigen Ziehvater Goethes, ging diese Ballade zu weit, obwohl gerade sie die Humanität verherrlicht. Goethe führt die »schöne Humanität«, wie sie Herder in seinen ›Ideen zur Philosophie der Geschichte der Menschheit‹ entwickelt, am Beispiel einer Dirne vor, was einer Provokation gleichkam; Sexualität oder eine gesellschaftlich nicht tolerierbare Gestalt durften nicht positiv bewertet werden, die »Erlösung« der Heldin wurde als Verhöhnung der christlichen Heilslehre gedeutet.

Der Gott und die Bajadere
Indische Legende

Mahadöh, der Herr der Erde,
Kommt herab zum sechsten Mal,
Daß er unsersgleichen werde,
Mit zu fühlen Freud' und Qual.
Er bequemt sich, hier zu wohnen,
Läßt sich alles selbst geschehn.
Soll er strafen oder schonen,
Muß er Menschen menschlich sehn.
Und hat er die Stadt sich als Wandrer betrachtet,
Die Großen belauert, auf Kleine geachtet,
Verläßt er sie abends, um weiter zu gehn.

Als er nun hinausgegangen,
Wo die letzten Häuser sind,
Sieht er mit gemalten Wangen
Ein verlornes schönes Kind.
»Grüß' dich, Jungfrau!« – »Dank der Ehre!
Wart', ich komme gleich hinaus.« –
»Und wer bist du?« – »Bajadere,
Und dies ist der Liebe Haus.«
Sie rührt sich, die Cymbeln zum Tanze zu schlagen;
Sie weiß sich so lieblich im Kreise zu tragen,
Sie neigt sich und biegt sich und reicht ihm den Strauß.

Schmeichelnd zieht sie ihn zur Schwelle,
Lebhaft ihn ins Haus hinein.
»Schöner Fremdling, lampenhelle
Soll sogleich die Hütte sein.
Bist du müd', ich will dich laben,
Lindern deiner Füße Schmerz.
Was du willst, das sollst du haben,
Ruhe, Freuden oder Scherz.«
Sie lindert geschäftig geheuchelte Leiden.
Der Göttliche lächelt; er siehet mit Freuden
Durch tiefes Verderben ein menschliches Herz.

Und er fordert Sklavendienste;
Immer heitrer wird sie nur,
Und des Mädchens frühe Künste
Werden nach und nach Natur.
Und so stellet auf die Blüte
Bald und bald die Frucht sich ein;
Ist Gehorsam im Gemüte,
Wird nicht fern die Liebe sein.
Aber sie schärfer und schärfer zu prüfen,
Wählet der Kenner der Höhen und Tiefen
Lust und Entsetzen und grimmige Pein.

Und er küßt die bunten Wangen,
Und sie fühlt der Liebe Qual,
Und das Mädchen steht gefangen,
Und sie weint zum ersten Mal;
Sinkt zu seinen Füßen nieder,
Nicht um Wollust noch Gewinst,
Ach, und die gelenken Glieder,
Sie versagen allen Dienst.
Und so zu des Lagers vergnüglicher Feier
Bereiten den dunklen behaglichen Schleier
Die nächtlichen Stunden das schöne Gespinst.

Spät entschlummert unter Scherzen,
Früh erwacht nach kurzer Rast,
Findet sie an ihrem Herzen
Tot den vielgeliebten Gast.
Schreiend stürzt sie auf ihn nieder;
Aber nicht erweckt sie ihn,
Und man trägt die starren Glieder
Bald zur Flammengrube hin.
Sie höret die Priester, die Totengesänge,
Sie raset und rennet und teilet die Menge.
»Wer bist du? was drängt zu der Grube dich hin?«

Bei der Bahre stürzt sie nieder,
Ihr Geschrei durchdringt die Luft:
»Meinen Gatten will ich wieder!
Und ich such' ihn in der Gruft.
Soll zu Asche mir zerfallen
Dieser Glieder Götterpracht?
Mein! er war es, mein vor allen!
Ach, nur Eine süße Nacht!«
Es singen die Priester: »Wir tragen die Alten,
Nach langem Ermatten und spätem Erkalten,
Wir tragen die Jugend, noch eh' sie's gedacht.

Höre deiner Priester Lehre:
Dieser war dein Gatte nicht.
Lebst du doch als Bajadere,
Und so hast du keine Pflicht.
Nur dem Körper folgt der Schatten
In das stille Totenreich;
Nur die Gattin folgt dem Gatten:
Das ist Pflicht und Ruhm zugleich.
Ertöne, Drommete, zu heiliger Klage!
O nehmet, ihr Götter! die Zierde der Tage,
O nehmet den Jüngling in Flammen zu euch!«

So das Chor, das ohn' Erbarmen
Mehret ihres Herzens Not;
Und mit ausgestreckten Armen
Springt sie in den heißen Tod.
Doch der Götterjüngling hebet
Aus der Flamme sich empor,
Und in seinen Armen schwebet
Die Geliebte mit hervor.
Es freut sich die Gottheit der reuigen Sünder;
Unsterbliche heben verlorene Kinder
Mit feurigen Armen zum Himmel empor.


Goethe entnahm den Stoff einem Sammelwerk indischer Erzählungen, ›Voyage aux Indes‹ von Pierre Sonnerat, das 1783 in Zürich auf deutsch erschienen war. Doch anders als die Quelle erzählt Goethes Ballade keine exotische Begebenheit, sondern eine Mythe allgemein-menschlicher Bedeutung. Die ganze erste Strophe ist erfüllt von symbolischen Hinweisen auf ein exemplarisches, zeitloses Ereignis: Goethe gibt dem Halbgott Mahadöh (»Herr der Erde«) einen Beinamen des Hindu-Gottes Shiva, stattet ihn ferner mit der Inkarnationsfähigkeit eines anderen indischen Hauptgottes, Wishnu, aus. Da nach der hinduistischen Lehre nur noch die zehnte und letzte Inkarnation erwartet wird, verlegt der Hinweis auf die sechste die Handlung weit in ferne Zeiten zurück.

Doch die mythische Vergangenheit rückt nahe, verbindet sich mit der Gegenwart, wenn der Erzähler als Anlaß dieser Inkarnation nennt, »daß er unsersgleichen werde«.

Den für die Ballade charakteristischen Anspruch auf zeitlose Gültigkeit verstärkt die Verwendung des Präsens und die Vielzahl exemplarischer, fast formelhafter Begriffe: »Freud und Qual«, »strafen oder schonen«, »die Stadt«, welche »Große« und »Kleine« beheimatet. Zugleich wird die Distanz des Gottes deutlich, dem es die Position des »Wandrers« erlaubt, die Welt der Menschen gewissermaßen von außen zu betrachten. Nicht verstrickt in ihre Zwänge, Ordnungen, Beurteilungen kann er das allen Gemeinsame, das Wesentliche suchen und finden: »Soll er strafen oder schonen, / Muß er Menschen menschlich sehn.« So unterstreicht diese erste Strophe die allgemeine Bedeutung der folgenden Handlung und die absolut vorurteilsfreie Haltung des Gottes, die durch den Erzähler auch dem Leser nahegelegt wird.

In den Außenbezirken der Stadt – auch der Gesellschaft – begegnet Mahadöh der Bajadere. Trotz seiner Anrede »Grüß' dich, Jungfrau!«, die Unwissenheit vortäuscht, begegnet sie dem potentiellen Freier, wie ihr Beruf es verlangt, nennt sie nicht ihren Namen, sondern nur die Berufsbezeichnung. Sie identifiziert sich völlig mit ihrer gesellschaftlichen Rolle. Ihr Tanz, ihre Anmut, ihr Versprechen, die Wünsche des Besuchers zu erfüllen, alles scheint nur zu ihrer Rolle zu gehören, doch in ihrer Bereitwilligkeit, für sein Wohl zu sorgen, erkennt der »Göttliche« persönliche Anteilnahme, »er siehet mit Freuden / Durch tiefes Verderben ein menschliches Herz«.

Einer ersten Prüfung durch »geheuchelte Leiden« folgt die eigentliche Prüfung ihrer Menschlichkeit. Die »Sklavendienste« ihres Berufes, bislang nur als erlernte »Künste« angewandt, werden »nach und nach Natur«, persönliches menschliches Gefühl des »Mädchens«, wie sie nun heißt. Um diese Wandlung vollkommen zu machen, läßt der Gott sie »Höhen und Tiefen« dieser neuen Empfindung »Liebe« erleben. Noch einmal, in der fünften Strophe, stellt Goethe »Künste« und »Natur« einander gegenüber, zeigt die Wandlung des Mädchens, das sich nicht mehr seiner früheren Rolle gemäß verhalten kann: »Ach, und die gelenken Glieder, / Sie versagen allen Dienst«. Aber »des Lagers vergnügliche[r] Feier« ist nur eine weitere Stufe der Entwicklung zur Menschlichkeit, ihre volle Bedeutung wird sich erst im Augenblick des Verlustes erweisen.

Nach dem Tod des Geliebten füllt das Mädchen seine Rolle wie schon zuvor ohne Selbstzweifel und daher vollkommen aus. War sie zunächst Bajadere, dann Liebende, vertritt sie nun mit gleicher Ausschließlichkeit ihr neues Selbstverständnis: »Meinen Gatten

will ich wieder! / Und ich such' ihn in der Gruft«. Nur noch die
Priester, stellvertretende Sprecher der gesellschaftlichen Ordnung,
fesseln sie an die engen Grenzen der Kaste: »Lebst du doch als
Bajadere, / Und so hast du keine Pflicht«. Der Priester Lehre ist
eingebettet in zwei Versabschnitte in Daktylen, wie sie jede Strophe abschließen. Ihr singender Rhythmus hebt sich ab von dem
erzählenden Fluß der übrigen Strophe, wodurch der Eindruck eines mündlichen Vortrags oder Gesangs scheinbar »natürlich« entsteht. Höchst kunstvoll, weil fast unmerklich, löst Goethe die
Handlung in exemplarische Bilder-Stufen auf, ohne vordergründig
Schlußfolgerungen anzubieten.

So formuliert auch die letzte Strophe keine abgehobene Moral.
Die rituelle Rede der Priester, die die Normen ihrer Kaste verkünden, läßt als eine Art Rückblende den Anspruch des Mädchens auf
menschliches Recht deutlich werden: Diese Erinnerung an die auch
von ihr noch zu Beginn des Gedichts gelebte soziale Ordnung
ist ihre letzte Prüfung, doch ihr Gefühl, die »Not« ihres Herzens
ist stärker: »Und mit ausgestreckten Armen / Springt sie in den
heißen Tod«. Was gesellschaftlich einen Frevel bedeutet, erhebt
die Gottheit in den Rang beispielhafter Menschlichkeit. Aus der
Bajadere, dem »verlorenen Kind«, ist die Geliebte geworden, die
als Vorbild menschlichen Verhaltens Unsterblichkeit erlangt.

Goethe verherrlichte in dieser Ballade weder die indische Hin-
du-Religion, noch stellte er Beziehungen her zur christlichen. Mahadöh ist nicht Christus, nur weil er menschliche Gestalt annimmt, auch unterscheidet sich seine Absicht des Prüfens grundsätzlich von dem Erlösungswerk Christi, und sein Tod ist daher
keineswegs ein Opfer. Schließlich ist die Vereinigung mit der Bajadere keine blasphemische Anspielung auf die Beziehung zwischen
Jesus und Maria Magdalena, denn die Bajadere plagt nicht wie
diese die Reue, noch erfährt sie die Gnade der Vergebung und
Erlösung. Solche Deutungen, wie man sie Goethe vorwarf, sind
Phantasien und finden im Text keine Stütze. Mahadöh, »der Göttliche«, und die Bajadere, die Menschliche, sind bewußt extrem
gewählte Sinnbilder für einen Maßstab von Humanität, der die
Normen einer Gesellschaft oder einer religiösen Lehre überschrei-
tet, der hinduistischen wie der christlichen.


## Schillers Ideenballade

Goethe, der in seiner Theorie die Ballade der Urdichtung zugeordnet hatte, betrachtete sie als eine reizvolle, weil »die Poesie erweiternde Gattung«. Schiller dagegen urteilte anders: Nach seiner

Überzeugung müsse die Ballade »etwas außerhalb der Poesie zu Hilfe nehmen«, um den fehlenden ästhetischen Wert »zu ergänzen«. Für ihn lag die Aufgabe der Ballade deshalb in der Vermittlung von Ideen, und es gelang ihm, sie zu einer Kunstform zu entwickeln, indem er ihre Überzeugungskraft mit den Mitteln des Dramas steigerte.

Um in dem begrenzten Raum einer Ballade dramatische Techniken anwenden zu können, bedarf es besonders klarer menschlicher Konstellationen. Vorlagen mit solch eindeutiger Dramaturgie fand Schiller vor allem in der klassisch-griechischen Überlieferung; nordisch-dunkle Stoffe, wie sie nach dem sensationellen Erfolg der Lieder des ›Ossian‹ in Europa Mode geworden waren, mied er. Immer gipfelt in den Schillerschen Balladen die dramatisch konzipierte Handlung in einer sittlichen Pointe. Um dies zu erreichen, werden die ethischen Entscheidungen der einzelnen Personen in typischen Rollendispositionen vorbereitet. Mögen die Figuren dadurch auch etwas konstruiert, statisch wirken – die Szenarien, die Schiller entwirft, um Ideen in Denk-Bilder umzusetzen, sind meisterlich. Auch die Natur wird von ihm als dramatisches Mittel genutzt; ihre Aufgabe erschöpft sich keineswegs darin, das »Bühnenbild« zu stellen, sie ist »Mitspieler«, ist freundliche oder feindliche Macht. Dann kann sie dramaturgisch wirkungsvoll eingesetzt werden, indem durch die Kollisionen von Mensch und Natur zusätzliche Spannung erzeugt wird.

Eine der Balladen, in denen die dramatische Arbeitsweise Schillers besonders augenfällig wird, ist ›Die Bürgschaft‹, die er 1799, ein Jahr nach dem Balladen-Almanach, veröffentlichte.


Die Bürgschaft

Zu Dionys, dem Tyrannen, schlich
Damon, den Dolch im Gewande;
Ihn schlugen die Häscher in Bande.
»Was wolltest du mit dem Dolche, sprich!«
Entgegnet ihm finster der Wüterich.
»Die Stadt vom Tyrannen befreien!«
»Das sollst du am Kreuze bereuen.«

»Ich bin«, spricht jener, »zu sterben bereit
Und bitte nicht um mein Leben,
Doch willst du Gnade mir geben,
Ich flehe dich um drei Tage Zeit,
Bis ich die Schwester dem Gatten gefreit,
Ich lasse den Freund dir als Bürgen,
Ihn magst du, entrinn ich, erwürgen.«

Da lächelt der König mit arger List
Und spricht nach kurzem Bedenken:
»Drei Tage will ich dir schenken.
Doch wisse! Wenn sie verstrichen, die Frist,
Eh du zurück mir gegeben bist,
So muß er statt deiner erblassen,
Doch dir ist die Strafe erlassen.«

Und er kommt zum Freunde: »Der König gebeut,
Daß ich am Kreuz mit dem Leben
Bezahle das frevelnde Streben,
Doch will er mir gönnen drei Tage Zeit,
Bis ich die Schwester dem Gatten gefreit,
So bleib du dem König zum Pfande,
Bis ich komme, zu lösen die Bande.«

Und schweigend umarmt ihn der treue Freund
Und liefert sich aus dem Tyrannen,
Der andere ziehet von dannen.
Und ehe das dritte Morgenrot scheint,
Hat er schnell mit dem Gatten die Schwester vereint,
Eilt heim mit sorgender Seele,
Damit er die Frist nicht verfehle.

Da gießt unendlicher Regen herab,
Von den Bergen stürzen die Quellen,
Und die Bäche, die Ströme schwellen.
Und er kommt ans Ufer mit wanderndem Stab,
Da reißet die Brücke der Strudel hinab,
Und donnernd sprengen die Wogen
Des Gewölbes krachenden Bogen.

Und trostlos irrt er an Ufers Rand,
Wie weit er auch spähet und blicket
Und die Stimme, die rufende, schicket,
Da stößet kein Nachen vom sichern Strand,
Der ihn setze an das gewünschte Land,
Kein Schiffer lenket die Fähre,
Und der wilde Strom wird zum Meere.

Da sinkt er ans Ufer und weint und fleht,
Die Hände zum Zeus erhoben:
»O hemme des Stromes Toben!
Es eilen die Stunden, im Mittag steht
Die Sonne, und wenn sie niedergeht
Und ich kann die Stadt nicht erreichen,
So muß der Freund mir erbleichen.«

Doch wachsend erneut sich des Stromes Wut,
Und Welle auf Welle zerrinnet,
Und Stunde an Stunde entrinnet.

Da treibt ihn die Angst, da faßt er sich Mut
Und wirft sich hinein in die brausende Flut
Und teilt mit gewaltigen Armen
Den Strom, und ein Gott hat Erbarmen.

Und gewinnt das Ufer und eilet fort
Und danket dem rettenden Gotte,
Da stürzet die raubende Rotte
Hervor aus des Waldes nächtlichem Ort,
Den Pfad ihm sperrend, und schnaubet Mord
Und hemmet des Wanderers Eile
Mit drohend geschwungener Keule.

»Was wollt ihr?« ruft er, für Schrecken bleich,
»Ich habe nichts als mein Leben,
Das muß ich dem Könige geben!«
Und entreißt die Keule dem nächsten gleich:
»Um des Freundes willen erbarmet euch!«
Und drei mit gewaltigen Streichen
Erlegt er, die andern entweichen.

Und die Sonne versendet glühenden Brand,
Und von der unendlichen Mühe
Ermattet sinken die Kniee.
»O hast du mich gnädig aus Räubershand,
Aus dem Strom mich gerettet ans heilige Land,
Und soll hier verschmachtend verderben,
Und der Freund mir, der liebende, sterben!«

Und horch! da sprudelt es silberhell,
Ganz nahe, wie rieselndes Rauschen,
Und stille hält er, zu lauschen,
Und sieh, aus dem Felsen, geschwätzig, schnell,
Springt murmelnd hervor ein lebendiger Quell,
Und freudig bückt er sich nieder
Und erfrischet die brennenden Glieder.

Und die Sonne blickt durch der Zweige Grün
Und malt auf den glänzenden Matten
Der Bäume gigantische Schatten;
Und zwei Wanderer sieht er die Straße ziehn,
Will eilenden Laufes vorüberfliehn,
Da hört er die Worte sie sagen:
»Jetzt wird er ans Kreuz geschlagen.«

Und die Angst beflügelt den eilenden Fuß,
Ihn jagen der Sorge Qualen,
Da schimmern in Abendrots Strahlen
Von ferne die Zinnen von Syrakus,
Und entgegen kommt ihm Philostratus,
Des Hauses redlicher Hüter,
Der erkennt entsetzt den Gebieter:

»Zurück! du rettest den Freund nicht mehr,
So rette das eigene Leben!
Den Tod erleidet er eben.
Von Stunde zu Stunde gewartet' er
Mit hoffender Seele der Wiederkehr,
Ihm konnte den mutigen Glauben
Der Hohn des Tyrannen nicht rauben.«

»Und ist es zu spät, und kann ich ihm nicht
Ein Retter willkommen erscheinen,
So soll mich der Tod ihm vereinen.
Des rühme der blutge Tyrann sich nicht,
Daß der Freund dem Freunde gebrochen die Pflicht,
Er schlachte der Opfer zweie
Und glaube an Liebe und Treue.«

Und die Sonne geht unter, da steht er am Tor
Und sieht das Kreuz schon erhöhet,
Das die Menge gaffend umstehet,
An dem Seile schon zieht man den Freund empor,
Da zertrennt er gewaltig den dichten Chor:
»Mich, Henker!« ruft er, »erwürget!
Da bin ich, für den er gebürget!«

Und Erstaunen ergreift das Volk umher,
In den Armen liegen sich beide
Und weinen für Schmerzen und Freude.
Da sieht man kein Auge tränenleer,
Und zum Könige bringt man die Wundermär,
Der fühlt ein menschliches Rühren,
Läßt schnell vor den Thron sie führen.

Und blicket sie lange verwundert an.
Drauf spricht er: »Es ist euch gelungen,
Ihr habt das Herz mir bezwungen,
Und die Treue, sie ist doch kein leerer Wahn,
So nehmet auch mich zum Genossen an,
Ich sei, gewährt mir die Bitte,
In eurem Bunde der Dritte.«

Die ersten fünf Strophen bauen knapp und präzis eine Rahmenhandlung auf zur Darstellung der Idee »Freundestreue«. Nicht
Individuen agieren, sondern Typen: Dionys, *der* Tyrann, Damon,
*der* Rebell, *die* treuen Freunde; ihre Handlungsweise ist entsprechend vorgeprägt. Der Tyrann als finsterer »Wüterich« führt, Gipfel seiner Unmoral, Damon in Versuchung, sich zu retten. Genauso festgelegt sind die beiden Freunde, die nicht der geringste Zweifel anficht, daß es Freundespflicht sei, die Bürgschaft zu übernehmen oder sie einzulösen; auf die lapidare Forderung »So bleib du
dem König zum Pfande, / Bis ich komme, zu lösen die Bande«

reagiert der Freund mit einer schweigenden Geste der Verbundenheit. Beide bewähren sich als »schöne Seelen«, die in ihrem Handeln selbstverständlich Pflicht und Neigung vereinen.

Die Idee von Freundschaft und Treue ist also vorgestellt, aber noch nicht »übermittelt«. Noch besteht das zynische Angebot des Tyrannen »Leben für Untreue«, kann allerdings für die Schillerschen Figuren keine Verführung bedeuten. Daher müssen andere Gegenspieler an die Stelle des Tyrannen treten, die moralische Stärke der beiden Freunde zu demonstrieren: Die Zeit, die Natur, die Verderbtheit anderer Menschen werden zu Feinden.

Ein Tag noch bleibt Damon zur Rückkehr nach Syrakus. Natur und Menschen scheinen sich gegen ihn verschworen zu haben, wobei die sich dramatisch steigernde Zeitnot immer am Stand der Sonne abzulesen ist. »Unendlicher Regen« strömt herab, keine Brücke, keine Fähre ist dem reißenden Hochwasser gewachsen. An des »Stromes Wut« mißt sich Damons moralische Stärke, die ihn über die Angst erhaben macht. Die Überwindung menschlicher Schwächen, das Über-sich-hinaus-Wachsen ist ein Gott wohlgefälliges Verhalten. Deshalb rettet er Damon aus dem reißenden Strom, verleiht ihm übernatürliche Kräfte, als er allein gegen eine ganze Räuberbande kämpfen muß, und läßt den Ermatteten schließlich wie durch ein Wunder eine Quelle finden.

Weder die Macht der Natur noch die in der Räuberbande personifizierte menschliche Unmoral, noch körperliche Erschöpfung konnten die Kraft des Herzens brechen. Dennoch scheint die Mühe vergeblich zu sein, alle widrigen Umstände scheinen sich verschworen zu haben, den Sieg der Treue zu vereiteln. In großartig sich steigernder Dramatik verdichtet Schiller die Zeit zu einem Moment größter Spannung. Als ob sie stillstünde, »malt« die Sonne ungerührt »auf den glänzenden Matten / Der Bäume gigantische Schatten«, während Damon »der Sorge Qualen jagen«. Da stürzt ihm sein Diener mit der Schreckensbotschaft entgegen: »Zurück! du rettest den Freund nicht mehr, / So rette das eigene Leben! / Den Tod erleidet er eben.« Doch in der kurzen Zeitspanne, die zwischen den Zeilen »Und die Sonne blickt durch der Zweige Grün« und »Und die Sonne geht unter« liegt, geschieht das Unerwartete. Auch wenn Damon den Freund nicht wird retten können, gibt er nicht auf; mit dem Freund gemeinsam zu sterben, verpflichtet ihn sein Wort. Dieser unbedingte Treuebeweis wird zweifach belohnt, denn den Freund findet er noch am Leben und den Tyrannen kann er bekehren.

Mit der Ballade konkretisiert Schiller sein ästhetisches Erziehungsprogramm: Die Freunde führen die »Wundermär« absolut schönen menschlichen Verhaltens vor; selbst als der Freund totgeglaubt ist, das eigentliche Motiv des Wettlaufs mit der Zeit also fehlt, folgt Damon der schönen Idee von »Liebe und Treue«; aus »interesselosem Wohlgefallen«, rein ästhetisch also, handelt er zuletzt. Diese höchste Idealität *mußte* jedermann rühren, das Volk ebenso wie den König. Durch Damons Beispiel wird der grausame Tyrann ebenfalls zur Menschlichkeit »bezwungen«: Mensch unter Menschen, bittet er um Aufnahme in den Freundschaftsbund. Sah sich Damon zu Anfang der Ballade noch genötigt, den Tyrannen zu ermorden, so zeigt der Schluß die »klassische« Lösung, die über eine Veränderung des einzelnen Menschen einen Staat der Freiheit und Brüderlichkeit schaffen will, ohne revolutionäre Gewalt. – Heute, nach zweihundert Jahren, da keiner mehr an die Utopie der Erziehung zur »schönen Menschheit« glaubt, wirkt die Ballade konstruiert, eher aufdringlich in ihrer Moral.

Schillers Bemühen um Vereinfachung, um Allgemeinverständlichkeit rückte seine Balladen deutlich an die Grenze der Lehrdichtung; die so eindeutig auf eine Moral hin konstruierten Handlungen wirken eher trivial, als daß sie das Publikum »hinaufläuterten«. Und gerade das hatte Schiller doch Bürgers Balladen vorgeworfen.

## 2.5 Goethes lyrisches Spätwerk

### West-Östlicher Divan

So wie die ›Römischen Elegien‹ Goethes beglückende Begegnung mit der sinnlich-heiteren Antike spiegeln, zeigt der ›West-Östliche Divan‹ seine Öffnung für den orientalischen Kulturkreis, den er vor allem in den Dichtungen des Persers Mohammed Schemseddin, gen. Hafis (1326–1390), auf neue Weise entdeckte; für den Osten, das Land der Patriarchen, wo er den »Ursprung des Menschengeschlechts«, den Anfang der Geschichte und der Religion glaubte, hatte er sich seit früher Jugend interessiert. Wieder, wie vor der italienischen Reise, befand sich Goethe in einer Schaffenskrise, die, ausgelöst durch Schillers Tod, in den politischen Unruhen der Befreiungskämpfe gegen Napoleon, im eigenen Altern begründet sein mochte, als er 1814 auf einer Reise in die Orte seiner Jugend, an Rhein, Main und Neckar, Hafis' Lyrik las und neues Leben daraus schöpfte. Fasziniert von der inneren Übereinstimmung mit dem großen Dichter des Morgenlands, begann er noch während der Reise als »Westländer« dem »Zwilling« aus vergangener Zeit und ferner Welt zu antworten: die zehn ersten

Gedichte waren in wenigen Tagen geschrieben. Worin lag der verwandte Geist? Goethe schrieb am 2. Mai 1820 in einem Brief an den Berliner Komponisten Karl Friedrich Zelter: »Diese mohammedanische Religion, Mythologie, Sitte geben Raum einer Poesie, wie sie meinen Jahren ziemt. Unbedingtes Ergeben in den unergründlichen Willen Gottes, heiterer Überblick des beweglichen, immer kreis- und spiralartig wiederkehrenden Erdetreibens, Liebe, Neigung, zwischen zwei Welten schwebend, alles Reale geläutert, sich symbolisch auflösend. Was will der Großpapa weiter?«

Die gleiche Weltzugewandtheit sprach aus Hafis' Gedichten, die sich im Lieben, Trinken und Singen äußerte und doch auch Annäherung an das Göttliche war, die gleiche religiös-mystische Sehnsucht nach göttlicher Ganzheit, die beide Dichter im irdischen Genuß nie ganz Genüge finden ließ. Jene für die östliche Literatur so charakteristische ironische Distanz zum eigenen dichtenden Ich, die Goethe in zunehmendem Alter aus dem Wissen um die Menschen und dem Wissen seiner eigenen Bedeutung und Bedingtheit gewonnen hatte, gibt der ganzen ›Divan‹-Dichtung ihre lächelnde Leichtigkeit. Im Leser wird ähnliche Erfahrung und Abstand zur Welt vorausgesetzt, daher ist der ›Divan‹ nie wirklich populär geworden. Die Erstauflage wurde erst zu Beginn unseres Jahrhunderts ganz verkauft.

Bei aller »Zwillings«-Verwandtschaft wollte Goethe jedoch das Fremde der ganz anderen Kultur durchaus bestehen lassen; erst aus der Spannung zwischen Ost und West konnte gesteigerte dichterische Kraft entstehen, erst aus der Mischung deutscher Eigenart mit den fremden Motiven, Formeln, Namen, poetischen Bildern usw. erwuchs dieser neue Ton, Zauber und Geheimnis der ›Divan‹-Gedichte. – So bereitwillig sich Goethe dem Fremden vom Gehalt her öffnete, so wenig konnte er sich mit der äußeren Form des persischen Ghasels anfreunden, das ein einziges Reimwort in vielfachen Bedeutungsnuancen kunstvoll pointiert, ja bis zur Eintönigkeit wiederholt; statt dessen strebte er bei aller Formenvielheit höchste Einfachheit in Metrum und Strophenbau an. Die Freude des Orientalen am Übertreiben im Loben und Schmeicheln, ihre Selbstanmaßung, die vom Herrscher ausgehend bis zum untersten Derwisch sich fortsetzt, vor allem aber ihre Selbstverständlichkeit, die entlegensten Gegenstände, Edelstes und Gemeinstes spielerisch zusammenzureimen, versuchte der »Westländer« in sich aufzunehmen, um dann ganz frei, ja lässig mit diesen östlichen Elementen umzugehen.

Zum tieferen Verständnis für die Eigentümlichkeiten des Orients hat Goethe den ›Divan‹-Gedichten einen sachkundigen Prosateil angefügt; diese ›Noten und Abhandlungen‹ zeugen von seinem systematischen Studium der zeitgenössischen Orientalistik, setzen sich mit Religion, Geschichte, Lebensstruktur, Dichtungstraditionen usw. didaktisch und poetisch zugleich auseinander.

Der ›Divan‹ (pers. »Versammlung«, »Liedsammlung«) ist ein Gedichtzyklus, unterteilt in 12 Bücher, die jeweils in sich, vor allem aber als Ganzes mannigfaltig verknüpft sind, die Fülle des Lebens umfassen: Über Dichtung und Gesellschaft (›Buch des Sängers‹), Liebe, Wein (›Schenkenbuch‹), den Glauben, über den »Unmuth«, den Tyrannen ›Timur‹ (den Goethe mit Napoleon gleichsetzte), über das »Paradies«, Spruch- und Parabelweisheiten usw. handeln die unterschiedlich langen, zum Teil unabgeschlossenen Einzelabschnitte. »Jedes einzelne Glied ... ist so durchdrungen von dem Sinn des Ganzen, ist so innig orientalisch ... und muß von einem vorhergehenden Gedicht erst exponiert sein, wenn es auf Einbildungskraft oder Gefühl wirken soll. Ich habe selbst noch nicht gewußt, welches wunderliche Ganze ich daraus vorbereitet«, so schrieb Goethe am 17. Mai 1815 an den Freund Zelter. Im Mittelpunkt des Zyklus steht das ›Buch Suleika‹, das im Wechselgesang von Hatem, dem alternden Dichter, und Suleika, der schönsten und geistreichsten Frau der islamischen Poesie, das Thema Liebe »musterhaft« behandelt, im Einzelschicksal der beiden Allgemeinstes ausspricht.

Die Fülle der Töne und Haltungen, die zusammengenommen erst das »wunderliche Ganze« ergibt, macht es problematisch, einzelne Stücke aus dem Zyklus herauszureißen; dennoch soll versucht werden, das Besondere dieser Poesie an einigen Beispielen aufzuzeigen.

Hegire

Nord und West und Süd zersplittern,
Throne bersten, Reiche zittern,
Flüchte du, im reinen Osten
Patriarchenluft zu kosten,
Unter Lieben, Trinken, Singen
Soll dich Chisers Quell verjüngen.

Dort, im Reinen und im Rechten,
Will ich menschlichen Geschlechten
In des Ursprungs Tiefe dringen,
Wo sie noch von Gott empfingen
Himmelslehr' in Erdesprachen
Und sich nicht den Kopf zerbrachen. ...

Mit kraftvollen Versen eröffnet Goethe den ›Divan‹, das erste ›Buch des Sängers‹; er umschreibt die jüngst vergangene politische

Situation, als Napoleon von Norwegen bis Rußland, von Spanien und Portugal bis nach Ägypten zu Felde zog und die alten Ordnungen ins Wanken brachte. Als Flucht aus westlicher Unruhe und »Zerstückelung« ins naturhaft-ursprüngliche (»reine«) Land der Patriarchen, wo Religion und Leben noch eine Einheit waren, versteht er seine geistige Reise in den Osten; die Frische des neuen Aufbruchs teilt sich den Versen mit. Mit seinen Schlußzeilen weist das Gedicht auf das ›Buch des Paradieses‹, das letzte im Zyklus, voraus, wo der Dichter die schönen Wächterinnen des Himmels, die Huris, ganz selbstgewiß um Einlaß bittet.

> ... Wisset nur, daß Dichterworte
> Um des Paradieses Pforte
> Immer leise klopfend schweben,
> Sich erbittend ew'ges Leben.

Mit seinen Liedern, die als zeitloser Spiegel Gottes irdische Spur zurückwerfen, hat der Dichter Anteil an der göttlichen Ewigkeit: Das Paradies muß ihm daher offenstehen.

Daß sich Goethe nach Schillers Tod neuen, auch romantischen Strömungen öffnete, wurde andernorts schon erwähnt. In dem kleinen Gedicht ›Lied und Gebilde‹ distanziert er sich doch merklich von der Klassik, deren vollendetste Form die Plastik darstellt. Er läßt zwar der griechischen Antike ihr gesteigertes »Entzücken« an der festen, modellierten Form, aber das Wunderbare gelingt dem Dichter, wenn er frei aus den Fluten des Lebens (»Euphrat«) schöpft, wie es die nicht an tradierte Formen gebundene Poesie des Orients tat. »Frei, heiter, anmutig, rein, wohlgefühlt« nennt Goethe das Lied in seinem Prosakommentar, während die klassische Plastik (nur) schön sei.

Lied und Gebilde

> Mag der Grieche seinen Ton
> Zu Gestalten drücken,
> An der eignen Hände Sohn
> Steigern sein Entzücken;

> Aber uns ist wonnereich
> In den Euphrat greifen,
> Und im flüss'gen Element
> Hin und wider schweifen.

> Löscht' ich so der Seele Brand,
> Lied, es wird erschallen;
> Schöpft des Dichters reine Hand,
> Wasser wird sich ballen.

Im Lied konzentriert der Dichter das fließende Leben zu Poesie, aber das Lied als geformtes Leben hat nichts Starres; wenn es erschallt, verströmt es sich wieder frei in den Äther. Indem er sich verzehrt, seine Seele in brennender Begeisterung hingibt, wird dem Dichter ähnliche Gnade zuteil wie der reinen Brahmanin, der sich einer Legende nach »die bewegte Welle/Herrlich zu kristallner Kugel« ballte (vgl. Goethes ›Paria‹-Trilogie). Gleichzeitig heilt sich der Dichter mit seinem schöpferischen Tun, löscht das nach Gestaltung drängende innere Feuer.

Als »weltfroher Mystiker« wurde Hafis gern bezeichnet, mißverstanden und angegriffen sowohl von strengen Glaubenseiferern wie von freisinnigen Lebenskünstlern. Auch darin stand Goethe dem Dichter aus dem Osten nicht so fern: Ihrer beider Frömmigkeit war weiter gefaßt, sie bestand u. a. darin, alles Lebendige transzendieren zu können, der irdischen Welt sich zu freuen und in ihr das höhere Geheimnis Gottes zu begreifen. ›Selige Sehnsucht‹ nannte Goethe zuletzt das große Abschlußgedicht des ersten Buches, das »Gottes Einheit predigt«, wie Hafis es tat: indem es mystisch-religiöses und irdisches Verlangen als untrennbares Streben zu Gott offenbart.


Selige Sehnsucht

Sagt es niemand, nur den Weisen,
Weil die Menge gleich verhöhnet,
Das Lebend'ge will ich preisen,
Das nach Flammentod sich sehnet.

In der Liebesnächte Kühlung,
Die dich zeugte, wo du zeugtest,
Überfällt dich fremde Fühlung,
Wenn die stille Kerze leuchtet.

Nicht mehr bleibest du umfangen
In der Finsternis Beschattung,
Und dich reißest neu Verlangen
Auf zu höherer Begattung.

Keine Ferne macht dich schwierig,
Kommst geflogen und gebannt,
Und zuletzt, des Lichts begierig,
Bist du, Schmetterling, verbrannt.

Und so lang du das nicht hast,
Dieses: Stirb und werde!
Bist du nur ein trüber Gast
Auf der dunklen Erde.

Goethe spricht hier nach Art eines Propheten: Er verkündet einer kleinen Zahl Eingeweihter seine Lebensweisheit; die Menge, die sich mit den äußeren Erscheinungen des Lebens zufrieden gibt, wird ihn nicht verstehen. »Vollendung«, »Selbstopfer« hießen frühere Überschriften dieses Gedichts. Erst wenn der Liebende sich ganz preisgibt, gewinnt er sich neu; erst im »Flammentod«, das heißt in der Bereitschaft, das irdische Leben im Augenblick höchster Hingabe zu opfern, vollendet sich der nach Gottesreinheit strebende Erdenmensch. Die stille Kerze, die sich selbst verzehrt, um Licht zu schenken, steht symbolisch für die selbstlose Liebe, die im absoluten Sinn nur Gott besitzt. Der Zeugungsvorgang der Liebenden ist ins Bild gerückt, der das Feuer des Verlangens und das reine (kühlende) Streben nach Vergöttlichung im Augenblick des Schöpfungsakts vereint und zugleich die Sehnsucht nach der höchsten Vergeistigung, der *unio mystica* mit Gott auslöst. Solange der Mensch dieses Verlangen nach immer höherer reinerer Existenz nicht hat, die eine Kette von Metamorphosen (»Stirb und werde!«) bedeutet, ist er »nur ein trüber Gast / Auf der dunklen Erde«; schwer, in seiner Körperlichkeit befangen, flüchtig, das heißt nicht wirklich zu Hause, irrt er weiter in der irdischen Finsternis und nimmt das Licht göttlicher Wahrheit nicht auf. Das Gleichnis des sich im Kerzenlicht verbrennenden Schmetterlings für das unbedingte Streben des Menschen nach höherer Erkenntnis (das Goethe im ›Faust‹ thematisierte), ist in der persischen Literatur häufiger anzutreffen.

Höhepunkt des ›West-Östlichen Divans‹, und daher auch zentral plaziert, ist das ›Buch Suleika‹, das durch Goethes leidenschaftliche Liebe zu Marianne von Willemer besondere Intensität und Wirklichkeitsnähe erhielt. Während seines Aufenthaltes in dem Landhaus der Willemers 1815 entstand der größte Teil des umfangreichen ›Suleika‹-Buchs, trat ein literarhistorischer Glücksfall ein: denn die angebetete Frau konnte dem dichtenden Mann ebenbürtig antworten. Marianne suchte zunächst aus ihrem »Hafis« (Goethe hatte ihr ein Exemplar geschenkt) passende Zeilen und Verse als chiffrierte Briefantworten zusammen, wurde dann, ein entzündeter Funke des großen Genies, selbst zur Dichterin. Leicht verändert nahm Goethe ihre Verse mit auf in die ›Suleika‹-Strophen, die »Hatem« antworten: Der wechselseitige Austausch der Liebenden, ihre »Einheit in der Doppelheit«, konnte sich nicht sinnfälliger zeigen als in diesen »echten« Dialogen. Mariannes rein geistig-seelische Partnerschaft, ihre Zurückhaltung, die sie auch in den Briefgedichten nie aufgab, mußte Goethe zur existenzfüllenden Liebe umstilisieren, denn alle Dimensionen einer Liebesbeziehung sollten Hatem und Suleika exemplarisch vorführen: Neigung und Nähe, vollkommene Erfüllung, Transzendenz ins Religiöse, Trauer und Schmerz der Trennung, glückliches Wiederfinden, Verzweiflung, schließlich heitere Bejahung des »unergründlichen Willen Gottes«. Ein Lesebuch für Liebende ist das ›Buch Suleika‹, das in jeder Altersstufe seine eigene Schönheit offenbart, neu zu verstehen ist.

Leicht und spielerisch beginnt der Wechselgesang der Liebenden:

Hatem

Nicht Gelegenheit macht Diebe,
Sie ist selbst der größte Dieb;
Denn sie stahl den Rest der Liebe,
Die mir noch im Herzen blieb.

Dir hat sie ihn übergeben,
Meines Lebens Vollgewinn,
Daß ich nun, verarmt, mein Leben
Nur von dir gewärtig bin.

Doch ich fühle schon Erbarmen
Im Karfunkel deines Blicks
Und erfreu' in deinen Armen
Mich erneuerten Geschicks.

Suleika

Hochbeglückt in deiner Liebe,
Schelt' ich nicht Gelegenheit;
Ward sie auch an dir zum Diebe,
Wie mich solch ein Raub erfreut!

Und wozu denn auch berauben?
Gib dich mir aus freier Wahl;
Gar zu gerne möcht' ich glauben –
Ja, ich bin's, die dich bestahl.

Was so willig du gegeben,
Bringt dir herrlichen Gewinn,
Meine Ruh', mein reiches Leben
Geb' ich freudig, nimm es hin!

Scherze nicht! Nichts von Verarmen!
Macht uns nicht die Liebe reich?
Halt' ich dich in meinen Armen,
Jedem Glück ist meines gleich.

Hatem und Suleika variieren den Symbolkreis des Gebens und Nehmens, des »Vollgewinns« durch Selbstaufgabe, der die Dialektik der Liebe bestimmt. Das im ganzen ›Divan‹ durchgängige »Übermachts«-Motiv, aus dem Bewußtsein dichterischer Kraft, der weisen Distanz zur irdisch-vergänglichen Welt oder aus feuriger Weintrunkenheit heraus formuliert, klingt auch hier an: der liebende Geliebte, seines überirdischen Besitzes bewußt, ist auch als Bettler mächtiger als der Kaiser, der nicht zu lieben weiß. Suleikas (Mariannes) Widerpart unterscheidet sich von Hatems (Goethes) Stimme; ihre Gedichte spiegeln offen ihr tiefes Gefühl, ihre ganze Hingabe, während er aus der Souveränität seiner dichterischen Erfahrung auch geistvoll scherzende, ironische, prahlerische, dramatische, leidenschaftliche Töne mit aufnimmt, kurz: sein persönliches Erleben ins Allgemeinere objektivieren kann. Dichterisches Spiel mit den Erfahrungen der Liebe und Spiegel seiner eigenen Gefühle in östlicher »Vermummung« sind Goethes ›Suleika‹-Gedichte; klassische Geschlossenheit gibt ihnen die Form des Zyklus, der, leicht und beweglich, gleichzeitig das romantische Ziel der Lebensganzheit erfüllt.

Hatem

Locken, haltet mich gefangen
In dem Kreise des Gesichts!
Euch geliebten braunen Schlangen
Zu erwidern hab' ich nichts.

Nur dies Herz, es ist von Dauer,
Schwillt in jugendlichstem Flor;
Unter Schnee und Nebelschauer
Rast ein Ätna dir hervor.

Du beschämst wie Morgenröte
Jener Gipfel ernste Wand,
Und noch einmal fühlet Hatem
Frühlingshauch und Sommerbrand.

Schenke her! Noch eine Flasche!
Diesen Becher bring' ich ihr!
Findet sie ein Häufchen Asche,
Sagt sie: »Der verbrannte mir.«

Suleika

Nimmer will ich dich verlieren!
Liebe gibt der Liebe Kraft.
Magst du meine Jugend zieren
Mit gewalt'ger Leidenschaft.

Ach! Wie schmeichelt's meinem Triebe,
Wenn man meinen Dichter preist:
Denn das Leben ist die Liebe,
Und des Lebens Leben Geist.

Verjüngung durch die Liebe ist eines der immer wiederkehrenden Motive des ›Divan‹-Zyklus. Hier besingt der Dichter die braunen Locken der jungen Geliebten, die auch Verführung, Gefahr bedeuten (in der – nicht nur – im Orient üblichen Metapher der Schlange besonders betont); dem Liebreiz der Erscheinung, die ihn weiterhin zum glücklichen Gefangenen machen soll, hat der Dichter »nur« sein treues *Herz* entgegenzusetzen, das frühlingshaft erblüht, ja zu vulkanischer Leidenschaft gesteigert ist. Die im Bild des »Schwellens«, wie des »Ätna« angesprochene Analogie zur Natur kennzeichnet die Liebe als elementare Gewalt, die fortreißend, auch vulkanisch zerstörend sein kann, die vor allem aber ständige Verwandlung ermöglicht: Sie verjüngt den alten Dichter – »Schnee und Nebelschauer« stehen für seine weißen Haare in Korrespondenz zu den braunen Locken der Geliebten – zu jugendlicher Leidenschaft. Die grandiose Selbstdarstellung mäßigt der Dichter in der nächsten Strophe: seine Großartigkeit bezieht er allein durch die liebende Frau, sie bringt mit ihrer Jugend die »ernste« Erhabenheit, den Gipfel-Ruhm des Dichters erst zum Glänzen; sie läßt den alternden Mann noch einmal alle Zärtlichkeit (»Frühlingshauch«) und alles Feuer (»Sommerbrand«) der Liebe genießen. Nur in dieser dritten Strophe durchbricht der Dichter das sonst durchgeführte Reimschema; auf »Morgenröte« folgt plötzlich »Hatem«, statt »Goethe«. Im Spiel mit dem Reim verläßt Goethe für einen Augenblick die fiktive Ebene des Gedichts: Hatems Leidenschaft im Alter ist seine eigene.

Mit der überraschenden Wende der Schlußstrophe an den Weinschenken scheint der Dichter sein vorheriges Bekenntnis ironisch aufzuheben: Die angeredete Geliebte ist nur in seiner seligtrunkenen Vorstellung anwesend; seine Großartigkeit fällt zu einem »Häufchen Asche« zusammen; die jugendliche Geliebte quittiert, so meint er, sein Selbstopfer aus Liebe ohne Bedauern, eher mit ein wenig Stolz: »Der verbrannte mir«. Allein der humorvoll übertreibende Ton läßt solche Widerrufung nicht zu; vielmehr steigerte sich der alternde Dichter aus der übermütigen Sicherheit des mit Liebe so reich Beschenkten, angefacht noch dazu vom Wein, in einen Zustand der »Wahrheit«, in dem Hingabebereitschaft und Distanz, Gefährdung und Glückseligkeit seiner Liebe spielerisch in der Schwebe gehalten werden können.

Suleika entgegnet komprimiert, ernsthafter, ergänzt seinen im

Gegenständlichen spielenden Redereichtum, indem sie die Idee hinter seinen Bildern ausspricht. Die jugendliche Geliebte übernimmt also den geistigen Part, während der alternde Dichter von der gewaltigen Leidenschaft der Jugend erfaßt ist. Gleichzeitig lebt sie in ihrer jugendlichen Schönheit erst auf durch den geistreichen Dichter, der sie in seinen Gedichten preist und dafür gepriesen wird. Erst im ständigen Austausch der Liebe, in der Wechselbeziehung von Alter und Jugend, Leidenschaft und Geist, erfüllt sich die vollkommene Vereinigung des Paares. Das Leben als ständig sich wandelnde Natur gipfelt in der Liebe, der Geist bindet diese Liebe an die Ewigkeit.

Nachklang

Es klingt so prächtig, wenn der Dichter
Der Sonne bald, dem Kaiser sich vergleicht;
Doch er verbirgt die traurigen Gesichter,
Wenn er in düstern Nächten schleicht.

Von Wolken streifenhaft befangen,
Versank zu Nacht des Himmels reinstes Blau;
Vermagert bleich sind meine Wangen
Und meine Herzenstränen grau.

Laß mich nicht so der Nacht, dem Schmerze,
Du Allerliebstes, du mein Mondgesicht,
O, du mein Phosphor, meine Kerze,
Du meine Sonne, du mein Licht!

Am 18. September reiste Goethe aus der Willemerschen »Gerbermühle« ab, traf sich noch in Heidelberg kurz mit dem Ehepaar, dann war die Trennung von »Suleika« endgültig. Der dichtende Hatem kleidet seine schwermütige Klage in kühne Bilder, will sich gegen das Schicksal aufbäumen (s. das Gedicht ›Hochbild‹), zeigt dann im ›Nachklang‹ unverhüllt sein »trauriges Gesicht«; unabänderlich grau und düster ist die Welt ihm geworden. Verzweifelt ruft er nach der Geliebten, steigert sich in einen einzigen Aufschrei nach der göttlichen Lichtbringerin (»mein Mondgesicht« ist eine zärtliche Anrede im Osten).

Suleika antwortet mit weicher, fließender Bewegung; in ihrer sanften Ergebenheit drückt sie nicht weniger Leiden an der Trennung aus, vielleicht aber mehr Anpassungsfähigkeit, wie sie von der Frau damals noch weit mehr erwartet wurde als heute. Marianne von Willemers Gedichte an den Westwind, vorher an den Ostwind gehören zu den schönsten des ganzen ›Divan‹, sind weiblichster Widerpart zur im Schmerz erhärteten Hatem-Pose.

Suleika

Ach, um deine feuchten Schwingen,
West, wie sehr ich dich beneide:
Denn du kannst ihm Kunde bringen,
Was ich in der Trennung leide.

Die Bewegung deiner Flügel
Weckt im Busen stilles Sehnen;
Blumen, Augen, Wald und Hügel
Stehn bei deinem Hauch in Tränen.

Doch dein mildes sanftes Wehen
Kühlt die wunden Augenlider;
Ach, für Leid müßt' ich vergehen,
Hofft' ich nicht zu sehn ihn wieder.

Eile denn zu meinem Lieben,
Spreche sanft zu seinem Herzen;
Doch vermeid' ihn zu betrüben
Und verbirg ihm meine Schmerzen.

Sag' ihm aber, sag's bescheiden:
Seine Liebe sei mein Leben,
Freudiges Gefühl von beiden
Wird mir seine Nähe geben.

In dem großartigen Gedicht ›Wiederfinden‹ gelingt Hatem
schließlich die ins Kosmische gesteigerte Synthese beider »Stimmen«:

Wiederfinden

Ist es möglich! Stern der Sterne,
Drück' ich wieder dich ans Herz!
Ach, was ist die Nacht der Ferne
Für ein Abgrund, für ein Schmerz!
Ja, du bist es! meiner Freuden
Süßer, lieber Widerpart;
Eingedenk vergangner Leiden,
Schaudr' ich vor der Gegenwart.

Als die Welt im tiefsten Grunde
Lag an Gottes ew'ger Brust,
Ordnet' er die erste Stunde
Mit erhabner Schöpfungslust,
Und er sprach das Wort: »Es werde!«
Da erklang ein schmerzlich Ach!
Als das All mit Machtgebärde
In die Wirklichkeiten brach.

Auf tat sich das Licht! So trennte
Scheu sich Finsternis von ihm,
Und sogleich die Elemente
Scheidend auseinander fliehn.
Rasch, in wilden, wüsten Träumen
Jedes nach der Weite rang,
Starr, in ungemeßnen Räumen,
Ohne Sehnsucht, ohne Klang.

Stumm war alles, still und öde,
Einsam Gott zum erstenmal!
Da erschuf er Morgenröte,
Die erbarmte sich der Qual;
Sie entwickelte dem Trüben
Ein erklingend Farbenspiel,
Und nun konnte wieder lieben
Was erst auseinander fiel.

Und mit eiligem Bestreben
Sucht sich, was sich angehört,
Und zu ungemeßnem Leben
Ist Gefühl und Blick gekehrt.
Sei's Ergreifen, sei es Raffen,
Wenn es nur sich faßt und hält!
Allah braucht nicht mehr zu schaffen,
Wir erschaffen seine Welt.

So, mit morgenroten Flügeln,
Riß es mich an deinen Mund,
Und die Nacht mit tausend Siegeln
Kräftigt sternenhell den Bund.
Beide sind wir auf der Erde
Musterhaft in Freud' und Qual,
Und ein zweites Wort: Es werde!
Trennt uns nicht zum zweitenmal.

Abgründe und Himmelsfreuden ihrer unruhigen, tief erschüttern-
den Liebesbeziehung bindet der Dichter hier an das große kosmische Weltgesetz – und findet damit zu jener Ruhe, die ein heiteres
Sich-Schicken in den unergründlichen Willen Gottes geben kann.
Hatem und Suleika begreifen sich nun als »Musterpaar« aller Liebenden, ja aller polaren Gegensätzlichkeit in der Welt. Jenes
»schmerzlich Ach«, einst durch den Schöpfungsvorgang ausgelöst,
als mit der Konkretisierung des göttlichen Geistes das All in Ein-
zelnes zerfiel, gehört zur Unvollkommenheit des Menschseins,
kann aber in der Liebe immer wieder aufgehoben werden. Das
Licht der Morgenröte, in dem sich die göttliche Liebe der Welt
offenbart, läßt alles Getrennte sich wiederfinden, damit neues Leben entstehe. Aus der Zuversicht, daß diese ewige göttliche Liebe

auch sie beide einmal über alle jetzt erlittene Trennung hinaus zusammenführen wird (s. auch den Schluß von ›Faust II‹), schöpft Goethe die hinreißende Kraft-Ruhe dieses Gedichts. Doch so tiefgründig und feierlich wollte der Dichter das Suleika-Buch nicht abschließen; es folgen leichtere unverfänglichere Gedichte, die die Antithetik der Liebe, ihre Rätsel-, Spiegelhaftigkeit vorführen, schließlich im großen volltönenden Preisgedicht an die Allgeliebte, das der Form des persischen Ghasel nahekommt, den Kreis der Liebe runden.

## Altersgedichte

In Goethes lyrischem Werk nach dem ›West-Östlichen Divan‹ heben sich aus einer Fülle von Gelegenheitsgedichten und Sinnsprüchen vor allem drei wichtige Gruppen heraus: die Marienbader Gedichte, der kleine Zyklus ›Chinesisch-deutscher Jahres- und Tageszeiten‹ und die Dornburger Gedichte von 1828, Goethes letzte Lyrik überhaupt. Das Hauptmerkmal dieser Spätgedichte – ausgenommen die großangelegte ›Trilogie der Leidenschaft‹ – ist ihre einfache leichte Form, die an die vorklassische Lieddichtung erinnert; nur sind die konkreten Augen-Bilder jetzt bis zum Formelhaften verkürzt und verweisen vor allem auf die geistige Idee, die hinter den realen Erscheinungen steht.

›Um Mitternacht‹ ist eines der herausragenden Einzelgedichte des älteren Goethe, eines, das ihm besonders wichtig war und auch blieb bis zuletzt; ein »Lebensgedicht« nannte er es selbst, das er »aus dem Stegreife niederschrieb, ohne auch nur früher eine Ahnung gehabt zu haben«.

### Um Mitternacht

Um Mitternacht ging ich, nicht eben gerne,
Klein, kleiner Knabe, jenen Kirchhof hin
Zu Vaters Haus, des Pfarrers; Stern am Sterne
Sie leuchteten doch alle gar zu schön;
        Um Mitternacht.

Wenn ich dann ferner in des Lebens Weite
Zur Liebsten mußte, mußte, weil sie zog,
Gestirn und Nordschein über mir im Streite,
Ich gehend, kommend Seligkeiten sog;
        Um Mitternacht.

Bis dann zuletzt des vollen Mondes Helle
So klar und deutlich mir ins Finstere drang,
Auch der Gedanke willig, sinnig, schnelle
Sich ums Vergangne wie ums Künftige schlang;
Um Mitternacht.

In drei Strophen werden, aufs Dichteste zusammengedrängt, drei Lebensstufen vorgeführt, die bis in die Form hinein deutlich unterschieden sind. Dem kleinen Knaben machte der nächtliche Weg über den Friedhof angst, nicht bewußt, wie auch die Schönheit des Sternenhimmels noch ganz unbewußt als Trost wahrgenommen wird. Die Begrenztheit dieses Lebensmoments wird an den vielen trennenden Kommata deutlich, Angst und ahnende Verwunderung lassen den Redefluß stocken.

Die syntaktische Geschlossenheit der ersten Strophe wird in der zweiten und dritten aufgegeben zugunsten einer großen fließenden Bewegung, die den Zusammenhang des Lebens vom »Wenn...« zum »Bis dann...« in sich steigernder Emphase wiedergibt. Bestimmend in der Lebensmitte ist die Sehnsucht leidenschaftlicher Liebe, die durch die Polarität von Zwang und Freiheit, Müssen und Wollen, Weite und seliger Nähe gekennzeichnet ist. Das Bild des »im Streite« liegenden Sternen- bzw. Polarlichts, das Goethe als Naturphänomen selbst erlebt hatte, ruft die Intensität und den Glanz dieser Lebensperiode zurück.

Erst in der dritten Strophe findet der unruhig Suchende, der kam und ging und gezogen wurde, zur Ruhe. Der lange durchgehende Satz der ersten beiden Zeilen trägt ihn gewissermaßen in die Sphäre göttlicher Erhabenheit. Nicht mehr Angst noch leidenschaftliche Spannung löst das nächtliche Gestirn aus; diese Zeit der Verwirrung, des Getriebenseins ist vorbei. Der Geist begreift nun den tieferen Sinn des hellen Mondlichts, das auf Gottes allliebende Gegenwart verweist. Die Gewißheit, mit kosmischer Ordnung und Schönheit verbunden zu sein, befreit aus der irdischen Finsternis, gibt dem Leben Sinn und Erfüllung. Wem diese Erkenntnis zuteil geworden ist, schließen sich Vergangenheit und Zukunft glücklich zusammen zum Kreis der Ewigkeit.

»Weltübersicht«, Weisheit des Alters kennzeichnet die späten Gedichte Goethes, abgeklärte Distanz hatte der so leicht zu Erschütternde sich errungen. Dennoch blieb Goethe verwundbar: In einen Abgrund der Verzweiflung stürzte ihn die leidenschaftliche aussichtslose Liebe zu der siebzehnjährigen Ulrike von Levetzow, mit der er drei Sommer lang, 1821–23, in Marienbad fast täglich zusammen war. Indem er sein Leid dichterisch bezwang, gewann er noch einmal die Herrschaft über den sich empörenden »trüben«

Geist: Die ›Trilogie der Leidenschaft‹ beschwört in breiter, mühsam gebändigter Form noch einmal Seligkeiten und Tränen dieser Liebe, aller erfahrenen Liebe, herauf, söhnt sich schließlich mit der irdischen Notwendigkeit aus, »die Ebb' und Flut, das Gehen wie das Kommen« bedingt. In der Natur fand der Dichter zuletzt seinen Lebensmut erneuert; im Mai 1827 siedelte er, siebenundsiebzigjährig, in sein Weimarer Gartenhaus. Dort entstanden die ›Chinesisch-deutschen Jahres- und Tageszeiten‹, kleine Naturgedichte, aus der unmittelbaren Beobachtung von Wind und Wetter und Pflanzen geschöpft, sparsam wie chinesische Tuschzeichnungen Farben und Formen setzend.

Chinesisch-deutsche Jahres- und Tageszeiten

III.

Ziehn die Schafe von der Wiese,
Liegt sie da, ein reines Grün;
Aber bald zum Paradiese
Wird sie bunt geblümt erblühn.

Hoffnung breitet lichte Schleier
Nebelhaft vor unsern Blick:
Wunscherfüllung, Sonnenfeier,
Wolkenteilung bring' uns Glück!

Im Weglassen besteht die Meisterschaft chinesischer Kunst; der Blick wird auf das Wesentlichste gezogen. Die grüne Wiese wirkt beruhigend auf Auge und Gemüt; Schafe sind darüber gegangen und weitergezogen, nur kurze Zeit wird es dauern, bis bunte Blumen sie schmücken. Das Paradies auf Erden wird diese farbige Wiese dann sein, denn das »Bunte« verweist auf das »Urlicht« des jenseitigen Paradieses, das die dunkle irdische Materie erst erhellt. »Grün« ist die Farbe der Hoffnung, das Sehnsucht evozierende »Blau« und die Farbe göttlichen Lichts, nämlich »Gelb«, treffen sich entspannend in der Mitte, im Mischton Grün, erläutert Goethe in seiner ›Farbenlehre‹. Die höchste Erfüllung, »Sonnenfeier«, verspricht das Anschauen des Göttlichen, das jetzt noch von Nebeln und Wolken verstellt ist. Aber die Zuversicht gestattet diese Vorfreude. (»Wolkenteilung« ist in der chinesischen Dichtung eine Metapher für glückliche Wunscherfüllung.)

Immer wieder hat Goethe das Licht und das Dunkel als die beiden »Urphasen« des göttlichen Kosmos dichterisch gestaltet. Des Nachts stehen sie in ihrer Polarität als Garanten des allumfassenden kosmischen Gesetzes unvermischt nebeneinander: die schwärzeste Finsternis, der hellste Mond. Das Licht besiegt die

Finsternis, daraus schöpft der Mensch die zuversichtliche Botschaft des Lebens. Aber dazwischen gibt es alle möglichen Schattierungen, die den Wechsel, das Ringen der Urkräfte anzeigen: Dämmerung, Nebel, die Auge und Gemüt verwirren können, oder »schwarzvertiefte Finsternisse«, die alle Hoffnung in Angst und Trauer begraben. Der Mensch als irdisch-unvollkommenes Wesen schaut die Sonne, den Mond, die tiefe Nacht und vergißt, daß es ein Geheimnis hinter diesen Erscheinungen gibt, und alle bedrängenden Schmerzen und Überseligkeiten aufgehoben sind in Gottes ewigem Willen. Östliche Lebensphilosophie kennt solche fromme Gelassenheit, die das einzelne, Irdische nicht festhalten will, weit besser; Goethes Altersweisheit ist diesem Geist verwandt, der »sänftigend« wirkt, da er über das irdische Wünschen und Wollen erhebt.

## VIII.

Dämmrung senkte sich von oben,
Schon ist alle Nähe fern;
Doch zuerst emporgehoben
Holden Lichts der Abendstern!
Alles schwankt ins Ungewisse,
Nebel schleichen in die Höh';
Schwarzvertiefte Finsternisse
Widerspiegelnd ruht der See.

Nun im östlichen Bereiche
Ahn' ich Mondenglanz und -glut,
Schlanker Weiden Haargezweige
Scherzen auf der nächsten Flut.
Durch bewegter Schatten Spiele
Zittert Lunas Zauberschein,
Und durchs Auge schleicht die Kühle
Sänftigend ins Herz hinein.

»Dämmrung senkte sich von oben« ist ein Meisterwerk deutscher Innerlichkeit und chinesischer Weisheit, es braucht keine Reflexion, bleibt ganz im gegenständlichen Naturbild und spiegelt doch in allen sinnlich-realen Vorgängen vor allem eine seelisch-geistige Haltung. Ständige Bewegung von oben nach unten, zwischen Nähe und Ferne ist das Leben; Himmel und Erde ziehen sich an, stoßen sich ab, zwischen »holdem Licht« und bedrohendem Dunkel irrt der Mensch hin und her.

Mit dem »Nun« der zweiten Strophe ist eine zeitliche Wende markiert: Die Ahnung der großen beständigen »Weltseele« gibt allem Schwanken und Schweben einen festen Bezugspunkt. Die

Ahnung göttlicher Ewigkeit wird im täglich sich wiederholenden Kommen und Gehen des Monds zur Gewißheit, die wärmend ins Herz steigt. So kann das Mondlicht innere »Glut« verbreiten, die dunkle Nacht verzaubern, daß sie Scherzen und Spielen vermittelt statt Angst und Schrecken. Das »geistige Auge« nimmt »die sich vor den Augen vollziehende Wirklichkeit Gottes« wahr; diese glückliche Erfahrung kühlt alle Lebensbrände, hebt den irdischen Zwiespalt auf. So kann der Weise wunderbar ruhig den Abend des Lebens beschauen.

Dornburger Gedichte

Dem aufgehenden Vollmonde
Dornburg, 25. August 1828

Willst du mich sogleich verlassen?
Warst im Augenblick so nah!
Dich umfinstern Wolkenmassen,
Und nun bist du gar nicht da.

Doch du fühlst, wie ich betrübt bin,
Blickt dein Rand herauf als Stern!
Zeugest mir, daß ich geliebt bin,
Sei das Liebchen noch so fern.

So hinan denn! hell und heller,
Reiner Bahn, in voller Pracht!
Schlägt mein Herz auch schmerzlich schneller,
Überselig ist die Nacht.

*

Dornburg, September 1828

Früh, wenn Tal, Gebirg und Garten
Nebelschleiern sich enthüllen,
Und dem sehnlichsten Erwarten
Blumenkelche bunt sich füllen,

Wenn der Äther, Wolken tragend,
Mit dem klaren Tage streitet,
Und ein Ostwind, sie verjagend,
Blaue Sonnenbahn bereitet,

Dankst du dann, am Blick dich weidend,
Reiner Brust der Großen, Holden,
Wird die Sonne, rötlich scheidend,
Rings den Horizont vergolden.

Die letzten beiden großen Gedichte Goethes sind ehrfürchtiger reinster Dank an den allwaltenden Gott, der sich in Mond und Sonne kündet. In das idyllisch gelegene Schloß Dornburg hatte sich der Dichter nach dem Tod des Jugendgefährten und mächtigen Gönners Carl August zurückgezogen (an dessen Beerdigung er aus seelischer Ökonomie, wie man ihm vorwarf, nicht teilgenommen hatte); acht »schöne und reichliche Wochen« verbrachte er in der heiteren Umgebung, hielt sich so lange wie möglich im Freien auf. Die ›Dornburger Gedichte‹ strömen die tief empfundene Übereinstimmung des fast Achtzigjährigen mit der immer neu und immer wahrer erkannten Natur aus. Einfachste, fast lapidar klingende Formulierungen (»Und nun bist du gar nicht da«) und kunstvoll zur Emphase verdichteten Gefühlsausdruck (»So hinan denn! hell und heller...«) schließt der Dichter im Alter souverän zur Einheit zusammen, wie denn das ganze Ausmaß des Lebens zwischen Sehnsucht und Erfüllung, zwischen Schmerz und Überseligkeit im echten, gläubigen Anschauen des aus den Wolken hervortretenden Mondes nachvollzogen ist. Als Ausdruck der innigen Wechselbeziehung zwischen Mensch und Gestirn wird der fühlende Mond zum Zeugen der Welt-Einheit, die Gott alliebend umfaßt.

Goethe sandte das Gedicht unmittelbar nach der Entstehung an Marianne von Willemer: Die beiden hatten sich gelobt, jeweils bei Vollmond aneinander zu denken. So verknüpft das Bild des aufsteigenden Mondes sich mit der Gewißheit, geliebt zu sein, und weitet sich zum Symbol der kosmischen Liebe.

Noch deutlicher ist das dankbare Gefühl der Allverbundenheit mit Gott in dem zweiten Dornburger Gedicht ausgesprochen. Noch einmal überschaut Goethe hier das ganze Leben, bildhaft zusammengedrängt in die Zeitspanne vom frühen Morgen bis zum Sonnenuntergang am Abend. In Naturmotiven symbolisiert er die Sehnsucht hoffender Jugend, Streben und Streiten des Erwachsenen, schließlich das kontemplative Alter, da der Mensch, von allen am Materiellen festhaltenden Hoffnungen und Kämpfen befreit, sich der göttlichen Vollkommenheit nähert. Das Gedicht besteht aus einem einzigen Satz, der auf den Höhepunkt am Ende (des Lebens) angelegt ist; damit wird der konditionelle Zusammenhang sinnfällig, der von der rechten Betrachtungsweise der Natur, der rechten Weise zu leben auf ein »goldenes« Alter schließen läßt, das dem Leben größte Schönheit und Erfüllung verheißt.

Wie Goethe im ›Faust II‹ die göttliche Liebe als das »Ewig-Weibliche«, das den Menschen »hinanzieht« zu Gott, bezeichnet, ist hier die Sonne als die »Große«, die »Holde« zum Sinnbild der lebenspendenden ewigen Kraft geworden.

## 3.1 Johann Wolfgang von Goethe, Hermann und Dorothea

Keine der klassischen Dichtungen Goethes erlangte solche Popularität wie sein im Oktober 1797 erschienenes Epos ›Hermann und Dorothea‹; es wurde fester Besitz des deutschen Bildungsbürgertums das ganze 19. Jahrhundert hindurch und befand sich noch in den fünfziger Jahren des unseren im Lektürekanon bundesdeutscher Gymnasien, obwohl es schon damals für die jungen Leute nur noch schwer zugänglich war.

Im Dezember 1797 bereits veröffentlichte A. W. Schlegel eine ausführliche Rezension in der ›Jenaer Allgemeinen Zeitung‹, damals das wichtigste Forum der Literaturkritik. Schlegel stellte das Werk neben die Epen Homers und schloß seine Würdigung: »›Hermann und Dorothea‹ ist ein vollendetes Kunstwerk im großen Stil und zugleich faßlich, herzlich, vaterländisch, volksmäßig; ein Buch voll goldener Lehren der Weisheit und Tugend.« Schiller nannte es den »Gipfel seiner (d. h. Goethes) und unserer ganzen neueren Kunst«; Wilhelm von Humboldt widmete ihm gar ein ganzes Buch, in dem er, von ›Hermann und Dorothea‹ ausgehend, seine Gedanken zur Ästhetik entwickelte (›Ästhetische Versuche‹. Erster Teil, 1799); Hegel schließlich behandelte es als »vollendetes Musterbild« idealer Kunst ausführlich in seinen Berliner ›Vorlesungen über die Ästhetik‹ in den Jahren 1820–29.

Die allgemeine Begeisterung rührte wesentlich daher, daß antikische Idealität auf einen gegenwärtigen Stoff übertragen, deutsches Bürgertum zur zeitlosen Idylle in homerischem Stil verherrlicht wurde. Anders als dem berühmten Homer-Übersetzer Johann Heinrich Voß, der in seiner Idylle ›Luise‹ sich auf ein Genre-Bild des kleinen Pfarrhausglücks in Hexametern beschränkt hatte (vgl. Bd. II), gelang es Goethe durch die Verknüpfung mit dem Jahrhundertereignis der Französischen Revolution, bürgerliche Tugend ins Monumentale zu steigern. Er griff eine Anekdote aus dem Emigrantenschicksal der Salzburger Lutheraner von 1731 auf, nach der ein Flüchtlingsmädchen von einem jungen Thüringer geheiratet wurde, und übertrug sie auf die Gegenwart der Revolutionskriege: Pfarrer, Apotheker und schließlich auch Hermann, der Sohn des Löwenwirts einer blühenden deutschen Kleinstadt, bringen den Flüchtlingen aus Frankreich Hilfe; Hermann verliebt sich in ein Mädchen, das ihm unter den Flüchtlingen aufgefallen war.

In der Begegnung der bodenständigen Bürger mit den heimatlos
Gewordenen, am Gegensatz von bürgerlicher Beharrlichkeit,
Ordnung und Selbstbeschränkung und dem heillosen Chaos, das,
aus deutscher Sicht, aus der so hoffungsvollen Französischen Revolution hervorgegangen war, läuterte Goethe durch die »ewig«
gültige Sprache Homers und seines Verses, des Hexameters, bürgerliche Gesinnung zu idealer Menschlichkeit, zum Garanten des
Friedens. Goethe sagte selbst in einem Brief an den Schweizer
Maler Heinrich Meyer (vom 5. 12. 1796): »Ich habe das rein
Menschliche der Existenz einer kleinen deutschen Stadt in dem
epischen Tiegel von seinen Schlacken abzuscheiden gesucht, und
zugleich die großen Bewegungen und Veränderungen des Welt-
theaters aus einem kleinen Spiegel zurück zu werfen getrachtet.«
Wie also spiegelt sich die Französische Revolution im deutschen
Bürgertum anno 1796? Wie stellt sich geläuterte Kleinstadt-Exi-
stenz dar?

Neugierde und Hilfsbereitschaft treibt die Bürger vor die Stadt,
um den »traurigen Zug der armen Vertriebnen zu sehen«. Auch
Hermann, der Löwenwirt-Sohn, ist mit einem Bündel Kleider und
Essen den Elenden entgegengefahren, hat seine Gaben einem jungen Mädchen überreicht, das einen Ochsenwagen antrieb und sich
um eine Frau mit neugeborenem Säugling sorgte. – Die Nachbarn
des Wirts, der Apotheker und der Pfarrer, sind schon zurückge-
kehrt und berichten von dem »ordnungslosen und verwirrten«
Haufen, Geschrei und Gedränge, umgestürzten Wagen, die Kisten
und Schränke unter sich begruben. »Gerührt« hat der »menschliche Hauswirt« zugehört; schließlich aber, um »die Grillen [zu]
vertreiben«, lädt er die Nachbarn ins kühle Zimmer zu einem
Gläschen Wein:

»Frisch, Herr Nachbar, getrunken! denn noch bewahrte vor Unglück
Gott uns gnädig und wird auch künftig uns also bewahren.
Denn wer erkennet es nicht, daß seit dem schrecklichen Brande,
Da er so hart uns gestraft, er uns nun beständig erfreut hat
Und beständig beschützt, so wie der Mensch sich des Auges
Köstlichen Apfel bewahrt, der vor allen Gliedern ihm lieb ist.
Sollt' er fernerhin nicht uns schützen und Hülfe bereiten?
Denn man sieht es erst recht, wie viel er vermag, in Gefahren;
Sollt' er die blühende Stadt, die er erst durch fleißige Bürger
Neu aus der Asche gebaut und dann sie reichlich gesegnet,
Jetzo wieder zerstören und alle Bemühung vernichten?«

Heiter sagte darauf der treffliche Pfarrer und milde:
»Haltet am Glauben fest und fest an dieser Gesinnung;
Denn sie macht im Glücke verständig und sicher, im Unglück
Reicht sie den schönsten Trost und belebt die herrlichste Hoffnung.«

Da versetzte der Wirt mit männlichen, klugen Gedanken:
»Wie begrüßt' ich so oft mit Staunen die Fluten des Rheinstroms,
Wenn ich, reisend nach meinem Geschäft, ihm wieder mich nahte!
Immer schien er mir groß und erhob mir Sinn und Gemüte;
Aber ich konnte nicht denken, daß bald sein liebliches Ufer
Sollte werden ein Wall, um abzuwehren den Franken,
Und sein verbreitetes Bett ein allverhindernder Graben.
Seht, so schützt die Natur, so schützen die wackeren Deutschen,
Und so schützt uns der Herr; wer wollte töricht verzagen?
Müde schon sind die Streiter, und alles deutet auf Frieden.
Möge doch auch, wenn das Fest, das lang' erwünschte, gefeiert
Wird, in unserer Kirche die Glocke dann tönt zu der Orgel
Und die Trompete schmettert, das hohe Tedeum begleitend, –
Möge mein Hermann doch auch an diesem Tage, Herr Pfarrer,
Mit der Braut entschlossen vor Euch am Altare sich stellen ...«
(I. 174–203)

Wenige Figuren, eine einfache Handlung kennzeichnen das »epische Gedicht«. Der Charakter des Löwenwirts ist am genauesten ausgeführt, doch hat Goethe auch bei ihm alle Gegensätze gemildert, dunkle Nuancen nur angedeutet, um bei allem Realismus eine freundliche Idealität zu bewahren. Selbstverständlich hat der reiche Wirt sein Scherflein beigetragen, die Not der Flüchtlinge zu lindern, aber er will »die traurigen Bilder« ja nicht vertiefen, die seine heitere Ruhe stören würden. Auch scheint sein fester Glauben in Gottes persönliche Fürsorge, den der Pfarrer so lobt, zerbrechlicher, als nach außen verkündet, da doch durch alle stolze Zuversicht seine Sorgen spürbar werden. Im übrigen ist der Löwenwirt ein tüchtiger, für das Gemeinwohl handelnder Mann, der beispielsweise als Stadtbaurat das von einem Brand verheerte Städtchen klug und voraussichtig wiederaufgebaut hat. Wohlwollend patriarchalisch zeigt er sich im Umgang mit seiner Familie und den Nachbarn, die ebenfalls rechtschaffene und liebenswürdige Bürger sind mit nur kleinen menschlichen Schwächen. Daß er mit seinem Sohn so heftig umgeht, gehört zum autoritären Erziehungsstil der Zeit, zum Rollenverständnis des Vaters – genauso wie umgekehrt das auf kluges Verstehen und Ausgleich festgelegte Wesen der Mutter.

Die Hoffnung auf einen baldigen Frieden verbindet der Löwenwirt mit dem Wunsch, sein Sohn Hermann, der ihm viel zu ernst, zu still und schüchtern in Gesellschaft auftritt, möge sich endlich verheiraten, so daß die äußere *und* die heimische Welt eine endgültige Ordnung fänden. Aber die alte Ordnung läßt sich nach so heftigen Weltbewegungen nicht ohne weiteres wieder herstellen. Zu wichtige, zu schöne Ideen waren auf den Wogen der Revolution emporgestiegen. Der weise alte Anführer und Richter des

Flüchtlingsstroms beschwört das neue Morgenrot der Menschheit,
das auch die benachbarte deutsche Jugend zunächst begeistert an-
gesteckt hatte, noch einmal herauf:


... »Nicht kurz sind unsere Leiden;
Denn wir haben das Bittre der sämtlichen Jahre getrunken,
Schrecklicher, weil auch uns die schönste Hoffnung zerstört ward.
Denn wer leugnet es wohl, daß hoch sich das Herz ihm erhoben,
Ihm die freiere Brust mit reineren Pulsen geschlagen,
Als sich der erste Glanz der neuen Sonne heranhob,
Als man hörte vom Rechte der Menschen, das allen gemein sei,
Von der begeisternden Freiheit und von der löblichen Gleichheit!
Damals hoffte jeder sich selbst zu leben; es schien sich
Aufzulösen das Band, das viele Länder umstrickte,
Das der Müßiggang und der Eigennutz in der Hand hielt.
Schauten nicht alle Völker in jenen drängenden Tagen
Nach der Hauptstadt der Welt, die es schon so lange gewesen
Und jetzt mehr denn je den herrlichen Namen verdiente?
Waren nicht jener Männer, der ersten Verkünder der Botschaft,
Namen den höchsten gleich, die unter die Sterne gesetzt sind?
Wuchs nicht jeglichem Menschen der Mut und der Geist und die Sprache?

Und wir waren zuerst als Nachbarn lebhaft entzündet.
Drauf begann der Krieg, und die Züge bewaffneter Franken
Rückten näher; allein sie schienen nur Freundschaft zu bringen.
Und die brachten sie auch: denn ihnen erhöht war die Seele
Allen; sie pflanzten mit Lust die munteren Bäume der Freiheit,
Jedem das Seine versprechend und jedem die eigne Regierung.
Hoch erfreute sich da die Jugend, sich freute das Alter,
Und der muntere Tanz begann um die neue Standarte.
So gewannen sie bald, die überwiegenden Franken,
Erst der Männer Geist mit feurigem, munterm Beginnen,
Dann die Herzen der Weiber mit unwiderstehlicher Anmut.
Leicht selbst schien uns der Druck des vielbedürfenden Krieges;
Denn die Hoffnung umschwebte vor unsern Augen die Ferne,
Lockte die Blicke hinaus in neueröffnete Bahnen.

(VI. 3–33)


Aber der Himmel trübte sich bald. Um den Vorteil der Herrschaft
Stritt ein verderbtes Geschlecht, unwürdig, das Gute zu schaffen.
Sie ermordeten sich und unterdrückten die neuen
Nachbarn und Brüder und sandten die eigennützige Menge.
Und es praßten bei uns die Obern und raubten im großen,
Und es raubten und praßten bis zu dem Kleinsten die Kleinen;
Jeder schien nur besorgt, es bleibe was übrig für morgen.
Allzugroß war die Not, und täglich wuchs die Bedrückung;
Niemand vernahm das Geschrei, sie waren die Herren des Tages.
Da fiel Kummer und Wut auch selbst ein gelaßnes Gemüt an;

Jeder sann nur und schwur, die Beleidigung alle zu rächen
Und den bittern Verlust der doppelt betrogenen Hoffnung.
Und es wendete sich das Glück auf die Seite der Deutschen,
Und der Franke floh mit eiligen Märschen zurücke.
Ach, da fühlten wir erst das traurige Schicksal des Krieges!

(VI. 40–54)

Grimmig erhob sich darauf in unsern Männern die Wut nun,
Das Verlorne zu rächen und zu verteid'gen die Reste.
Alles ergriff die Waffen, gelockt von der Eile des Flüchtlings
Und vom blassen Gesicht und scheu unsicheren Blicke.
Rastlos nun erklang das Getön der stürmenden Glocke,
Und die künft'ge Gefahr hielt nicht die grimmige Wut auf.
Schnell verwandelte sich des Feldbaus friedliche Rüstung
Nun in Wehre; da troff von Blute Gabel und Sense.
Ohne Begnadigung fiel der Feind und ohne Verschonung;
Überall raste die Wut und die feige, tückische Schwäche.
Möcht' ich den Menschen doch nie in dieser schnöden Verirrung
Wiedersehn! Das wütende Tier ist ein besserer Anblick.
Sprech' er doch nie von Freiheit, als könn' er sich selber regieren!
Losgebunden erscheint, sobald die Schranken hinweg sind,
Alles Böse, das tief das Gesetz in die Winkel zurücktrieb.«

(VI. 66–80)

Obwohl es zu den Grundsätzen der Klassik gehörte, die Poesie
vom politischen Tagesgeschehen fernzuhalten, hat Goethe doch
indirekt immer wieder zur Französischen Revolution Stellung bezogen. Ihren Ideen stimmte der deutsche Idealismus durchaus zu,
während er aus der Entwicklung zum jakobinischen Terror und
den Greueln der Revolutionskriege die Konsequenz zog, daß der
Mensch für ein Leben in Freiheit, Gleichheit und Brüderlichkeit
erst noch zu erziehen sei (wozu ein Werk wie ›Hermann und
Dorothea‹ auch gedacht war). Der Kunstgriff Goethes bestand
darin, daß er Ziele und Verlauf der Revolution ausführlich schildern läßt von einer Randfigur, einem Flüchtling, der als Richter
einer objektiven Darstellung fähig sein mußte; später werden die
hochgespannten Ziele der Revolution noch einmal in der ideali-
schen Gestalt von Dorotheas erstem Verlobten heraufbeschworen.
Wie der Flüchtlingsstrom nur in der Nähe der Kleinstadt vorbei-
zieht, streift die Weltgeschichte nur den bürgerlichen Lebenskreis
der handelnden Personen.

Als Kontrasthintergrund lassen die vom Richter geschilderten
Bilder einer tierisch entfesselten Menschheit das Festhalten der
Bürger an Ruhe und Ordnung, so selbstgefällig, ja spießbürgerlich
es auch wirken mag, in positivem Lichte erscheinen. Gleichwohl

bleibt die Berührung mit dem großen Ereignis nicht ohne Wirkung auf diese Ordnung. Hermann ist seit der Begegnung mit den Flüchtlingen ein »veränderter Mensch« geworden, wie die Eltern und die im Haus weilenden Freunde sogleich feststellen. Bestimmter tritt er auf, seine Zunge scheint wie gelöst, als er von dem Mädchen mit dem Ochsenkarren erzählt, dem er seine Gaben anvertraute. Doch Hermanns Veränderung ist tiefgreifender: Er widerspricht zum ersten Mal, widersetzt sich dem Auftrag des Vaters, eine reiche Kaufmannstochter aus dem Ort zu heiraten, um Besitz und Ansehen der Familie zu mehren. Der Vater ist empört. Der Sohn verläßt trotzig das Haus. Der verständnisvollen Mutter (»wir können die Kinder nach unserem Sinne nicht formen«), die ihm nachgeeilt ist, schüttet er sein Herz aus: er liebt das Mädchen mit dem Ochsenkarren, das so zärtlich-mitleidsvoll und zugleich zupackend-bestimmt sich zeigte, und wünscht, die Verarmte als Braut heimzuführen; da der Vater eine arme Schwiegertochter aber keinesfalls akzeptiere, verzichte er lieber auf Haus und Hof. Der ganze Verdruß über die vom Vater erlittene Unbill, die er als gehorsamer Sohn hingenommen hatte, wird ihm nun schmerzlich bewußt. Auch der vom Vater so stolz angehäufte Besitz erweist sich angesichts der Verarmung der Flüchtlinge als trügerische Sicherheit, erweist sich als wertlos, solange ihn Hermann nicht mit eigenem Leben füllen darf. – Symbolische Bedeutung gewinnt jetzt die genaue Schilderung der weitläufigen Familiengüter, an denen die Mutter auf der Suche nach dem aufgebrachten Sohn vorbei kam; sie fand ihn schließlich an der Grenze des Besitzes, abgewendet, den Blick in die Ferne gerichtet. Hermann hat die Kindheit hinter sich gelassen:

> ......... Ein Tag ist
> Nicht dem anderen gleich. Der Jüngling reifet zum Manne;
> Besser im stillen reift er zur Tat oft als im Geräusche
> Wilden schwankenden Lebens, das manchen Jüngling verderbt hat.
> Und so still ich auch bin und war, so hat in der Brust mir
> Doch sich gebildet ein Herz, das Unrecht hasset und Unbill,
> Und ich verstehe recht gut die weltlichen Dinge zu sondern;
> Auch hat die Arbeit den Arm und die Füße mächtig gestärket.
> Alles, fühl' ich, ist wahr; ich darf es kühnlich behaupten.
>
> (IV. 126–134)

Als Hermann sich auf sich selbst besinnt, wird er sich der eigenen inneren Sicherheit bewußt, des Willens zur Tat und seiner Herzenskraft, die ihn die Ungerechtigkeit in der Welt erkennen und hassen läßt, kurz: Hermann entwickelt jene heldenhaften Züge, die ihn Dorothea erst ebenbürtig machen. Die grundsätzliche

Übereinstimmung ihrer Naturen macht ihre rasche Entscheidung füreinander glaubwürdig.

Der Konflikt, in den Vater und Sohn geraten sind, könnte tragisch ausgehen, doch Goethe, der die grundsätzliche Möglichkeit einer idyllischen Harmonie in der Gegenwart zeigen wollte, läßt die vermittelnde Kraft des Weiblichen in Gestalt der Mutter wirken; zusammen mit den Nachbarn stimmt sie den Vater um, der bei aller Heftigkeit auch die Fähigkeit besitzt, nachzugeben. Pfarrer und Apotheker sollen sich bei dem Führer des Flüchtlingszugs nach dem Leumund des Mädchens erkundigen.

Nicht nur, daß Dorothea die Schönheit und Anmut in Person ist, stellen die beiden fest; sie erfahren beim Richter von dem »herrlichen« Mut der Jungfrau, als sie sich und die Ihren mit dem Schwert gegen eindringende Franzosen verteidigte, hören von ihrer Güte und demütigen Geduld. Ein edleres Mädchen hätte Hermann nicht finden können. Der Vater willigt schließlich in den Bund ein.

Eilig faßte darauf der gute, verständige Pfarrherr
Erst des Vaters Hand und zog ihm vom Finger den Trauring
(Nicht so leicht; er war vom rundlichen Gliede gehalten),
Nahm den Ring der Mutter darauf und verlobte die Kinder;
Sprach: »Noch einmal sei der goldenen Reifen Bestimmung,
Fest ein Band zu knüpfen, das völlig gleiche dem alten.
Dieser Jüngling ist tief von der Liebe zum Mädchen durchdrungen,
Und das Mädchen gesteht, daß auch ihr der Jüngling erwünscht ist.
Also verlob' ich euch hier und segn' euch künftigen Zeiten
Mit dem Willen der Eltern, und mit dem Zeugnis des Freundes.«

Und es neigte sich gleich mit Segenswünschen der Nachbar.
Aber als der geistliche Herr den goldenen Reif nun
Steckt' an die Hand des Mädchens, erblickt' er den anderen staunend,
Den schon Hermann zuvor am Brunnen sorglich betrachtet.
Und er sagte darauf mit freundlich scherzenden Worten:
»Wie! du verlobest dich schon zum zweitenmal? Daß nicht der erste
Bräutigam bei dem Altar sich zeige mit hinderndem Einspruch!«

Aber sie sagte darauf: »O, laßt mich dieser Erinnrung
Einen Augenblick weihen! Denn wohl verdient sie der Gute,
Der mir ihn scheidend gab und nicht zur Heimat zurückkam.
Alles sah er voraus, als rasch die Liebe zur Freiheit,
Als ihn die Lust, im neuen, veränderten Wesen zu wirken,
Trieb, nach Paris zu gehn, dahin, wo er Kerker und Tod fand.
›Lebe glücklich‹, sagt' er. ›Ich gehe; denn alles bewegt sich
Jetzt auf Erden einmal, es scheint sich alles zu trennen.
Grundgesetze lösen sich auf der festesten Staaten,
Und es löst der Besitz sich los vom alten Besitzer,
Freund sich los von Freund: so löst sich Liebe von Liebe.

Ich verlasse dich hier, und wo ich jemals dich wieder
Finde – wer weiß es? Vielleicht sind diese Gespräche die letzten.
Nur ein Fremdling, sagt man mit Recht, ist der Mensch hier auf Erden;
Mehr ein Fremdling als jemals ist nun ein jeder geworden.
Uns gehört der Boden nicht mehr; es wandern die Schätze;
Gold und Silber schmilzt aus den alten heiligen Formen;
Alles regt sich, als wollte die Welt, die gestaltete, rückwärts
Lösen in Chaos und Nacht sich auf und neu sich gestalten.
Du bewahrst mir dein Herz; und finden dereinst wir uns wieder
Über den Trümmern der Welt, so sind wir erneute Geschöpfe,
Umgebildet und frei und unabhängig vom Schicksal.
Denn was fesselte den, der solche Tage durchlebt hat!
Aber soll es nicht sein, daß je wir, aus diesen Gefahren
Glücklich entronnen, uns einst mit Freuden wieder umfangen,
O, so erhalte mein schwebendes Bild vor deinen Gedanken,
Daß du mit gleichem Mute zu Glück und Unglück bereit seist!
Locket neue Wohnung dich an und neue Verbindung,
So genieße mit Dank, was dann dir das Schicksal bereitet.
Liebe die Liebenden rein und halte dem Guten dich dankbar.
Aber dann auch setze nur leicht den beweglichen Fuß auf;
Denn es lauert der doppelte Schmerz des neuen Verlustes.
Heilig sei dir der Tag; doch schätze das Leben nicht höher
Als ein anderes Gut, und alle Güter sind trüglich.‹
Also sprach er; und nie erschien der Edle mir wieder.
Alles verlor ich indes, und tausendmal dacht' ich der Warnung.
Nun auch denk' ich des Worts, da schön mir die Liebe das Glück hier
Neu bereitet und mir die herrlichsten Hoffnungen aufschließt.
O verzeih, mein trefflicher Freund, daß ich, selbst an dem Arm dich
Haltend, bebe! So scheint dem endlich gelandeten Schiffer
Auch der sicherste Grund des festesten Bodens zu schwanken.«

Also sprach sie und steckte die Ringe nebeneinander.
Aber der Bräutigam sprach mit edler, männlicher Rührung:
»Desto fester sei bei der allgemeinen Erschüttrung,
Dorothea, der Bund! Wir wollen halten und dauern,
Fest uns halten und fest der schönen Güter Besitztum.
Denn der Mensch, der zur schwankenden Zeit auch schwankend gesinnt
        ist,
Der vermehret das Übel und breitet es weiter und weiter;
Aber wer fest auf dem Sinne beharrt, der bildet die Welt sich.
Nicht dem Deutschen geziemt es, die fürchterliche Bewegung
Fortzuleiten und auch zu wanken hierhin und dorthin.
›Dies ist unser!‹ so laß uns sagen und so es behaupten!
Denn es werden noch stets die entschlossenen Völker gepriesen,
Die für Gott und Gesetz, für Eltern, Weiber und Kinder
Stritten und gegen den Feind zusammenstehend erlagen.
Du bist mein; und nun ist das Meine meiner als jemals.
Nicht mit Kummer will ich's bewahren und sorgend genießen,
Sondern mit Mut und Kraft. Und drohen diesmal die Feinde

Oder künftig, so rüste mich selbst und reiche die Waffen.
Weiß ich durch dich nur versorgt das Haus und die liebenden Eltern,
O, so stellt sich die Brust dem Feinde sicher entgegen.
Und gedächte jeder wie ich, so stünde die Macht auf
Gegen die Macht, und wir erfreuten uns alle des Friedens.«

(IX. 239–318)

In den Schlußworten Hermanns rechtfertigt Goethe das Sich-Abfinden des deutschen Bürgers mit dem politischen Status quo, um weiteres Chaos und Elend zu vermeiden. Dennoch, gibt er zu verstehen, müsse das Bürgertum offen bleiben zu innerer Veränderung; die Ideale der Revolution geben vor, in welche Richtung die Entwicklung zu höherer Menschheit erfolgen müsse – in einem langsamen, natürlichen Prozeß, in allmählicher Vervollkommung über Generationen, aufbauend auf den überlieferten Ordnungen, nicht durch gewaltsamen Umbruch.

Durch die wechselseitige Spiegelung von bürgerlicher Selbstzufriedenheit und den großen Fortschrittsideen der Revolution, aber auch von ruhigem Beharren des Bürgertums und den zerstörerischen, chaotischen Kräften der Revolution, wird das neue Bewußtsein deutlich gemacht, das Hermann vertritt. Indem er Dorothea, die Braut des Revolutionärs, heiratet, verbindet er sich symbolisch mit den neuen weltbewegenden Gedanken; indem er gleichzeitig Sohn des Löwenwirts bleibt, hält er am Überkommenen fest.

»Du bist mein; und nun ist das Meine meiner als jemals« kann Hermann sagen, nachdem er sich aus der allzu engen Welt seines Vaters befreit hat, seine eigenen Vorstellungen von den wahren Werten des Lebens durchsetzen konnte. Das materielle Besitzdenken des Bürgers (das auch Voß in seiner ›Luise‹ gefeiert hatte), hat Hermann überwunden; angesichts des Krieges hat er die grundsätzliche Gefährdung äußeren Reichtums, am Beispiel der ständig um Erhaltung und Vermehrung besorgten Eltern die Gefahr sklavischer Abhängigkeit erkannt. »Sich selber zu leben«, des Tags sich zu freuen an der Seite eines innig geliebten Menschen, mutig auch dem Unglück entgegenzusehen, bei aller Freiheit um die Gebundenheit an Gott zu wissen – das ist der geläuterte, im »epischen Tiegel« harmonisierte neue Bürger, der mit dem natürlichen Menschen der Idylle übereinstimmt. »Gedächte jeder wie ich«, heißt es am Schluß, »so stünde die Macht auf / Gegen die Macht«, dann ergäbe, wie es der klassische Idealismus vorsieht, die Gesamtheit veredelter Individuen eine Kraft, die die Gewalt in der Welt besiegt. Im Kleinen also wird die große Familie der Nation abgebildet, deshalb konnte das Epos von ›Hermann und Dorothea‹ Anspruch erheben, eine »Nationalidylle« zu sein.

›Wilhelm Meisters Lehrjahre‹, Goethes umfangreichstes erzählendes Werk, ist der große klassische Bildungsroman der Deutschen. Bis in unsere Zeit setzten sich die wichtigsten Romanciers mit diesem Muster auseinander. Der Bildungs- oder Erziehungsroman – wie schon erwähnt eine speziell deutsche Kunstschöpfung – zeigt über das Heranwachsen des Helden hinaus seine Auseinandersetzung mit den Forderungen und Idealen der Gesellschaft, zu der er durch einzelne Erzieherpersönlichkeiten angeleitet wird. Der aufklärerische Glaube an die Erziehbarkeit des Menschen gewann in der Bildungsidee der Klassik höchste Steigerung: Was die Natur an Anlagen dem Menschen mitgegeben habe, müsse kultiviert, geleitet werden, damit die Person sich ganz vollende, innerer Antrieb und äußeres Handeln sich zu einem harmonischen Ganzen verbinde.

1777 begann Goethe mit einem Theaterroman ›Wilhelm Meisters theatralische Sendung‹. Sein Held Wilhelm glaubte, auf der Bühne seine künstlerischen Neigungen und Talente, seine eigentliche Person, ganz ausbilden zu können; seine Sendung sah er darin, in Deutschland, das damals (trotz Lessings Versuchen in Hamburg, vgl. Bd. II) noch kein Nationaltheater mit fest engagiertem Ensemble und anspruchsvollem Theaterplan besaß, eine solche volkserzieherische Einrichtung zu realisieren. Sechs Bücher dieses »Theaterromans« waren bereits fertig, der Plan für weitere sechs lag vor, als Goethe 1786 nach Italien reiste, wo er sein eigenes, tief veränderndes Bildungserlebnis hatte. Nach der Rückkehr verschob sich die Konzeption des Romans, in dem er wie beim ›Faust‹ so viel der eigenen Lebensproblematik verarbeitete; ›Wilhelm Meister‹ sollte nun, vor allem durch Schillers Einfluß, auf einen tieferen, allgemeineren Sinn angelegt sein: auf die Meisterung seiner selbst, auf die bewußte zielstrebige Organisation des Lebens nach einer Reihe von Turbulenzen und Irrtümern.

1794 begann Goethe, den Roman umzuschreiben, wobei er in großen Partien den Stoff der ›Theatralischen Sendung‹ übernahm; 1796 lagen alle acht Bücher im Druck vor. Mit Schiller unterhielt er einen intensiven Briefwechsel während dieser zwei Jahre; ohne die »antizipierende Kritik« des Freundes, der die »Absolution« über das Manuskript aussprechen sollte, und den Druck des Verlegers hätte Goethe sich wohl noch länger mit seinem »dramatischen Ebenbild« herumgeschlagen, wie er schrieb.

In den ›Lehrjahren‹ ist das Theater nur mehr ein Durchgangsstadium für den Helden, den Goethe jetzt lieber »Wilhelm Schüler«

genannt hätte, wie er Schiller mitteilte. Schon der Name Wilhelm Meister deutet die ironische Erzählweise Goethes an, denn der Held bleibt bis zuletzt ein Lernender und Irrender. Daneben verweist der Name auf das klassische Bildungsprogramm: Wenn Wilhelm ihn als Aufgabe versteht, wird er schließlich als Erfüllung seines Strebens den Namen »Meister« zu Recht tragen.

Der Kaufmannssohn Wilhelm Meister also, der seit früher Jugend mehr Sinn fürs Künstlerische als für praktische Vermögensbildung hat, soll in das Geschäft seines Vaters eintreten. Er will fliehen; mit seiner heimlichen Liebe, der Schauspielerin Mariane, glaubt er, seinen Theatertraum verwirklichen zu können. Mißverständnisse lassen ihn aber an Marianes Treue zweifeln; die Briefe seiner Geliebten, die alles aufklären, ihren Ernst und ihr unbedingtes Gefühl für Wilhelm zeigen, fängt der eingeweihte Jugendfreund und Schwager Werner ab, um Wilhelm den vernünftigen Schritt der Pflicht zu erleichtern. Wilhelm, tief in seinen Empfindungen verletzt, übersteht Krise und Krankheit und entschließt sich, den von den Eltern vorbestimmten Berufsweg zu gehen, seine poetischen und theatralischen Grillen zu vergessen (die ›Theatralische Sendung‹ endete mit der endgültigen Vertragsunterzeichnung Wilhelms). Als er seine dichterischen Versuche verbrennt, kommt Werner hinzu:

... »Ich gebe einen Beweis«, sagte Wilhelm, »daß es mir Ernst sei, ein Handwerk aufzugeben, wozu ich nicht geboren ward«; und mit diesen Worten warf er das zweite Paket in das Feuer. Werner wollte ihn abhalten, allein es war geschehen.

»Ich sehe nicht ein, wie du zu diesem Extrem kommst«, sagte dieser. »Warum sollen denn nun diese Arbeiten, wenn sie nicht vortrefflich sind, gar vernichtet werden?«

»Weil ein Gedicht entweder vortrefflich sein oder gar nicht existieren soll; weil jeder, der keine Anlage hat, das Beste zu leisten, sich der Kunst enthalten und sich vor jeder Verführung dazu ernstlich in acht nehmen sollte. Denn freilich regt sich in jedem Menschen ein gewisses unbestimmtes Verlangen, dasjenige, was er sieht, nachzuahmen ... Wie viele irren auf diesem Wege herum! Glücklich, wer den Fehlschluß von seinen Wünschen auf seine Kräfte bald gewahr wird!«

Werner widersprach; die Unterredung ward lebhaft, und Wilhelm konnte nicht ohne Bewegung die Argumente, mit denen er sich selbst so oft gequält hatte, gegen seinen Freund wiederholen. Werner behauptete, es sei nicht vernünftig, ein Talent, zu dem man nur einigermaßen Neigung und Geschick habe, deswegen, weil man es niemals in der größten Vollkommenheit ausüben werde, ganz aufzugeben. Es finde sich ja so manche leere Zeit, die man dadurch ausfüllen und nach und nach etwas hervorbringen könne, wodurch wir uns und andern ein Vergnügen bereiten.

Unser Freund, der hierin ganz anderer Meinung war, fiel ihm sogleich ein, und sagte mit großer Lebhaftigkeit:

»Wie sehr irrst du, lieber Freund, wenn du glaubst, daß ein Werk, dessen erste Vorstellung die ganze Seele füllen muß, in unterbrochenen, zusammengegeizten Stunden könne hervorgebracht werden! Nein, der Dichter muß ganz *sich,* ganz in seinen geliebten Gegenständen leben. Er, der vom Himmel innerlich auf das köstlichste begabt ist, der einen sich immer selbst vermehrenden Schatz im Busen bewahrt, er muß auch von außen ungestört mit seinen Schätzen in der stillen Glückseligkeit leben, die ein Reicher vergebens mit aufgehäuften Gütern um sich hervorzubringen sucht. Sieh die Menschen an, wie sie nach Glück und Vergnügen rennen! Ihre Wünsche, ihre Mühe, ihr Geld jagen rastlos, und wonach? nach dem, was der Dichter von der Natur erhalten hat, nach dem Genuß der Welt, nach dem Mitgefühl seiner selbst in andern, nach einem harmonischen Zusammensein mit vielen oft unvereinbaren Dingen.

Was beunruhiget die Menschen, als daß sie ihre Begriffe nicht mit den Sachen verbinden können, daß der Genuß sich ihnen unter den Händen wegstiehlt, daß das Gewünschte zu spät kommt, und daß alles Erreichte und Erlangte auf ihr Herz nicht die Wirkung tut, welche die Begierde uns in der Ferne ahnen läßt. Gleichsam wie einen Gott hat das Schicksal den Dichter über dieses alles hinübergesetzt. Er sieht das Gewirre der Leidenschaften, Familien und Reiche sich zwecklos bewegen, er sieht die unauflöslichen Rätsel der Mißverständnisse, denen oft nur ein einsilbiges Wort zur Entwicklung fehlt, unsäglich verderbliche Verwirrungen verursachen. Er fühlt das Traurige und das Freudige jedes Menschenschicksals mit. Wenn der Weltmensch in einer abzehrenden Melancholie über großen Verlust seine Tage hinschleicht oder in ausgelassener Freude seinem Schicksale entgegengeht, so schreitet die empfängliche, leichtbewegliche Seele des Dichters wie die wandelnde Sonne von Nacht zu Tag fort, und mit leisen Übergängen stimmt seine Harfe zu Freude und Leid. Eingeboren auf dem Grund seines Herzens wächst die schöne Blume der Weisheit hervor, und wenn die andern wachend träumen und von ungeheuren Vorstellungen aus allen ihren Sinnen geängstiget werden, so lebt er den Traum des Lebens als ein Wachender, und das Seltenste, was geschieht, ist ihm zugleich Vergangenheit und Zukunft. Und so ist der Dichter zugleich Lehrer, Wahrsager, Freund der Götter und der Menschen. Wie! willst du, daß er zu einem kümmerlichen Gewerbe heruntersteige? Er, der wie ein Vogel gebaut ist, um die Welt zu überschweben, auf hohen Gipfeln zu nisten und seine Nahrung von Knospen und Früchten, einen Zweig mit dem andern leicht verwechselnd, zu nehmen, er sollte zugleich wie der Stier am Pfluge ziehen, wie der Hund sich auf eine Fährte gewöhnen oder vielleicht gar, an die Kette geschlossen einen Meierhof durch sein Bellen sichern?« ...

(2. Buch, 2. Kap.)

Leidenschaftlich plädiert Wilhelm für den Künstler in sich, den er doch gerade vernichten will! Hinter diesem Aufschrei eines Genies, dem – seit Klopstock – ein Platz neben den Göttern zusteht, und das, begabt mit höchster Empfindungs- und Schöpferkraft, nicht zum Zeitvertreib oder banalem Broterwerb heruntergewürdigt werden darf, ist Goethes eigene Not zu spüren: Er sah sich in der frühen Weimarer Zeit zwischen Ämtern und Posten, die ihm Herzog Carl August aufgebürdet hatte, zerrieben und konnte nur in nächtlichen Überstunden seiner künstlerischen Arbeit nachgehen. Die Unmöglichkeit, eine »Doppelexistenz« als Staatsdiener und als Künstler auf Dauer zu führen, ließ Goethe ja nach Italien fliehen, wo ihm eine Mitte zwischen freier Individualität und den Forderungen der Gesellschaft wieder lebbar erschien.

Wilhelm entsagt also seiner Theaterleidenschaft und beginnt, sich in die Materie des Kaufmannsstands einzuarbeiten. Zur Ermunterung seiner selbst und da einige Geschäftsverbindungen persönlichen Kontakt dringend erfordern, begibt er sich auf Reisen. Doch schon nach kurzer Zeit spielt ihm das Schicksal einen Prüfstein in den Weg, der sein weiches Herz in Bedrängnis bringt. Wilhelm trifft eine verstreute Schauspielergruppe, die ihn um Kredit und Beistand zur Gründung eines neuen Theaters bittet, und Wilhelm sagt schließlich zu.

Der ganze Roman ist ein kunstvolles Gewebe von Zufall und bewußter Lebensführung, die aber immer wieder ironisch durchkreuzt wird. Das Verhältnis von Passivität und Aktivität, von naturhaftem und bewußtem Wachsen, also Gestaltet-Werden durch das Leben und vernunftgeleiteter Selbstgestaltung bestimmt seine Spannung. Wilhelm hatte ja im Grunde seine künstlerischen Neigungen nur aus Vernunft unterdrückt; insofern ist der Zufall, daß er wieder zum Theater geführt wird, nur konsequent. Bereitwillig nimmt er die Fügung des Schicksals an, das sein »Bestes und eines jeden Bestes einzuleiten weiß«, dessen ist er sich sicher. Besonders die Schauspielerin Philine mit ihren weiblichen Reizen und ihrer sprühenden Lebenslust fasziniert ihn; er läßt sich gern ein Stück »treiben« an ihrer Seite, unter Plaudern und Tanzen, ernsthaften Gesprächen und Theaterproben vergeht die Zeit in angenehmer Kurzweil. Einer Seiltänzertruppe kauft Wilhelm, einem spontanen Impuls folgend, jenes merkwürdige Kind ab, das als Mignon mit dem berühmten Lied »Kennst du das Land, wo die Zitronen blühn« in die Weltliteratur eingegangen ist. Das zarte, phantastische Geschöpf, in sich gekehrt und leidend, gibt sich in dienender Fürsorge ihrem Wohltäter hin und will nicht mehr von seiner Seite weichen. Eine weitere fremdartige Figur, der weißhaarige melancholische Harfner, dessen Lautenspiel Wilhelm tief bewegt, gesellt sich der Schauspielergruppe zu. Als die Theaterleute eingeladen werden, aufs benachbarte Schloß zu kommen und dort zu Ehren des erwarteten Grafen zu spielen – gegen fürstlichen Lohn und gute Unterbringung –, scheint das Glück der bunt zusammengewürfelten Gesellschaft gemacht. Wilhelm setzt sich sehr für die

Truppe und den guten Erfolg ihrer Aufführungen ein. Das persönliche Wohlwollen der Gräfin, ihr Interesse an seiner künstlerischen Arbeit, die Schönheit und gebildete Anmut der »Göttin« üben einen starken Eindruck auf ihn aus und lassen ihn seine Zurückhaltung Frauen gegenüber für einen Augenblick in einer heftigen kurzen Umarmung vergessen.

Noch eine entscheidende Begegnung hat Wilhelm auf dem Schloß: Ein Begleiter des Grafen, Jarno, mit dem er sich häufig über die Aufführungspläne unterhält und der Wilhelms Hochachtung vor dem französischen Theater heftigen Widerpart gibt, macht ihn mit den Stücken Shakespeares bekannt, eröffnet ihm damit eine neue Welt, die sich Wilhelm rasch und leidenschaftlich zu eigen macht.

Der Roman, der im letzten Drittel des 18. Jahrhunderts spielt und sich über einen Zeitraum von gut 10 Jahren erstreckt, nimmt die wesentlichen geistes- und kulturgeschichtlichen Ereignisse der Zeit auf, mit denen der Held, quasi exemplarisch, in seinem Werdegang konfrontiert wird. Die Diskussion um ein Nationaltheater, die dem wachsenden Selbstbewußtsein der deutschen Intellektuellen, ihrer Unzufriedenheit mit den damaligen Hof- und Wanderbühnen entsprach, gehört ebenso zum Zeithintergrund wie etwa die Vergötterung des Dichtergenies, das dennoch nach wie vor an der fatalen bürgerlichen Abhängigkeit und am eigenen Vollkommenheitsanspruch leiden mußte. Die demütigende Ständehierarchie gehörte nach wie vor zur sozialen Wirklichkeit, wie launenhafte Gunstbeweise des Adels oder auch, unter dem Einfluß des amerikanischen Unabhängigkeitskrieges, sozialreformerischer Eifer, wie ihn die später zu erwähnende adelige »Turmgesellschaft« vertritt. (Die Französische Revolution ist noch ausgespart.) Auch die Begegnung der goetheschen Generation mit dem englischen »Natur-Genie« Shakespeare, der die Monotonie des regelmäßigen französischen Hoftheaters so überwältigend deutlich vor Augen stellte, wiederholt sich bei Wilhelm, löst in ihm ähnlich existentielle Betroffenheit aus, wie sie Goethe in seinem Shakespeare-Aufsatz formuliert hatte:

Wilhelm hatte kaum einige Stücke Shakespeares gelesen, als ihre Wirkung auf ihn so stark wurde, daß er weiter fortzufahren nicht imstande war. Seine ganze Seele geriet in Bewegung. Er suchte Gelegenheit, mit Jarno zu sprechen, und konnte ihm nicht genug für die verschaffte Freude danken.

»Ich habe es wohl vorausgesehen«, sagte dieser, »daß Sie gegen die Trefflichkeiten des außerordentlichsten und wunderbarsten aller Schriftsteller nicht unempfindlich bleiben würden.«

»Ja«, rief Wilhelm aus, »ich erinnere mich nicht, daß ein Buch, ein Mensch oder irgendeine Begebenheit des Lebens so große Wirkungen auf mich hervorgebracht hätte als die köstlichen Stücke, die ich durch Ihre Gütigkeit habe kennen lernen. Sie scheinen ein Werk eines himmlischen Genius zu sein, der sich den Menschen nähert, um sie mit sich selbst auf die gelindeste Weise bekannt zu machen. Es sind keine Gedichte! Man glaubt vor den aufgeschlagenen ungeheuren Büchern des Schicksals zu stehen, in denen der Sturmwind des bewegtesten Lebens saust und sie mit Gewalt rasch hin und wider blättert. Ich bin über die Stärke und Zartheit, über die Gewalt und Ruhe so erstaunt und außer aller Fassung gebracht, daß ich nur mit Sehnsucht auf die Zeit warte, da ich mich in einem Zustande befinden werde, weiterzulesen.«

»Bravo«, sagte Jarno, indem er unserm Freunde die Hand reichte und sie ihm drückte, »so wollte ich es haben! und die Folgen, die ich hoffe, werden gewiß auch nicht ausbleiben.«

»Ich wünschte«, versetzte Wilhelm, »daß ich Ihnen alles, was gegenwärtig in mir vorgeht, entdecken könnte. Alle Vorgefühle, die ich jemals über Menschheit und ihre Schicksale gehabt, die mich von Jugend auf, mir selbst unbemerkt, begleiteten, finde ich in Shakespeares Stücken erfüllt und entwickelt. Es scheint, als wenn er uns alle Rätsel offenbarte, ohne daß man doch sagen kann: ›hier oder da ist das Wort der Auflösung‹ ... Diese wenigen Blicke, die ich in Shakespeares Welt getan, reizen mich mehr als irgend etwas andres, in der wirklichen Welt schnellere Fortschritte vorwärts zu tun, mich in die Flut der Schicksale zu mischen, die über sie verhängt sind, und dereinst, wenn es mir glücken sollte, aus dem großen Meere der wahren Natur wenige Becher zu schöpfen und sie von der Schaubühne dem lechzenden Publikum meines Vaterlandes auszuspenden.«

»Wie freut mich die Gemütsverfassung, in der ich Sie sehe«, versetzte Jarno und legte dem bewegten Jüngling die Hand auf die Schulter. »Lassen Sie den Vorsatz nicht fahren, in ein tätiges Leben überzugehen, und eilen Sie, die guten Jahre, die Ihnen gegönnt sind, wacker zu nutzen. Kann ich Ihnen behülflich sein, so geschieht es von ganzem Herzen. Noch habe ich nicht gefragt, wie Sie in diese Gesellschaft gekommen sind, für die Sie weder geboren noch erzogen sein können. So viel hoffe ich und sehe ich, daß Sie sich heraussehnen. Ich weiß nichts von Ihrer Herkunft, von Ihren häuslichen Umständen; überlegen Sie, was Sie mir vertrauen wollen. So viel kann ich Ihnen nur sagen, die Zeiten des Krieges, in denen wir leben, können schnelle Wechsel des Glückes hervorbringen; mögen Sie Ihre Kräfte und Talente unserm Dienst widmen, Mühe und, wenn es not tut, Gefahr nicht scheuen, so habe ich eben jetzo eine Gelegenheit, Sie an einen Platz zu stellen, den eine Zeitlang bekleidet zu haben Sie in der Folge nicht gereuen wird.« Wilhelm konnte seinen Dank nicht genug ausdrücken und war willig, seinem Freunde und Beschützer die ganze Geschichte seines Lebens zu erzählen ...

(3. Buch, 11. Kap.)

Mit Jarno tritt einer von Wilhelms Lehrmeistern auf den Plan. Er gehört jener geheimnisvollen »Turmgesellschaft« an, die – ähnlich dem in der zweiten Jahrhunderthälfte außerordentlich wirksamen »Illuminatenorden« oder den Freimaurern – gesellschaftlich-politische Veränderungen, den allgemeinen menschlichen Fortschritt zum Ziel hat. Goethes »Turmgesellschaft« ist aber keineswegs ordensmäßig oder fanatisch-sektiererisch aufgezogen, sondern besteht aus einer Gruppe ganz individueller, toleranter und durchaus realitätsbezogener Menschen; ihr Freundschaftsbund gründet sich auf die Überzeugung, daß das Leben eine erlernbare Kunst sei, zu der man junge, edle Menschen anleiten müsse. Ihre Pädagogik begreift die Gesellschaft als ein Handwerk, und wie im Handwerksberuf stuft sie, symbolisch, ihre Auszubildenden als Lehrlinge, Gesellen oder Meister ein. Wilhelm ist ein dankbares Objekt für die »Turmgesellschaft«, denn er ist in höchstem Grade bildungsfähig, das heißt: er besitzt Talente, ein empfindsames Herz und die Neigung, sein Leben zu reflektieren und zu vervollkommnen. Weil er sich vor allem bemühte, seinen »inneren« Menschen zu kultivieren, hat er die äußeren Beziehungen zur Welt vernachlässigt – daher sein »schülerhaftes Wesen«, seine Weltfremdheit, die ihm Ähnlichkeit mit Wielands ›Agathon‹ verleihen. Und ähnlich wie Agathon wird Wilhelm durch das Leben von seinen Illusionen geheilt.

Da der »Turm« im geheimen wirkt – wobei verschiedene Mitglieder in allerlei Verkleidung und Maske auftreten – kann im »Schüler« überhaupt kein Verdacht einer planmäßigen Führung entstehen; vor allem aber gewinnt der Roman dadurch jene interessante, romanhaft-spannende Atmosphäre wieder, die, dem Barock noch gemäß, die Aufklärungspoetik der Gattung verboten hatte: Der Roman hatte danach natürliche, wahrscheinliche Verhältnisse zu schildern, »prosaisch« zu sein. Nur in der Trivialliteratur, die in den achtziger Jahren so sprunghaft angestiegen war, gab es noch all die Motive und Erzähltechniken: geheimnisvolle Andeutungen, Verführung, Kolportage, Mord und Überfall, Verwechslungen und »sensationelle Zufälle«, die Goethe meisterhaft beherrschte und selbstverständlich einsetzte, denn das Phantastisch-Abenteuerliche, das Wunderbare gehörte für ihn zur Weltwahrheit und durfte nicht verleugnet werden. Den hohen Sinn, den inneren Gehalt des ›Meisters‹ opferte Goethe deswegen nicht auf, im Gegenteil: die unterhaltende, fesselnde Seite schafft erst das notwendige Gleichgewicht zu Wilhelms ständigem Gesinnungsaustausch, den zuweilen auch ermüdenden theoretischen Reflexionen, die das Geschehen um ihn herum ins Allgemeine heben und damit ihm und dem Leser erst zum bildenden Element werden lassen.

Das Ziel seiner Ausbildung hat der »Turm«-Lehrling erreicht, wenn er den je eigenen, seiner Natur gemäßen Lebensweg erkannt hat und diesen bewußt, ja »mit einer gewissen Fröhlichkeit und

Leichtigkeit« verfolgen kann. Oder wie es ein anderes Turmmitglied formuliert:

Des Menschen größtes Verdienst bleibt wohl, wenn er die Umstände so viel als möglich bestimmt und sich so wenig als möglich von ihnen bestimmen läßt. Das ganze Weltwesen liegt vor uns, wie ein großer Steinbruch vor dem Baumeister, der nur dann den Namen verdient, wenn er aus diesen zufälligen Naturmassen ein in seinem Geiste entsprungenes Urbild mit der größten Ökonomie, Zweckmäßigkeit und Festigkeit zusammenstellt. Alles außer uns ist nur Element, ... auch alles an uns; aber tief in uns liegt diese schöpferische Kraft, die das zu erschaffen vermag, was sein soll, und uns nicht ruhen und rasten läßt, bis wir es außer uns oder an uns, auf eine oder die andere Weise, dargestellt haben ...

Die gleiche bildende Kraft, die aus rohen Stoffmassen ein Kunstwerk hervorbringt, gehörte nach den Vorstellungen der Klassik dazu, das eigene Leben zu gestalten. Von einer Idee, wie so ein Leben-Kunstwerk auszusehen habe, müsse der Schöpfer Mensch dabei geleitet sein, und diese Idee zielstrebig und tatkräftig zu verwirklichen, sei sein Verdienst und seine Würde.

Vor Irrtümern will die »Turmgesellschaft« ihre Schüler nicht bewahren, sondern sie ihren »Irrtum aus vollen Bechern ausschlürfen... lassen«, damit solche Erfahrung als Lebenskorrektur genutzt werden könne. Denn vor allem das Leben sollte erziehen, nicht eine vernünftige Einsicht dem Lernenden aufgezwungen werden. Nur wer in Übereinstimmung mit sich lebt, kann als freier und fröhlicher Mensch im Sinne der »Turmgesellschaft« wirken.

Die ironische Wahrheit des Romans liegt nun darin, daß die »Sphäre des Lebens«, in der Wilhelm treiben und irren darf, am Ende übereinstimmt mit der »Sphäre der Vernunft«, die der »Turm« vertritt, und die doch zunächst ganz gegensätzlich scheint. Wilhelms Weg zur Meisterschaft vollzieht sich wie von selbst, es ist kein hartes Eingreifen, nur zartes Führen notwendig. Der »Turm« muß nicht zur »Maschinerie« erstarren, sondern steht lediglich als Ziel und Zweck der Bildung »hinter« Wilhelm – dieser Kunstgriff hatte Schiller fasziniert. Überhaupt äußerte sich Schiller enthusiastisch über die »leise und leichte Behandlung« des gewichtigen Stoffs, die der »Wahrheit des Lebens« entspräche, »daß Ernst und Schmerz durchaus wie ein Schattenspiel versinken und der leichte Humor vollkommen darüber Meister wird« (an Goethe am 28. 6. 96). Der ›Wilhelm Meister‹ zeichnete seiner Meinung nach Goethe als wahren Dichter und Menschen aus.

Noch ist Wilhelm auf Irrwegen, d. h. auf einem Umweg zu seiner Lebensform, die intuitives Streben und bewußtes Handeln in

Einklang bringen soll; auch die Erfahrungen beim Theater, die Begegnungen auf dem Schloß dienten seiner Bewußtwerdung, denn im Reflektieren über die Kunst, die Bühne, über die Menschen seiner Umgebung formt er allmählich das innere Bild (»das Urbild«) seines Lebens.

Jarnos Bemühen, Wilhelm mit Shakespeares Werk bekanntzumachen, lag die genaue Kenntnis seiner Anlage und Bestimmung zugrunde. Er wußte von Wilhelms Übereinstimmung mit Shakespeares Welt-Bildern, die wie ein Spiegel die Empfindungen des Helden wiedergeben. Seine Karriere als Schauspieler macht Wilhelm schließlich mit der Interpretation des ›Hamlet‹, mit dem er sich im Innersten verbunden fühlt.

Die intensive Auseinandersetzung mit der Figur des »Hamlet«, den Wilhelm als melancholischen Charakter deutet, der an seiner Tatenlosigkeit und »mangelnder sinnlicher Heldenstärke« leidet, wird für den Romanhelden ebenfalls zum wichtigen Bildungserlebnis; deshalb hat Jarno die Theaterbegeisterung seines Schützlings auch eher gefördert als gedämpft. So wie Wilhelm hatten die Stürmer und Dränger ihren ›Hamlet‹ aufgefaßt und ihre eigene Melancholie aus mangelnder Tatkraft darin gespiegelt. Ganz im Sinne Goethescher Ironie, bewältigt Wilhelm aber die Diskrepanz zwischen Gesinnung (eigenem Anspruch) und Tat (Forderung von außen), an der Hamlet zugrunde ging.

Symbolische Spiegelung ist Goethes Charakteristikum. ›Hamlet‹ ist nicht tote Literatur, sondern wird lebendiges Gegenüber für Wilhelm, ja, indem er seine Rolle spielt, ein Teil seiner selbst. Auch die realen Personen, zu denen er in nähere Beziehung tritt, symbolisieren jeweils typische menschliche Eigenschaften und sollen für Wilhelm die Auseinandersetzung mit bestimmten Weltaspekten fördern. Mariane, aus ihrer sozialen Unsicherheit heraus zu leichtem Lebenswandel verführt, dann aber von Wilhelm zu tiefem zärtlichen Gefühl erlöst, hat ihrem Liebhaber auf tragische Weise die Unbekümmertheit Frauen gegenüber genommen, ihn aber auch über ihr kurzes glückliches Zusammensein hinaus die Idee großer Liebe ins Herz geschrieben; Mariane bindet Wilhelm noch lange.

Philine verkörpert den Inbegriff des Weiblichen, ist ganz unverstellte Natur, leichtfertig, heiter, sinnlich – ein ewig lachendes singendes kokettes Persönchen, das jeder Mann gern haben muß. Sie lebt dem Augenblick, ist in allem, was sie tut und verschenkt und verspricht, ganz sie selbst, ganz dem Diesseits hingegeben: »Und wenn ich dich lieb hab, was geht's dich an?« Ihre »gegenwärtige Sinnlichkeit« konfrontiert Wilhelm mit dem latenten Verführungsspiel der Welt; ohne daß er seinen Charakter verleugnen oder gar ihren Verführungen bewußt erliegen müßte (ein wunderbar traumhaftes Liebeserlebnis enthebt ihn, und den Leser, genauerer Einordnung), lernt er doch bei ihr die Leichtigkeit kennen, sich seiner sinnlichen Natur hinzugeben – eine Lebenskunst, die dem ernst an Prinzipien festhaltenden Helden durchaus notwendige Erweiterung ist.

Um auch einen Eindruck von dem vielgerühmten leichten und anmutigen Erzählton des Romans zu vermitteln, der im ganzen ja eher das ernsthafte Reflektieren dominiert, sei die folgende kleine Szene zwischen Wilhelm und Philine wiedergegeben:

Nach einer kurzen Zeit, die er, beunruhigt von mancherlei Gedanken, sitzend und vor sich hinsehend zugebracht hatte, schlenderte Philine singend zur Haustüre heraus, setzte sich zu ihm, ja man dürfte beinahe sagen, auf ihn, so nahe rückte sie an ihn heran, lehnte sich auf seine Schultern, spielte mit seinen Locken, streichelte ihn und gab ihm die besten Worte von der Welt. Sie bat ihn, er möchte ja bleiben und sie nicht in der Gesellschaft allein lassen, in der sie vor langer Weile sterben müßte; sie könne nicht mehr mit Melina unter *einem* Dache ausdauern und habe sich deswegen herüberquartiert.

Vergebens suchte er sie abzuweisen, ihr begreiflich zu machen, daß er länger weder bleiben könne noch dürfe. Sie ließ mit Bitten nicht ab, ja unvermutet schlang sie ihren Arm um seinen Hals und küßte ihn mit dem lebhaftesten Ausdrucke des Verlangens.

»Sind Sie toll, Philine?« rief Wilhelm aus, indem er sich loszumachen suchte, »die öffentliche Straße zum Zeugen solcher Liebkosungen zu machen, die ich auf keine Weise verdiene! Lassen Sie mich los, ich kann nicht und ich werde nicht bleiben.«

»Und ich werde dich festhalten«, sagte sie, »und ich werde dich hier auf öffentlicher Gasse so lange küssen, bis du mir versprichst, was ich wünsche. Ich lache mich zu Tode«, fuhr sie fort; »nach dieser Vertraulichkeit halten mich die Leute gewiß für deine Frau von vier Wochen, und die Ehemänner, die eine so anmutige Szene sehen, werden mich ihren Weibern als ein Muster einer kindlich unbefangenen Zärtlichkeit anpreisen.«

Eben gingen einige Leute vorbei, und sie liebkoste ihn auf das anmutigste, und er, um kein Skandal zu geben, war gezwungen, die Rolle des geduldigen Ehemannes zu spielen. Dann schnitt sie den Leuten Gesichter im Rücken und trieb voll Übermut allerhand Ungezogenheiten, bis er zuletzt versprechen mußte, noch heute und morgen und übermorgen zu bleiben.

»Sie sind ein rechter Stock!« sagte sie darauf, indem sie von ihm abließ, »und ich eine Törin, daß ich so viel Freundlichkeit an Sie verschwende.« Sie stand verdrießlich auf und ging einige Schritte; dann kehrte sie lachend zurück, und rief: »Ich glaube eben, daß ich darum in dich vernarrt bin, ich will nur gehen und meinen Strickstrumpf holen, daß ich etwas zu tun habe. Bleibe ja, damit ich den steinernen Mann auf der steinernen Bank wiederfinde.«

Diesmal tat sie ihm Unrecht; denn so sehr er sich von ihr zu enthalten strebte, so würde er doch in diesem Augenblicke, hätte er sich mit ihr in einer einsamen Laube befunden, ihre Liebkosungen wahrscheinlich nicht unerwidert gelassen haben ...

(2. Buch, 12. Kap.)

Mignon ist Philines dunkler Widerpart; fast körperlos, geschlechtslos (das zwölf-, dreizehnjährige Mädchen möchte sich als Knabe kleiden), ist sie von wunderbarer tänzerischer Anmut und Geschicklichkeit. Unergründlich ist ihr Wesen, zerbrechlich-zart und hemmungslos-wild in einem; ein sehnendes Gefühl scheint sie beinahe aufzuzehren, das zunächst auf den warmen Süden – »das Land, wo die Zitronen blühn« – gerichtet ist, dann auf Wilhelm als Beschützer und Geliebten, schließlich auf den Tod und die erlösende Aufnahme in den »Kinderhimmel«. In dieser Unbedingtheit des Gefühls, ihrer sehnenden Liebe, die notwendig zum Tod als letzter Entgrenzung führt, erinnert Mignon an andere Gestalten Goethes: Werther und Euphorion (›Faust II‹).

Die männlich-weibliche Figur der Mignon (wie Goethe das Geschöpf in der ›Theatralischen Sendung‹ nannte) kommt dem klassisch-romantischen Ideal des vollkommen einigen Menschen entgegen, der die trennenden Geschlechtsunterschiede überwunden hat. In ihrer Ganzheits-Sehnsucht schufen sich die »Idealisten« die Mythe eines naiv-unbewußten geschlechtslosen Naturzustands der Menschen, in dem es nur Allliebe und ewigen Frieden gab.

Ängstlich und zärtlich ist Mignon an den unglücklichen Harfner gebunden, den ein dunkles Verhängnis niederbeugt; beide verkörpern das Leiden an der Welt, das sie zu Fremdlingen macht, beide überwinden das irdische Dasein in der Poesie. Wilhelms empfindsames Herz erkennt ihr Leiden, er versteht die poetische Verschlüsselung ihres Gesangs:

Nur wer die Sehnsucht kennt,
Weiß, was ich leide!
Allein und abgetrennt
Von aller Freude,
Seh' ich ans Firmament
Nach jener Seite.
Ach! der mich liebt und kennt,
Ist in der Weite.
Es schwindelt mir, es brennt
Mein Eingeweide.
Nur wer die Sehnsucht kennt,
Weiß, was ich leide!

(IV. Buch, 12. Kap.)

Die verschiedenen lyrischen Einlagen dienen nicht etwa der Auflockerung des Romans, sondern wollen bewußt in die andere Welt hinüberweisen, die Mignon und der Harfner vertreten; den dunklen, geheimnisvollen, dämonischen Mächten außerhalb der sinnlich erfaßbaren Dingwelt ist der Mensch immer auch ausgesetzt, mag er sich noch so erdesicher, so aufgeklärt-nüchtern gebärden. Von Schuld, Sehnsucht, Angst künden die berühmt gewordenen Lieder »Wer nie sein Brot mit Tränen aß«, »Kennst du das Land, wo die Zitronen blühn«, »Heiß mich nicht reden, heiß mich schweigen« usw.; Wilhelm nimmt die gefährdeten Geschöpfe zu sich und »verdrängt« sie nicht, er antwortet ihnen und bewältigt somit, symbolisch, auch eine Bildungsaufgabe: die Gefährdungen, Verletzungen annehmen zu können, die das Schicksal über den Menschen verhängt. – »In Mignons und des Alten romantischen Gesängen offenbart sich die Poesie auch als die natürliche Sprache und Musik schöner Seelen«, schrieb Friedrich Schlegel in seiner berühmten begeisterten ›Meister‹-Kritik. Das Poetische schlechthin wurde in den beiden Figuren gesehen, die die irdischen Dissonanzen in wunderbare harmonische Klänge aufzulösen wußten.

Mit ihrem Tod konnten sich die Romantiker, Novalis vor allem, nicht abfinden: Sie legten ihn symbolisch als die Opferung des »Romantischen« aus, als Verrat der Poesie an das »Prosaische«, das nützlich-ökonomische Prinzip der »Turmgesellschaft« aus. Zwar heißt es in der feierlich-kunstvoll inszenierten Grablegung Mignons ausdrücklich: »Wohl verwahrt ist nun der Schatz, das schöne Bild der Vergangenheit! hier im Marmor ruht es unverzehrt; auch in euren Herzen lebt es, wirkt es fort.« Auch soll durch die Einbalsamierung Mignons Gestalt der Nachwelt gegenwärtig bleiben; dennoch darf dies nicht darüber hinwegtäuschen, daß für das unzähmbare Naturkind kein Platz ist in der Welt der »Turmgesellschaft«. Mignons Unbedingtheit läßt sich nicht vereinbaren mit der Idee klassischer Selbstbegrenzung, die der »Turm« repräsentiert, und die Wilhelm schließlich übernimmt. Deshalb ist Mignons Tod auch eine äußere Notwendigkeit, nicht nur eine innere, aus ihrer eignen Natur bedingte.

Das Leiden der beiden poetischen Gestalten wird erst gegen Ende des Romans entschlüsselt. Der Harfner, Sohn eines italienischen Marchese, war schuldlos schuldig geworden durch die leidenschaftliche Liebe zu Sperata, der Tochter des heimischen Nachbarguts, die ihm, zu spät, als seine leibliche Schwester entdeckt wurde: Die Liebe hatte so ganz Besitz ergriffen von den beiden, daß ihnen eine Trennung aus Vernunft nicht mehr möglich war. Wie sollte das Gefühl füreinander, das so rein und stark aus ihren Herzen kam, im nachhinein verbrecherisch sein?! Gewaltsam und mit List mußte die verbotene Beziehung von seiten der Kirche gelöst werden. Das Kind dieser Geschwisterliebe war Mignon, die bald von der Mutter getrennt und ihrer körperlichen Behendigkeit und Musikalität wegen später von einer Seiltänzertruppe geraubt wurde.

Die unbesiegbare elementare Naturgewalt der Liebe, die keiner Vernunft und keinem Argument weichen will, hat den Harfner ins Unglück getrieben, er hat sich damit selbst außerhalb der Gesellschaft gestellt. Die Stärke des Gefühls verbindet ihn und Mignon mit Wilhelm, den gütigere »himmlische Mächte« vor Chaos und Katastrophen bisher bewahrten.

Wilhelm wäre bedenkenlos schon gleich nach der Begegnung auf dem Schloß Jarno gefolgt, wenn dieser nicht in einem so kalten herabsetzenden Ton von seinen beiden ihm lieb gewordenen Schützlingen, von Mignon und dem Harfner, gesprochen hätte. Wilhelm setzt sein warm empfindendes Herz gegen Jarnos bestechende Zukunftspläne, die bedeutet hätten, die beiden zu verlassen. Seine »Empfindsamkeit«, seine Mitleidsfähigkeit, sein treues unbedingtes Gefühl: das sind die angeborenen Kräfte der Natur, denen Wilhelm vertraut, und die ihn alle Wechselfälle des Lebens meistern lassen. Aber dieses natürliche Potential (das Empfindsamkeit und Sturm und Drang so aufgewertet hatten) muß gebildet und gelenkt werden: Das unbedingte Gefühl, die impulsive Hilfsbereitschaft muß vernünftigen Einsichten und Lebensplänen zugeordnet werden; empfindsames Idealisieren darf nicht nur Spekulation bleiben, sondern muß, notfalls eingeschränkt, in die Tat umgesetzt werden; das Individuum, das sich im Sturm und Drang so wichtig nahm, muß lernen, »um anderer willen zu leben und seiner selbst in einer pflichtmäßigen Tätigkeit zu vergessen«. Das gehört im wesentlichen zu Wilhelms Lernpensum – ist zugleich das Bildungsideal der Klassik.

Wilhelm hat sein Herz entscheiden lassen, er ist bei seiner Truppe geblieben, die, nachdem die gräfliche Herrschaft abgereist ist, weiterziehen muß. In ausgelassenster Reisestimmung werden die Schauspieler von einer Räuberbande überfallen, geplündert und Wilhelm schwer verwundet, als er sich mutig gegen das freche Gesindel zur Wehr setzt. Halb ohnmächtig, nimmt er nur noch eine engelgleiche Frauensperson auf einem Pferd wahr, die ihm Hilfe durch einen Wundarzt schickt. Das Bild der schönen »Amazone« wird ihn lange verfolgen.

Wie versprochen führt Wilhelm schließlich die Theatertruppe, nachdem sie sich von den Folgen des räuberischen Überfalls erholt hat, zu einem glücklichen Ausgang der Reise. Serlo, der Prinzipal eines großen Theaters, engagiert die ganze Gesellschaft, um Wilhelm als Schauspieler zu gewinnen. Die Nachricht vom Tod seines Vaters räumt die letzten Bedenken aus dem Wege, und Wilhelm unterschreibt den Vertrag mit Serlo (in dessen Figur Goethe dem berühmten Theaterdirektor, Shakespearekenner und -bearbeiter Friedrich Ludwig Schröder ein Denkmal setzte).

Werner hat den Kompagnon und Miterben dringend ins Geschäft gebeten; in seinem Brief gibt Wilhelm höflich seine Meinung zu verstehen über das ökonomische »Glaubensbekenntnis« des Schwagers (»... seine Geschäfte verrichtet, Geld geschafft, sich mit den Seinigen lustig gemacht und um die übrige Welt sich nicht mehr bekümmert, als insofern man sie nutzen kann...«) und setzt dagegen seinen »ästhetisch-sittlichen Traum« einer universalen Bildung:

»Dein Brief ist so wohl geschrieben, und so gescheit und klug gedacht, daß sich nichts mehr dazusetzen läßt. Du wirst mir aber verzeihen, wenn ich sage, daß man gerade das Gegenteil davon meinen, behaupten und tun, und doch auch recht haben kann. Deine Art zu sein und zu denken geht auf einen unbeschränkten Besitz und auf eine leichte, lustige Art zu genießen hinaus, und ich brauche Dir kaum zu sagen, daß ich daran nichts, was mich reizte, finden kann. ...

Daß ich Dir's mit *einem* Worte sage: mich selbst, ganz wie ich da bin, auszubilden, das war dunkel von Jugend auf mein Wunsch und meine Absicht. Noch hege ich eben diese Gesinnungen, nur daß mir die Mittel, die mir es möglich machen werden, etwas deutlicher sind. Ich habe mehr Welt gesehen, als Du glaubst, und sie besser genutzt, als Du denkst. Schenke deswegen dem, was ich sage, einige Aufmerksamkeit, wenn es gleich nicht ganz nach Deinem Sinne sein sollte.

Wäre ich ein Edelmann, so wäre unser Streit bald abgetan; da ich aber nur ein Bürger bin, so muß ich einen eigenen Weg nehmen, und ich wünsche, daß Du mich verstehen mögest. Ich weiß nicht, wie es in fremden Ländern ist, aber in Deutschland ist nur dem Edelmann eine gewisse allgemeine, wenn ich sagen darf, personelle Ausbildung möglich. Ein Bürger kann sich Verdienst erwerben und zur höchsten Not seinen Geist ausbilden; seine Persönlichkeit geht aber verloren, er mag sich stellen, wie er will. Indem es dem Edelmann, der mit den Vornehmsten umgeht, zur Pflicht wird, sich selbst einen vornehmen Anstand zu geben, indem dieser Anstand, da ihm weder Tür noch Tor verschlossen ist, zu einem freien Anstand wird, da er mit seiner Figur, mit seiner Person, es sei bei Hofe oder bei der Armee, bezahlen muß, so hat er Ursache, etwas auf sie zu halten und zu zeigen, daß er etwas auf sie hält. Eine gewisse feierliche Grazie bei gewöhnlichen Dingen, eine Art von leichtsinniger Zierlichkeit bei ernsthaften und wichtigen kleidet ihn wohl, weil er sehen läßt, daß er überall im Gleichgewicht steht. Er ist eine öffentliche Person, und je ausgebildeter seine Bewegungen, je sonorer seine Stimme, je gehaltner und gemessener sein ganzes Wesen ist, desto vollkommner ist er. Wenn er gegen Hohe und Niedre, gegen Freunde und Verwandte immer ebenderselbe bleibt, so ist nichts an ihm auszusetzen, man darf ihn nicht anders wünschen. Er sei kalt, aber verständig; verstellt, aber klug. Wenn er sich äußerlich in jedem Momente seines Lebens zu beherrschen weiß, so hat niemand eine weitere Forderung an ihn zu machen, und alles übrige, was er an und um sich hat, Fähigkeit, Talent, Reichtum, alles scheinen nur Zugaben zu sein.

Nun denke Dir irgendeinen Bürger, der an jene Vorzüge nur einigen Anspruch zu machen gedächte; durchaus muß es ihm mißlingen, und er müßte desto unglücklicher werden, je mehr sein Naturell ihm zu jener Art zu sein Fähigkeit und Trieb gegeben hätte.

Wenn der Edelmann im gemeinen Leben gar keine Grenzen kennt, wenn man aus ihm Könige oder königähnliche Figuren erschaffen kann, so darf er überall mit einem stillen Bewußtsein vor seinesgleichen treten; er darf überall vorwärts dringen, anstatt daß dem Bürger nichts besser ansteht, als das reine, stille Gefühl der Grenzlinie, die ihm gezogen ist. Er darf nicht fragen: ›Was bist du?‹, sondern nur: ›Was hast du? welche Einsicht, welche Kenntnis, welche Fähigkeit, wieviel Vermögen?‹ Wenn der Edelmann durch die Darstellung seiner Person alles gibt, so gibt der Bürger durch seine Persönlichkeit nichts und soll nichts geben. Jener darf und soll scheinen; dieser soll nur sein, und was er scheinen will, ist lächerlich oder abgeschmackt. Jener soll tun und wirken, dieser soll leisten und schaffen; er soll einzelne Fähigkeiten ausbilden, um brauchbar zu werden, und es wird schon vorausgesetzt, daß in seinem Wesen keine Harmonie sei noch sein dürfe, weil er, um sich auf *eine* Weise brauchbar zu machen, alles übrige vernachlässigen muß.

An diesem Unterschiede ist nicht etwa die Anmaßung der Edelleute und die Nachgiebigkeit der Bürger, sondern die Verfassung der Gesellschaft selbst schuld; ob sich daran einmal etwas ändern wird und was sich ändern wird, bekümmert mich wenig; genug, ich habe, wie die Sachen jetzt stehen, an mich selbst zu denken, und wie ich mich selbst und das, was mir ein unerläßliches Bedürfnis ist, rette und erreiche.

Ich habe nun einmal gerade zu jener harmonischen Ausbildung meiner Natur, die mir meine Geburt versagt, eine unwiderstehliche Neigung. Ich habe, seit ich Dich verlassen, durch Leibesübung viel gewonnen; ich habe viel von meiner gewöhnlichen Verlegenheit abgelegt und stelle mich so ziemlich dar. Ebenso habe ich meine Sprache und Stimme ausgebildet, und ich darf ohne Eitelkeit sagen, daß ich in Gesellschaften nicht mißfalle. Nun leugne ich Dir nicht, daß mein Trieb täglich unüberwindlicher wird, eine öffentliche Person zu sein, und in einem weitern Kreise zu gefallen und zu wirken. Dazu kömmt meine Neigung zur Dichtkunst und zu allem, was mit ihr in Verbindung steht, und das Bedürfnis, meinen Geist und Geschmack auszubilden, damit ich nach und nach auch bei dem Genuß, den ich nicht entbehren kann, nur das Gute wirklich für gut und das Schöne für schön halte. Du siehst wohl, daß das alles für mich nur auf dem Theater zu finden ist, und daß ich mich in diesem einzigen Elemente nach Wunsch rühren und ausbilden kann. Auf den Brettern erscheint der gebildete Mensch so gut persönlich in seinem Glanz als in den obern Klassen; Geist und Körper müssen bei jeder Bemühung gleichen Schritt gehen, und ich werde da so gut sein und scheinen können, als irgend anderswo....

Disputiere mit mir nicht darüber; denn eh' Du mir schreibst, ist der Schritt schon geschehen. Wegen der herrschenden Vorurteile will ich meinen Namen verändern, weil ich mich ohnehin schäme, als Meister aufzutreten. Lebe wohl. Unser Vermögen ist in so guter Hand, daß ich mich darum gar nicht bekümmere; was ich brauche, verlange ich gelegentlich von Dir; es wird nicht viel sein, denn ich hoffe, daß mich meine Kunst auch nähren soll...«

(5. Buch, 3. Kap.)

An diesem Brief Wilhelms ist viel heruminterpretiert worden. Er scheint auf den ersten Blick eine Bestätigung der feudalen Gesellschaftsordnung, in die Goethe am Weimarer Hof hineingewachsen war und die er nun – ganz anders als zwanzig Jahre vorher im ›Werther‹ – als einzige Möglichkeit einer ästhetisch-kulturellen Vervollkommnung der Menschen ansieht. Dabei wird aber übersehen, daß Wilhelm in diesem Brief ja durchaus einer Illusion anhängt, die er später revidiert; daß er zweitens sich nicht wirklich mit dem kühl-berechnenden öffentlichen Rollenspiel seines Ideal-Adeligen identifiziert, denn seine spontane Wärme, seine wahren Gesinnungen über die Aufgabe des Menschen kennt der Leser mittlerweile. Und drittens entwirft Goethe mit der »Turmgesellschaft«, in die sein Held zuletzt aufgenommen wird, gerade eine Gruppe eher bürgerlich gesinnter Adeliger, die Wilhelm den ästhetischen Traum als alleinige Lebensverpflichtung verweist und in ihre praktische Reformarbeit einzugliedern sucht. Wenn Wilhelm am Schluß Natalie, ein Mitglied der adeligen »Turmgesellschaft«, heiratet, heißt das ja, daß in diesen edlen Herzen Klassengegensätze aufgehoben sind; es ist aber auch wiederum Wilhelms Verdienst, daß er sich deren gehobenem, höflichem, weltmännischem Wesen anzugleichen gelernt hat, wie es sein Wunsch gewesen war. Die Wahrheit bleibt trotz Gegenbeweis und ironischer Aufhebung bestehen: daß der sich im Erwerbsleben verschleißende Bürgerliche kaum Chancen hatte, seine Persönlichkeit umfassend auszubilden, zu politisch-öffentlicher Würde zu gelangen.

In der Schwester des Freundes und Theaterprinzipals Serlo, den Wilhelm noch von Marianes Zeiten her kennt, begegnet ihm wiederum eine tragische Figur, die seine mitleidsfähige Natur anzieht. Aurelie ist die geborene Schauspielerin, sie verzehrt sich in ihrem Beruf, so daß sie unfähig wird, das Leben zu meistern. In der wichtigen ›Hamlet‹-Inszenierung spielt sie die Ophelia und kurz darauf die rasende Orsina in ›Emilia Galotti‹ so hingebungsvoll und »hartnäckig«, bis sie immer mehr die unglücklich Liebende selbst wird, die sich töten muß. Wilhelm kann sie nicht zum Leben ermuntern; als letzten Liebesdienst verspricht er ihr, den ungetreuen Liebhaber Lothario, der ihr soviel Leid zugefügt hat, aufzusuchen und mit ihrem tragischen Ende zu konfrontieren.

Über den Schauspieler-Beruf räsoniert Goethe in dem Roman fast zu viel und ausführlich, wie Schiller empfand. Dabei konnte er, der Begründer und langjährige Leiter des Weimarer Hoftheaters, eigene Erfahrungen geltend machen: Viele Ausführungen über die übliche strenge, schematische Rolleneinteilung, über Bühnenräume, -dekoration, Redekunst usw. stimmen mit seiner in Weimar praktizierten Theaterkonzeption überein. Dilettantismus von Kennerschaft und wahrem Künstlertum deutlich abzugrenzen, war persönliches Anliegen. Die Attraktivität, die das Theater im letzten Drittel des 18. Jahrhunderts gerade für die unzufriedenen intellektuellen Bürgerlichen hatte, als Künstler ihre Individualität pflegen zu können und am gesellschaftlichen Glanz zu partizipieren, verführte auch den »Aussteiger« Wilhelm. Aber seine Motivation zum Theater reichte nicht aus, ihn zum wirklichen Schauspieler zu bilden. Jarno nimmt ihm später recht schonungslos die Illusionen darüber:

»Und bei mir«, sagte Jarno, »ist es doch so rein entschieden, daß, wer sich nur selbst spielen kann, kein Schauspieler ist. Wer sich nicht dem Sinn und der Gestalt nach in viele Gestalten verwandeln kann, verdient nicht diesen Namen. So haben Sie z. B. den Hamlet und einige andere Rollen recht gut gespielt, bei denen Ihr Charakter, Ihre Gestalt und die Stimmung des Augenblicks Ihnen zugute kamen. Das wäre nun für ein Liebhabertheater und für einen jeden gut genug, der keinen andern Weg vor sich sähe. Man soll sich«, fuhr Jarno fort, ... »vor einem Talente hüten, das man in Vollkommenheit auszuüben nicht Hoffnung hat. Man mag es darin so weit bringen, als man will, so wird man doch immer zuletzt, wenn uns einmal das Verdienst des Meisters klar wird, den Verlust von Zeit und Kräften, die man auf eine solche Pfuscherei gewendet hat, schmerzlich bedauern.«

(8. Buch, 5. Kap.)

Mit ganz ähnlichen Worten hatte sich Karl Philipp Moritz kurz zuvor in seinem autobiographischen Roman ›Anton Reiser‹ (vgl. Bd. II) über seine Fluchten in die Scheinwelt des Theaters geäußert.

Eigene Beobachtungen, Unterhaltungen mit dem Publikum haben Wilhelm schon selbst die Augen geöffnet über die Launenhaftigkeit des Erfolgs und seine schwärmerische Vorstellung, daß das Theater eine »öffentliche« Bedeutung habe. Mit der Reise zu Lothario am Ende des 5. Buches geht auch sein Irrweg übers Theater, der nichtsdestoweniger den Helden in Figur und Auftreten entschieden gestärkt hat, zu Ende. Er betritt nun den Kreis der »Turmgesellschaft«.

In einem genialen Kunstgriff hat Goethe das 6. Buch, ›Die Bekenntnisse einer schönen Seele‹, als Bindeglied zwischen den ersten und zweiten Teil des Romans eingefügt. Es handelt sich dabei um das Tagebuch einer Tante, das Lothario seiner Aurelie als Lektüre anempfohlen hatte und das ihr auf dem Totenbett tatsächlich Trost und Ruhe zusprechen konnte. Die ›Bekenntnisse‹, die zunächst in gar keinem Zusammenhang mit dem bisherigen Geschehen zu stehen scheinen, machen den Leser mit der Familie Natalies, die Wilhelm am Schluß heiraten wird, bekannt. Bemerkenswert an dem Schicksal der empfindsamen Stiftsdame ist die unbeirrbare Konsequenz und fröhliche Gewißheit, mit der sie den einmal für richtig erkannten Lebensweg zu Ende ging. Für damalige Verhältnisse bedeutete ihr Verhalten eine mutige Herausforderung der gesellschaftlichen Konventionen: denn sie verzichtete bewußt auf die übliche Praxis einer Versorgungs-Ehe, in der der Frau aber nicht die gleiche Würde und Freiheit wie dem Mann zugestanden wurde, und wählte statt dessen das Alleinsein. Ein erbauliches Versenken in Gott, tätige Nächstenliebe in seinem Geiste, statt eigener Kinder die ihrer früh verstorbenen Schwester zu erziehen, wurde ihr schöne Sinnerfüllung. Eines dieser Kinder war Lothario, ein anderes die schöne Gräfin, die Wilhelm beim Abschied vom Schloß im Arm hatte, ein drittes Natalie. Natalie, ein Ebenbild der Tante in ihrer Menschenliebe und ihrem stillen heiteren Tun, ist die eigentlich »schöne Seele«, die zur idealen Ergänzung für Wilhelm wird. (Gewiß, sie war auch die engelgleiche »Amazone«, die vorbedeutungsvoll dem Helden schon erschienen war.) Während die Gräfin durch ihre äußere Erscheinung Wilhelm faszinierte, das Leben der achtungswürdigen Tante im Verzicht auf sinnliche Erfüllung errungen war, vereinigt erst Natalie innere und äußere Schönheit.

Den ›Bekenntnissen einer schönen Seele‹ lagen die Aufzeichnungen der pietistischen Freundin Susanna von Klettenberg zugrunde, die Goethe gelesen hatte; wiederum ist der vielfältige Sinnzusammenhang mit dem Ganzen des Romans auffällig. Das Beispiel eines frei gewählten Lebens, das sittlich-religiösen Traum und Dienst an der Menschheit harmonisch verband, hat zunächst seine erzieherische Funktion für Wilhelm. Es tut seine Wirkung; Wilhelm erzählt Natalie später, daß er die Tagebücher »mit der größten Teilnahme und nicht ohne Wirkung auf [sein] ganzes Leben« gelesen habe: »Was mir am meisten aus dieser Schrift entgegen leuchtete, war, ich möchte so sagen, die Reinlichkeit des Daseins, nicht allein ihrer selbst, sondern auch alles dessen, was sie umgab, diese Selbständigkeit ihrer Natur und die Unmöglichkeit, etwas in sich aufzunehmen, was mit der edlen liebevollen Stimmung nicht harmonisch war.« Goethes eigene Erfahrung mit dem Pietismus, der Menschen und Dichtung des 18. Jahrhunderts stark geprägt hatte, sollte auch seinem »dramatischen Ebenbild« widerfahren, das ja sozusagen biogenetisch die kulturgeschichtliche Entwicklung seines Jahrhunderts mitzuvollziehen hatte.

Die Auflösung wie nebenbei eingeflochtener Einzelheiten im 7. und 8. Buch macht erst nachträglich den kunstvollen Einschub der ›Bekenntnisse‹ gerade an dieser Stelle erkennbar.

Deutlich überwiegen im 2. Teil des Romans die Reflexionen, die Wilhelms Erleben ins Allgemein-Verbindliche erweitern, während die ersten fünf Bücher bis zu den ›Bekenntnissen‹ lebensvoll und farbig die abenteuerliche Atmosphäre des Theaters schildern. Man merkt hier noch den emotionaleren jüngeren Goethe, der den »Theaterroman« geschrieben hatte. Die wichtigen philosophischen Arbeiten, die Anfang der neunziger Jahre erschienen waren, konnten nicht außer acht gelassen werden bei einem so lebendigen Geist. Besonders Schiller, der sich zu jener Zeit mit seinen grundsätzlichen philosophischen Theorien beschäftigte, übte starken Einfluß auf den ›Wilhelm Meister‹ aus. Aus dem Briefwechsel wissen wir, daß er den ideellen »Überbau« gern noch stärker herausgearbeitet haben wollte, wogegen sich Goethe aber mit sicherem Instinkt für die Anschaulichkeit des Textes – sein »realistischer Tic«, wie er es nannte – zu behaupten wußte.

Im 7. und 8. Buch werden nun die verschiedenen, im ersten Teil geknüpften Fäden entwirrt, und es zeigt sich die schöne Organisation des ganzen Romans; auch in der Grundstruktur des ›Meisters‹ offenbart sich also das Gesetz der Ordnung, das hinter aller chaotischen Turbulenz, hinter den verwirrenden Zufällen steht, die letztlich doch im Guten enden. Die ›Bekenntnisse‹ leiteten schon den großen Sinnzusammenhang des Geschehens und der verschiedenen menschlichen Begegnungen ein. Bei Lothario angekommen – auf dessen Anwesen der Turm steht, der der dort gegründeten Gesellschaft den Namen gab –, erkennt Wilhelm die Zwillingsbrüder Jarno und den Abbé, die ihm im Laufe der Jahre immer wieder über den Weg gelaufen waren und halb prophezeiend, halb lenkend in sein Leben eingegriffen hatten. Als Wilhelm sich entschließt, im Kreise Lotharios, dieses bewundernswert gebildeten und energischen Tatmenschen, zu bleiben und zu wirken, bekommt er seinen »Lehrbrief« überreicht, in dem sein Irren und sein Sollen festgehalten sind. Gleichnishaft stellt dieser Lehrbrief gegensätzliche Kräfte, aus denen die harmonische Mitte zu finden ist, zusammen:

Die Kunst ist lang, das Leben kurz, das Urteil schwierig; die Gelegenheit flüchtig. Handeln ist leicht, Denken schwer; nach dem Gedanken handeln unbequem... Die Nachahmung ist uns angeboren, das Nachzuahmende wird nicht leicht erkannt... Die Höhe reizt uns, nicht die Stufen; den Gipfel im Auge, wandeln wir gerne auf der Ebene... Nur ein Teil der Kunst kann gelehrt werden, der Künstler braucht sie ganz. Wer sie halb kennt, ist immer irre und redet viel... Des echten Künstlers Lehre schließt den Sinn auf; denn wo die Worte fehlen, spricht die Tat. Der echte Schüler lernt aus dem Bekannten das Unbekannte entwickeln, und nähert sich dem Meister.

Die rätselhafte Verschlüsselung der Sätze, über die sich Wilhelm anfangs recht erbost, hat durchaus einen Sinn: Wer den Geist der »Turmgesellschaft« ganz verstanden hat, wird keine Schwierigkeiten mit der Auslegung der Worte mehr haben. Wilhelm braucht noch etwas Hilfestellung.

Die wichtigste Entdeckung, die ihn im wahrsten Sinne zum verantwortungsvollen Erwachsenen macht, ist seine Vaterschaft. Der Knabe Felix, den er nach Aurelies Tod zu sich genommen und sogleich ins Herz geschlossen hatte (immer im Glauben, es sei ein Kind von Aurelie und Lothario), ist sein Sohn. Mariane, die Mutter, war kurz nach seiner Geburt gestorben, ihre Amme hatte das Kind der Theatertruppe in Obhut gegeben. Ein beglückender Bildungsabschnitt wird für Wilhelm nun der Umgang mit Felix, denn mit den Augen des Kindes die Welt zu sehen, seine Wißbegierde zufriedenzustellen, es zu führen, erfordert ganz neue Kräfte; vor allem aber gibt ihm der Sohn eine sinnvolle Aufgabe. Wilhelms Lehrzeit ist abgeschlossen, er muß nun selbst einen jungen Menschen ausbilden.

Aber noch einmal geht Wilhelm einen Umweg, der schließlich zu Natalie führt: Er lernt in Lotharios Freundeskreis Therese kennen, die ihm in ihrer energischen Selbständigkeit imponiert. Wie sie ihr kleines Gut mustergültig in Ordnung hält, bescheiden und vernünftig sich in ihrem nicht einfachen Leben einzurichten wußte, läßt Wilhelm auf eine gute Lebensgefährtin und Mutter für seinen Sohn hoffen. Aber der empfindsam-ästhetische Teil seiner Anlagen hätte bei Therese verkümmern müssen, auch achtet er sie mehr, als daß er sich unwiderstehlich zu ihr hingezogen fühlte. Die Frau, die er lieben kann, die Grazie und sittliche Reinheit besitzt, kurz: eine Schillersche »schöne Seele« mit Tatkraft, ist Thereses Freundin Natalie, die, gottlob, Wilhelms Neigung erwidert. Die beiden werden ein Paar, Lothario heiratet Therese – zwei Mesalliancen, die die fortschrittlich-humane Gesinnung in Lotharios Haus dokumentieren.

Die Schlußworte des Romans – »du kommst mir vor wie Saul, der Sohn Kis, der ausging, seines Vaters Eselinnen zu suchen, und ein Königreich fand« – sprechen die Wahrheit aus, die im Verlauf der acht Bücher sich immer stärker offenbarte: daß mitunter als Geschenk vom Himmel fällt, was gar nicht gesucht wurde, und nicht glücken will, was hartnäckig angestrebt wurde. Beinahe passiv ist Wilhelm zu seinem Glück gelangt, wie es nach Schillers und Goethes Auffassung einem Romanhelden ziemte. Denn im Unterschied zum Drama sollen »im Roman ... vorzüglich Gesinnungen und Begebenheiten vorgestellt werden ... Der Romanheld muß leidend, wenigstens nicht im hohen Grade wirkend sein ... Grandison, Clarisse, Pamela, der Landpriester von Wakefield, Tom Jones selbst sind, wo nicht leidende, doch retardierende Personen, und alle Begebenheiten werden gewissermaßen nach ihren Gesinnungen gemodelt ...« – Auch daß Goethe »dem Zufall gar wohl sein Spiel erlaubte«, das tragisch hereinbrechende Schicksal aber ausklammerte (denn das kennzeichnete das Drama), gehörte also zum absichtsvollen Bauplan dieses Muster-Romans. In seinem 1797 erschienenen Aufsatz ›Über epische und dramatische Dichtung‹ schrieb Goethe diese Gedanken, die er hier Wilhelm im Zusammenhang mit einer ›Hamlet‹-Inszenierung in den Mund legte, nieder.

Richardson und Fielding, die für die Romanliteratur des 18. Jahrhunderts so wichtige Neuanfänge setzten und auch in Deutschland so populär waren, daß ihre Helden zu nennen genügte, hat Wilhelm (Goethe) nicht zufällig oben erwähnt. Besonders von Fieldings ›Tom Jones‹, der auch schon Wielands Erzählstil im ›Agathon‹ geprägt hatte (vgl. Bd. II), hat Goethe gelernt: er nimmt dieselbe ironische Distanz zu seinem Helden ein, wenn er etwa Wilhelm als »unsern Freund«, »unsern Helden« usw. bezeichnet; aus der überlegenen Position des allwissenden Erzählers, der seiner Hauptfigur bei allem Abstand ein gewisses Wohlwollen nicht versagt, berichtet er von Wilhelms reichen, enttäuschenden und hoffnungsvollen Erlebnissen auf dem Weg in ein vorbildhaftes bürgerliches Leben. Leidenschaftslos, in einer »gebildeten, geläufigen Sprache«, die nuanciert und dennoch einheitlich ist, zeichnet Goethe ein lebensvolles Bild des »modernen« Menschen, dessen Auseinandersetzung mit der Welt allgemein genug gehalten ist, um ein breites Publikum zu interessieren.

Wenn F. Schlegel in seinen ›Fragmenten‹ (1797/98) schrieb: »Die Französische Revolution, Fichtes Wissenschaftslehre und Goethes ›Meister‹ sind die größten Tendenzen des Zeitalters«, so wird die ungeheure, ja revolutionierende Wirkung deutlich, die der Roman auf das damalige geistige Deutschland hatte. ›Wilhelm Meister‹ führte vor, daß auch in der prosaischen Gegenwart Prosa zu Poesie werden konnte, daß eine Versöhnung von Kunst und Leben, von ästhetischer und ökonomischer Existenz möglich war. Vor allem hob Goethe die mindere Gattung des Romans endlich auf klassisches Niveau: Ohne auf das Phantastisch-Unterhaltende zu verzichten, erfüllte sein Roman durchaus die ästhetischen und die ethischen Anliegen der Zeit.

Besonders nachhaltig wirkte ›Wilhelm Meister‹ auf den Roman der Romantik. Wilhelms Flucht aus der bürgerlichen Enge in die Sphäre der Kunst, sein unendliches Bildungsstreben, die Figuren Mignons und des Harfners begeisterten die Romantiker, aber ebenso deutlich distanzierten sie sich von dem glatten, unpoetisch-pragmatischen Schluß, der alles Unbedingte, Absolute relativiert. In ihren Künstlerromanen verweigerten sie ausdrücklich jeden Kompromiß mit der vernünftig-nüchternen Wirklichkeit. Im Formalen, in der Mischung von epischer Erzählung mit Liedern, Gesprächen, Briefen usw., aber auch z. B. in der Einbeziehung von Träumen, die in ihrer tiefen Symbolik so viel mehr über die Seele aussagen als jede Beschreibung, wurden ›Wilhelm Meisters Lehrjahre‹ zum Vorbild für eine ganze Dichtergeneration.

## 3.3 Goethes erzählerisches Spätwerk:

### Wilhelm Meisters Wanderjahre oder Die Entsagenden

Im Jahre 1807, elf Jahre nach dem Erscheinen der ›Lehrjahre‹, begann Goethe mit dem zweiten Band ›Wilhelm Meisters Wanderjahre‹, der nun die »Meisterschaft« des Helden zum Gegenstand haben sollte, wie es Schiller schon 1796 angeregt hatte. Bis in seine letzten Lebensjahre hinein arbeitete Goethe an dem Roman; er stellt im erzählenden Bereich sein Alterswerk dar, wie der ›West-östliche Divan‹ in der lyrischen und ›Faust II‹ in der dramatischen Dichtung. Die gleichen Stilmittel wie dort finden sich in den ›Wanderjahren‹: Es gibt keine durchgehende Handlung, vielmehr reihen sich Einzelbilder aneinander, die zunächst zusammenhanglos scheinen, sich aber als vielfältig miteinander verbundene »Bezirke« des Lebens und menschlicher Beziehungen erweisen. Die sogenannte Rahmenhandlung und die davon abgetrennten Novellen und Aphorismen stehen in symbolischem Zusammenhang; sie sind »gegeneinander zu bewegende« Teile, die erst in der Spiegelung, im Kontrast zum Ganzen werden. Goethe schrieb über sein »Büchlein«: »Ist es nicht aus Einem Stück, so ist es doch aus Einem Sinn; und dies war eben die Aufgabe, mehrere fremdartige

äußere Ereignisse dem Gefühle als übereinstimmend entgegenzubringen« (an J. St. Zauper, 7. September 1821).

Die ›Wanderjahre‹ sind ein Erziehungsroman, in dem der Dichter seine gesammelte Weltweisheit frei erzählend, belehrend wei-
tergibt. Während er in der Rahmenhandlung das Gewicht auf die
Vermittlung ethischer Werte legt, klar umrissene Pflichten und
Bindungen formuliert, stellt er in den eingeschobenen Novellen
Menschen in ihren Leidenschaften und Verwirrungen dar. Farbig
erzähltes Leben enthalten diese meisterhaften Novellen, die einmal
zum Schwank neigen, dann wieder märchenhafte Züge haben
(auch die ›Wahlverwandtschaften‹ waren einmal als Teil der ›Wanderjahre‹ geplant); sie bilden zu den lehrhaft vernünftigen Postulaten und »Utopien« des Hauptteils das notwendige Gegengewicht.

Da Goethe viele Gedanken nicht direkt ausspricht, sondern in
Sentenzen verdichtet, assoziativ einkreist oder im Symbol gestaltet,
das der Leser selbst deuten und einordnen muß, hat der Roman
nicht eben populär werden können; die Lektüre erfordert, wie etwa
›Faust II‹, eine hohe geistige Präsenz, setzt eine gewisse Lebenser-
fahrung voraus. Die Zeitgenossen waren zum großen Teil befrem-
det. »Ich begreife wohl, daß den Lesern vieles rätselhaft blieb ...
Alles ist ja nur symbolisch zu nehmen, und überall steckt noch
etwas anderes dahinter. Jede Lösung eines Problems ist ein neues
Problem« (Gespräch mit Kanzler von Müller, 8. Juni 1821). Bis in
unser Jahrhundert hinein blieb der schwierige Roman weitgehend
unbeachtet; erst nach dem Zweiten Weltkrieg hat sich die Wissenschaft gründlicher mit dem avantgardistischen Werk beschäftigt.

Aus Gesprächen, Briefen, direkter Erzählung, Tagebucheintra-
gungen, Reden, Liedern, sachberichtartigen Darstellungen (etwa
über die Technik des Webens) usw. setzt sich die Haupthandlung
zusammen, das Geschehen um Wilhelm, das noch immer von den
Mitgliedern der »Turmgesellschaft« – »mit sanftem Gebot« – aus
dem Hintergrund gelenkt wird. Die Aufsplitterung in Fragmente,
die Ausschnitte mit jähen Brüchen bieten anstelle von kontinu-
ierlichem Erzählfluß, entsprach den Tendenzen des neuen Zeitalters, das nach dem Ende des absolutistischen Ancien régime nicht
mehr als Einheit gesehen und gedeutet werden konnte, sondern
eine Vielzahl heterogener Phänomene darstellte. Die politischen
und sozialen Alternativen etwa, die die Amerikanische und die
Französische Revolution aufgezeigt hatten, oder auch die wirt-
schaftlichen Veränderungen, die mit der industriellen Revolution
einhergingen, bedeuteten Unruhe und Unsicherheit, hatten ein allgemeines In-Frage-Stellen tradierter Ordnungen zur Folge, Dis-
kontinuität.

Der Roman kommt in seiner Struktur diesem Charakteristikum

der neuen Zeit nach. Goethe verbindet die einzelnen Erzählabschnitte nicht, sondern läßt die mannigfaltigen Begegnungen, Gedanken und Bilder in ihrem Nebeneinander stehen; sie sollen »auf eine seltsam scheinende Weise ringsumher nach vielen Punkten hinwirken, damit man sie in *einem* Brennpunkte zuletzt abgespielt und zusammengefaßt erkenne« (2. Buch, 11. Kap.). Ständig wechselt der Dichter die Raum- und Zeitebenen, deutet voraus, berichtet Zurückliegendes, schiebt Fremdes dazwischen: Der Komplexität des Daseins war nicht mit linearem Erzählen beizukommen. Der geheime tiefere Sinn erschließt sich erst am Ende, aus der Überschau des Ganzen, mag dieses im einzelnen auch unbegreiflich und zufällig scheinen.

Goethe erläutert in dem Roman selbst immer wieder seine Erzählhaltung. Dabei spielt er bewußt und ironisch mit den Erwartungen des Lesers: Er bittet um Nachsicht und geduldiges Weiterlesen und verspricht, »diesmal im Geschichtlichen [in der Erzählung] ohne weiteres fortzufahren«, um sich dann doch nicht daran zu halten; er entschuldigt sich für die Unterbrechungen und Umständlichkeiten, zu denen ihn das »ernste Geschäft eines treuen Referenten« verpflichte; er bezeichnet sich als den »Verständigen, den Vernünftigen«, dem eine seltsam scheinende Erzählweise gestattet sein müsse, »wenn es dem Humoristen [Jean Paul?] erlaubt ist, das Hundertste ins Tausendste durcheinanderzuwerfen«. Der alte Goethe, aus der Überlegenheit seiner Erfahrungen und Erfolge, verfügte lächelnd über den Stoff und die Formen dichterischen Ausdrucks, wie es ihm auch, im Bereich lyrischer Dichtung, beim ›West-östlichen Divan‹ gelang. In den ›Betrachtungen im Sinne der Wanderer‹, einer zwischen dem zweiten und dritten Buch eingeschobenen Aphorismen-Sammlung, gibt er nebenbei auch einen Hinweis auf die Erzählstruktur des Romans:

Um mich zu retten, betrachte ich alle Erscheinungen als unabhängig voneinander und suche sie gewaltsam zu isolieren; dann betrachte ich sie als Korrelate, und sie verbinden sich zu einem entschiedenen Leben. Dies bezieh' ich vorzüglich auf Natur; aber auch in bezug auf die neueste um uns her bewegte Weltgeschichte ist diese Betrachtungsweise fruchtbar.
(Betrachtungen im Sinne der Wanderer, 122)

Hier in den Aphorismen versammelte Goethe in freier Assoziation die Summe seiner Erfahrungen und Einsichten, fokussiert in Gedankensplitter und Reflexionen, und insofern mit dem Roman verbunden, da dieser Goethes Menschenbild und Weltsicht zu einer poetischen Lebenslehre vereinigt.

Goethe hat ›Wilhelm Meisters Wanderjahre‹ im Zweittitel ›Die Entsagenden‹ genannt, denn das Entsagen-Können um eines höheren Zieles willen spielt in dem Roman eine wesentliche Rolle. Zur Meisterschaft im Sinne der »Turmgesellschaft«, die Wilhelm als Wandernder erreichen soll, gelangt er nur, wenn er seine Grenzen erkennt und im freien Verzicht auf andere Interessen und Neigungen sich auf *eine* Anlage konzentriert, um diese zur Vollendung zu bringen. Hatte Wilhelm in den ›Lehrjahren‹ eine möglichst universelle Ausbildung seiner Persönlichkeit angestrebt, so wird er jetzt zur Konzentrierung seiner Kräfte angehalten, um sich in der Gemeinschaft zu bewähren. »In irgendeinem Fache muß einer vollkommen sein, wenn er Anspruch auf Mitgenossenschaft machen will« in dem Bund der Entsagenden, erfährt Wilhelm von Natalies Bruder Friedrich, und im Gespräch mit seinem früheren Mentor und Freund Jarno, der jetzt auch unter dem Namen Montan auftritt, wird ihm die Begründung für diese Idee gegeben:

»Man hat aber doch eine vielseitige Bildung für vorteilhaft und notwendig gehalten.« – »Sie kann es auch sein zu ihrer Zeit«, versetzte jener [Montan], »Vielseitigkeit bereitet eigentlich nur das Element vor, worin der Einseitige wirken kann, dem eben jetzt genug Raum gegeben ist. Ja, es ist jetzo die Zeit der Einseitigkeiten; wohl dem, der es begreift, für sich und andere in diesem Sinne wirkt. Bei gewissen Dingen versteht sich's durchaus und sogleich. Übe dich zum tüchtigen Violinisten und sei versichert, der Kapellmeister wird dir deinen Platz im Orchester mit Gunst anweisen. Mache ein Organ aus dir und erwarte, was für eine Stelle dir die Menschheit im allgemeinen Leben wohlmeinend zugestehen werde. Laß uns abbrechen! Wer es nicht glauben will, der gehe seinen Weg, auch der gelingt zuweilen; ich aber sage: von unten hinauf zu dienen, ist überall nötig. Sich auf *ein* Handwerk zu beschränken, ist das Beste. Für den geringsten Kopf wird es immer ein Handwerk, für den besseren eine Kunst, und der beste, wenn er *eins* tut, tut er alles, oder, um weniger paradox zu sein, in dem *einen*, was er recht tut, sieht er das Gleichnis von allem, was recht getan wird.«

(1. Buch, 4. Kap.)

In seinem um 1800 entstandenen Sonett ›Natur und Kunst...‹ hat Goethe ganz ähnlich die Pflicht zum Entsagen und die Freiheit, die daraus erwächst, ausgesprochen: »Wer Großes will, muß sich zusammenraffen; / In der Beschränkung zeigt sich erst der Meister, / Und das Gesetz nur kann uns Freiheit geben« (s. S. 44f.).

Angesichts der fundamentalen Veränderungen, die die Welt im Gefolge der Französischen Revolution und insbesondere der Napoleonischen Herrschaft erfahren hatte, mußten neue Erziehungsziele formuliert werden: Nicht mehr die umfassend ausgebildete Einzelpersönlichkeit entsprach den Erfordernissen der Zeit, sondern die Gemeinschaft, in der jeder seinen Beitrag zum Nutzen und Erhalt des Ganzen leistet. Mut zur Veränderung und Tatkraft, soziale Verantwortung, auch Toleranz und Weitblick – also das, was Goethe unter einer weltbürgerlichen Gesinnung verstand – waren verlangt, um den Gefahren des beginnenden Maschinen- und Massenzeitalters begegnen zu können. Goethe dachte weit in die Zukunft voraus, er entwickelte jenes Ethos, das den modernen arbeitsteiligen Demokratien nötig wäre.

Um seine Aufgabe im Dienste der Gemeinschaft zu finden, muß sich Wilhelm also noch einmal von seiner Braut Natalie trennen, dem Glück erfüllter Liebe vorläufig entsagen. Mit seinem Sohn Felix begibt er sich auf die nur in wenigen Punkten vorgeschriebe- ne Wanderschaft. Er wird sich zunächst in den Schweizer Alpen aufhalten, dann zum Lago Maggiore gelangen, wobei er immer wieder auf Mitglieder der »Turmgesellschaft« stößt bzw. Nach- richten von ihnen erhält. Wilhelm, der so empfänglich ist für alle äußere Anregung, sich rasch in neue Situationen einfühlt und Be- ziehungen knüpft, untersagen seine »Wanderregeln«, »über drei Tage ... unter *einem* Dache [zu] bleiben«, auch darf er »keine Herberge verlassen«, ohne sich »wenigstens eine Meile von ihr« zu entfernen. Erst als in Wilhelm die früh gehegte Neigung, Wund- arzt zu werden, zu einem festen Entschluß gereift ist, wird er von dem Gebot der unsteten Wanderung befreit, um seine medizini- schen Studien zu betreiben. Sein handwerkliches Können wird dabei von Wichtigkeit, aber seine Liebe zum Menschen, sein Be- dürfnis, Notleidenden zu helfen – eine Anlage, die bereits den Helden der ›Lehrjahre‹ auszeichnete –, bestätigen seinen Ent- schluß als tiefere Berufung. Am Ende des Romans rettet er mit seiner Kunst Felix das Leben, damit erweist sich seine Entschei- dung für den Arztberuf als unbedingt richtig und notwendig. Der Erzähler zeigt die beiden nach der Rettung »fest umschlungen, wie Kastor und Pollux, Brüder«; symbolisch ist die Vater-Sohn-Bezie- hung überwunden und eine höhere Verbundenheit erreicht.

Mit dem Sinn der Wanderschaft, die Wilhelm zu sozialer Ver- antwortung bilden soll, ist der äußere Rahmen abgesteckt: Wil- helm ist nun weniger ein individueller Charakter, der seine eigenen einmaligen Erfahrungen macht, sondern stellt eine Figur dar, die – stellvertretend für die Allgemeinheit – mit verschiedenen Formen sozialer Gemeinschaft konfrontiert wird. Wilhelm begegnet zuerst dem Musterbild einer Familie, die sich in unmittelbarer Nachfolge der biblischen heiligen Familie versteht; sie bewohnt eine ehemali- ge Josephskapelle und versucht, ihren Glauben in den Forderun- gen des Alltags lebendig zu verwirklichen. – Im Gebirge treffen Wilhelm und Felix auf Montan, der sie in die Geheimnisse der Geologie einführt. Montan vermittelt Wilhelm, »dem Freund, der immer nur im menschlichen Herz den wahren Schatz gesucht«, auch den Nutzen bergmännischer Kenntnisse, die zur Erschließung von Bodenschätzen für die Allgemeinheit wichtig werden. Etwas Schroffes, ja Hartes kennzeichnet Montans Charakter, die Lebenseinstellung des »weichen« Wilhelm kontrastierend, aber auch korrigierend.

In der »pädagogischen Provinz«, einem Erziehungsinstitut mit feierlichen Ritualen und detailliert ausgearbeitetem Bildungsplan, hat Goethe das Modell des zeitgenössischen Pädagogen Ph. E. Fellenberg mit Gedankengut Rousseaus und eigenen Vorstellungen zu einer Idealform menschlicher Bildung verbunden. In der »pädagogischen Provinz« spielen Kunst, Religion und Ehrfurcht vor dem Leben (»Allen fehlt sie, vielleicht Euch selbst«, wird Wilhelm bedeutet) eine wesentliche Rolle; zur Grundlage aller Erziehung aber wird die handwerkliche Ausbildung und Betätigung erklärt:

Allem Leben, allem Tun, aller Kunst muß das Handwerk vorausgehen, welches nur in der Beschränkung erworben wird. Eines recht wissen und ausüben gibt höhere Bildung als Halbheit im Hundertfältigen.

(1. Buch, 12. Kap.)

Wilhelm und sein Sohn sind fasziniert von der bei aller Disziplin heiteren Atmosphäre der »Provinz«, Felix wird eine Weile dort bleiben.

Goethe stand mit dem Schweizer Fellenberg, der in Hofwil bei Bern ein berühmtes Landschulheim gegründet hatte, in brieflichem Kontakt. Er informierte sich gründlich über das Fellenbergsche Institut, zu dem auch Pestalozzi Verbindungen pflegte, nicht zuletzt, weil zwei Söhne Herzog Carl Augusts dort untergebracht wurden.

Verschiedene Lebensmöglichkeiten, mit denen sich der Held auf seiner Wanderschaft auseinanderzusetzen hat, stellen die einzelnen Stationen dar. In der »pädagogischen Provinz« wird Wilhelm (und der Leser) zum Nachdenken über Fragen der Erziehung, der Gemeinschaft, der religiösen Haltungen (»Keine Religion, die sich auf Furcht gründet, wird unter uns geachtet«) veranlaßt; er erfährt von einer über starre Dogmen und alles Trennende der Religionen hinausweisenden »Weltfrömmigkeit«, in der tätige Bewährung im Mittelpunkt steht. »Wir müssen ... unsre redlich menschlichen Gesinnungen in einen praktischen Bezug ins Weite setzen und nicht nur unsre Nächsten fördern, sondern zugleich die ganze Menschheit mitnehmen« (2. Buch, 17. Kap.). Daß die Phase der idealistisch-ästhetischen Entwürfe vorbei sei und nun eine Epoche begonnen habe, die nach Zusammenschluß der Kräfte verlange und jedem Separatismus im politisch-gesellschaftlichen Bereich entgegenwirken müsse, ist überall aus dem Roman herauszulesen.

Aus ›Lenardos Tagebuch‹ lernt Wilhelm Susanne kennen, eine einfache Pächterstochter, die sich zu einer führenden Persönlichkeit in den Schweizer Heimwebereien hochgearbeitet hat und nun ganz in ihrer sozialen, praktischen Arbeit aufgeht. Der Junker Lenardo hat in ihr die lange gesuchte Jugendliebe wiedergefunden; er nimmt lebhaften Anteil an ihrem Wirken und an ihren Sorgen. Das »überhandnehmende Maschinenwesen« (vermutlich die Erfindung des mechanischen Webstuhls) beunruhigt sie: »... es wälzt sich heran wie ein Gewitter, langsam, langsam; aber es hat seine Richtung genommen, es wird kommen und treffen. Schon mein Gatte war von diesem traurigen Gefühl durchdrungen. Man denkt daran, man spricht davon, und weder Denken und Reden kann Hülfe bringen. Und wer möchte sich solche Schrecknisse gern vergegenwärtigen! Denken Sie, daß viele Täler sich durchs Gebirg schlingen ...« (3. Buch, 13. Kap.) In die Idylle der Schweizer Heimindustrie, von der seit Generationen Familien leben konnten, bricht das Neue ein; der Beginn der Industrialisierung und der mit ihr verbundenen sozialen Katastrophen zeichnet sich ab. Entweder »selbst das Neue zu ergreifen und das Verderben zu beschleunigen, oder aufzubrechen« und einen neuen Anfang in Amerika zu versuchen, scheinen Susanne die einzigen Alternativen.

Mit Denken und Reden seien die Probleme nicht zu bewältigen, sagt Susanne. Auch hier wird das energische Handeln als Abhilfe betont, wie überhaupt immer wieder in dem Roman die »Pflicht des Tages«, die tätige Bewährung, gegen alles schöngeistige und fromme Reden, als Therapeutikum dargestellt wird. Goethe war nie so sehr Idealist, im Alter neigte er immer mehr zu pragmatischen Lösungen.

Ohne auf die einzelnen »Bezirke« näher eingehen zu wollen, sei als größte, wichtigste Gruppe, in der später fast alle Handlungs- und Schicksalsfäden zusammenlaufen, der »Bund der Auswanderer« erwähnt. Er setzt sich hauptsächlich aus einfachen Handwerkern zusammen, die in der heimischen Spinner- und Weberindustrie keine Existenzgrundlage mehr sehen. Wilhelm hat den jungen Lenardo, der das Vertrauen der Schweizer Bergbewohner genießt, und dessen technische Kenntnisse ihn sehr beeindrucken, an die »Turmgesellschaft« verwiesen. Deren Mitglieder haben bereits feste Verbindungen nach Nordamerika, um dort ein Siedlungsprojekt durchzuführen, das bis ins einzelne durchgeplant ist. Lenardo wirbt unter den vom Hunger bedrohten Handwerkern um geeignete Leute für die Auswanderung. Hauptsächlich junge Menschen sind dafür zu begeistern, in Amerika eine neue Existenz zu wagen.

Die Ideen das »Weltbundes der Wanderer«, wie sich der Zusammenschluß nun nennt, gibt Goethe – ungewöhnlich genug – unmittelbar in einer Rede wieder. Lenardo, als künftiger Leiter des Amerikaprojekts, stellt zunächst allgemeine Betrachtungen über Besitzen und Beharren, Leistung und ihren Wert für die neue Gesellschaft an, entwirft schließlich eine soziale Utopie: das Modell einer auf Freiheit, Gleichheit, Toleranz und Sittlichkeit gegründeten neuen Ordnung.

»Betrachten wir, meine Freunde, des festen Landes bewohnteste Provinzen und Reiche, so finden wir überall, wo sich nutzbarer Boden hervortut, denselben bebaut, bepflanzt, geregelt, verschönt und in gleichem Verhältnis gewünscht, in Besitz genommen, befestigt und verteidigt. Da überzeugen wir uns denn von dem hohen Wert des Grundbesitzes und sind genötigt, ihn als das Erste, das Beste anzusehen, was dem Menschen werden könne. Finden wir nun, bei näherer Ansicht, Eltern- und Kinderliebe, innige Verbindung der Flur- und Stadtgenossen, somit auch das allgemeine patriotische Gefühl unmittelbar auf den Boden gegründet, dann erscheint uns jenes Ergreifen und Behaupten des Raums, im großen und kleinen, immer bedeutender und ehrwürdiger. Ja, so hat es die Natur gewollt! Ein Mensch, auf der Scholle geboren, wird ihr durch Gewohnheit angehörig, beide verwachsen miteinander, und sogleich knüpfen sich die schönsten Bande. Wer möchte denn wohl die Grundfeste alles Daseins widerwärtig berühren, Wert und Würde so schöner, einziger Himmelsgabe verkennen?

Und doch darf man sagen: Wenn das, was der Mensch besitzt, von großem Wert ist, so muß man demjenigen, was er tut und leistet, noch einen größern zuschreiben. Wir mögen daher bei völligem Überschauen den Grundbesitz als einen kleineren Teil der uns verliehenen Güter betrachten. Die meisten und höchsten derselben bestehen aber eigentlich im Beweglichen und in demjenigen, was durchs bewegte Leben gewonnen wird.

Hiernach uns umzusehen, werden wir Jüngeren besonders genötigt; denn hätten wir auch die Lust, zu bleiben und zu verharren, von unsern Vätern geerbt, so finden wir uns doch tausendfältig aufgefordert, die Augen vor weiterer Aus- und Umsicht keineswegs zu verschließen. Eilen wir deshalb schnell ans Meeresufer und überzeugen uns mit einem Blick, welch unermeßliche Räume der Tätigkeit offenstehen, und bekennen wir schon bei dem bloßen Gedanken uns ganz anders aufgeregt.

. . .

Man hat gesagt und wiederholt: ›Wo mir's wohl geht, ist mein Vaterland!‹; doch wäre dieser tröstliche Spruch noch besser ausgedrückt, wenn es hieße: ›Wo ich nütze, ist mein Vaterland!‹ Zu Hause kann einer unnütz sein, ohne daß es eben sogleich bemerkt wird; außen in der Welt ist der Unnütze gar bald offenbar. Wenn ich nun sage: ›Trachte jeder, überall sich und andern zu nutzen!‹, so ist dies nicht etwa Lehre noch Rat, sondern der Ausspruch des Lebens selbst.

. . .

Da wir uns nun alles dieses einander vergegenwärtigt und aufgeklärt, so wird kein beschränkter Trübsinn, keine leidenschaftliche Dunkelheit über uns walten. Die Zeit ist vorüber, wo man abenteuerlich in die weite Welt rannte; durch die Bemühungen wissenschaftlicher, weislich beschreibender, künstlerisch nachbildender Weltumreiser sind wir überall bekannt genug, daß wir ungefähr wissen, was zu erwarten sei.

Doch kann zu einer vollkommenen Klarheit der einzelne nicht gelangen. Unsere Gesellschaft aber ist darauf gegründet, daß jeder in seinem Maße, nach seinen Zwecken aufgeklärt werde. Hat irgendeiner ein Land im Sinne, wohin er seine Wünsche richtet, so suchen wir ihm das einzelne deutlich zu machen, was im ganzen seiner Einbildungskraft vorschwebte; uns wechselseitig einen Überblick der bewohnten und bewohnbaren Welt zu geben, ist die angenehmste, höchst belohnende Unterhaltung.

In solchem Sinne nun dürfen wir uns in einem Weltbunde begriffen ansehen. Einfach-groß ist der Gedanke, leicht die Ausführung durch Verstand und Kraft. Einheit ist allmächtig, deshalb keine Spaltung, kein Widerstreit unter uns. Insofern wir Grundsätze haben, sind sie uns allen gemein. Der Mensch, so sagen wir, lerne sich ohne dauernden äußeren Bezug zu denken, er suche das Folgerechte nicht an den Umständen, sondern in sich selbst, dort wird er's finden, mit Liebe hegen und pflegen. Er wird sich ausbilden und einrichten, daß er überall zu Hause sei. Wer sich dem Notwendigsten widmet, geht überall am sichersten zum Ziel; andere hingegen, das Höhere, Zartere suchend, haben schon in der Wahl des Weges vorsichtiger zu sein. Doch was der Mensch auch ergreife und handhabe, der einzelne ist sich nicht hinreichend, Gesellschaft bleibt eines wackern Mannes höchstes Bedürfnis. Alle brauchbaren Menschen sollen in Bezug untereinander stehen, wie sich der Bauherr nach dem Architekten und dieser nach Maurer und Zimmermann umsieht.

Und so ist denn allen bekannt, wie und auf welche Weise unser Bund geschlossen und gegründet sei; niemand sehen wir unter uns, der nicht zweckmäßig seine Tätigkeit jeden Augenblick üben könnte, der nicht versichert wäre, daß er überall, wohin Zufall, Neigung, ja Leidenschaft ihn führen könnte, sich immer wohl empfohlen, aufgenommen und gefördert, ja von Unglücksfällen möglichst wiederhergestellt finden werde.

Zwei Pflichten sodann haben wir aufs strengste übernommen: jeden Gottesdienst in Ehren zu halten, denn sie sind alle mehr oder weniger im Credo verfaßt; ferner alle Regierungsformen gleichfalls gelten zu lassen und, da sie sämtlich eine zweckmäßige Tätigkeit fordern und befördern, innerhalb einer jeden uns, auf wie lange es auch sei, nach ihrem Willen und Wunsch zu bemühen. Schließlich halten wir's für Pflicht, die Sittlichkeit ohne Pedanterei und Strenge zu üben und zu fördern, wie es die Ehrfurcht vor uns selbst verlangt, welche aus den drei Ehrfurchten entsprießt, zu denen wir uns sämtlich bekennen, auch alle in diese höhere, allgemeine Weisheit, einige sogar von Jugend auf, eingeweiht zu sein das Glück und die Freude haben. Dieses alles haben wir in der feierlichen Trennungsstunde nochmals bedenken, erklären, vernehmen und anerkennen, auch mit einem traulichen Lebewohl besiegeln wollen.

Bleibe nicht am Boden heften,
Frisch gewagt und frisch hinaus!
Kopf und Arm mit heitern Kräften,
Überall sind sie zu Haus;
Wo wir uns der Sonne freuen,
Sind wir jede Sorge los.
Daß wir uns in ihr zerstreuen,
Darum ist die Welt so groß.«

(3. Buch, 9. Kap.)

Mit Verve und Optimismus trägt der junge Adelige seine Vorstellungen einer Integration in die neuen Staaten, in denen sie siedeln wollen, vor. Lenardo setzt einen beachtlichen Grundkonsens in der Gemeinschaft voraus, der unbedingte gegenseitige Hilfe einschließt, hohe Arbeitsmoral und eine religiös-sittliche Gesinnung, die die meisten von ihnen als ehemalige Zöglinge der »pädagogischen Provinz« auszeichnet. Als nützliche Glieder in einer großen Kette begreifen sie sich; selbst Philine, das leichtfertig flatterhafte Geschöpf, das Wilhelm im I. Band eine so reizende Prüfung gewesen war, wird als Schneiderin mit auswandern.

Kontrastierend zu dem Modell der Auswanderer wird Wilhelm in dem sogenannten »Handwerkerbund« eine Gemeinschaft gezeigt, die in der Heimat neue Wege der Existenzsicherung beschreiten will. Lenardos Onkel, Odoardo, dessen tragisch-unglückliche Ehe in der Novelle ›Nicht zu weit‹ erzählt wurde, organisiert und leitet ein alternatives Siedlungsvorhaben innerhalb des alten Europa. Wichtig in dieser Passage ist, als Lektion für Wilhelm, die hohe Einschätzung der bodenständigen Handwerke, die den Künsten gleichgesetzt werden: als »strenge Künste« will sie Odoardo den freien Künsten zur Seite stellen.

»Das bedeutende Werk, an welchem teilzunehmen ich diese Masse wackerer Männer einzuladen habe, ist Ihnen nicht ganz unbekannt, denn ich habe ja schon im allgemeinen mit Ihnen davon gesprochen. Aus meinen Eröffnungen geht hervor, daß in der alten Welt so gut wie in der neuen Räume sind, welche einen bessern Anbau bedürfen, als ihnen bisher zuteil ward. Dort hat die Natur große, weite Strecken ausgebreitet, wo sie unberührt und eingewildert liegt, daß man sich kaum getraut, auf sie loszugehen und ihr einen Kampf anzubieten. Und doch ist es leicht für den Entschlossenen, ihr nach und nach die Wüsteneien abzugewinnen und sich eines teilweisen Besitzes zu versichern. In der alten Welt ist es das Umgekehrte. Hier ist überall ein teilweiser Besitz schon ergriffen, mehr oder weniger durch undenkliche Zeit das Recht dazu geheiligt; und wenn dort das Grenzenlose als unüberwindliches Hindernis erscheint, so setzt hier das Einfachbegrenzte beinahe noch schwerer zu überwindende Hindernisse entgegen. Die Natur ist durch Emsigkeit, der Mensch durch Gewalt oder Überredung zu nötigen.

Wird der einzelne Besitz von der ganzen Gesellschaft für heilig geachtet, so ist er es dem Besitzer noch mehr. Gewohnheit, jugendliche Eindrücke, Achtung für Vorfahren, Abneigung gegen den Nachbar und hunderterlei Dinge sind es, die den Besitzer starr und gegen jede Veränderung widerwillig machen. Je älter dergleichen Zustände sind, je verflochtener, je geteilter, desto schwieriger wird es, das Allgemeine durchzuführen, das, indem er dem Einzelnen etwas nähme, dem Ganzen und durch Rück- und Mitwirkung auch jenem wieder unerwartet zugute käme.

... *[Odoardo führt aus, daß er Gouverneur einer unterentwickelten Provinz sei, für die ein vollständiges Siedlungsprogramm ausgearbeitet sei, für das auch die Mittel bereitstünden.]*

Worauf ich nun aber die sämtlichen Teilnehmer aufmerksam zu machen habe, weil es vielleicht auf ihre Entschließung Einfluß haben könnte, ist die Einrichtung, die Gestalt, in welche wir alle Mitwirkenden vereinigen und ihnen eine würdige Stellung unter sich und gegen die übrige bürgerliche Welt zu schaffen gedenken.

Sobald wir jenen bezeichneten Boden betreten, werden die Handwerke sogleich für Künste erklärt und durch die Bezeichnung ›strenge Künste‹ von den ›freien‹ entschieden getrennt und abgesondert. Diesmal kann hier nur von solchen Beschäftigungen die Rede sein, welche den Aufbau sich zur Angelegenheit machen; die sämtlichen hier anwesenden Männer, jung und alt, bekennen sich zu dieser Klasse.

Zählen wir sie her in der Folge, wie sie den Bau in die Höhe richten und nach und nach zur Wohnbarkeit befördern ... *[Odoardo zählt im folgenden die wichtigsten beim Hausbau und bei der Einrichtung notwendigen Gewerke auf.]*

Die Stufen von Lehrling, Gesell und Meister müssen aufs strengste beobachtet werden; auch können in diesen viele Abstufungen gelten, aber Prüfungen können nicht sorgfältig genug sein. Wer herantritt, weiß, daß er sich einer strengen Kunst ergibt, und er darf keine läßlichen Forderungen von ihr erwarten; ein einziges Glied, das in einer großen Kette bricht, vernichtet das Ganze. Bei großen Unternehmungen wie bei großen Gefahren muß der Leichtsinn verbannt sein.

Gerade hier muß die strenge Kunst der freien zum Muster dienen und sie zu beschämen trachten. Sehen wir die sogenannten freien Künste an, die doch eigentlich in einem höhern Sinne zu nehmen und zu nennen sind, so findet man, daß es ganz gleichgültig ist, ob sie gut oder schlecht betrieben werden. Die schlechteste Statue steht auf ihren Füßen wie die beste, eine gemalte Figur schreitet mit verzeichneten Füßen gar munter vorwärts, ihre mißgestalteten Arme greifen gar kräftig zu, die Figuren stehen nicht auf dem richtigen Plan, und der Boden fällt deswegen nicht zusammen. Bei der Musik ist es noch auffallender; die gellende Fiedel einer Dorfschenke erregt die wackern Glieder aufs kräftigste, und wir haben die unschicklichsten Kirchenmusiken gehört, bei denen der Gläubige sich erbaute. Wollt ihr nun gar auch die Poesie zu den freien Künsten rechnen, so werdet ihr freilich sehen, daß diese kaum weiß, wo sie eine Grenze finden soll. Und doch hat jede Kunst ihre innern Gesetze, deren Nichtbeobachtung aber der Menschheit keinen Schaden bringt; dagegen die strengen Künste dürfen sich nichts erlauben. Den freien Künstler darf man loben, man kann an seinen Vorzügen Gefallen finden, wenngleich seine Arbeit bei näherer Untersuchung nicht Stich hält.

Betrachten wir aber die beiden, sowohl die freien als strengen Künste, in ihren vollkommensten Zuständen, so hat sich diese vor Pedanterei und Bocksbeutelei, jene vor Gedankenlosigkeit und Pfuscherei zu hüten. Wer sie zu leiten hat, wird hierauf aufmerksam machen, Mißbräuche und Mängel werden dadurch verhütet werden.

Ich wiederhole mich nicht, denn unser ganzes Leben wird eine Wiederholung des Gesagten sein; ich bemerke nur noch folgendes: Wer sich einer strengen Kunst ergibt, muß sich ihr fürs Leben widmen. Bisher nannte man sie Handwerk, ganz angemessen und richtig; die Bekenner sollten mit der Hand wirken, und die Hand, soll sie das, so muß ein eigenes Leben sie beseelen, sie muß eine Natur für sich sein, ihre eignen Gedanken, ihren eignen Willen haben, und das kann sie nicht auf vielerlei Weise.«

(3. Buch, 12. Kap.)

Im aufkommenden Maschinenzeitalter stilisert Goethe die Hand-Arbeit zu einem hohen ethischen Wert, zu höchster Kunst. Die ganze Odoardo-Rede steht für das Bewahren und Tradieren, das beharrende Prinzip, das in der sich so schnell verändernden Welt von besonderer Bedeutung ist. Weder starr an den alten ideellen und materiellen Besitztümern festzuhalten, noch alle Bindungen und Traditionen unreflektiert oder gar leichtsinnig aufzugeben, sondern eine Lebenshaltung zu finden, die zu beidem befähigt, gehört zu Wilhelms Aufgaben.

Eine der eindrücklichsten Figuren des Romans und Höhepunkt zugleich ist Makarie, die Tante Lenardos, »eine ältliche, wunderwürdige Dame«. Sie hat Verbindung zur »pädagogischen Provinz« wie zu den meisten anderen Bezirken, die Wilhelm durchwandert oder aus den Novellen kennenlernt. Makarie verkörpert die höchste Entwicklungsstufe des Menschen, sie lebt ganz für die anderen. Allen, die zu ihr kommen, verhilft sie zu klarer Selbsterkenntnis und zu innerem Frieden, indem sie das Gute in ihnen freisetzt. Makarie ist eine geheimnisvolle, ja mystische Gestalt, die bereits im Irdischen zum reinen Geist sich steigern konnte (wie es Faust erst nach seinem Tod, geleitet von Gretchen, im Chor der Himmlischen gelingt).

Makarie befindet sich zu unserm Sonnensystem in einem Verhältnis, welches man auszusprechen kaum wagen darf. Im Geiste, der Seele, der Einbildungskraft hegt sie, schaut sie es nicht nur, sondern sie macht gleichsam einen Teil desselben; sie sieht sich in jenen himmlischen Kreisen mit fortgezogen, aber auf eine ganz eigene Art; sie wandelt seit ihrer Kindheit um die Sonne, und zwar, wie nun entdeckt ist, in einer Spirale, sich immer mehr vom Mittelpunkt entfernend und nach den äußeren Regionen hinkreisend.

Wenn man annehmen darf, daß die Wesen, insofern sie körperlich sind, nach dem Zentrum, insofern sie geistig sind, nach der Peripherie streben, so gehört unsere Freundin zu den geistigsten; sie scheint nur geboren, um sich von dem Irdischen zu entbinden, um die nächsten und fernsten Räume des Daseins zu durchdringen. Diese Eigenschaft, so herrlich sie ist, ward ihr doch seit den frühsten Jahren als eine schwere Aufgabe verliehen. Sie erinnert sich von klein auf ihr inneres Selbst als von leuchtenden Wesen durchdrungen, von einem Licht erhellt, welchem sogar das hellste Sonnenlicht nichts anhaben konnte. Oft sah sie zwei Sonnen, eine innere nämlich und eine außen am Himmel, zwei Monde, wovon der äußere in seiner Größe bei allen Phasen sich gleich blieb, der innere sich immer mehr und mehr verminderte.

Diese Gabe zog ihren Anteil ab von gewöhnlichen Dingen, aber ihre trefflichen Eltern wendeten alles auf ihre Bildung; alle Fähigkeiten wurden an ihr lebendig, alle Tätigkeiten wirksam, dergestalt daß sie allen äußeren Verhältnissen zu genügen wußte und, indem ihr Herz, ihr Geist ganz von überirdischen Gesichten erfüllt war, doch ihr Tun und Handeln immerfort dem edelsten Sittlichen gemäß blieb. Wie sie heranwuchs, überall hülfreich, unaufhaltsam in großen und kleinen Diensten, wandelte sie wie ein Engel Gottes auf Erden, indem ihr geistiges Ganze sich zwar um die Weltsonne, aber nach dem Überweltlichen in stetig zunehmenden Kreisen bewegte.

Die Überfülle dieses Zustandes ward einigermaßen dadurch gemildert, daß es auch in ihr zu tagen und zu nachten schien, da sie denn, bei gedämpftem innerem Licht, äußere Pflichten auf das treuste zu erfüllen strebte, bei frisch aufleuchtendem Innerem sich der seligsten Ruhe hingab. Ja sie will bemerkt haben, daß eine Art von Wolken sie von Zeit zu Zeit umschwebten und ihr den Anblick der himmlischen Genossen auf eine Zeitlang umdämmerten, eine Epoche, die sie stets zu Wohl und Freude ihrer Umgebungen zu benutzen wußte.

(3. Buch, 15. Kap.)

In der Figur der Makarie hat Goethe seine Vorstellungen von dem Weiterwirken der menschlichen Monade nach dem Tode Gestalt werden lassen. Makarie kann sich ganz von den Bedingungen des erdgebundenen Menschen lösen und als strebende Entelechie an die Grenzen des Sonnensystems vorstoßen. Die mit höchster Intuition begabte Frau, die von den Gestirnen und ihren künftigen Bahnen weiß, stellt den äußersten Gegensatz zum konkret-stofflichen Prinzip dar, an dem der gesteinkundige Montan Anteil hat. In dieser Polarität verkörpert Makarie die Möglichkeit des Menschen, über das Irdische hinauszugelangen, in die Sphäre des Göttlichen (vgl. auch ›Faust II‹, S. 263).

Dem Naturgesetz ständiger Metamorphose entsprechen die wechselnden Schauplätze, die sich verändernden Formen menschlicher Beziehungen, denen Wilhelm seine innere Beständigkeit entgegenzusetzen hat, damit die mannigfaltige Bewegung nicht zur

Zerstreuung führt, die vielen verschiedenen Eindrücke nicht verwirren und vom Eigentlichen ablenken. Polare Gegensätze dienen wie in der Natur zur Steigerung, werden seine Persönlichkeit fordern und vervollkommnen.

Denken und Tun, Tun und Denken, das ist die Summe aller Weisheit, von jeher anerkannt, von jeher geübt, nicht eingesehen von einem jeden. Beides muß wie Aus- und Einatmen sich im Leben ewig fort hin und wider bewegen; wie Frage und Antwort sollte eins ohne das andere nicht stattfinden. Wer sich zum Gesetz macht, was einem jeden Neugebornen der Genius des Menschenverstandes heimlich ins Ohr flüstert, das Tun am Denken, das Denken am Tun zu prüfen, der kann nicht irren, und irrt er, so wird er sich bald auf den rechten Weg zurückfinden.

(2. Buch, 9. Kap.)

So stellt sich auch der Roman dar als Folge von Geschehen und Reflexion, als Wechsel von Einsamkeit und Gesellschaft, von Begehren und Entsagen, von Wandern und Beharren, zwischen denen es eine Balance zu halten gilt. Die Aufgabe des Menschen, zwischen seiner sinnlich-materiellen und seiner geistig-sittlichen Natur Harmonie herzustellen, erfordert »Aufmerksamkeit, Streben und steten neuen Einsatz«. Makarie sollte die Hoffnung vermitteln, daß die Vervollkommnung möglich sei, auch wenn der Weg dorthin für den Menschen kein Ende hat. Vielleicht um diesen unendlichen Prozeß anzudeuten, hat Goethe an den Schluß des Romans »Wird fortgesetzt« geschrieben.

Für ›Wilhelm Meisters Wanderjahre‹ fand Goethe eine neue poetische Form, die den Vereinzelungen und der Zerrissenheit der Moderne Ausdruck verleiht. Das Werk gilt als Vorläufer des Romans des 20. Jahrhunderts, insbesondere Robert Musils ›Mann ohne Eigenschaften‹ stimmt in seiner Erzählstruktur auffallend überein. Im Gegensatz zum desillusionierten Menschenbild des Romans der Gegenwart war Goethe vom Vorhandensein einer tieferen Einheit des Lebens überzeugt, der er durch das vielfältige Bezogen-Sein der einzelnen Teile des Romans aufeinander Ausdruck gab. Der Persönlichkeit Goethes gelang es, auf den vorausgesehenen »Verlust der Mitte« mit sinnvollen Wertsetzungen, mit konkreten Utopien zu antworten; der *eine* Sinn, der noch das Entlegenste und Disparateste »dem Gefühle als übereinstimmend entgegenzubringen« vermochte (s. S. 141 f.), entsprach seinem positiven Weltbild, seinem Glauben an die unzerstörbare Ordnung der Schöpfung.

Am Schluß, kommentarlos angehängt an das 3. Buch, folgt eine zweite Aphorismen-Sammlung, die Goethe als Thesen zu weiterer Reflexion verstanden wissen wollte. In den über 180 Sprüchen griff er zum Teil auf Themen und Motive des Hauptteils zurück, aber auch beliebig andere Weisheiten nahm er auf, Poetisches neben Lapidares setzend, eigene Gedanken neben Zitate von Philosophen und Schriftstellern von der Antike bis zur Gegenwart.

Die Geheimnisse der Lebenspfade darf und kann man nicht offenbaren; es gibt Steine des Anstoßes, über die ein jeder Wanderer stolpern muß. Der Poet aber deutet auf die Stelle hin. (1)

Man rühmt das achtzehnte Jahrhundert, daß es sich hauptsächlich mit Analyse abgegeben; dem neunzehnten bleibt nun die Aufgabe: die falschen obwaltenden Synthesen zu entdecken und deren Inhalt aufs neue zu analysieren. (50)

Wer sich von nun an nicht auf eine Kunst oder Handwerk legt, der wird übel dran sein. Das Wissen fördert nicht mehr bei dem schnellen Umtriebe der Welt; bis man von allem Notiz genommen hat, verliert man sich selbst. (154)

Eine allgemeine Ausbildung dringt uns jetzt die Welt ohnehin auf; wir brauchen uns deshalb darum nicht weiter zu bemühen, das Besondere müssen wir uns zueignen. (155)
(Aus Makariens Archiv)

Zum Abschluß sei noch ein prophetischer Blick Goethes in unsere Gegenwart – aus der ersten Aphorismen-Sammlung des Romans – zitiert:

Für das größte Unheil unserer Zeit, die nichts reif werden läßt, muß ich halten, daß man im nächsten Augenblick den vorhergehenden verspeist, den Tag im Tage vertut und so immer aus der Hand in den Mund lebt, ohne irgend etwas vor sich zu bringen. Haben wir doch schon Blätter für sämtliche Tageszeiten! ein guter Kopf könnte wohl noch eins und das andere interkalieren [einschalten]. Dadurch wird alles, was ein jeder tut, treibt, dichtet, ja, was er vorhat, ins Öffentliche geschleppt. Niemand darf sich freuen oder leiden als zum Zeitvertreib der übrigen; und so springt's von Haus zu Haus, von Stadt zu Stadt, von Reich zu Reich und zuletzt von Weltteil zu Weltteil, alles veloziferisch [schnell, eilend].
(Betrachtungen im Sinne der Wanderer, 39)

## 4.1 Johann Wolfgang von Goethe, Iphigenie auf Tauris. Ein Schauspiel

Mitten in anstrengenden politischen Geschäften für Herzog Carl August begann Goethe am 14. Februar 1779 mit der Arbeit an dem Schauspiel ›Iphigenie auf Tauris‹. Als Leiter der Kriegskommission war er damals für die Rekrutenaushebung verantwortlich; andere Ämter zwangen ihn, Straßen und Brücken des Landes zu kontrollieren oder z.B. der desolaten Strumpfindustrie in Apolda aufzuhelfen ... Immer schwieriger wurde es ihm, neben der politischen, für die er sich entschieden, auch seine poetische Existenz zu retten, die er als seine eigentliche empfand: »Hier will das Drama gar nicht fort, es ist verflucht, der König von Tauris soll reden als wenn kein Strumpfwürker in Apolde hungerte« (an Frau von Stein am 6. März 1779). Dennoch war die erste ›Iphigenien‹-Fassung, in rhythmischer Prosa, schon nach sechs Wochen fertig. Mag sein, daß die glückliche Geburt einer Tochter der Herzogin Luise Anlaß zur Ausführung gab: der Stoff jedenfalls beschäftigte Goethe schon lange, hatte, wie bei fast allen seinen Dichtungen, einen biographischen Bezug.

Die Auflösung seiner Verlobung mit Lili Schönemann hatte Goethe schließlich zur Flucht aus seiner Heimatstadt Frankfurt getrieben, da die Schuldgefühle ihn wie Furien verfolgten; sein ungestümes Temperament, das ihm eine Mitte zwischen prometheischer Auflehnung und vernünftiger Anpassung an die gesellschaftlichen Forderungen so schwer machte, ließ den Dichter »wie Tantalus« leiden. Und wie im griechischen Mythos Orest durch Iphigenie gerettet wird, fand Goethe in der Beziehung zu Charlotte von Stein Erlösung von seiner Zerrissenheit. Die Parallele zwischen der wohltätigen Kraft Iphigenies und Charlottes heilendem Einfluß auf sein Gemüt, den Goethe in Briefen und Gedichten an sie immer wieder betont hat, drängt sich geradezu auf. In der Uraufführung am 6. April 1779 im Weimarer Liebhabertheater des Herzogs spielte Goethe folgerichtig den Orest – höchst überzeugend: »Man glaubte einen Apollo zu sehen. Noch nie erblickte man eine solche Vereinigung physischer und geistiger Vollkommenheit und Schönheit in einem Manne als damals an Goethe«, schrieb z.B. der Leibarzt Carl Augusts, Hufeland.

Nachdem sich Goethe während seiner Weimarer Jahre immer wieder um die rechte Form für seine ›Iphigenie‹ bemüht hatte – die erste Umarbeitung begann er noch im Entstehungsjahr –, gelang ihm die endgültige Fassung in klassisch-harmonischen Versen erst 1786 in Rom, wo er, aller gesellschaftlichen Fesseln ledig, sich ganz dem Reiz antiker Schönheit und Ruhe öffnen konnte.

Die Iphigenien-Sage gehört in den Kreis der Tantalus-Mythen. Der phrygische König Tantalus, der als Zeus' Sohn an der Tafel der Götter teilnahm, dann aber den Menschen dessen geheime Pläne verriet (nach anderer Überlieferung den Göttern seinen geschlachteten Sohn vorsetzte, um ihre Allwissenheit zu prüfen), wurde wegen seiner Hybris verflucht und zu ewigen Qualen in der Unterwelt verdammt. Auch die Nachkommen des Tantalus, die sogennannten Tantaliden, werden vom Haß der Götter verfolgt. Urenkel des Tantalus und Vater von Iphigenie, Elektra und Orest ist Agamemnon, der Heerführer der Griechen vor Troja. Als Artemis aus Zorn über Agamemnon, der sie beleidigt hatte, mit widrigen Winden die griechische Flotte am Aufbruch hindert, will ihr Agamemnon Iphigenie opfern, um sie zu versöhnen; aber die Göttin entrückt Iphigenie unbemerkt in ihr Heiligtum nach Tauris. Iphigenies Mutter Klytämnestra, empört über den Opfertod der Tochter, verbindet sich mit Ägisth, der ihr Geliebter wird, und ermordet mit ihm den nach zehn Jahren heimgekehrten Gatten. Orest ist bei einem Onkel mit dessen Sohn Pylades aufgewachsen; er rächt auf Befehl Apolls den Vater und erschlägt die Mutter und Ägisth, wird jedoch zur Strafe von den Erinnyen, den Rachegöttinnen, bis zum Wahnsinn verfolgt, denn als schlimmstes Verbrechen galt ihnen der Muttermord. Ein zweites Orakel Apolls verkündet, daß Orest nur dann Heilung fände, wenn er die Statue der Artemis aus Tauris heim nach Griechenland hole; dorthin bricht er mit seinem treuen Freunde Pylades auf. So weit die Vorgeschichte zu Goethes ›Iphigenie‹.

Als unmittelbare Vorlage diente ihm die Tragödie ›Iphigenie bei den Tauriern‹ des griechischen Dramatikers Euripides (416 v. Chr.). Aber Goethe wollte kein »antikes« Drama schreiben, die »Alten« nicht einfach nachahmen, wie noch zu Gottscheds Zeiten üblich und gefordert, ihn interessierte ein neuer Schauspieltypus, der als Vorbild für ein deutsches Nationaltheater gelten konnte. Die Sturm-und-Drang-Freiheiten überwindend und zur klassizistischen Poetik zurückkehrend, hielt Goethe die aristotelischen drei Einheiten von Ort, Zeit und Handlung ein, ebenso die Ständeklausel und die Forderung nach »hohem Stil« in Vers und Sprache; gleichzeitig aber sollte seine ›Iphigenie‹ das Bewußtsein der Menschen Ende des 18. Jahrhunderts spiegeln und »edle Einfalt und stille Größe« des Griechentums, den Geist wahrer Menschlichkeit, den Zeitgenossen nahebringen.

Trotz aller Anlehnung an die Tragödie des Euripides wurde Goethes ›Iphigenie auf Tauris‹ ein modernes Schauspiel, in dem allgemein menschliche, die Zeitgenossen bewegende Fragen poetisch abgehandelt wurden: Ist der Mensch von den Göttern, vom Schicksal determiniert (wie im antiken Drama) oder kann er selbst, ganz bewußt, sein Leben bestimmen? Ist er zur Gewalt verdammt oder kann er sich über sie vernünftig-moralisch erheben und zur Freiheit gelangen? Bei Goethe erkennt der Mensch seine Bedingtheit an und behält doch die Freiheit, innerhalb dieser Grenzen sich zu vollenden. Jeder einzelne, gleich welchen Standes, ist verpflichtet, mit Offenheit und Vertrauen der Herrschaft der Gewalt entgegenzutreten und an einer humaneren Welt mitzuwirken. Goethe vermittelt mit seinem Drama die Hoffnung, daß Schönheit, Wahrheit und Güte, die einmal in der Antike das Leben bestimmten, die kalte prosaische Gegenwart aufs neue erhellen könnten. Diese idealistische Auffassung vom erziehbaren Menschen, die, von der Aufklärung an, die Grundlage der bürgerlichen Utopien des 18. Jahrhunderts (und bis in den modernen Sozialismus aller Sozialutopien) bildete, hat Schiller in seiner ›ästhetischen Erziehung des Menschen‹ als klassisches Programm formuliert: durch Schönheit sei der Mensch zur Freiheit zu führen. In späteren Jahren sprach Goethe allerdings weniger optimistisch von der Humanisierbarkeit des Menschen, und sein in griechische Fernen entrücktes sittliches Vorbild ›Iphigenie‹ kam ihm doch »verteufelt human« vor.

In wesentlichem Unterschied zur antiken Tragödie verlegte Goethe die Tragik und dramatische Spannung ins innere Geschehen; Dialoge, Reflexionen bewegen das Stück, nicht äußeres Leben. Die Mythologie der Griechen berührte den Dramatiker und das bürgerliche Publikum, das so stark von Empfindsamkeit und Pietismus geprägt war, nicht so wie die Gefühlsbeziehungen zwischen den Menschen. Schiller schrieb über das »Seelendrama«: Alles, »was man eigentlich Handlung nennt, [geht] hinter den Koulissen vor..., und das Sittliche, was im Herzen vorgeht, die Gesinnung [ist] darin zur Handlung gemacht«. Ebenjenes Übergewicht der »Innerlichkeit«, das Fehlen fast jeglicher äußeren Aktion, bereitete ihm dann auch einiges Kopfzerbrechen, als er 1802 auf Bitten Goethes die versifizierte ›Iphigenie‹ in Weimar auf die Bühne bringen sollte.

›Iphigenie‹ ist streng symmetrisch aufgebaut: Der Heldin als Mitte ordnen sich Thoas, der König der Taurier, und sein Vertrauter Arkas zu, auf der anderen Seite die beiden Gefangenen Orest und Pylades. Diese strenge klare Architektur setzt sich bis in die »Pyramide« der Humanität fort: Iphigenie auf der höchsten Stufe, darunter Thoas und Orest als ebenbürtige Monarchen, zuletzt Arkas und Pylades, die treuen Freunde und Vertrauten ihrer Herren. Um seine Idee der allumfassenden Menschlichkeit überzeugend darstellen zu können, mußte Goethe Thoas, der bei Euripides noch ein unzivilisierter Barbar ist, bereits als edelmütigen Mann einführen. Durch ihre freundliche Sanftmut hat Iphigenie den König, der nach altem Brauch alle fremden Ankömmlinge auf Tauris der Göttin Diana (d.h. Artemis) opfern ließ, zur Milde verführt, so daß er nicht nur sie, sondern auch alle späteren Flüchtlinge verschonte, ja ihnen freundlich Gastrecht einräumte, wie es bei den Griechen üblich war.

Aber Iphigenie erträgt die Trennung von ihrer Familie und von ihrer Heimat nicht. Sie leidet, versieht ihren Tempeldienst »mit stillem Widerwillen«, einem »zweiten Tode« gleich empfindet sie ihr Leben in der Fremde. Iphigenies einleitender Monolog gehört zu den berühmtesten und ergreifendsten Passagen aus Goethes Dramen.

IPHIGENIE: Heraus in eure Schatten, rege Wipfel
Des alten, heilgen, dichtbelaubten Haines,
Wie in der Göttin stilles Heiligtum,
Tret ich noch jetzt mit schauderndem Gefühl,
Als wenn ich sie zum erstenmal beträte
Und es gewöhnt sich nicht mein Geist hierher.
So manches Jahr bewahrt mich hier verborgen
Ein hoher Wille dem ich mich ergebe;
Doch immer bin ich, wie im ersten, fremd.
Denn ach mich trennt das Meer von den Geliebten
Und an dem Ufer steh ich lange Tage,
Das Land der Griechen mit der Seele suchend,
Und gegen meine Seufzer bringt die Welle
Nur dumpfe Töne brausend mir herüber.
Weh dem der fern von Eltern und Geschwistern
Ein einsam Leben führt! Ihm zehrt der Gram
Das nächste Glück vor seinen Lippen weg.
Ihm schwärmen abwärts immer die Gedanken
Nach seines Vaters Hallen wo die Sonne
Zuerst den Himmel vor ihm aufschloß, wo
Sich Mitgeborne spielend fest und fester
Mit sanften Banden aneinander knüpften.
Ich rechte mit den Göttern nicht; allein
Der Frauen Zustand ist beklagenswert.
Zu Haus und in dem Kriege herrscht der Mann
Und in der Fremde weiß er sich zu helfen.
Ihn freuet der Besitz, ihn krönt der Sieg,
Ein ehrenvoller Tod ist ihm bereitet.
Wie eng gebunden ist des Weibes Glück!

Schon einem rauhen Gatten zu gehorchen
Ist Pflicht und Trost, wie elend wenn sie gar
Ein feindlich Schicksal in die Ferne treibt.
So hält mich Thoas hier, ein edler Mann,
In ernsten heilgen Sklavenbanden fest.
O wie beschämt gesteh ich daß ich dir
Mit stillem Widerwillen diene, Göttin
Dir meiner Retterin! mein Leben sollte
Zu freiem Dienste dir gewidmet sein.
Auch hab ich stets auf dich gehofft und hoffe
Noch jetzt auf dich Diana, die du mich
Des größten Königes verstoßne Tochter
In deinen heilgen, sanften Arm genommen.
Ja Tochter Zeus', wenn du den hohen Mann,
Den du die Tochter fordernd ängstigtest,
Wenn du den göttergleichen Agamemnon,
Der dir sein Liebstes zum Altare brachte,
Von Trojas umgewandten Mauern rühmlich
Nach seinem Vaterland zurückbegleitet,
Die Gattin ihm, Elektren und den Sohn,
Die schönen Schätze, wohl erhalten hast;
So gib auch mich den Meinen endlich wieder,
Und rette mich die du vom Tod errettet
Auch von dem Leben hier, dem zweiten Tode.

(I.1, 1–53)

Für ein solch »gräzisierendes«, klassisches Drama wie die ›Iphigenie‹ gab es damals in Deutschland noch kaum Vorbilder (will man
einmal von Wielands Verserzählungen absehen): Goethe mußte
erst einen »hohen Stil« entwickeln, der in klassischer Erhabenheit
und Ruhe auch Empfindungen ausdrücken konnte. Hieraus erklärt sich z.T. die lange Bearbeitungsdauer des Werks, denn die
Suche nach einem geeigneten Vers quälte Goethe jahrelang;
schließlich entschied er sich für den Blankvers, den reimlosen fünf-
füßigen Jambus, den Lessing 1779 mit seinem ›Nathan‹ eingeführt,
und Schiller 1783 für seinen ›Don Carlos‹ gewählt hatte. Diesem –
von nun an klassischen deutschen – Dramenvers verdankt Goethes
Schauspiel den getragenen Fluß, jenen erhabenen Ton, der die
Gefühle der Helden mäßigt, aber nicht unterkühlt, und durch die
Distanz nur um so ergreifender erscheinen läßt.

Für den neuen »hohen Stil« griff Goethe auf jene Elemente zurück, um die Klopstock die deutsche Dichtersprache bereichert
hatte: Altertümliche Worte wie »Hain« und »Halle«, Wendungen
mit unflektiertem Adjektiv (»ein feindlich Schicksal«, »ein einsam
Leben«), auch die Umstellungen im Satzbau vermitteln eine gewisse feierliche Würde, heben sich deutlich von der Alltagssprache ab.

(Das später zu besprechende ›Parzenlied‹ z.B. zeigt einen weiteren klopstockischen Stilzug: den transitiven Gebrauch intransitiver Verben: »denkt Kinder und Enkel«.) Von den zeitgenössischen Übersetzungen übernahm Goethe die Technik gräzisierender Lehnbildungen wie »Mitgeborne« (von griech. *syngonoi*) und »Trojas umgewandte Mauern« (von griech. *anatrepein*) oder das stete Epitheton ornans, das schmückende (und charakterisierende) Beiwort, das direkt wie z.B. »der göttergleiche Agamemnon« auf die Homerlektüre zurückgeht.

Das »Fehlen jeglicher Leidenschaft« kennzeichnet den Monolog, der doch tiefste Verzweiflung ausdrückt. Iphigenie verkörpert die Ruhe der Seele, die »stille Größe«, die Winckelmann in der griechischen Plastik als höchsten Ausdruck innerer Beherrschtheit gepriesen hatte. »Ich rechte mit den Göttern nicht«, sagt Iphigenie, und gleich zu Anfang spricht sie von dem »hohen Willen, dem [sie sich] ergeben«: Der klassische Mensch erkennt das von den Göttern verhängte Schicksal an, aus dem Vertrauen auf den guten Sinn der göttlichen Führung erwächst diese Haltung der Gelassenheit, die Kraft, sich über das augenblickliche Leid zu erheben.

Thoas, der seinen letzten Sohn im Krieg verloren hat und um den Fortbestand seiner Herrschaft fürchtet, läßt Iphigenie durch Arkas seine Heiratswünsche vorbringen. Arkas appelliert an Iphigenies Dankschuldigkeit, hält ihrem sinnlos scheinenden Verbleiben auf Tauris die segensreichen Veränderungen durch ihre Anwesenheit entgegen. Als der König selbst die Werbung wiederholt, die Iphigenie nicht annehmen kann und will, vertraut sie ihm ihre Abkunft an, erzählt ihm die grauenvolle Chronologie aus Mord und Inzest der verfluchten Tantaliden. Aber Thoas läßt sich dadurch nicht abschrecken, sondern besteht auf seinem Antrag. Verletzt von Iphigenies hartnäckiger Weigerung, die sie vergebens mit dem Willen der Götter entschuldigt, befiehlt der König ihr, die so lange ausgesetzten Opfer für Diana wieder zu vollziehen, an zwei gerade gefangenen Fremden, in denen Iphigenie später ihren Bruder und dessen Freund erkennt. Thoas, der Barbar (als »erdgebornen Wilden« bezeichnet er sich selbst), fällt also wieder in die alte Grausamkeit zurück. Er versteckt sich dabei hinter dem Willen der Gottheit (die dieses Opfer fordere) – genau so, wie Iphigenie Thoas ihr »Nein« mit den Rettungsplänen Dianas begründet: sie habe sie sicher nur hier »bewahrt«, um sie einst dem Vater »zur schönsten Freude seines Alters« zurückzubringen. Beide deuten die Göttin nach ihren eigenen Zwecken.

IPHIGENIE: Du wähnest unbekannt mit dir und mir
Ein näher Band werd uns zum Glück vereinen.
Voll guten Mutes wie voll guten Willens
Dringst du in mich daß ich mich fügen soll,
Und hier dank ich den Göttern daß sie mir
Die Festigkeit gegeben dieses Bündnis
Nicht einzugehen das sie nicht gebilligt.
THOAS: Es spricht kein Gott, es spricht dein eignes Herz.
IPHIGENIE: Sie reden nur durch unser Herz zu uns.
THOAS: Und hab ich sie zu hören nicht das Recht?
IPHIGENIE: Es überbraust der Sturm die zarte Stimme.
THOAS: Die Priesterin vernimmt sie wohl allein?
IPHIGENIE: Vor allen andern merke sie der Fürst.
THOAS: Dein heilig Amt und dein geerbtes Recht
An Jovis Tisch bringt dich den Göttern näher
Als einen erdgebornen Wilden.
IPHIGENIE:                        So
Büß ich nun das Vertraun das du erzwangst.
THOAS: Ich bin ein Mensch und besser ist's wir enden.
So bleibe denn mein Wort: Sei Priesterin
Der Göttin wie sie dich erkoren hat,
Doch mir verzeih Diane daß ich ihr
Bisher mit Unrecht und mit innerm Vorwurf
Die alten Opfer vorenthalten habe.
Kein Fremder nahet glücklich unserm Ufer;
Von alters her ist ihm der Tod gewiß.
Nur du hast mich mit einer Freundlichkeit
In der ich bald der zarten Tochter Liebe,
Bald stille Neigung einer Braut zu sehn
Mich tief erfreute, wie mit Zauberbanden
Gefesselt, daß ich meiner Pflicht vergaß.
Du hattest mir die Sinnen eingewiegt,
Das Murren meines Volks vernahm ich nicht.
Nun rufen sie die Schuld von meines Sohnes
Frühzeitgem Tode lauter über mich,
Um deinetwillen halt ich länger nicht
Die Menge die das Opfer dringend fordert.
IPHIGENIE: Um meinetwillen hab ich's nie begehrt.
Der mißversteht die Himmlischen, der sie
Blutgierig wähnt, er dichtet ihnen nur
Die eignen grausamen Begierden an.
Entzog die Göttin mich nicht selbst dem Priester?
Ihr war mein Dienst willkommner, als mein Tod.
THOAS: Es ziemt sich nicht für uns den heiligen
Gebrauch mit leicht beweglicher Vernunft
Nach unserm Sinn zu deuten und zu lenken.
Tu deine Pflicht, ich werde meine tun. . . .

(I.3, 486–531)

Christliche Ideen eines gnädigen, den Menschen wohlwollenden Gottes haben die archaischen Vorstellungen abgelöst, nach denen »die Himmlischen ... blutgierig« nach Opfern verlangten und zur Milde erst gestimmt werden müßten. Iphigenie ist die Künderin dieses neuen Gottesbildes, sie hat Thoas, der noch auf der heroisch-archaischen Menschheits-Stufe stand, zu Milde und Güte bekehrt. Damit hat sich die aufklärerische Hoffnung auf Humanisierbarkeit des Menschen zunächst bestätigt. Aber ›Iphigenie‹ ist kein Weihestück der Humanität, wie sie im 19. Jahrhundert gern interpretiert wurde; Humanität ist stets gefährdet und muß immer wieder aufs neue errungen, gegen die eigensüchtigen und barbarischen Triebe im Menschen verteidigt werden, wie Thoas' Rückfall und Iphigenies »leicht bewegliches« Auslegen der Göttin, das ihren eigenen Wünschen nützen sollte, gerade zeigten. Humanität als Vollendung des Menschseins, die »Friedlichkeit«, »Teilnehmung«, »Aufrichtigkeit«, Gemeinschaftssinn, Gehorsam aus »Güte und Liebe zu Gott« umfaßt, kurz: den Menschen zum »Nachbilde der Gottheit« aufruft, fordert den ganzen Glauben an die göttliche Bestimmung, ist ein beständiger »Kampf der edelsten Kräfte« im Menschen mit der »Nothdurft« des Irdischen. So hat Herder den Begriff in seinen ›Ideen zur Philosophie und Geschichte der Menschheit‹ (1784–91) ausgeführt.

Das Herz, durch das die Götter zu den Menschen reden, ist Sitz dieser höchsten Humanität und grausamster Begierden zugleich, hatten Empfindsamkeit und Pietismus gelehrt. Die Liebe ist ein sicherer Weg zu Gott. Thoas, der Iphigenie liebt, glaubt die Stimme göttlicher Wahrheit zu hören – und fällt doch wieder in seine »Barbarei« zurück. Solange er auch eines Vorteils wegen, nämlich Iphigenie zu gewinnen, human handelte, ist seine Liebe nicht rein. »Ich bin ein Mensch«, antwortet er auf Iphigenies stolzes und selbstgewisses Nein – *nur* ein Mensch, will das heißen, und er antwortet nur allzu menschlich, wenn er in seinen enttäuschten Hoffnungen trotzig Iphigenie strafen will und den alten Opferbrauch wieder aufnimmt. Erst am Schluß handelt Thoas wahrhaft human: da er auf Iphigenie verzichtet und ihre Heimkehr nach Griechenland schließlich auch noch segnet.

Die »zarte Stimme« der Gottheit überhören die Menschen in ihrem Festhalten an eigenen Zwecken, verfangen sich deshalb immer wieder in Schuld und Angst. Wer jedoch dieser »reinen Quelle« folgt, auf seine göttliche Bestimmung gegen alle Zweifel und Widersprüche vertraut, wird selbst zum Werkzeug des Göttlichen und die »neue« Weltordnung bestätigt finden. Iphigenie konnte in der Abgeschiedenheit des Tempelbezirks ihre kindliche Reinheit bewahren, die die furchtbaren Vergehen ihrer Vorfahren entsühnen sollte. Mit dem Auftauchen Orests und Pylades' verläßt sie die Einsamkeit, die ihre Unschuld sicherte, und gerät in das Netz schuldhafter Verstrickungen, das das menschliche Zusammenleben kennzeichnet. Aber: der Mensch ist nicht für die Einsamkeit geschaffen, und erst durch den Mitmenschen wird er zur eigentlichen Bildung seines Wesens herausgefordert.

So wunderbar ist dies Geschlecht gebildet,
So vielfach ist's verschlungen und verknüpft
Daß keiner in sich selbst noch mit den andern
Sich rein und unverworren halten kann.

(IV.4, 1656–1659)

So argumentiert Pylades und verwendet diese Erkenntnis doch nur, um seinen Nutzen, seine Entschuldigung daraus zu ziehen, »weniger mit uns / Und andern strenge [zu] sein«. Pylades – wie übrigens auch Arkas – vertritt den »Nützlichkeitsstandpunkt« des aufgeklärten Rationalismus, gegen den sich schon Hochaufklärung und Sturm und Drang heftig gewehrt hatten. Beide sprechen als treue Freunde und Diener ihrer Herren (denn jeder Nichtregierende war automatisch Untertan), beide setzen gegen die Unbedingtheit von Gefühl und Moral weltkluge Begründungen. Pylades argumentiert politisch, und das heißt, im Sinne des 18. Jahrhunderts, unmoralisch; mit Nützlichkeit rechtfertigt sich die Intrige, auch die Gewalt. Die Politik würdigt den Menschen zum Objekt herab.

Iphigenies Herz ist mit Pylades' bequemen Halbheiten nicht zufrieden: deshalb kann sie Thoas, nur aus Dankbarkeit und um des äußeren Friedens willen, nicht heiraten, deshalb wird sie die listig erdachten Fluchtpläne verwerfen. (Iphigenie soll vorgeben, daß das Götterbild, durch den wahnsinnigen Orest entheiligt, im Meer gereinigt werden müsse; am Wasser dann wartet bereits verborgen das Schiff mit den unentdeckt gebliebenen Freunden; so könnten sie alle drei mit der Statue entfliehen.)

Für Pylades gibt es nur diesen einen Weg, den Freund zu retten und dem Orakelspruch zu gehorchen. Er verteidigt die Lüge, die Verstellung, als eine notwendige, d.h. durch die Not des ehernen Schicksals bedingte Lebenspraxis der Menschen. Ein »falsches Wort« zu opfern, dringt er in Iphigenie, sei weiß Gott ein geringeres Übel, als schließlich für das Opfer des Bruders zur Rechenschaft gezogen zu werden. So selbstlos er handelt, Pylades steht noch auf einer unteren Stufe der Humanität: Im blinden Interesse für seinen Freund kann er Iphigenies unbedingte Sittlichkeit nicht verstehen. Höfisches Lavieren ist Pylades' Antwort auf die Forderungen des Lebens. Iphigenie, die ganz den Forderungen des

Herzens getreu handeln will, gerät zwangsläufig in größte Konflikte:

... O bleibe ruhig meine Seele!
Beginnst du nun zu schwanken und zu zweifeln,
Den festen Boden deiner Einsamkeit
Mußt du verlassen! Wieder eingeschifft
Ergreifen dich die Wellen schaukelnd, trüb
Und bang verkennest du die Welt, und dich.

(IV.3, 1526–1531)

Reinheit und Klarheit gehören in den Bereich des Göttlichen, dem die Menschen nachstreben sollen; solange sie diesen Auftrag verkennen, leben sie im »Trüben«, in den Verstrickungen von Schuld und Irrtum. Auch Iphigenie ist einen Augenblick in größter Gefahr, den Weg der Lüge zu gehen, den (guten) göttlichen Weltplan anzuzweifeln – der doch oft nur verhüllt, dem Menschen nicht unmittelbar einsichtig ist.

In diesem Sinne ist auch der Orakelspruch zu verstehen, dessen Doppeldeutigkeit Goethe, auch als dramaturgischen Effekt, erst am Ende erhellt: Nicht die »Schwester« Apolls, also das Götterbild, sollte Orest nach Griechenland zurückbringen, um Heilung zu finden, sondern *seine* Schwester Iphigenie. Erst als Orest seinen Beweis humaner Gesinnung erbracht hat, kann er die wahre Bedeutung des erlösenden Orakels erkennen. Verdienst des Menschen und Gnade der Götter bedingen einander, kommen sich entgegen.

Das Vertrauen in Gott gab Iphigenie im Tempel ihre Sicherheit, sie könne den Fluch der Tantaliden entsühnen und werde eines Tages heimkehren. Nun, da sie von Thoas gezwungen wird, die alten Opfer wieder aufzunehmen und unschuldige Menschen zu töten – als sie, schlimmer noch, von Pylades gedrängt wird, Thoas mit Lügen zu hintergehen, um den Bruder zu retten, fürchtet sie doch wieder ihr machtloses Ausgeliefert-Sein an das »eherne Geschick«, das sie zur Schuld zwingen will.

IPHIGENIE: ... So hofft ich denn vergebens, hier verwahrt,
   Von meines Hauses Schicksal abgeschieden,
   Dereinst mit reiner Hand und reinem Herzen
   Die schwer befleckte Wohnung zu entsühnen.
   Kaum wird in meinen Armen mir ein Bruder
   Vom grimmgen Übel wundervoll und schnell
   Geheilt. Kaum naht ein lang erflehtes Schiff
   Mich in den Port der Vaterwelt zu leiten;
   So legt die taube Not ein doppelt Laster
   Mit ehrner Hand mir auf: das heilige,

Mir anvertraute viel verehrte Bild
Zu rauben und den Mann zu hintergehn
Dem ich mein Leben und mein Schicksal danke.
O daß in meinem Busen nicht zuletzt
Ein Widerwille keime! Der Titanen,
Der alten Götter tiefer Haß auf euch
Olympier, nicht auch die zarte Brust
Mit Geierklauen fasse! Rettet mich
Und rettet euer Bild in meiner Seele. . . .

(IV.5, 1699–1717)

Im Augenblick höchster Bedrängnis zweifelt Iphigenie an ihrem
Bild eines gnädigen Gottes, der das Mühen des Menschen belohnt.
Der alte Titanentrotz gegen die Willkür der »Olympier« erwacht
in der Tantalidentochter. Das düstere ›Parzenlied‹ ihrer Kindheit,
das sie doch vergessen und überwunden glaubte, fällt ihr in diesem
Augenblick lebhaft wieder ein, weil es ihrem Gefühl entspricht.

Es fürchte die Götter
Das Menschengeschlecht!
Sie halten die Herrschaft
In ewigen Händen
Und können sie brauchen
Wie's ihnen gefällt.

Der fürchte sie doppelt
Den je sie erheben.
Auf Klippen und Wolken
Sind Stühle bereitet
Und goldene Tische.

Erhebet ein Zwist sich:
So stürzen die Gäste
Geschmäht und geschändet
In nächtliche Tiefen,
Und harren vergebens
Im Finstern gebunden
Gerechten Gerichtes.

Sie aber, sie bleiben
In ewigen Festen
An goldenen Tischen.
Sie schreiten vom Berge
Zu Bergen hinüber,
Aus Schlünden der Tiefe
Dampft ihnen der Atem
Erstickter Titanen,
Gleich Opfergerüchen,
Ein leichtes Gewölke.

Es wenden die Herrscher
Ihr segnendes Auge
Von ganzen Geschlechtern
Und meiden, im Enkel
Die ehmals geliebten
Still redenden Züge
Des Ahnherrn zu sehn.

So sangen die Parzen!
Es horcht der Verbannte,
in nächtlichen Höhlen
Der Alte die Lieder,
Denkt Kinder und Enkel
Und schüttelt das Haupt.

(IV.5, 1726–1766)

Das eherne unveränderliche Gesetz der archaischen Götterwelt ist hier festgeschrieben; wuchtig wie Donnerschläge klingen die kurzen Verse: Nur Spielball ist der Mensch, nach Belieben wird er erhoben und wieder verstoßen von der Götterrunde – genau so, wie die Herrscher auf Erden mit ihren Untertanen umgehen dürfen.

Im Gewissenskampf zwischen ihrer Neigung, mit dem geliebten Bruder in die Heimat zu fliehen, und der Pflicht ihrer Menschenwürde überwindet Iphigenie schließlich ihre Ängste und den Trieb, trotzig aufzubegehren gegen die (scheinbare) göttliche Willkür, und der Wille zur Wahrheit siegt. Die ganze Größe ihrer Seele offenbart sich erst jetzt, als sie herausgefordert wird. Sie wird den Betrug nicht mitmachen, sondern Thoas gegenüber offen sein. – Die Siege des modernen Menschen sind nicht mehr kriegerische Heldentaten wie im archaischen Zeitalter, sondern Selbstüberwindung, Mut zur Wahrheit (auch gegen die eigene Sicherheit) und vor allem Vertrauen in die Herzenskraft, die Gutes stiftet, den Mitmenschen positiv überwältigen kann.

Die »Bewährungsprobe« wird Iphigenie denkbar schwer gemacht. Thoas ist wütend über das eigenmächtige Hinauszögern der Opferung, verweist die Priesterin in ihre Schranken. Aber Iphigenie hält seiner Gewalt zunächst stand mit der Kraft der fürstlichen Tantalidentochter, die sich zu Gehorsam, den sie nicht billigen kann, nicht zwingen läßt. Einem »König, der Unmenschliches verlangt«, muß sie sich widersetzen, will sie nicht sich selbst verraten. Noch einmal versucht sie, Thoas' Herz aufzuschließen und ihn zu Mitleid und Gnade zu bewegen, vergebens, der König, unempfindlich, beharrt auf ihrem priesterlichen Gehorsam. Iphigenie muß erkennen, daß ihre gewohnte »Waffe«, mit Worten sich Achtung zu verschaffen und zu wirken, nicht verfängt; das stolze Selbstbewußtsein der Tantalidentochter verläßt sie angesichts des

Willens zur Gewalt. Ohnmacht und Empörung des Schwachen, der seine physische (oder politische) Unterlegenheit fühlen muß, sammeln sich einen Augenblick in ihr.

IPHIGENIE: ... Auch ohne Hülfe gegen Trutz und Härte
  Hat die Natur den Schwachen nicht gelassen.
  Sie gab zur List ihm Freude, lehrt' ihn Künste;
  Bald weicht er aus, verspätet und umgeht.
  Ja der Gewaltige verdient daß man sie übt.
THOAS: Die Vorsicht stellt der List sich klug entgegen.
IPHIGENIE: Und eine reine Seele braucht sie nicht.

(V.3, 1868–1874)

Unterdrückung und Gewalt provozieren als natürliche Folge List, Trug und Ränke des Unterdrückten, denen der »Gewaltige« zwar begegnen kann, die aber beide Seiten entwürdigen. Daß Goethes ›Iphigenie‹ Gegenwartskritik im antiken Gewand übt, wird an solchen Stellen deutlich.

Auch Iphigenie muß noch um ihre »reine Seele« ringen; Betrug und Gewalt sind bis zum Schluß als Möglichkeiten präsent. Als Thoas sie mißtrauisch auffordert, ihm von den beiden Fremden, um die sie sich so »unmäßig ... besorgt«, zu berichten, sucht sie nach Ausflüchten, nach Halbwahrheiten: »Sie sind – sie scheinen – für Griechen halt ich sie.« Iphigenie, deren Wesen die Lüge widerspricht, wollen die Worte nicht kommen, die »Stimme der Wahrheit und der Menschlichkeit« vernimmt sie nun, gegen den Mißklang der Lüge, erst deutlich. Wahrheit ist ein Prozeß, am Irrtum entfaltet sie sich.

IPHIGENIE *nach einigem Stillschweigen:*
  Hat denn zur unerhörten Tat der Mann
  Allein das Recht? Drückt denn Unmögliches
  Nur er an die gewaltge Heldenbrust?
  Was nennt man groß? was hebt die Seele schaudernd
  Dem immer wiederholenden Erzähler?
  Als was mit unwahrscheinlichem Erfolg
  Der Mutigste begann. Der in der Nacht
  Allein das Heer des Feindes überschleicht,
  Wie unversehn eine Flamme, wütend
  Die Schlafenden, Erwachenden ergreift,
  Zuletzt gedrängt von den Ermunterten
  Auf Feindes Pferden doch mit Beute kehrt,
  Wird der allein gepriesen? der allein?
  Der einen sichern Weg verachtend, kühn
  Gebirg und Wälder durchzustreifen geht
  Daß er von Räubern eine Gegend säubre.
  Ist uns nichts übrig? muß ein zartes Weib

Sich ihres angebornen Rechts entäußern,
Wild gegen Wilde sein, wie Amazonen
Das Recht des Schwerts euch rauben und mit Blute
Die Unterdrückung rächen? Auf und ab
Steigt in der Brust ein kühnes Unternehmen:
Ich werde großem Vorwurf nicht entgehn
Noch schwerem Übel wenn es mir mißlingt;
Allein euch leg ich's auf die Kniee! Wenn
Ihr wahrhaft seid wie ihr gepriesen werdet;
So zeigt's durch euern Beistand und verherrlicht
Durch mich die Wahrheit – Ja vernimm, o König,
Es wird ein heimlicher Betrug geschmiedet,
Vergebens fragst du den Gefangnen nach,
Sie sind hinweg und suchen ihre Freunde,
Die mit dem Schiff am Ufer warten, auf.
Der älteste den das Übel hier ergriffen
Und nun verlassen hat – es ist Orest,
Mein Bruder, und der andre sein Vertrauter,
Sein Jugendfreund mit Namen Pylades,
Apoll schickt sie von Delphi diesem Ufer
Mit göttlichen Befehlen zu, das Bild
Dianens wegzurauben und zu ihm
Die Schwester hinzubringen und dafür
Verspricht er dem von Furien Verfolgten,
Des Mutterblutes Schuldigen, Befreiung.
Uns beide hab ich nun die Überbliebnen
Von Tantals Haus in deine Hand gelegt,
Verdirb uns, wenn du darfst.
THOAS:                                   Du glaubst es höre
Der rohe Scythe, der Barbar die Stimme
Der Wahrheit und der Menschlichkeit die Atreus
Der Grieche nicht vernahm.
IPHIGENIE:                                   Es hört sie jeder
Geboren unter jedem Himmel, dem
Des Lebens Quelle durch den Busen rein
Und ungehindert fließt – ...

(V.3, 1892–1942)

Mit der gesammelten Kraft ihres Herzens kämpft Iphigenie statt
mit dem blutigen Schwert des Mannes, um die Wahrheit von der
»Unterdrückung« durch List und Lüge zu befreien. (Vertrauensbruch war im sensibilisierten Freundschaftsbewußtsein des
18. Jahrhunderts zum Verbrechen hochstilisiert und einem blutigen Angriff in der archaischen Zeit durchaus gleichzusetzen.)
    Indem Iphigenie sich zur unerhörten Tat erkühnt, die den Män-
nern ihres Geschlechts vorbehalten war, ist sie über das im An-
fangsmonolog beklagte Los der Frauen hinausgewachsen: »Zu
Haus und in dem Kriege herrscht der Mann«, hieß es dort. (Damit

hatte Goethe auch auf die realen Verhältnisse des 18. Jahrhunderts angespielt, die der Frau von Rechts wegen keine Eigenständigkeit erlaubten. (Daß es auch damals schon Beispiele geistiger und gesellschaftlicher Unabhängigkeit von Frauen gab – man denke nur an Caroline Schlegel oder Rahel Levin-Varnhagen –, ändert an dieser Realität nichts.) Um zum Ideal reiner Menschlichkeit gelangen zu können, darf Iphigenie nicht länger fremdbestimmtes Objekt bleiben, sondern muß vollkommen frei sein. Der idealische freie Mensch kennt nur die Gleichheit aller, so braucht Iphigenie ihr »angebornes Recht«, zart zu sein, nicht zu verleugnen, bedarf nicht mehr der üblichen Waffen der Unterdrückten, der List und Lüge, kann sie das Unwahrscheinliche, die Wahrheit der Götter, glauben und leben. Ihr Appell an die Wahrheit provoziert das Gute.

In seiner ›Iphigenie‹ gibt Goethe ein Gegenbild zur bestehenden Lebenspraxis, das nachdenklich machen, erziehen sollte: »jeder / Geboren unter jedem Himmel« ist aufgerufen, brüderliches Vertrauen mit brüderlicher Liebe zu beantworten. König Thoas geht mit seinem Beispiel als Verherrlicher der Wahrheit voran, er belohnt die Offenheit, auch wenn sie nicht schmeichelt, sondern eigentlich Zorn erwecken muß. »Nachahmend heiliget ein ganzes Volk / Die edle Tat der Herrscher zum Gesetz«, heißt es später aus Orests Mund. Als Fürstenerziehung – Carl August spielte in der dritten Aufführung immerhin den Thoas – hatte Goethe das Schauspiel der Humanität sicherlich auch geschrieben.

Wie Iphigenie hat es auch Orest in der Hand, seinem Leben – trotz fluchbeladenem Erbe – einen neuen Sinn zu geben, aber noch hat er die Klarheit dieser Erkenntnis nicht. Er ist viel zu sehr in dem Wahn seiner schuldhaften Vergangenheit verstrickt, als daß er die Möglichkeit einer Gnade der Götter denken könnte. Solange er sich mit ehernen Ketten schicksalhaft festgeschmiedet wähnt und nur seine endgültige Zerstörung erwartet, ist er tatsächlich im höchsten Maße unfrei.

OREST: ... Mich haben sie [die Götter] zum Schlächter auserkoren,
   Zum Mörder meiner doch verehrten Mutter,
   Und eine Schandtat schändlich rächend, mich
   Durch ihren Wink zu Grund gerichtet. Glaube,
   Sie haben es auf Tantals Haus gerichtet
   Und ich der letzte soll nicht schuldlos, soll
   Nicht ehrenvoll vergehn.

(II.1, 707–713)

Auch in der Zeichnung des Orest setzt sich Goethe über den Mythos und die antike Vorlage hinweg: er begründet dessen

Wahnsinn psychologisch und verlagert ihn aus den Sinnen ins Gemüt. (In der attischen Tragödie traten die Erinnyen z. B. als Chor sichtbar auf.) Modern gesprochen, ist Orest nicht wahnsinnig, sondern auf Grund seiner Schuldgefühle eher bis zur Todessehnsucht depressiv. An solch emotional hoch aufgeladener Stelle durchbricht Goethe den harmonischen ruhigen Rhythmus seiner Verse:

OREST: O könnte man von seinem Tode sprechen.
    Wie gärend stieg aus der Erschlagnen Blut
    Der Mutter Geist
    Und ruft der Nacht uralten Töchtern zu:
    »Laßt nicht den Muttermörder entfliehn!
    Verfolgt den Verbrecher! Euch ist er geweiht!«
    Sie horchen auf, es schaut ihr hohler Blick
    Mit der Begier des Adlers um sich her.
    Sie rühren sich in ihren schwarzen Höhlen
    Und aus den Winkeln schleichen ihre Gefährten,
    Der Zweifel und die Reue leis herbei.
    Vor ihnen steigt ein Dampf vom Acheron;
    In seinen Wolkenkreisen wälzet sich
    Die ewige Betrachtung des Geschehnen
    Verwirrend um des Schuldgen Haupt umher.
    Und sie berechtigt zum Verderben treten
    Der gottbesäten Erde schönen Boden,
    Von dem ein alter Fluch sie längst verbannte,
    Den Flüchtigen verfolgt ihr schneller Fuß;
    Sie geben nur um neu zu schrecken Rast . . .

                                   (III.1, 1051–1070)

»Zweifel« und »Reue« ob der Notwendigkeit des Muttermordes, Zweifel also am Orakel, wären in dieser Form in der attischen Tragödie undenkbar: Deren Tragik beruhte darauf, daß der Mensch den Willen der Götter unter allen Umständen zu erfüllen habe, auch wenn er sich damit heillos in Schuld verstricke. Orest ist bei Goethe nicht mehr allein von den Rachefurien zerstört, wie der Mythos berichtet, sondern er selbst befördert seinen Wahnsinn, indem er sich mit Zweifeln, Reue und der »ewigen Betrachtung des Geschehnen« quält. So sehr auf die Vergangenheit fixiert, kann Orest selbst die glückliche Gegenwart seiner Schwester nicht wirklich erfassen. Anstatt die Gnade zu begreifen, daß die Götter die längst totgeglaubte Schwester gerettet haben zum Zeichen, daß sie entsühnt sind, wähnt er darin einen letzten grausamen Beschluß, die Priesterin müsse den Bruder auf dem Altar opfern und so die »hergebrachte Sitte des Brudermords« fortsetzen. In einem neuerlichen Anfall von Wahnsinn, der sein Innerstes bis ins Mark

erschüttert, steigert er sich mit wütender Verzweiflung in die Vorstellung eines Opfertods, der seine Qualen endigen möge.

OREST: Unselige! So mag die Sonne denn
  Die letzten Greuel unsers Hauses sehn!
  Ist nicht Elektra hier? damit auch sie
  Mit uns zu Grunde gehe, nicht ihr Leben
  Zu schwererem Geschick und Leiden friste.
  Gut Priesterin, ich folge zum Altar!
  Der Brudermord ist hergebrachte Sitte
  Des alten Stammes, und ich danke, Götter
  Daß ihr mich ohne Kinder auszurotten
  Beschlossen habt. Und laß dir raten, habe
  Die Sonne nicht zu lieb und nicht die Sterne;
  Komm, folge mir ins dunkle Reich hinab!
  Wie sich vom Schwefelpfuhl erzeugte Drachen
  Bekämpfend die verwandte Brut verschlingen,
  Zerstört sich selbst das wütende Geschlecht;
  Komm kinderlos und schuldlos mit hinab!
  Du siehst mich mit Erbarmen an? Laß ab!
  Mit solchen Blicken suchte Klytämnestra
  Sich einen Weg nach ihres Sohnes Herzen,
  Doch sein geschwungner Arm traf ihre Brust.
  Die Mutter fiel! – Tritt auf unwilger Geist!
  Im Kreis geschlossen tretet an ihr Furien
  Und wohnet dem willkommnen Schauspiel bei,
  Dem letzten gräßlichsten das ihr bereitet.
  Nicht Haß und Rache schärfen ihren Dolch,
  Die liebevolle Schwester wird zur Tat
  Gezwungen. Weine nicht. Du hast nicht Schuld.
  Seit meinen ersten Jahren hab ich nichts
  Geliebt, wie ich dich lieben könnte, Schwester.
  Ja schwinge deinen Stahl, verschone nicht,
  Zerreiße diesen Busen und eröffne
  Den Strömen die hier sieden einen Weg.
  *Er sinkt in Ermattung.*

(III.1, 1223–1254)

Ebenso wie Goethe Orests Wahnsinn modern, psychologisch begründet, läßt er ihn nicht mechanistisch mit der Erfüllung des
Orakels Heilung finden (oder wie bei Euripides durch eine *Dea ex
machina*, nämlich Athene), sondern die liebende Schwester in ihrer
Aura des Heiligen kann seine Erlösung schon in Taurien bewirken. Der letzte Wahnsinnsanfall, die anschließende ohnmachts-
ähnliche Ermattung demonstrieren Krisis und Entkrampfung
Orests. Während seiner Ohnmacht können die heilenden Kräfte
der Natur reinigend auf sein Unterbewußtsein wirken – damit

vollzieht sich die Gesundung des Organismus auch als naturhafter Vorgang.

Die »ewige Betrachtung des Geschehnen« bringt den Menschen nicht weiter; solche krankhafte Fixierung verstand Goethe als Wahn wider die Natur und ihrem Gesetz der ständigen Veränderung widersprechend. Goethe selbst war voll Vertrauen in Gottes gute Weltorganisation, die den Menschen nicht ewig in seinem Irrtum bannen, sondern weiterentwickeln will. So hat der Dichter später auch dem schuldgepeinigten Faust in einem schlafähnlichen Zustand die göttliche Gnade des Vergessen-Könnens zuteil werden lassen.

Auch von den Furien erlöst, erkennt Orest nicht gleich den rechten Weg, der ihn zu wahrer menschlicher Freiheit führt. Wieder ist er in Gefahr, schuldhaft zu handeln, als er auf Pylades' heimlichen Fluchtplan eingeht. Erst als er, von den taurischen Kriegern aufgehalten, im Zweikampf mit Thoas sein Leben einzusetzen bereit ist, um für die Freiheit aller Fremden in Taurien zu kämpfen, handelt er uneigennützig, königlich.

IPHIGENIE: Befreit von Sorge mich eh ihr zu sprechen
  Beginnet. Ich befürchte bösen Zwist,
  Wenn du o König nicht der Billigkeit
  Gelinde Stimme hörest, du mein Bruder
  Der raschen Jugend nicht gebieten willst.
THOAS: Ich halte meinen Zorn wie es dem Ältern
  Geziemt zurück. Antworte mir! womit
  Bezeugst du daß du Agamemnons Sohn
  Und dieser Bruder bist.
OREST:                    Hier ist das Schwert
  Mit dem er Trojas tapfre Männer schlug.
  Dies nahm ich seinem Mörder ab und bat
  Die Himmlischen den Mut und Arm, das Glück
  Des großen Königes mir zu verleihn
  Und einen schönern Tod mir zu gewähren.
  Wähl einen aus den Edlen deines Heers
  Und stelle mir den Besten gegenüber.
  So weit die Erde Heldensöhne nährt
  Ist keinem Fremdling dies Gesuch verweigert.
THOAS: Dies Vorrecht hat die alte Sitte nie
  Dem Fremden hier gestattet.
OREST:                        So beginne
  Die neue Sitte denn von dir und mir.
  Nachahmend heiliget ein ganzes Volk
  Die edle Tat der Herrscher zum Gesetz.
  Und laß mich nicht allein für unsre Freiheit,
  Laß mich den Fremden für die Fremden kämpfen.
  Fall ich, so ist ihr Urteil mit dem meinen

Gesprochen; aber gönnet mir das Glück
Zu überwinden, so betrete nie
Ein Mann dies Ufer dem der schnelle Blick
Hülfreicher Liebe nicht begegnet, und
Getröstet scheide jeglicher hinweg.
THOAS: Nicht unwert scheinest du o Jüngling mir
Der Ahnherrn deren du dich rühmst zu sein.
Groß ist die Zahl der edeln, tapfern Männer
Die mich begleiten, doch ich stehe selbst
In meinen Jahren noch dem Feinde, bin
Bereit mit dir der Waffen Los zu wagen.
IPHIGENIE: Mit nichten! Dieses blutigen Beweises
Bedarf es nicht o König! Laßt die Hand
Vom Schwerte!...

(V.6, 2027–2066)

Wie sehr sich der dramatische Konflikt auf eine kriegerische, blutige Entscheidung hin entwickelt, zeigen die »nackten Schwerter«
von Orest und Thoas, Pylades und Arkas in den letzten Szenen des
V. Akts. Iphigenie tritt zwischen die feindlichen Parteien, spricht
in Thoas den Freund an, nennt ihm als »Zeugen der Versichrung«,
daß Orest ihr Bruder sei, neben äußeren Merkmalen das »innre
Jauchzen [ihres] Herzens«. Noch aber steht das Götterbild, das
Orest und Pylades rauben wollen, zwischen ihnen. Da entwirren
sich Orest die Zusammenhänge; nachdem er sich als Mensch be-
währt und das Verdienst göttlicher Gnade erworben hat, kann er
die wahre Botschaft des Orakels erkennen: »Schön und herrlich
zeigt sich [ihm] / Der Göttin Rat«.

OREST: Das Bild o König soll uns nicht entzweien!
Jetzt kennen wir den Irrtum den ein Gott
Wie einen Schleier um das Haupt uns legte,
Da er den Weg hierher uns wandern hieß.
Um Rat und um Befreiung bat ich ihn
Von dem Geleit der Furien, er sprach:
»Bringst du die Schwester die an Tauris' Ufer
Im Heiligtume wider Willen bleibt,
Nach Griechenland; so löset sich der Fluch.«
Wir legten's von Apollens Schwester aus
Und er gedachte d i c h! Die strengen Bande
Sind nun gelöst, du bist den Deinen wieder,
Du Heilige geschenkt, ...

(V.6, 2107–2119)

Das letzte Glied in dem Kreis der Versöhnung ist Thoas: Ihm wird
die eindrücklichste Probe der Menschlichkeit abgefordert, als er
die Heimkehr der drei dulden, ja freundlich segnend gewähren

soll. Der Götterspruch will es so, und das Herz fordert es so. Thoas muß sich erheben über seine leidenschaftlichen Gefühle, seinen Wünschen entsagen, sonst wäre das ganze schöne Konstrukt der Humanität zerstört. Die Kraft der Entsagung, die unbedingtes Wollen und moralische Verpflichtung versöhnt, hatte Goethe bei Frau von Stein gelernt; ohne diese Mäßigung ist kein innerer Friede, kein menschliches Zusammenleben möglich. Uns Heutigen scheint Thoas' Leistung des Verzichts besonders groß, auch besonders unwahrscheinlich.

IPHIGENIE: Denk an dein Wort und laß durch diese Rede
    Aus einem graden treuen Munde dich
    Bewegen! Sieh uns an! Du hast nicht oft
    Zu solcher edeln Tat Gelegenheit.
    Versagen kannst du's nicht, gewähr es bald.
THOAS: So geht!
IPHIGENIE: Nicht so mein König! ohne Segen
    In Widerwillen scheid ich nicht von dir.
    Verbann uns nicht! Ein freundlich Gastrecht walte
    Von dir zu uns, so sind wir nicht auf ewig
    Getrennt und abgeschieden. . . .
    . . .
    O geben dir die Götter deiner Taten
    Und deiner Milde wohlverdienten Lohn.
    Leb wohl! O wende dich zu uns und gib
    Ein holdes Wort des Abschieds mir zurück.
    Dann schwellt der Wind die Segel sanfter an
    Und Tränen fließen lindernder vom Auge
    Des Scheidenden. Leb wohl und reiche mir
    Zum Pfand der alten Freundschaft deine Rechte.
THOAS: Lebt wohl!

(V.6, 2146–2174)

»Alle menschliche Gebrechen / Sühnet reine Menschlichkeit«, schloß Goethe das Widmungsgedicht an den Schauspieler Krüger, der den Orest spielte. So wie Iphigenie ihr fluchbeladenes Tantalidengeschlecht aussühnte, Thoas das Barbarentum überwand, ist auch der »moderne« Mensch herausgefordert, gegen Gewalt, Lüge und andere Gebrechen seine schönere Existenz zu wagen. Das war Goethes Theodizee, seine Antwort auf die Frage nach dem Sinn des Bösen in der Welt, die das ganze 18. Jahrhundert beschäftigt hatte. Die natürliche harmonische Sprache des Dramas vermittelt dieses Schöne. In der Gestalt Iphigenies, die zuletzt, ganz im Einklang mit sich selbst und erhaben über die irdische Gebrechlichkeit, jene »edle Einfalt und stille Größe« der Winckelmannschen Marmorschönheiten hat, sollte der Zuschauer das Wahre und Gute anschauen, in dem die Klassiker die Vorstufe zur Freiheit glaubten.


## 4.2 Friedrich Schiller, Wallenstein. Ein dramatisches Gedicht


Zwischen ›Don Carlos‹ (1787) und Schillers erstem klassischen Drama, der ›Wallenstein‹-Trilogie, liegen über zehn Jahre. In dieser dichterischen Schaffenspause beschäftigte sich Schiller mit historischen und philosophischen Problemen, insbesondere mit dem Studium Kants. Das wichtigste politische Ereignis dieses Dezenniums, die Französische Revolution, hatte auch im Reich heftige Erschütterungen ausgelöst und forderte die deutschen Intellektuellen zu einer Antwort heraus; da an politischen Umsturz nicht zu denken war, angesichts der Robespierreschen Schreckensherrschaft auch nicht gedacht werden durfte, entwarf Schiller sein ästhetisches Erziehungsprogramm, das auf allmähliche Revolutionierung der Gesinnung durch die Kunst abzielte und damit die Gesellschaft verändern wollte.

Schillers Freundschaft mit Goethe seit 1794, die Auseinandersetzung mit diesem ganz anderen Dichtertalent, schlug sich ebenfalls in seinen kunsttheoretischen Arbeiten nieder und beeinflußte sein weiteres Schaffen erheblich: Sich mit dem bewunderten Verfasser der ›Iphigenie‹ zu messen, hemmte ihn und forderte ihn gleichzeitig heraus. Nicht mehr idealistisch-sentimentalisch wie im ›Don Carlos‹ wollte er nun sein dramatisches Talent beweisen, sondern, Goethe ähnlich, die reale Natur des Menschen zum Ausgangspunkt seiner Poesie machen.

Das leidenschaftliche Pathos des ›Don Carlos‹ stieß ihn jetzt nachgerade ab. Klarheit, Besonnenheit, Objektivität wollte der klassische Schiller seiner früheren subjektiven Parteinahme, seiner »Trunkenheit«, entgegensetzen. Distanz forderte er nun seinen Figuren gegenüber, ja Kälte; an ›Wallenstein‹ ging er nüchtern, beinahe »gleichgültig«, und nur an zwei Figuren, an Thekla und Max, hing sein Herz. Seine neue Auffassung vom Drama formulierte Schiller in einem Brief an Wilhelm von Humboldt (21. März 1796):

»Vordem habe ich, wie im Posa und Carlos, die fehlende Wahrheit durch schöne Idealität zu ersetzen gesucht; hier im Wallenstein will ich es probieren und durch die bloße Wahrheit für die fehlende Idealität . . . entschädigen.«

Goethe gegenüber begründete er seinen Entschluß, künftig nur mehr historische Stoffe zu wählen, mit der »objectiven Bestimmtheit eines solchen Stoffs«, die seine »Phantasie zügelt« und seiner »Willkühr widersteht«. (5. Januar 1798). Die beiden Abwege, über das allzu »Rhetorische« die Realität zu versäumen, oder im »Prosaischen« auf Kosten der Poesie steckenzubleiben, glaubte Schiller im historischen Sujet zu vermeiden, dessen begrenzte Realistik es dichterisch ins Allgemeine zu erhöhen galt.

Schon während der großen historischen Arbeit über die ›Geschichte des Dreyssigjährigen Kriegs‹ (erschienen 1791–93) hatte sich Schiller mit der faszinierenden Gestalt Wallensteins auseinandergesetzt und eine dramatische Bearbeitung geplant. So unmenschlich bei aller Größe, so selbstherrlich, ja bis zur Brutalität machtbesessen dieser außerordentliche Mann war, so düster der geschichtliche Augenblick: gerade solch »prosaischer« Stoff mußte es sein, an dem die ästhetisierende Kraft der Kunst ihre höchste Wirkung zeigen konnte. Schönheit darzustellen, gehöre nicht zu den zeitgemäßen Aufgaben des Dichters, dies sei »einem glücklichen Geschlecht« vorbehalten: »Unsere Tragödie, wenn wir eine solche hätten, hat mit der Ohnmacht, der Schlaffheit, der Charakterlosigkeit des Zeitgeistes und mit einer gemeinen Denkart zu ringen ...«, schrieb Schiller an Johann Wilhelm von Süvern (26. Juli 1800).

Durch Poetisierung sollte der unselige Zeitgeist zu Würde und Erhabenheit geläutert werden. Von der Tragödie forderte Schiller, sie habe jene »erhabene Rührung« im Publikum auszulösen, die sich nicht in der Identifikation mit dem Leidenden erschöpft, sondern daneben Distanz zur Reflexion läßt, um Fehlverhalten, Schuldzusammenhänge und das Wirken einer höheren Gerechtigkeit zu erkennen. Nur wenn die Vernunft am Ende ihre Unabhängigkeit von den sinnlichen Eindrücken bewahrte, würde ihre »Selbsttätigkeit« geschult, ohne die der Mensch sich aus seiner gemeinen Begrenztheit nicht befreien könnte. Um den Zuschauer in der Erhabenheit der Vernunft zu bekräftigen, müsse dieser über seinen engen bürgerlichen Gesichtskreis hinausgeführt werden, befand Schiller. Daher wollte er im ›Wallenstein‹ die großen Gegenstände der Menschheit behandeln; zwar befriedigten diese nicht das unmittelbare Interesse des bürgerlichen Publikums, sie trügen aber weit besser als die gängigen, bürgerliches Unglück perpetuierenden Familientragödien der Kotzebues und Ifflands dazu bei, die als leidvoll erfahrene Gegenwart zu überwinden.

Im Prolog zu seiner ›Wallenstein‹-Trilogie formuliert Schiller die neue Aufgabe des Theaters, die er und Goethe sich gestellt hatten. Obwohl Schiller den Prolog in wenigen Tagen schreiben mußte – denn Goethe wollte für die Wiedereröffnung des restaurierten Weimarer Hoftheaters einen würdigen Rahmen haben – gehören die Verse zu den gewichtigsten des Dramas.

> Die neue Ära, die der Kunst Thaliens
> Auf dieser Bühne heut beginnt, macht auch
> Den Dichter kühn, die alte Bahn verlassend,
> Euch aus des Bürgerlebens engem Kreis
> Auf einen höhern Schauplatz zu versetzen,
> Nicht unwert des erhabenen Moments
> Der Zeit, in dem wir strebend uns bewegen.
> Denn nur der große Gegenstand vermag
> Den tiefen Grund der Menschheit aufzuregen,
> Im engen Kreis verengert sich der Sinn,
> Es wächst der Mensch mit seinen größern Zwecken.
>
> Und jetzt an des Jahrhunderts ernstem Ende,
> Wo selbst die Wirklichkeit zur Dichtung wird,
> Wo wir den Kampf gewaltiger Naturen
> Um ein bedeutend Ziel vor Augen sehn,
> Und um der Menschheit große Gegenstände,
> Um Herrschaft und um Freiheit wird gerungen,
> Jetzt darf die Kunst auf ihrer Schattenbühne
> Auch höhern Flug versuchen, ja sie muß,
> Soll nicht des Lebens Bühne sie beschämen.
>
> Zerfallen sehen wir in diesen Tagen
> Die alte feste Form, die einst vor hundert
> Und funfzig Jahren ein willkommner Friede
> Europens Reichen gab, die teure Frucht
> Von dreißig jammervollen Kriegesjahren.
> Noch einmal laßt des Dichters Phantasie
> Die düstre Zeit an euch vorüberführen,
> Und blicket froher in die Gegenwart
> Und in der Zukunft hoffnungsreiche Ferne.

(Prolog, 50–78)

Die weltbewegenden Themen seiner Zeit, Herrschaft und Freiheit, will Schiller im ›Wallenstein‹ auf die Bühne bringen. Auch wenn die Erwartungen aller aufgeklärten Geister Europas an die Französische Revolution sich noch nicht erfüllt hatten, wenn die von Gewaltherrschaft befreite, auf der Gleichberechtigung aller Bürger beruhende Staatsverfassung noch nicht verwirklicht war, so befand sich die Menschheit doch mit diesem bedeutenden Ziel vor Augen in einem erhabenen geschichtlichen Moment. Den Bezug zum Dreißigjährigen Krieg sah Schiller in dem begonnenen Ringen um eine politische Neuordnung in Europa. Der Dichter will die düstere Zeit des Krieges noch einmal poetisch gestalten, um das Publikum »froher« für die Gegenwart und hoffnungsvoller für die Zukunft zu stimmen. Wenn der Zuschauer nämlich Geschichte als Kontinuum begreift und erkennt, daß die Übel der Gegenwart in der Vergangenheit ihre Wurzeln haben, wenn er andererseits den vom Dichter vorgestellten Weg erkennt, der zur Überwindung dieser kriegerischen Menschheitsphase führt, wäre der moral-erzieherische Zweck der Schaubühne erreicht: die »Selbsttätigkeit des Geistes« für die reale, ähnlich bedrängte Existenz zu stärken.

Nach diesem allgemeinen geschichtlichen Bezug führt der Prolog im folgenden mitten in das Elend des Dreißigjährigen Krieges, in dem es nach 16 Jahren der Verwüstung noch keine Aussicht auf Frieden gibt; schließlich wird Wallenstein vorgestellt und charakterisiert mit allen seinen extremen Gegensätzen, wie sie Anhänger und Gegner, beide verzerrend, überlieferten. Die nüchternen Fakten will der Dichter mit Leben füllen, um sie einsichtig und nachfühlbar, »menschlich« zu machen. Die Ungereimtheiten in Wallensteins Handeln führt er nicht nur auf dessen Charakter zurück, den äußerste Kühnheit und Schöpferkraft sowie äußerster Ehrgeiz kennzeichnen, sondern zum überwiegenden Teil auf die Zeitumstände, sein Schicksal, das jeden Menschen zwangsläufig mitbestimmt:

Auf diesem finstern Zeitgrund malet sich
Ein Unternehmen kühnen Übermuts
Und ein verwegener Charakter ab.
Ihr kennet ihn – den Schöpfer kühner Heere,
Des Lagers Abgott und der Länder Geißel,
Die Stütze und der Schrecken seines Kaisers,
Des Glückes abenteuerlichen Sohn,
Der von der Zeiten Gunst emporgetragen,
Der Ehre höchste Staffeln rasch erstieg,
Und ungesättigt immer weiter strebend,
Der unbezähmten Ehrsucht Opfer fiel.
Von der Parteien Gunst und Haß verwirrt
Schwankt sein Charakterbild in der Geschichte,
Doch euren Augen soll ihn jetzt die Kunst,
Auch eurem Herzen, menschlich näherbrigen.
Denn jedes Äußerste führt *sie*, die alles
Begrenzt und bindet, zur Natur zurück,
Sie sieht den Menschen in des Lebens Drang
Und wälzt die größre Hälfte seiner Schuld
Den unglückseligen Gestirnen zu.

Nicht *er* ists, der auf dieser Bühne heut
Erscheinen wird. Doch in den kühnen Scharen
Die sein Befehl gewaltig lenkt, sein Geist
Beseelt, wird euch sein Schattenbild begegnen,

Bis ihn die scheue Muse selbst vor euch
Zu stellen wagt in lebender Gestalt,
Denn seine Macht ists, die sein Herz verführt,
Sein Lager nur erkläret sein Verbrechen.

(Prolog, 91–118)

Der Sturm und Drang hatte die Dramenhandlung ganz aus den Charakteren entwickelt, mit denen sich der Zuschauer identifizieren sollte, um das Geschehen möglichst intensiv mitzuerleben. Der klassische Schiller dagegen verschob die Motivation zum Handeln vom Individuum zu den allgemein wirksamen Zwängen des Lebens und relativierte dadurch die persönliche Schuld. Sein Programm der ästhetischen Erziehung verlangte vom Zuschauer, daß er das Schauspiel bewußt als Spiel, als Schein erlebte, und gestattete Identifikation nur insoweit, als sie zum Gefühl der Rührung notwendig war. Am Ende des Prologs heißt es, daß die Dichtkunst die von ihr geschaffene »Täuschung« mit ihren eigensten Mitteln, Vers und Reim, »aufrichtig selbst zerstört«; damit rückt das klassische Drama Schillers in die Nähe des »epischen Theaters« Brechts, das bewußt Reflexion auslösen wollte, keine Emotionen.

Und wenn die Muse heut,
Des Tanzes freie Göttin und Gesangs,
Ihr altes deutsches Recht, des Reimes Spiel,
Bescheiden wieder fordert – tadelts nicht!
Ja danket ihrs, daß sie das düstre Bild
Der Wahrheit in das heitre Reich der Kunst
Hinüberspielt, die Täuschung, die sie schafft,
Aufrichtig selbst zerstört und ihren Schein
Der Wahrheit nicht beträglich unterschiebt,
Ernst ist das Leben, heiter ist die Kunst.

(Prolog, 129–138)

Während seiner Arbeit am ›Wallenstein‹ unterhielt Schiller einen regen Briefwechsel mit Goethe, Körner und Wilhelm von Humboldt; mehrmals änderte er sein Konzept, führte das »Monstrum« von einem Drama schließlich als Trilogie aus: ›Wallensteins Lager‹, ›Die Piccolomini‹ und ›Wallensteins Tod‹ nannte er die einzelnen Teile, die, obwohl es zur Aufführung dreier Abende bedarf, ein geschlossen durchkomponiertes Stück ergeben, zusammengehalten von der Figur Wallensteins. Zunächst hatte Schiller, Humboldts Rat folgend, das Drama in Prosa geschrieben, im November 1797 entschied er sich für die Versform: Knittelverse für das ›Lager‹, Blankverse, d.h. fünfhebige Jamben, für die beiden anderen Teile, die den Inhalt über das Gemein-Alltägliche hinausheben, der eher unpoetischen »trockenen« Materie also »poetische Würde« verleihen sollten. Auch schien ihm der Rhythmus »bei einer dramatischen Production noch dieses große und bedeutende [zu leisten], daß er, indem er alle Charactere und alle Situationen nach Einem Gesetz behandelt, und sie, trotz ihres innern Unterschiedes, in Einer Form ausführt, er dadurch den Dichter und seinen Leser nöthiget, von allem noch so characteristisch verschiedenem etwas Allgemeines, rein menschliches zu verlangen« (an Goethe am 24. November 1797).

Schillers Drama setzt mit dem Jahr 1634 ein, wenige Tage, bevor Wallenstein in Eger ermordet wurde, doch wird durch Berichte und Erinnerungen die ganze Zeit des Kriegsgeschehens vergegenwärtigt. Der dreißigjährige Religionskrieg war zugleich auch ein Erbfolgekrieg, in dem das Haus Habsburg seine Vormachtstellung in Europa durchzusetzen suchte. Nach dem Prager Aufstand, der in dem berühmten Fenstersturz eskalierte, gelang es dem Habsburger Ferdinand II., sich zum deutschen Kaiser wählen zu lassen. Doch seine europäische Vormachtstellung, gestützt auf ein schlagkräftiges Heer unter der Führung Wallensteins, verführte Ferdinand zu imperialistischen Großmachtansprüchen.

Der schwedische König Gustav Adolf allerdings sah nicht nur sein Land und das verbündete Holland bedroht, sondern auch den evangelischen Glauben. 1630 marschierte er in Pommern ein, alles rief nach Wallenstein, dem Herzog von Friedland, als Retter in der Not. Doch dessen Stellung als alleiniger Garant der kaiserlichen Macht erregte Neid und Mißtrauen bei den deutschen Fürsten. Sie verschworen sich gegen den Heerführer, den seine Soldaten wie einen Gott verehrten, und zwangen den Kaiser, zwischen dem übermächtigen Wallenstein und ihrer Zustimmung zum habsburgischen Kaiserhaus zu wählen. Ferdinand gab ihrem Drängen nach und entließ den verdienstvollen Oberkommandierenden seiner Armee auf dem Regensburger Fürstentag 1630. Die Folgen waren katastrophal: Das Heer zerfiel, die Schweden zogen plündernd und mordend bis nach Bayern.

In der Stunde der Not setzte Ferdinand 1632 Wallenstein wieder in sein Amt ein, mit erheblich weiterreichenden Vollmachten: Wallenstein war in seiner Kriegführung vollkommen unabhängig, selbst der Kaiser sollte in Sachen der Armee nichts mitzusprechen haben; auch konnte er ausdrücklich, und ohne den kaiserlichen Hof zu konsultieren, Friedensverhandlungen mit den Sachsen führen (nicht den Schweden) und Frieden schließen; ja eine besondere Klausel sicherte ihm und seiner Familie das Herzogtum Friedland selbst für den Fall, daß er sich gegen den Kaiser erhöbe. Nach der schimpflichen Entlassung in Regensburg hatte Wallenstein mit diesem Vertrag den Kaiser empfindlich gedemütigt.

Die lange Kriegsdauer hatte alle Parteien demoralisiert. Die Reichsfürsten stritten um jedes Stück Land und verfolgten eigene machtpolitische Interessen; die zusammengewürfelten Scharen von Soldaten erpreßten ihren Lebensunterhalt bei der Bevölkerung mit einem Vandalismus, der dem der Schweden in nichts nachstand. Auch Wallenstein verfolgte eigene ehrgeizige Pläne und begann Friedensverhandlungen mit den Sachsen, aber auch mit den Schweden, was ihm als Hochverrat ausgelegt wurde. Am 25. Februar 1634 wurde der einstmals beliebteste und gefürchtetste Heerführer Europas von eigenen Offizieren in Eger ermordet. Der kaiserlichen Kanzlei in Wien gelang es nie, Wallensteins Verrat sicher zu beweisen. Der Vorwurf des politischen Mordes ist historisch nie widerlegt worden.

Um die gewaltigen Stoffmassen zu bewältigen, die »unendliche Fläche« der Armee, auf welche Wallensteins Macht gründete, anschaulich zu machen, schließlich die »zerstreuten Handlungen« und Stimmungen am Wiener Hof, im Heer, in der Familie darzustellen, konnte Schiller nicht so breit und realistisch vorgehen, wie er zunächst geplant hatte. Die äußere Wirklichkeit galt es von allen »Zufälligkeiten und Nebendingen« zu reinigen, aufs Wesentliche, Charakteristische zusammenzudrängen, um innere Wahrheit und Stringenz zu erreichen. Die intensive Lektüre von Shakespeare und den Griechen öffnete ihm die Augen für die Kunst symbolischer Darstellung (bei Shakespeare repräsentieren einzelne Figuren die Volksmasse) und für die Vereinfachung verwirrender Handlungselemente, indem zu Beginn der Tragödie die entscheidende Tat, die zur Katastrophe führt, schon begangen ist (wie in Sophokles' ›Ödipus‹). Begeistert schrieb Schiller über dieses Konzept an Goethe (2. Oktober 1797):

Der Ödipus ist gleichsam nur eine tragische Analysis. Alles ist schon da, und es wird nur herausgewickelt. Das kann in der einfachsten Handlung und in einem sehr kleinen Zeitmoment geschehen, wenn die Begebenheiten auch noch so kompliziert und von Umständen abhängig sind.

In der Darstellung eines unabänderlichen, da bereits schuldhaft vollzogenen Geschehens sah Schiller die wirkungsvollste dramatische Kunst; denn die Erwartung der schrecklichen Folgen einer begangenen Tat »affiziert... das Gemüt ganz anders als die Furcht, daß etwas geschehen möchte«. Sein ›Wallenstein‹-Drama konzentrierte er schließlich auf drei Haupttage in Pilsen und den Tag der Ermordung in Eger. Als das Drama einsetzt, laufen die Unterhandlungen mit den feindlichen Schweden bereits seit über einem Jahr.

Ob Wallenstein tatsächlich mit den Schweden konspirierte, weil diese ihm die böhmische Königskrone versprachen, oder ob er nur zum Schein verhandelte, um Zeit zu gewinnen und schließlich so mächtig zu werden, daß er das katholische Österreich und das protestantische Schweden zum Frieden zwingen könnte, geht aus den historischen Quellen nicht eindeutig hervor. Schiller wollte das Bild der Geschichte nicht verfälschen, deshalb ließ er diese Frage im Grunde offen, zeigte die Motive Wallensteins in ihrer widersprüchlichen Vielschichtigkeit. Schiller hielt sich an die *poetische* Wahrheit und schob die Unklarheit der politischen Situation genial auf Wallensteins »Rätselhaftigkeit«, seine Neigung, doppeldeutig zu reden und zu taktieren, was seine Gegner eindeutig zu seinen Lasten auslegten. So konnte Schiller Wallensteins Verhängnis teils von ihm selbst, teils von den sich schicksalhaft verkettenden Umständen abhängig machen – wohl wissend, daß das schuldlos-schuldige Opfer »erhabene Rührung« eher hervorrufen würde als das unvermischt Böse.

## Wallensteins Lager

›Wallensteins Lager‹ ist eine Art episches Gemälde; die elf Auftritte haben keine durchgehende Handlung, sondern sie stellen in lebensvollen Bildern den historischen Augenblick vor, da Wallenstein, auf dem Höhepunkt seiner Macht, bereits vom nahen Sturz bedroht ist. Der volkstümliche Knittelvers entspricht der niedrigen Standesebene der auftretenden Personen: eine bunt zusammengewürfelte, alle Waffengattungen umfassende Soldateska, Militärmusiker, Marketenderinnen, ein Bauer mit seinem Sohn, ein Kapuzinermönch, der gerade angeworbene Rekrut aus gutem Bürgerhaus. In farbigem Reden geben sie symbolhaft Grauen und Gewinn des Krieges wieder.

Das ›Lager‹ gibt als historischer Hintergrund das »Schattenbild« Wallensteins ab; es spielt im Grunde die Konflikte, die schließlich zu seiner Ermordung führen, auf der unteren Ebene der Soldaten an, dient also auch zur Exposition des zweiten Teils, der ›Piccolomini‹ (die ihrerseits die Exposition von ›Wallensteins Tod‹ darstellen). Die verschiedenen Teile der Armee diskutieren ihr Vertrauen in den »Soldatenvater« und dessen mächtige Stellung im Reich. Es wird deutlich, daß zwar das andauernde Kriegsglück des Feldherrn seine charismatische Anziehung ausmacht, daß es aber die legale, vom Kaiser verliehene Macht ist, die die meisten der Soldaten bindet.

Die einfachen Soldaten reden offen, wie sie denken; sie haben, bei aller Schlichtheit, ein sicheres Gespür für das Scheinhafte, Intrigante der großen Politik, auch dafür, daß Wallensteins Großzügigkeit nicht zuletzt taktische Berechnung ist.

WACHTMEISTER *(zum Trompeter)*:
    Meinst du, man hab uns ohne Grund
    Heute die doppelte Löhnung gegeben,
    Nur daß wir flott und lustig leben?
TROMPETER: Die Herzogin kommt ja heute herein
    Mit dem fürstlichen Fräulein –
WACHTMEISTER:                    Das ist nur der Schein.
    Die Truppen, die aus fremden Landen
    Sich hier vor Pilsen zusammenfanden,
    Die sollen wir gleich an uns locken
    Mit gutem Schluck und guten Brocken,
    Damit sie sich gleich zufrieden finden,
    Und fester sich mit uns verbinden.
TROMPETER: Ja, es ist wieder was im Werke!
WACHTMEISTER: Die Herrn Generäle und Kommendanten –
TROMPETER: Es ist gar nicht geheuer, wie ich merke.
WACHTMEISTER: Die sich so dick hier zusammenfanden –
TROMPETER: Sind nicht für die Langweil herbemüht.
WACHTMEISTER: Und das Gemunkel, und das Geschicke –
TROMPETER: Ja! Ja!
WACHTMEISTER: Und von Wien die alte Perücke,
    Die man seit gestern herumgehn sieht,
    Mit der guldenen Gnadenkette,
    Das hat was zu bedeuten, ich wette.
TROMPETER: Wieder so ein Spürhund, gebt nur acht,
    Der die Jagd auf den Herzog macht.
WACHTMEISTER: Merkst du wohl? sie trauen uns nicht,
    Fürchten des Friedländers heimlich Gesicht.
    Er ist ihnen zu hoch gestiegen,
    Möchten ihn gern herunterkriegen.
TROMPETER: Aber wir halten ihn aufrecht, wir.
    Dächten doch alle wie ich und Ihr!
WACHTMEISTER: Unser Regiment und die andern vier,
    Die der Terschka anführt, des Herzogs Schwager,
    Das resoluteste Korps im Lager,
    Sind ihm ergeben und gewogen,
    Hat er uns selbst doch herangezogen.
    Alle Hauptleute setzt er ein,
    Sind alle mit Leib und Leben sein.

                                        (I.2, 53–89)

Bereits in wenigen Sätzen wird die politische Stimmung im Februar 1634 aufgedeckt: Mißtrauen herrscht zwischen dem Wiener Hof und dem Herzog, der ihnen »zu hoch gestiegen« ist, ja es wird

»Jagd auf [ihn] gemacht«; dabei wird sich erweisen müssen, ob alle Truppenteile zu ihm halten. Zweifel sind durchaus angebracht: »Dächten doch alle wie ich und Ihr!« Mit bildhaften Attributen ist der Wiener Hof gekennzeichnet: verzopft (»alte Perücke«) und an »guldener Gnadenkette« seine Untertanen bindend. Daß Wallenstein sich nicht als dienstneifriger Untertan aufführt, sondern selbst eine »Herrscherseele« hat und eigene Pläne verfolgt, ist bis zu den Soldaten durchgedrungen:

ERSTER JÄGER: Der führt's Kommando nicht wie ein Amt,
   Wie eine Gewalt, die vom Kaiser stammt!
   Es ist ihm nicht um des Kaisers Dienst,
   Was bracht er dem Kaiser für Gewinst?
   Was hat er mit seiner großen Macht
   Zu des Landes Schirm und Schutz vollbracht?
   Ein Reich von Soldaten wollt er gründen,
   Die Welt anstecken und entzünden,
   Sich alles vermessen und unterwinden –

                                                    (I.6, 326–334)

Wie stark die politische Position Wallensteins ist, wird in den Prahlereien seiner Soldaten deutlich, die durch seine Vormachtstellung im Reich ihren eigenen Stand aufgewertet sehen. Er ist ein »hochgebietender Herr, / Der jetzt alles vermag und kann«, er ist »nach dem Kaiser der nächste Mann, / Und wer weiß, was er noch erreicht und ermißt, / Denn noch nicht aller Tage Abend ist...« Nach der nur zögernd geäußerten, immer sofort überstimmten Kritik einzelner Soldaten erscheint im 8. Auftritt des ›Lagers‹ zum ersten Mal ein wirklicher Gegner Wallensteins, ein Kapuzinermönch. Die zunächst komödienhafte Schilderung des jammervollen Zustandes, in dem sich das Land durch den langen Krieg befindet, wird zu einer Anklagerede gegen Wallenstein. Dieser Mönch, der dem gleichen Orden angehört wie der Beichtvater der Kaiserin, ist der Vertreter der klerikalen Gegenpartei. Er zweifelt nicht nur an der wahren, d.h. der katholischen Gläubigkeit Wallensteins, er beschuldigt ihn auch in biblischen Bildern des Verrats an seinem Herrn:

KAPUZINER: ... Aber wie soll man die Knechte loben,
   Kömmt doch das Ärgernis von oben!
   Wie die Glieder, so auch das Haupt!
   Weiß doch niemand, an wen *der* glaubt!
ERSTER JÄGER: Herr Pfaff! Uns Soldaten mag Er schimpfen,
   Den Feldherrn soll Er uns nicht verunglimpfen.
KAPUZINER: Ne custodias gregem meam!
   Das ist so ein Ahab und Jerobeam,

Der die Völker von der wahren Lehren
Zu falschen Götzen tut verkehren.
TROMPETER UND REKRUT: Laß Er uns das nicht zweimal hören!
KAPUZINER: So ein Bramarbas und Eisenfresser,
　　Will nehmen alle festen Schlösser.
　　Rühmte sich mit seinem gottlosen Mund,
　　Er müsse haben die Stadt Stralsund,
　　Und wär sie mit Ketten an den Himmel geschlossen.
　　Hat aber sein Pulver umsonst verschossen.
TROMPETER: Stopft ihm keiner sein Lästermaul?
KAPUZINER: So ein Teufelsbeschwörer und König Saul,
　　So ein Jehu und Holofern,
　　Verleugnet wie Petrus seinen Meister und Herrn,
　　Drum kann er den Hahn nicht hören krähn –
BEIDE JÄGER: Pfaffe, jetzt ists um dich geschehn!
KAPUZINER: So ein listiger Fuchs Herodes –
WACHTMEISTER UND BEIDE JÄGER *(auf ihn eindringend):*
　　Schweig stille! Du bist des Todes.
KROATEN *(legen sich drein):* Bleib da, Pfäfflein, fürcht dich nit,
　　Sag dein Sprüchel und teils uns mit.
KAPUZINER *(schreit lauter):* So ein hochmütiger Nebukadnezer,
　　So ein Sündenvater und muffiger Ketzer,
　　Läßt sich nennen den *Wallenstein*,
　　Ja freilich ist er uns *allen* ein *Stein*
　　Des Anstoßes und Ärgernisses,
　　Und so lang der Kaiser diesen Friedeland
　　Läßt walten, so wird nicht Fried im Land.

(I.8, 591–624)

Als »Lustspiel« hat Schiller einmal ›Wallensteins Lager‹ bezeichnet. Komische, meist versteckte (d. h. für den Betroffenen nicht durchschaubare) Ironie bricht immer wieder das Ausgesagte, zwingt den Zuschauer ständig zur Korrektur und schafft also eher Distanz als Mitleid. Gerade eine solche leidenschaftlose Gemütsverfassung »in uns hervorzubringen und zu nähren«, sollte nach Schillers Auffassung »die schöne Aufgabe der Komödie« sein, »so wie die Tragödie bestimmt ist, die Gemütsfreiheit, wenn sie durch einen Affect gewaltsam aufgehoben worden, auf ästhetischem Weg wiederherstellen zu helfen«. Das Ziel der Komödie »ist einerlei mit dem Höchsten, wornach der Mensch zu ringen hat, frei von Leidenschaften zu sein, immer klar, immer ruhig um sich und in sich zu schauen, überall mehr Zufall als Schicksal zu finden und mehr über Ungereimtheit zu lachen als über Bosheit zu zürnen oder zu weinen« (›Über naive und sentimentalische Dichtung‹).

　　Das ›Lager‹ umreißt im Grunde alle Tragik des Krieges, spielt die Konflikte zwischen dem Kaiser und seinem Feldherrn an, die bis in die Armee hineinreichen, deckt aber alle Problematik, alle

Risse zwischen den Truppenteilen, alles Grauen des Krieges rasch wieder zu. Bevor es zu handgreiflichem Streit kommt, tritt ein vernünftiger Kamerad dazwischen und schlichtet; und als ein Bauer wegen Falschspiels gar gehenkt werden soll, wie es Lagergesetz wäre, läßt ihn ein Kürassier – unrealistisch genug – laufen. »Ernst ist das Leben, heiter ist die Kunst«, hieß es im ›Prolog‹: Die Kunst kann alle Konflikte neutralisieren, darf Harmonie wiederherstellen. Das berühmte ›Reiterlied‹ am Schluß des ›Lagers‹ stellt besonders augenfällig die Sphäre des ästhetischen Scheins inmitten eigentlich unversöhnter Gegensätze her.

Die Tiraden des Kapuziners, zum Teil wörtlich an Predigten Abrahams a Santa Clara angelehnt, lassen trotz aller Verzerrung und Einseitigkeit den wahren Kern der Kritik an Wallensteins Machtbesessenheit erkennen. Auf den Zuschauer wirken sie komisch in ihrer unangemessenen, nachgerade grotesken Hyperbolik; die Soldaten aber nehmen sie ernst; wütend unterbrechen sie den Pater immer wieder, bedrohen ihn gar mit dem Tode in ihrer blinden Verehrung für Wallenstein, auf den kein Schatten fallen darf. Nicht überall treten das Mittel der versteckten Ironie und die komödienhafte Struktur des ›Lagers‹ so deutlich zutage wie in dieser Szene, die Wallensteinnimbus und Wallensteinkritik gleichermaßen als unrichtig erweist und den Zuschauer skeptisch gegen den Helden werden läßt. Subtilerer Mühe bedarf es, etwa die verkehrte Perspektive im Reden der Soldaten aufzudecken.

»Eine gewisse soldatische Existenz« wollte Schiller im ›Lager‹ vorführen. Der Krieg allein gibt dem Soldaten seine Daseinsberechtigung, stellt ihn fast zwangsläufig gegen den Frieden, auch gegen Bürger und Bauern, die er doch ständig schädigen muß, um sich zu erhalten. Der Krieg ernährt den Krieg, Militär und Bauer, Schwert und Pflug sind sich grundsätzlich Feind. Von Freiheit redet der Soldat und verwechselt sie doch nur mit roher Gewalt, Abenteuer und Frei-Sein von Verantwortung.

ZWEITER JÄGER: Wetter auch! wo Ihr nach uns fragt,
　　Wir heißen des Friedländers wilde Jagd,
　　Und machen dem Namen keine Schande –
　　Ziehen frech durch Feindes und Freundes Lande,
　　Querfeldein durch die Saat, durch das gelbe Korn –
　　Sie kennen das Holkische Jägerhorn! –
　　In einem Augenblick fern und nah,
　　Schnell wie die Sündflut, so sind wir da –
　　Wie die Feuerflamme bei dunkler Nacht
　　In die Häuser fähret, wenn niemand wacht –
　　Da hilft keine Gegenwehr, keine Flucht,
　　Keine Ordnung gilt mehr und keine Zucht. –

Es sträubt sich – der Krieg hat kein Erbarmen –
Das Mägdlein in unsern sennigten Armen –
Fragt nach, ich sags nicht um zu prahlen;
In Bayreuth, im Voigtland, in Westfalen,
Wo wir nur durchgekommen sind –
Erzählen Kinder und Kindeskind
Nach hundert und aber hundert Jahren
Von dem Holk noch und seinen Scharen.
WACHTMEISTER: Nun da sieht mans! Der Saus und Braus
  Macht denn der den Soldaten aus?
  Das Tempo macht ihn, der Sinn und Schick,
  Der Begriff, die Bedeutung, der feine Blick.
ERSTER JÄGER: Die Freiheit macht ihn! Mit Euren Fratzen!
  Daß ich mit Euch soll darüber schwatzen. –
  Lief ich darum aus der Schul und der Lehre,
  Daß ich die Fron und die Galeere,
  Die Schreibstub und ihre engen Wände
  In dem Feldlager wiederfände? –
  Flott will ich leben und müßig gehn,
  Alle Tage was Neues sehn,
  Mich dem Augenblick frisch vertrauen,
  Nicht zurück, auch nicht vorwärts schauen –
  Drum hab ich meine Haut dem Kaiser verhandelt,
  Daß keine Sorg mich mehr anwandelt.
  Führt mich ins Feuer frisch hinein,
  Über den reißenden, tiefen Rhein,
  Der dritte Mann soll verloren sein;
  Werde mich nicht lange sperren und zieren. –
  Sonst muß man mich aber, ich bitte sehr,
  Mit nichts weiter inkommodieren.

                                      (I.6, 212–253)

Nicht Individuen stellen die verschiedenen Figuren des ›Lagers‹
vor, sie geben vielmehr in ihren »Gesinnungen und Meinungen«
die Wahrheit des Krieges in seinen Facetten wieder, sie sind »symbolische Wesen«, die »immer das allgemeine der Menschheit darzustellen und auszusprechen haben« (an Goethe am 24. August
1798). Der zweite Jäger redet auch nicht wie ein einfacher Soldat,
der obendrein die Verrohung des Menschen durch den Krieg demonstrieren soll, sondern in einer Art kerniger Hochsprache. Bei
allem begeisterten Schwung wirkt seine Prahlerei merkwürdig verhalten, als müsse das Tempo des Reiterzuges seine Grausamkeiten
überdecken. Schiller stellt der Dynamik des Inhalts eine eher stati-
sche Sprache entgegen: In den 20 Versen kommen auf 32 Substan-
tive nur 16 Verben, darunter so ausdrucksschwache wie »fragt,
heißen, machen, ziehen, kennen, sind« usw. Auch nimmt Schiller
die affektgeladenste Aussage des Jägers, über die Vergewaltigun-

gen, so weit wie möglich zurück, indem er als stärkstes Verb der ganzen Passage das reflexive »Es sträubt sich ...« einsetzt und, wie in einem reflektierenden Satz, den Sinnkern hinter das *verbum finitum* weit ans Ende des Satzes rückt. Schiller verharmlost die Grausamkeit des Krieges nicht, mit der der zweite Jäger frech prahlt, er mildert sie ausschließlich mit sprachlichen Mitteln, bis sie rein rational dem Zuschauer faßbar wird, ohne ihn emotional zu beunruhigen.

Der Wachtmeister, der es zum Obersten der Unteroffiziere gebracht hat, spricht für die Karrierechancen im Krieg. Dem frisch geworbenen Rekruten malt er die Aufstiegsmöglichkeiten in glänzenden Farben aus, setzt dagegen die vergebliche Mühe des Bürgers um gesellschaftliche Anerkennung:

> Die Weltkugel liegt vor Ihm offen,
> Wer nichts waget, der darf nichts hoffen.
> Es treibt sich der Bürgersmann, träg und dumm,
> Wie des Färbers Gaul, nur im Ring herum.
> Aus dem Soldaten kann alles werden,
> Denn Krieg ist jetzt die Losung auf Erden.
> Seh Er mal *mich* an! In diesem Rock
> Führ ich, sieht Er, des Kaisers Stock.
> Alles Weltregiment, muß Er wissen,
> Von dem Stock hat ausgehen müssen;
> Und das Szepter in Königs Hand
> Ist ein Stock nur, das ist bekannt.
> Und wers zum Korporal erst hat gebracht,
> Der steht auf der Leiter zur höchsten Macht,
> Und so weit kann Ers auch noch treiben ...

(I.7, 423–437)

Das Wort vom »Marschallstab im Tornister« scheint hier vorformuliert. So komisch der Vergleich des wachtmeisterlichen Stocks mit dem Königszepter auch klingt: er ist auch eine versteckte Vorausdeutung, daß Wallenstein, einst ein »schlichter Edelmann«, mit seinem Generalsstab durchaus das »Weltregiment« an Stelle des Kaisers führen könnte. Der Wachtmeister versucht seinen Feldherrn bis in lächerliche Äußerlichkeiten zu kopieren, heißt es, ohne doch seinen »Geist«, sein »Genie« zu erfassen. Er wirft mit bedeutend klingenden Leerformeln um sich (»Das Tempo macht ihn, der Sinn und Schick, / Der Begriff, die Bedeutung, der feine Blick«), die ihn in seinem Drang zum Höheren, in seinem Dünkel bloßstellen.

Der erste Jäger verbittet sich kurzerhand diese Phrasen (»Fratzen«), wiederholt, etwas gemäßigter als sein Kumpan, die Lust am »flotten« und »müßigen« Leben des Kriegs, der frischen Wagemut, ja Todesmut fordere, aber Freiheit im Vergleich zur Enge und Plackerei einer bürgerlichen Existenz bedeute.

Immer wieder wird das Bürgerdasein von den Soldaten mit Ohnmacht, Fron, sinnlosem Einerlei gleichgesetzt, bestenfalls mit einem idyllischen Glück, das für geruhsame Gemüter taugt. Die soldatische Existenz dagegen wird als gesteigertes Leben geschildert, weil sie in ihrer atemlosen Lebensfülle berauscht, weil sie Genuß, Sorglosigkeit, Chance auf Verdienst, Ehre und sozialen Aufstieg bietet. Das Soldat-Sein wird schließlich gleichgesetzt mit eigentlichem Mensch-Sein.

Diese Umkehrung aller Werte gipfelt in dem Satz des ersten Arkebusiers: »Der Bauer ist auch ein Mensch – sozusagen«, wobei die Komik des nachgestellten »sozusagen« die Ungeheuerlichkeit der Aussage schlaglichtartig erhellt. Der erste Kürassier läßt den falschspielenden Bauern schließlich laufen, nicht aus Großzügigkeit, sondern weil er ihn zu gering achtet: »Wie? Du bist ein Friedländischer Mann, / Kannst dich so wegwerfen und blamieren, / Mit einem Bauern dein Glück probieren? / Der laufe, was er laufen kann.« Der Bauer gehört schließlich zur *misera plebs,* zum »Gehudel« unten, über das der noble Reiter von seinem Roß »leicht« hinwegschauen will.

Der erste Kürassier war sein Leben lang bei den Soldaten: »Wer bin ich? ich habs nie erfahren, / Sie stahlen mich schon in jungen Jahren.« Er ist der ungebundene Mensch schlechthin; er identifiziert sich, weil er nichts anderes kennt, mit dem Umgetrieben-Sein des Soldaten, mit dem Gesetz des Krieges, das Bindungslosigkeit und Todesbereitschaft fordert, und gewinnt dadurch eine gewisse innere Freiheit. Er akzeptiert die unabänderliche Grausamkeit des Krieges; er nimmt hin, daß in diesen »schweren Zeiten« das Schwert entscheidet und nicht das Recht, und versucht doch, Menschlichkeit und Würde zu bewahren:

ERSTER KÜRASSIER: Der Soldat muß sich können fühlen.
  Wers nicht edel und nobel treibt,
  Lieber weit von dem Handwerk bleibt.
  Soll ich frisch um mein Leben spielen,
  Muß mir noch etwas gelten mehr.
  Oder ich lasse mich eben schlachten
  Wie der Kroat – und muß mich verachten.
BEIDE JÄGER: Ja, übers Leben noch geht die Ehr!
ERSTER KÜRASSIER: Das Schwert ist kein Spaten, kein Pflug,
  Wer damit ackern wollte, wäre nicht klug.
  Es grünt uns kein Halm, es wächst keine Saat,
  Ohne Heimat muß der Soldat
  Auf dem Erdboden flüchtig schwärmen,

Darf sich an eignem Herd nicht wärmen,
Er muß vorbei an der Städte Glanz,
An des Dörfleins lustigen, grünen Auen,
Die Traubenlese, den Erntekranz
Muß er wandernd von ferne schauen.
Sagt mir, was hat er an Gut und Wert,
Wenn der Soldat sich nicht selber ehrt?
Etwas muß er sein eigen nennen,
Oder der Mensch wird morden und brennen.

(I.11, 911–932)

Gegen die brutale Zügellosigkeit, der vor allem der zweite Jäger das Wort geredet hat, nimmt sich die Haltung des Kürassiers nachgerade nobel aus. Ohne auf sich »trommeln zu lassen«, das heißt: selber Gewalt zu erleiden, will er sich »menschlich fassen«, niemandem aus Lust Leid antun, höchstens aus der Not der Umstände, die er als unabänderlich ansieht. Wie vorher bei der Prahlerei des zweiten Jägers fällt die Diskrepanz zwischen Inhalt und Aussageform auf: Das entsetzliche »Einhaun« des Krieges ist merkwürdig ruhig vorgetragen; wir spüren keine innere Auflehnung, spüren die zerrissene Seele des Kürassiers nicht, wenn er vom Jammer des Krieges redet, so als könne er sich ein wahrhaft empfindendes Herz gar nicht leisten:

Gehts auf Kosten des Bürgers und Bauern,
Nun wahrhaftig, sie werden mich dauern;
Aber ich kanns nicht ändern – seht,
's ist hier just, wies beim Einhaun geht,
Die Pferde schnauben und setzen an,
Liege wer will mitten in der Bahn,
Seis mein Bruder, mein leiblicher Sohn,
Zerriß mir die Seele sein Jammerton,
Über seinen Leib weg muß ich jagen,
Kann ihn nicht sachte beiseitetragen.

(I.11, 977–986)

Nur relativ, nur innerhalb der soldatischen Existenz sind des Kürassiers Freiheit und Würde gültig. Gemessen an der wahren Menschlichkeit, wie sie Schiller in seinen ›Briefen über die ästhetische Erziehung‹ umreißt, erweisen sie sich als Schein. Der Krieg ist die Perversion des Lebens schlechthin, denn er kann der institutionalisierten Unmenschlichkeit noch den Schein von Menschlichkeit verleihen.

Die einzelnen Soldaten läßt Schiller nicht nur jeweils für ihr Regiment sprechen, sie verweisen in ihren Charakteren und Haltungen auch auf ihre Offiziere. Die Konflikte unter den Soldaten spiegeln im Vorgriff die Gegensätze unter den Obristen. Der beinahe lyrische Ton des Kürassiers, als er von des »Dörfleins lustigen, grünen Auen«, der »Traubenlese«, dem »Erntekranz« sprach, paßt zu dem Schwärmen von der Idylle des Friedens, in das sein Kommandeur Max Piccolomini verfallen wird (der auch nur den Krieg in seinem jungen Leben kennengelernt hat). Die stumpfen Kroaten gehören zum Regiment des ebenso gedanken- wie bedenkenlosen Isolani, Jäger und Trompeter in ihrer blinden Wallensteinergebenheit zu Illo und Terzky, den am Ende mitermordeten Parteigängern des Friedländers, die kaisertreuen Arkebusiere zum Regiment Tiefenbach, das als eines der ersten Wallenstein verlassen wird.

In dem Bewußtsein, ihr Glück und ihre Freiheit nur in der geschlossenen Kraft des ganzen Heeres, in Wallensteins einigendem Geist bewahren zu können, sind sich die Soldaten bei allen Gegensätzen einig. Als sie erfahren, daß auf Befehl des Kaisers achttausend Mann nach Flandern abgezogen werden sollen, fürchten sie sofort um ihre Vorteile. Noch ist Krieg, noch haben sie ihren Gewinn davon. Der Krieg muß andauern (denn im Frieden kommt der Bauer wieder zum Zug), und Wallenstein muß den inhomogenen, »furchtbaren Haufen« zusammenhalten, damit er seine Überlegenheit behält. »Freiheit ist bei der Macht allein. / Ich leb und sterb bei dem Wallenstein«, formuliert der zweite Jäger überschwenglich, ohne daß ihm der Doppelsinn seiner Worte bewußt wäre, denn diese unbedingte Parteinahme bedeutete Hochverrat und damit den Tod, wenn sich Wallenstein gegen den Befehl des Kaisers stellen würde.

Freiheit, die sich allein von der Macht ableitet, ist im höchsten Grade fragwürdig, ja bedeutet grundsätzlich Unfreiheit, und eine Macht, die von solchen wie dem Jäger getragen wird, ist immer gefährdet (denn einem glücklosen Wallenstein würde keiner mehr folgen); das hatte der Zuschauer im Spiel zu erkennen und auf seine Gegenwart zu reflektieren. Bestimmte da nicht auch der Vorteil anstelle des Herzens die Loyalitäten, bestimmten da nicht auch die Mächtigen über die Freiheit bzw. Unfreiheit der anderen? Auch das steckt ja in dem oben zitierten Satz, einem Kernsatz der ›Wallenstein‹-Trilogie.

Das Verhältnis der Soldaten und der Offiziere zu Wallenstein, das Verhältnis des Feldherrn zum Kaiser und umgekehrt sind durchweg zweckbestimmt. Alles oder nichts, oben oder unten, Herr oder Knecht scheint die einzige Wahrheit dieser kriegerischen Zeit. Das Unheil im bevorstehenden Loyalitätskonflikt zwischen Wallenstein und dem Kaiser kündigt sich in den aufgeregten Gesprächen der Soldaten an:

ZWEITER JÄGER: Wir lassen uns nicht so im Land rum führen!
  Sie sollen kommen und sollens probieren!
ERSTER ARKEBUSIER: Liebe Herren, bedenkts mit Fleiß,
  's ist des Kaisers Will und Geheiß.
TROMPETER: Werden uns viel um den Kaiser scheren.
ERSTER ARKEBUSIER: Laß Er mich das nicht zweimal hören.
TROMPETER: 's ist aber doch so, wie ich gesagt.
ERSTER JÄGER: Ja, ja, ich hörts immer so erzählen,
  Der Friedländer hab hier allein zu befehlen.
WACHTMEISTER: So ists auch, das ist sein Beding und Pakt.
  Absolute Gewalt hat er, müßt ihr wissen,
  Krieg zu führen und Frieden zu schließen,
  Geld und Gut kann er konfiszieren,
  Kann henken lassen und pardonieren,
  Offiziere kann er und Obersten machen,
  Kurz, er hat alle die Ehrensachen.
  Das hat er vom Kaiser eigenhändig.
ERSTER ARKEBUSIER: Der Herzog ist gewaltig und hochverständig;
  Aber er bleibt doch, schlecht und recht,
  Wie wir alle, des Kaisers Knecht.
WACHTMEISTER: Nicht wie wir alle! das wißt Ihr schlecht.
  Er ist ein unmittelbarer und freier
  Des Reiches Fürst, so gut wie der Bayer.
  Sah ichs etwa nicht selbst mit an,
  Als ich zu Brandeis die Wach getan,
  Wie ihm der Kaiser selbsten erlaubt
  Zu bedecken sein fürstlich Haupt?
ERSTER ARKEBUSIER: Das disputiert ihm niemand nicht.
  Wir aber stehn in des Kaisers Pflicht.
  Und wer uns bezahlt, das ist der Kaiser.
TROMPETER: Das leugn ich Ihm, sieht Er, ins Angesicht.
  Wer uns *nicht* zahlt, *das* ist der Kaiser!
  Hat man uns nicht seit vierzig Wochen
  Die Löhnung immer umsonst versprochen?
ERSTER ARKEBUSIER: Ei was! das steht ja in guten Händen.
ERSTER KÜRASSIER: Fried, ihr Herrn! Wollt ihr mit Schlägen enden?
  Ist denn darüber Zank und Zwist,
  Ob der Kaiser unser Gebieter ist?
  Eben drum, weil wir gern in Ehren
  Seine tüchtigen Reiter wären,
  Wollen wir nicht seine Herde sein,
  Wollen uns nicht von den Pfaffen und Schranzen
  Herum lassen führen und verpflanzen.
  Sagt selber! Kommts nicht dem Herrn zugut,
  Wenn sein Kriegsvolk was auf sich halten tut?
  Wer anders macht ihn als seine Soldaten
  Zu dem großmächtigen Potentaten?
  Verschafft und bewahrt ihm weit und breit
  Das große Wort in der Christenheit? ...

(I.11, 838–900)

Der erste Kürassier trifft mit seiner Frage »Ist denn darüber Zank und Zwist, / Ob der Kaiser unser Gebieter ist?« das Kernproblem des ganzen Stücks. Indem er sie als rhetorische Frage stellt, die keiner Antwort bedürfte, lenkt er die andern von der gefährlichen Diskussion um die tatsächliche Befehlsgewalt ab. Er schlägt einen vernünftigen Kompromiß vor, der das Recht wahrt wie auch die Selbstachtung der Soldaten; ihre Ehre verbiete es ihnen, sich wie »Hunde« herumkommandieren zu lassen, sagt er. Also werden sie eine Petition unterschreiben, daß sie zusammen und bei Wallenstein bleiben wollen, und sie Max Piccolomini überreichen, der beim Kaiser und bei Wallenstein gleichermaßen hohes Ansehen genießt.

Die Szene endet bei Wein und Gesang: »Der Wehrstand soll leben! / Der Nährstand soll geben!« Rauschhaft erleben die Soldaten, eben noch im Begriff, aufeinander loszugehen, die Kraft der Solidarität. Der Geist ihres Schöpfers Wallenstein, der »im ganzen Korps tut leben« und »gewaltig wie Windesweben / Auch den untersten Reiter« mitreißt, wird noch einmal mächtig in Szene gesetzt, – auch um die Verführungsgewalt, die solche Stärke darstellt, zu veranschaulichen: »Sein Lager nur erkläret sein Verbrechen«, hieß es im Prolog.

Das berühmte Reiterlied, in das alle einstimmen (bis auf die Arkebusiere, die bezeichnenderweise die Runde verlassen haben), wurde Generationen später mißbraucht, um Soldaten für den Krieg zu begeistern, – eine Pervertierung der Schillerschen Absicht, denn dieser wollte die »Wahrheit« des Krieges anschaulich, menschlich faßbar machen und sie gleichzeitig als verführerisch und trügerisch, ja gefährlich der Kritik aussetzen. Dazu aber mußte man Schillers Dichtungskonzept kennen.

ZWEITER KÜRASSIER *(singt):*
Wohl auf, Kameraden, aufs Pferd, aufs Pferd!
 Ins Feld, in die Freiheit gezogen.
Im Felde, da ist der Mann noch was wert,
 Da wird das Herz noch gewogen.
Da tritt kein anderer für ihn ein,
Auf sich selber steht er da ganz allein.

*(Die Soldaten aus dem Hintergrunde haben sich während
 des Gesangs herbeigezogen und machen den Chor.)*

CHOR:
Da tritt kein anderer für ihn ein,
Auf sich selber steht er da ganz allein.

DRAGONER:
Aus der Welt die Freiheit verschwunden ist,
  Man sieht nur Herren und Knechte;
Die Falschheit herrschet, die Hinterlist
  Bei dem feigen Menschengeschlechte.
Der dem Tod ins Angesicht schauen kann,
Der Soldat allein ist der freie Mann.

CHOR:
Der dem Tod ins Angesicht schauen kann,
Der Soldat allein ist der freie Mann.

ERSTER JÄGER:
Des Lebens Ängsten, er wirft sie weg,
  Hat nicht mehr zu fürchten, zu sorgen;
Er reitet dem Schicksal entgegen keck,
  Trifft's heute nicht, trifft es doch morgen,
Und trifft es morgen, so lasset uns heut
Noch schlürfen die Neige der köstlichen Zeit.

CHOR:
Und trifft es morgen, so lasset uns heut
Noch schlürfen die Neige der köstlichen Zeit.
*(Die Gläser sind aufs neue gefüllt worden, sie stoßen
an und trinken.)*

WACHTMEISTER:
Von dem Himmel fällt ihm sein lustiges Los,
  Braucht's nicht mit Müh zu erstreben,
Der Fröner, der sucht in der Erde Schoß,
  Da meint er den Schatz zu erheben.
Er gräbt und schaufelt, so lang er lebt,
Und gräbt, bis er endlich sein Grab sich gräbt.

CHOR:
Er gräbt und schaufelt, so lang er lebt,
Und gräbt, bis er endlich sein Grab sich gräbt.

ERSTER JÄGER:
Der Reiter und sein geschwindes Roß,
  Sie sind gefürchtete Gäste;
Es flimmern die Lampen im Hochzeitsschloß,
  Ungeladen kommt er zu Feste,
Er wirbt nicht lange, er zeiget nicht Gold,
Im Sturm erringt er den Minnesold.

CHOR:
Er wirbt nicht lange, er zeiget nicht Gold,
Im Sturm erringt er den Minnesold.

ZWEITER KÜRASSIER:
Warum weint die Dirn und zergrämet sich schier?
  Laß fahren dahin, laß fahren!
Er hat auf Erden kein bleibend Quartier,
  Kann treue Lieb nicht bewahren.
Das rasche Schicksal, es treibt ihn fort,
Seine Ruhe läßt er an keinem Ort.

CHOR:
Das rasche Schicksal, es treibt ihn fort,
Seine Ruhe läßt er an keinem Ort.
ERSTER JÄGER *(faßt die zwei Nächsten an der Hand, die*
*übrigen ahmen es nach; alle, welche gesprochen, bilden*
*einen großen Halbkreis):*
Drum frisch, Kameraden, den Rappen gezäumt,
  Die Brust im Gefechte gelüftet.
Die Jugend brauset, das Leben schäumt,
  Frisch auf! eh' der Geist noch verdüftet.
Und setzet ihr nicht das Leben ein,
Nie wird euch das Leben gewonnen sein.
CHOR:
Und setzet ihr nicht das Leben ein,
Nie wird euch das Leben gewonnen sein.
*(Der Vorhang fällt, ehe der Chor ganz ausgesungen.)*

(I.11, 1052–1107)

Nur die Kunst vermag Gegensätze friedlich zu harmonisieren,
d. h. nur auf ästhetischem Wege sind Konflikte gewaltfrei auflös-
bar. Das ›Reiterlied‹ liefert gewissermaßen den Beweis hierzu.

Die Strophen des Liedes sind in etwa gleich aufgebaut: Vier
Verse, verbunden durch das Reimschema ABAB, entwerfen eine
konkrete Situation, aus der in den Versen 5 und 6 (Reim CC) eine
Art Sentenz gezogen wird, die der Chor als die Gesamtheit der
Soldaten bestätigt. Die Vorsänger artikulieren noch einmal die ver-
schiedenen Positionen der Soldaten:

Der zweite Kürassier setzt den Krieg mit Freiheit gleich, weil
hier noch Herz, Mut und Tapferkeit den Menschen ausmachen,
Tugenden, die im bürgerlichen Leben, wie die zweite Strophe sagt,
nicht mehr zählen. Freiheit ist nur unter gleichberechtigten Bürgern möglich, nicht in einer Herr-Diener-Hierarchie; ein Gesell-
schaftssystem, das auf Herrschaft durch Unterdrückung baut,
schließt sie per se aus, schafft eine Welt des Trugs und der Feigheit.

Der Soldat, der täglich sein Leben aufs Spiel setzt, muß notgedrungen dem Tod mit einer gewissen Gelassenheit entgegensehen,
die sein eher hektisches *Carpe diem*-Gefühl verständlich macht;
mit jener freien ruhigen Ergebenheit in das Schicksal, die der Klassiker fordert, hat der Fatalismus der Soldaten nichts zu tun.

Auf den engen Zusammenhang von Kriegsfortune und Glücksspiel
deutet der Wachtmeister in der vierten Strophe hin: Dem Soldaten fällt
»sein lustiges Los« ohne sein Zutun, wie in einer Lotterie, in den
Schoß, während der Bürger in Fronarbeit seine Hoffnung auf bessere
Lebensbedingungen schließlich zu Grabe trägt.

Der erste Jäger nimmt noch einmal das ungestüme Tempo der
frech durch die Lande ziehenden wilden Horde auf, die mit Lust

verwüstet, brennt und vergewaltigt, selbst eine Braut an ihrem Hochzeitstag wird von ihnen nicht verschont. Wieweit die Kunst das entsetzliche Wüten der Soldaten abmildert, ja schönt, ist in dieser Strophe besonders augenfällig: Im Kontext der anderen Strophen, der rauschhaften Gemeinsamkeit, bekommen die stürmischen Reiter beinahe noch einen Hauch von kühn zupackender Männlichkeit; wenn Schiller das Wort »Minnesold« in diesem Zusammenhang verwendet, ist die ironische Spannung zwischen Wirklichkeit und Kunst auf die Spitze getrieben.

Der erste Kürassier wiederholt sein Schicksal von der Heimatlosigkeit, dem ruhelosen Umgetrieben-Sein, das treue Liebe unmöglich macht, und vermag nur nicht dem äußeren Zustand einer dauernden Veränderung, die der Krieg darstellt, die unabänderliche innere Ruhe der Person entgegenzusetzen, die wahre Freiheit bedeutet (oder eben grundsätzlich seine Einstellung zum Krieg zu ändern, wie es sein Oberst Max Piccolomini später vorführt).

In der letzten Strophe wird ausdrücklich die Metapher des Glücksspiels gewählt, das für erhöhten Einsatz höheren Gewinn (d.h. höheres Lebensgefühl) verspricht: »Und setzet ihr nicht das Leben ein, / Nie wird euch das Leben gewonnen sein«. Wie eine Schlußpointe nehmen diese letzten beiden Verse noch einmal die ganze Faszination des Krieges auf – rücken gleichzeitig das Lied, ja das ganze Stück in die Sphäre des Un-Ernsts bzw. der Selbsttäuschung.

›Wallensteins Lager‹ stimmt unmittelbar ein in die Atmosphäre des Dreißigjährigen Krieges: Das bunt zusammengedrängte Völkergemisch vor und in den Marketenderzelten, in denen gewürfelt, gezecht, getanzt, gesungen, gebuhlt und gestritten wird, gibt auf eine ursprüngliche, direkte Weise die rauhe Realität des Krieges wieder, die Not wie die Lust, die Fortunas Glücksrad mit sich bringt. Nach diesem malerischen Bilderbogen mit seiner kernigen Sprache und den biederen Knittelversen ist nun das zweite Stück der Trilogie transponiert auf die Ebene der großen Politik, des »hohen Stils«, dem der Blankvers und die klassische Einteilung in fünf Akte entsprechen.


Die Piccolomini


Die Weltgeschichte hat Schiller definiert als den »Konflikt der Naturkräfte untereinander selbst und mit der Freyheit der Menschen«. Im zweiten Teil des Dramas wird die Kontroverse zwischen Wallensteinergebenen und Kaisertreuen, die sich im ›Lager‹ auf der Ebene der Soldaten ankündigte, auch als dieser ewige

Kampf restaurativer und vorwärtsdrängender Energien dargestellt; die beiden Generäle Octavio und Max Piccolomini, Vater und Sohn, personifizieren diese widerstreitenden Kräfte, bestimmen wesentlich den sich nun zuspitzenden Konflikt – daher geben sie dem Mittelteil der Trilogie den Namen.

Wallenstein hat seine Macht im böhmischen Pilsen konzentriert: hier befinden sich fast alle seine Offiziere, hierher reisen unter dem Schutze Max Piccolominis seine Frau und seine Tochter aus kaiserlichem Gebiet. Im Rathaus zu Pilsen, dem Hauptquartier Wallensteins, vertritt allein der Kriegsrat Questenberg offen die Partei des Kaisers; Octavio Piccolomini gibt seine kaisertreue Gesinnung nicht zu erkennen: Nach außen enger Vertrauter Wallensteins, hat er insgeheim den Auftrag, den Feldherrn im Falle eines Verrats abzusetzen und selbst den Oberbefehl über die kaiserlichen Truppen zu übernehmen. Es scheint, als sei der Übergang Wallensteins zu den Schweden, mit denen er über ein Jahr lang heimlich verhandelt hatte, beschlossene Sache und nur noch eine Frage von Tagen, jedenfalls zweifeln weder Questenberg noch Octavio daran, wenn ihnen auch der letzte Beweis noch fehlt.

Max Piccolomini verurteilt des Vaters und Questenbergs Verdacht heftig; für ihn ist Wallenstein der Garant einer neuen Ordnung, eines neuen Friedens in Europa, den zu erlangen es eigener Schritte bedarf, die nicht unbedingt vom Kaiser diktiert sein müssen. In ihren unversöhnlichen Positionen veranschaulichen Vater und Sohn Piccolomini die Gespaltenheit des ›Lagers‹ und die – bis heute – kontroverse Beurteilung der Wallensteinschen Politik. Der staatspolitische Konflikt wird damit um eine wichtige menschliche Dimension erweitert.

Leitmotivisch zieht sich die Diskussion um Freiheit und Herrschaft durch das ganze Werk. In den ›Piccolomini‹ setzen sie zunächst die Offiziere fort: Wiederum entzündet sich die Kontroverse an der Figur des Generalissimus Wallenstein und seiner Macht, die dem Kaiserhof bedrohlich geworden ist, ihnen jedoch zugute kommt. Ganz ähnlich wie im ›Lager‹ lautet die allgemeine Antwort: »Der Kaiser gibt uns nichts – vom Herzog / Kommt alles, was wir hoffen, was wir haben.« Stellvertretend für den Führungsstab im Friedländischen Heer heben Illo, Isolani, Buttler und der Schwager Terzky Wallensteins Führungskraft, seine »Vatersorge« und Toleranz, seine fürstliche Großzügigkeit hervor; Buttler, der es vom einfachen Stallburschen zum Generalmajor mit eigenem Regiment gebracht hat (ein Emporkömmling wie der Wachtmeister im ›Lager‹ und, letztlich, wie Wallenstein selbst), verteidigt in kühner Rede seinen Feldherrn gegen den Abgesandten des Wiener Hofs, Questenberg:

BUTTLER: All dieses Volk gehorcht Friedländischen
Hauptleuten. Die's befehligen, sind alle
In *eine* Schul gegangen, *eine* Milch
Hat sie genährt, *ein* Herz belebt sie alle.
Fremdlinge stehn sie da auf diesem Boden,
Der Dienst allein ist ihnen Haus und Heimat.
Sie treibt der Eifer nicht fürs Vaterland,
Denn Tausende, wie mich, gebar die Fremde.
Nicht für den Kaiser, wohl die Hälfte kam
Aus fremdem Dienst feldflüchtig uns herüber,
Gleichgültig, unterm Doppeladler fechtend
Wie unterm Löwen und den Lilien.
Doch alle führt an gleich gewaltgem Zügel
Ein Einziger, durch gleiche Lieb und Furcht
Zu *einem* Volke sie zusammenbindend.
Und wie des Blitzes Funke sicher, schnell,
Geleitet an der Wetterstange, läuft,
Herrscht sein Befehl vom letzten fernen Posten,
Der an die Dünen branden hört den Belt,
Der in der Etsch fruchtbare Täler sieht,
Bis zu der Wache, die ihr Schilderhaus
Hat aufgerichtet an der Kaiserburg.
QUESTENBERG: Was ist der langen Rede kurzer Sinn?
BUTTLER: Daß der Respekt, die Neigung, das Vertraun,
Das uns dem Friedland unterwürfig macht,
Nicht auf den ersten besten sich verpflanzt,
Den uns der Hof aus Wien herübersendet.
Uns ist in treuem Angedenken noch,
Wie das Kommando kam in Friedlands Hände.
Wars etwa kaiserliche Majestät,
Die ein gemachtes Heer ihm übergab,
Den Führer nur gesucht zu ihren Truppen?
– Noch gar nicht war das Heer. Erschaffen erst
Mußt es der Friedland, er *empfing* es nicht,
Er *gabs* dem Kaiser! Von dem Kaiser nicht
Erhielten wir den Wallenstein zum Feldherrn.
So ist es nicht, so nicht! Vom Wallenstein
Erhielten wir den Kaiser erst zum Herrn …

(I.2, 219–256)

Hier bereits wird deutlich, wie sich aus der spezifischen geschichtlichen Situation die politischen Konflikte und die menschlichen
Schicksale beinahe zwangsläufig entwickeln: Die politische Not
hatte den Kaiser gezwungen, Wallenstein zum mächtigsten Heerführer zu machen; nun wird er die Geister, die er rief, nicht mehr
los, die Herrscherbegabung Wallensteins richtet sich gegen ihn
selbst. Die »unnatürliche« Macht, die Wallenstein zufiel, wird ihn
zum Verräter machen.

Questenberg ist entsetzt über den mangelnden Respekt dem Kaiser gegenüber (»Hier ist kein Kaiser mehr. Der Fürst ist Kaiser!), er befürchtet, daß die alte Ordnung zerfallen und Aufruhr, Chaos, kurz: bürgerkriegsähnliche Zustände in den habsburgischen Stammlanden ausbrechen könnten.

> Im innern Land des Aufruhrs Feuerglocke –
> Der Bauer in Waffen – alle Stände schwürig –
> Und die Armee, von der wir Hülf erwarten,
> Verführt, verwildert, aller Zucht entwohnt
> Vom Staat, von ihrem Kaiser losgerissen,
> Vom Schwindelnden die schwindelnde geführt,
> Ein furchtbar Werkzeug, dem verwegensten
> Der Menschen blind gehorchend hingegeben – ...
>
> (I.3, 323–330)

Die zivilisierte Menschheit, zurückgeworfen in ihre elementarsten tierischen Anfänge – so hatte Schiller immer wieder das Ausarten in Willkür, das Chaos entfesselter Triebe im revolutionären Frankreich als Ergebnis jahrhundertelanger Unterdrückung beschrieben. Noch in der erregten Sprache Questenbergs, in seinen abgerissenen Sätzen, klingen Angst und Schrecken über dieses dunkle Kapitel der Menschheitsgeschichte nach.

Octavio, der einen unbestechlichen Blick für die politische Wirklichkeit hat, beruhigt Questenberg; er weiß um die Verführbarkeit dieser Offiziere mit Geld und Macht und Ehre, und wie leicht sie zurückschrecken, wenn Wallensteins Vorgehen öffentlich als Hochverrat bezeichnet wird.

Die Intrige, das Spiel mit den verdeckten Karten, gehörte seinerzeit zu den festen Vorstellungen vom politisch-höfischen Leben. Der politisch entmündigte Bürger des 18. Jahrhunderts distanzierte sich entschieden von den verderblichen Praktiken des herrschenden Adels und kompensierte seine politisch-gesellschaftliche Bedeutungslosigkeit mit dem Bewußtsein einer moralischen Überlegenheit. Da im II. und III. Teil der ›Wallenstein‹-Trilogie eine »Staatsaction« auf die Bühne gestellt wird, ist die bürgerliche Kritik am höfisch-intriganten Verhalten beinahe selbstverständlich miteingeschlossen. Was im ›Lager‹ als Scheinfreiheit der Soldaten entlarvt wurde, wird in der Generalität, am Wiener Hof, auch beim schwedischen Unterhändler Wrangel (der schließlich seine »Maske fallen lassen will«) als bewußtes Täuschungsmanöver bloßgestellt. (Es lohnt sich, das Werk auf die vielen Metaphern um »Spiel« und »Schein« hin durchzusehen.)

Mit dem »Pro Memoria« der Soldaten aus dem ›Lager‹, ihrer aufrichtigen Petition an Kaiser und Feldherrn zugleich, korrespondiert die Loyalitätserklärung der Generäle, deren Abfassung und Unterzeichnung jedoch die Unmoral des Offizierskorps aufzeigt. Blinden Gehorsam wie die Soldaten wollen sie Wallenstein nicht leisten. Als er es von ihnen verlangt und sie damit zum Treubruch gegen den Kaiser auffordert, bedienen sich Terzky und Illo einer List: Sie werden einen unverfänglichen Text zu Beginn des abendlichen Banketts herumreichen, den sie später, wenn genügend Wein getrunken ist, in einer Kopie ohne die entscheidende Klausel *»so weit nämlich unser dem Kaiser geleisteter Eid es erlauben wird«* unterschreiben lassen. Alle, bis auf Max, werden das Falschspiel mitmachen.

Im 4. Auftritt des I. Aktes prallen die konträren Positionen der beiden Piccolomini zum ersten Mal aufeinander. Mit wenigen Strichen zeichnet Schiller die menschliche Konstellation dieses Gesprächs: Voll Wärme begrüßt Max den Vater, umarmt ihn, um gleich darauf, als er Questenberg erkennt, sich »kalt« abzuwenden. Octavio aber erwidert den Gruß nicht, sondern tadelt sofort, daß Max dem Minister keine Reverenz erweist. Questenberg ergreift, Max' Affront überspielend, mit großer Geste beider Hände – als wollte er eine Einheit beschwören, die nicht mehr gegeben ist:

QUESTENBERG: ... Octavio – Max Piccolomini!
  Heilbringend, vorbedeutungsvolle Namen!
  Nie wird das Glück von Österreich sich wenden,
  So lang zwei solche Sterne, segenreich
  Und schützend, leuchten über seinen Heeren.
MAX: Sie fallen aus der Rolle, Herr Minister,
  Nicht Lobens wegen sind Sie hier, ich weiß,
  Sie sind geschickt, zu tadeln und zu schelten –
  Ich will voraus nichts haben vor den andern.
OCTAVIO *(zu Max)*:
  Er kommt vom Hofe, wo man mit dem Herzog
  Nicht ganz so wohl zufrieden ist als hier.

(I.4, 394–404)

Indem Schiller die Spannung zwischen Kaiser und Wallenstein auf die Vater-Sohn-Ebene überträgt, erhellt er ihr schicksalhaftes Wirken bis in die Familie hinein. Octavio Piccolomini ist ein kaisertreuer Untertan, der ungefragt seine Pflicht tut und die eigenmächtigen Bestrebungen Wallensteins, die der kaiserlichen Ordre zuwiderlaufen, für Verrat hält. Max Piccolomini, der jugendliche Kommandeur der Pappenheimer Kürassiere, stellt neben die unbedingte Loyalitätspflicht die Verpflichtung für eine höhere Aufgabe; er sieht sie darin, eine neue allgemeine Friedensordnung in Europa zu schaffen, die nicht der Vergrößerung der österreichischen Hausmacht, sondern dem Wohl des Ganzen dient. Daß Wallenstein dabei andere Wege geht als die, die der Kaiser befiehlt, gesteht Max dem außerordentlichen Herrschergenie zu. An den Vater und den Wiener Hof, die er als eine Partei erkennt, richtet er seinen Mißmut:

MAX: Was gibts aufs neu denn an ihm auszustellen?
    Daß er für sich allein beschließt, was er
    Allein versteht? Wohl! daran tut er recht,
    Und wirds dabei auch sein Verbleiben haben . –
    Er ist nun einmal nicht gemacht, nach andern
    Geschmeidig sich zu fügen und zu wenden,
    Es geht ihm wider die Natur, er kanns nicht.
    Geworden ist ihm eine Herrscherseele,
    Und ist gestellt auf einen Herrscherplatz.
    Wohl uns, daß es so ist! Es können sich
    Nur wenige regieren, den Verstand
    Verständig brauchen – Wohl dem Ganzen, findet
    Sich einmal einer, der ein Mittelpunkt
    Für viele tausend wird, ein Halt; – sich hinstellt
    Wie eine feste Säul, an die man sich
    Mit Lust mag schließen und mit Zuversicht.
    So einer ist der Wallenstein, und taugte
    Dem Hof ein andrer besser – der Armee
    Frommt nur ein solcher.
QUESTENBERG: Der Armee! Jawohl!
MAX: Und eine Lust ists, wie er alles weckt
    Und stärkt und neu belebt um sich herum,
    Wie jede Kraft sich ausspricht, jede Gabe
    Gleich deutlicher sich wird in seiner Nähe!
    Jedwedem zieht er seine Kraft hervor,
    Die eigentümliche, und zieht sie groß,
    Läßt jeden ganz das bleiben, was er ist,
    Er wacht nur drüber, daß ers immer sei
    Am rechten Ort; so weiß er aller Menschen
    Vermögen zu dem seinigen zu machen.
QUESTENBERG: Wer spricht ihm ab, daß er die Menschen kenne,
    Sie zu gebrauchen wisse! Überm Herrscher
    Vergißt er nur den Diener ganz und gar,
    Als wär mit seiner Würd er schon geboren.
MAX: Ist ers denn nicht? Mit jeder Kraft dazu
    Ist ers, und mit der Kraft noch obendrein,
    Buchstäblich zu vollstrecken die Natur,
    Dem Herrschtalent den Herrschplatz zu erobern.
QUESTENBERG: So kommts zuletzt auf seine Großmut an,
    Wieviel wir überall noch gelten sollen!
MAX: Der seltne Mann will seltenes Vertrauen.
    Gebt ihm den Raum, das Ziel wird *er* sich setzen.

QUESTENBERG: Die Proben gebens.

MAX:                                          Ja! so sind sie! Schreckt
  Sie alles gleich, was eine Tiefe hat;
  Ist ihnen nirgends wohl, als wos recht flach ist.

OCTAVIO *(zu Questenberg):*
  Ergeben Sie sich nur in gutem, Freund!
  Mit dem da werden Sie nicht fertig.

MAX: Da rufen sie den Geist an in der Not,
  Und grauet ihnen gleich, wenn er sich zeigt.
  Das Ungemeine soll, das Höchste selbst
  Geschehn wie das Alltägliche. Im Felde,
  Da dringt die Gegenwart – Persönliches
  Muß herrschen, eignes Auge sehn. Es braucht
  Der Feldherr jedes Große der Natur,
  So gönne man ihm auch, in ihren großen
  Verhältnissen zu leben. Das Orakel
  In seinem Innern, das lebendige –
  Nicht tote Bücher, alte Ordnungen,
  Nicht modrigte Papiere soll er fragen.

OCTAVIO: Mein Sohn! Laß uns die alten, engen Ordnungen
  Gering nicht achten! Köstlich unschätzbare
  Gewichte sinds, die der bedrängte Mensch
  An seiner Dränger raschen Willen band;
  Denn immer war die Willkür fürchterlich –
  Der Weg der Ordnung, ging' er auch durch Krümmen,
  Er ist kein Umweg. Grad aus geht des Blitzes,
  Geht des Kanonballs fürchterlicher Pfad –
  Schnell, auf dem nächsten Wege, langt er an,
  Macht sich zermalmend Platz, um zu zermalmen.
  Mein Sohn! Die Straße, die der Mensch befährt,
  Worauf der Segen wandelt, diese folgt
  Der Flüsse Lauf, der Täler freien Krümmen,
  Umgeht das Weizenfeld, den Rebenhügel,
  Des Eigentums gemeßne Grenzen ehrend –
  So führt sie später, sicher doch zum Ziel.
  . . .
  – Du hast den Frieden nie gesehn! Es gibt
  Noch höhern Wert, mein Sohn, als kriegerischen,
  Im Kriege selber ist das Letzte nicht der Krieg.
  Die großen, schnellen Taten der Gewalt,
  Des Augenblicks erstaunenswerte Wunder,
  Die sind es nicht, die das Beglückende,
  Das ruhig, mächtig Daurende erzeugen.

                                        (I.4, 405–489)


Octavio ist der Vertreter der alten traditionellen Ordnung, der
legitimen Gewalt. Sie zu schützen, ist sein Ziel – und ginge der
Weg seiner Pflicht gegen Kaiser und Volk »auch durch Krüm-

men«. Den krummen Weg sieht er nicht als unmoralisch an, im Gegenteil: indem er ihn mit der segensreichen Straße gleichsetzt, die »der Flüsse Lauf, der Täler freien Krümmen [folgt], das Weizenfeld [umgeht]«, definiert er ihn als sinnvolle Anpassung an die gewachsenen Gegebenheiten unter Einhaltung der Rechte anderer.

In seinem vorsichtigen Konservatismus ist Octavio so eng wie die alten engen Ordnungen, die er vertritt. Recht und Pflicht setzt er ungefragt gleich, die Möglichkeit einer neuen Ordnung und damit die Notwendigkeit einer sittlichen Entscheidung kommen ihm gar nicht ins Bewußtsein, wie es sich für den Diener eines absolutistischen Staates auch gehört.

Gegen die Interpretation des Weimarer Theaterkritikers Karl August Böttiger, der Octavio Piccolomini als einen »Buben« (das hieß Spitzbube) deutete, erhob Schiller heftigen Widerspruch:

In meinem Stück ist er das nie, er ist sogar ein ziemlich rechtlicher Mann, nach dem Weltbegriff, und die Schändlichkeit, die er begeht, sehen wir auf jedem Welttheater von Personen wiederholt, die, so wie er, von Recht und Pflicht strenge Begriffe haben. Er wählt zwar ein schlechtes Mittel, aber er verfolgt einen guten Zweck. Er will den Staat retten.

(an Böttiger am 1. März 1799)

In der Auseinandersetzung mit seinem Vater stellt Max der alten verbrieften Herrschertradition die lebendige Ausstrahlung Wallensteins entgegen, der von der Natur zum Herrschen begabt sei, und den sein eigenes Inneres richtiger leite als »tote Bücher«. Mit aller jugendlichen Leidenschaftlichkeit, zu der Schillers Helden fähig sind, entwirft Max das Ideal einer sich aus eigenem Genie frei entfaltenden, charismatischen Herrschaft, die ihm Wallenstein verkörpert. Als Schöpfer und Symbol einer neuen, besseren Ordnung, die endlich den ersehnten Frieden bringt, sieht er seinen Feldherrn an. Als Max die Gattin Wallensteins und seine Tochter Thekla nach Pilsen begleitete, hat er zum ersten Mal eine Ahnung des Friedens erhalten. Für ihn, der seit frühester Jugend nur den Krieg und sich selbst als Soldaten kannte, ist mit der Liebe zu Thekla die neue, bessere Welt näher gerückt; Friede bedeutet ihm nun Heimkehr in das eigentliche Leben. Am Ende des Gesprächs mit Octavio und Questenberg steigert er sich in eine Friedensvision:

MAX: O schöner Tag! wenn endlich der Soldat
    Ins Leben heimkehrt, in die Menschlichkeit,
    Zum frohen Zug die Fahnen sich entfalten,
    Und heimwärts schlägt der sanfte Friedensmarsch.
    Wenn alle Hüte sich und Helme schmücken

Mit grünen Maien, dem letzten Raub der Felder!
Der Städte Tore gehen auf, von selbst,
Nicht die Petarde braucht sie mehr zu sprengen,
Von Menschen sind die Wälle rings erfüllt,
Von friedlichen, die in die Lüfte grüßen –
Hell klingt von allen Türmen das Geläut,
Des blutgen Tages frohe Vesper schlagend.
Aus Dörfern und aus Städten wimmelnd strömt
Ein jauchzend Volk, mit liebend emsiger
Zudringlichkeit des Heeres Fortzug hindernd –
Da schüttelt, froh des noch erlebten Tags,
Dem heimgekehrten Sohn der Greis die Hände.
Ein Fremdling tritt er in sein Eigentum,
Das längstverlaßne, ein, mit breiten Ästen
Deckt ihn der Baum bei seiner Wiederkehr,
Der sich zur Gerte bog, als er gegangen,
Und schamhaft tritt als Jungfrau ihm entgegen,
Die er einst an der Amme Brust verließ.
O! glücklich, wem dann auch sich eine Tür,
Sich zarte Arme sanft umschlingend öffnen –

(I.4, 534–558)

Den Standpunkt der Soldaten des ›Lagers‹, die im Krieg das eigentliche Leben sahen, hat Max damit verlassen. In der lyrischen Emphase seiner Rede hebt er sich auch deutlich von ihnen ab. Der Konflikt zwischen Octavio und Max, zwischen alter und neuer Herrschaft, entspricht dem Gegensatz von zweckgerichtetem Verstand und fühlendem Herzen. Octavio genügt es, »das Beglückende, / Das ruhig, mächtig Daurende«, für das er eintritt, zu benennen, während Max dem überströmenden Herzen in einer gefühlsbetonten, von ausdrucksstarken Adjektiven und Verben fast übervollen Sprache Ausdruck gibt. Beide, Vater und Sohn, wollen den Frieden und beide sehen ihn von der Partei des anderen bedroht.

MAX: Ihr seid es, die den Frieden hindern, ihr!
Der Krieger ists, der ihn erzwingen muß.
Dem Fürsten macht ihr's Leben sauer, macht
Ihm alle Schritte schwer, ihr schwärzt ihn an –
Warum? Weil an Europas großem Besten
Ihm mehr liegt als an ein Paar Hufen Landes,
Die Östreich mehr hat oder weniger –
Ihr macht ihn zum Empörer, und, Gott weiß!
Zu was noch mehr, weil er die Sachsen schont,
Beim Feind Vertrauen zu erwecken sucht,
Das doch der einzge Weg zum Frieden ist;

Denn hört der Krieg im Kriege nicht schon auf,
Woher soll Friede kommen? – Geht nur, geht!
Wie ich das Gute liebe, haß ich Euch – ...

(I.4, 565–578)

In seiner Liebe und kindlichen Anhänglichkeit an den »Soldaten-vater« ist Max blind für die Realität. Wallenstein ist nicht diese große freie Herrscherseele, die Max in ihm sieht, die »jeden ganz das bleiben [läßt], was er ist«, sondern im Gegenteil der »absolutistische Herrscher« schlechthin, der über andere Menschen willkürlich verfügt, sie als Werkzeuge seiner Macht mißbraucht. Den schönen Entwurf eines idealen Herrschers liefert Max in seinem schwärmerischen Bild, an dem der Zuschauer nicht nur Wallenstein, sondern auch seinen eigenen Fürsten messen sollte.

So wie sich beide Parteien, Kaiser und Wallenstein, geben, verhindern sie beide den Frieden. Daß der Krieg schon im Krieg aufhören muß, wie Max sagt, ist richtig, und daß der außerordentliche Mann, der etwas Außerordentliches leisten will – nämlich ein friedliches Europa – ganzes Vertrauen braucht, stimmt auch. Wallenstein schont die Sachsen und Schweden aber nicht aus dieser Friedensabsicht heraus, sondern treibt sein Spiel mit ihnen. Der Ernst der geschichtlichen Stunde hätte eines verantwortungsvollen Handelns bedurft, nicht eines Spiels mit dem Frieden, das noch eigenen Vorteil – die Krone Böhmens – bringen sollte. Der Kaiser wiederum ist tatsächlich in erster Linie auf den Machtzuwachs seines Hauses bedacht, den er um des Friedens willen nie freiwillig aufgeben würde; er bricht tatsächlich die nach Regensburg getroffene Abmachung mit Wallenstein, die auf uneingeschränkte Befehlsgewalt in der Armee lautete. Der erste Vertrauensbruch, der nur aus Zweckmäßigkeit wieder gekittet wurde, hatte schon den Keim zu neuem Vertrauensbruch in sich getragen.

Während im ›Lager‹ die komische Ironie für Distanz sorgte, herrscht in den ›Piccolomini‹ und in ›Wallensteins Tod‹ als poetische Haltung die tragische Ironie vor. Max, der jetzt noch Wallensteins Gabe preist, den Menschen ganz zu sich selbst zu führen, wird im III. Teil eben von diesem jedwede Selbstbestimmung verboten: »... ich bin dein Kaiser, / Mir angehören, mir gehorchen, *das* / Ist deine Ehre, dein Naturgesetz ...«. Max, der jetzt noch begeistert ausruft, er werde für Wallenstein »sein Blut verspritzen tropfenweis«, wird es todeswütig verspritzen, aber nicht für, sondern gegen ihn. Und Wallenstein selbst, bisher machtvoll, sicher in sich ruhend, gottähnlich geschildert, wird in seiner Abhängigkeit von Horoskopen und Aberglauben gezeigt, noch bevor er zum ersten Male selbst auf der Bühne erscheint: Unter Aufsicht seines

Astrologen Seni müssen die Bedienten den Raum ausräuchern, einen zwölften Stuhl, der heiligen Zahl wegen, aufstellen, nachdem der »Mathematicus« die bereits gerichtete »rote Erkerstube« als Unglückszimmer abgelehnt hatte. Der gesamte I. Akt hatte von großer Politik gehandelt, hinter der auch die Blutsverwandtschaft von Octavio und Max zweitrangig wurde, doch zeigt Schiller den Herzog von Friedland bei seinem ersten Auftritt im Kreise seiner Familie eher bürgerlich-privat, als habe er seine politische Existenz bereits aufgegeben. Ängstlich befragt er seine Gattin nach der Stimmung am Wiener Hof:

WALLENSTEIN: Man schalt gewiß mein neuestes Betragen?
HERZOGIN: O hätte mans getan! – Ich bins von lang her
    Gewohnt, Sie zu entschuldigen, zufrieden
    Zu sprechen die entrüsteten Gemüter –
    Nein, niemand schalt Sie – Man verhüllte sich
    In ein so lastend feierliches Schweigen.
    Ach! hier ist kein gewöhnlich Mißverständnis, keine
    Vorübergehende Empfindlichkeit –
    Etwas unglücklich, unersetzliches ist
    Geschehn – ...
    Und wär es? Teurer Herzog, wärs an dem,
    Was man am Hofe leise flüstert, sich
    Im Lande laut erzählt – was Pater Lamormain
    Durch einige Winke –
WALLENSTEIN (schnell): Lamormain! Was sagt der?
HERZOGIN: Man zeihe Sie verwegner Überschreitung
    Der anvertrauten Vollmacht, freventlicher
    Verhöhnung höchster, kaiserlicher Befehle.
    Die Spanier, der Bayern stolzer Herzog
    Stehen auf als Kläger wider Sie –
    Ein Ungewitter zieh sich über Ihnen
    Zusammen, noch weit drohender als jenes,
    Das Sie vordem zu Regenspurg gestürzt.
    Man spreche, sagt er – ach! ich kanns nicht sagen.
WALLENSTEIN (gespannt):                Nun?
HERZOGIN: Von einer zweiten – (Sie stockt.)
WALLENSTEIN:            Zweiten –
HERZOGIN:            Schimpflichern
    – Absetzung.
WALLENSTEIN: Spricht man?
    (Heftig bewegt durch das Zimmer gehend)
                    O! sie zwingen mich, sie stoßen
    Gewaltsam, wider meinen Willen, mich hinein.
                           (II.2, 662–702)

Am Ende des Gesprächs versucht die Herzogin, »sich bittend an
ihn schmiegend«, ihren Gatten zur Umkehr zu bewegen; er möge
sich dem Kaiser beugen und damit den Feinden, die seine guten
Absichten mißdeutend verleumdet hätten, zuvorkommen. Das
drohende Unglück, im ›Lager‹ und in den hitzigen Diskussionen
zwischen Questenberg und den Offizieren, zwischen Vater und
Sohn Piccolomini angekündigt, scheint unmittelbar bevorzuste-
hen, steigert sich in dem flehentlichen Bitten der Herzogin zu
bestürzender Aktualität. Wallenstein selbst zeigt sich heftig bewegt, ohne jedoch seine sphingenhafte Undurchschaubarkeit ab-
zulegen.

Wallenstein ist keineswegs nur der unschuldig vom Schicksal
Verfolgte, als den ihn die Herzogin sieht, und als den er sich, etwas
larmoyant, selbst hinstellt. Er hat an seinem Schicksal kräftig mit-
gearbeitet durch das undurchsichtige Spiel mit seiner Macht und
seinen Möglichkeiten. Über viele Monate hat er einander wider-
sprechende Bündnisverhandlungen geführt, mit den Schweden
und mit den Sachsen, ohne sich zu entscheiden; gleichzeitig tritt er
als des Reiches Schirmer auf, in dem keine fremde Macht, »am
wenigsten die Goten ... diese Hungerleider« (d. h. die Schweden),
Fuß fassen sollen. Ständig hasardiert er und gibt seine wahren
Absichten nicht preis.

Terzky berichtet seinem Feldherrn, daß der schwedische Kanzler des ewigen Hinhaltens müde sei, den »Ernst« seines Redens
bezweifle, daß auch die Freunde wegen seiner »krummen Wege«
und »Masken« ungeduldig würden.

TERZKY: Woran erkennt man aber deinen Ernst,
    Wenn auf das Wort die Tat nicht folgt? Sag selbst,
    Was du bisher verhandelt mit dem Feind,
    Hätt alles auch recht gut geschehn sein können,
    Wenn du nichts mehr damit gewollt, als ihn
    Zum besten haben.
WALLENSTEIN (nach einer Pause, indem er ihn scharf ansieht):
    Und woher weißt du, daß ich ihn nicht wirklich
    Zum besten habe? Daß ich nicht euch alle
    Zum besten habe? Kennst du mich so gut?
    Ich wüßte nicht, daß ich mein Innerstes
    Dir aufgetan – Der Kaiser, es ist wahr,
    Hat übel mich behandelt! – Wenn ich wollte,
    Ich könnt ihm recht viel Böses dafür tun.
    Es macht mir Freude, meine Macht zu kennen;
    Ob ich sie wirklich brauchen werde, davon, denk ich,
    Weißt du nicht mehr zu sagen als ein andrer.
TERZKY: So hast du stets dein Spiel mit uns getrieben!

(II.5, 855–871)

Terzky und die andern Generäle sind daran interessiert, daß Wallenstein ernst macht: Hauptsache, es geschieht etwas, neue, auch verwegne Taten versprechen ihnen neues Glück. Auch die kaiserliche Gegenpartei will im Grunde Wallensteins Entscheidung zur Tat, damit sie endlich eine Handhabe gegen ihn hat und zum Gegenzug ansetzen kann. Insofern hat Wallenstein ganz recht, wenn er sagt: »O! sie zwingen mich, sie stoßen, / Gewaltsam, wider meinen Willen, mich hinein.« Oder, wie Max ganz ähnlich seinem Vater und Questenberg vorwirft: »Ihr könntet ihn, / Weil ihr ihn schuldig *wollt*, noch schuldig *machen*.«

Um einer zweiten Absetzung zuvorzukommen, muß Wallenstein tatsächlich den Hochverrat, mit dem er bisher nur spielte, begehen, will er nicht demütig zu Kreuze kriechen und alle großartigen Entwürfe aufgeben. Bisher hatte er noch immer den Schein der Loyalität wahren können. Die Dialektik von Schein und Wahrheit, Spiel und Ernst, Wort und Tat durchzieht das ganze Drama. Wallenstein liebt das Spiel mit Worten, hütet sich vor der Tat, die ernsthaft, unwiderruflich ihn festlegen würde. Daher gibt er in seinen Verhandlungen mit den Schweden und Sachsen auch »nichts Schriftliches« von sich.

Spielbälle, die man anstößt, rollen; die Realitäten, die Wallenstein schuf, wirken weiter nach eigenen Gesetzen und bedrängen ihn nun: Er hat den kaiserlichen Befehl, Bayern zu Hilfe zu kommen, mißachtet und hat sich stattdessen in Böhmen verschanzt; er hat Unterhandlungen mit den Feinden eingeleitet und er weiht Octavio in seine Pläne ein, der als kaisertreuer Pflichtmensch eine ebenso intrigante Gegenstrategie ins Rollen bringt. Auch für die unbedeutenden oder nur halbherzig inszenierten Handlungen verlangt das Leben Rechenschaft, jedes Tun und Lassen bedingt Gegenreaktionen: An dieses Naturgesetz ist auch Wallenstein gebunden, nur innerhalb dieser »Notwendigkeit« kann es Freiheit geben. Wallensteins Hybris liegt darin, daß er sich von diesen Bedingungen des Lebens frei wähnt. Schon sein Glaube an die Astrologie, an die himmlischen Zeichen des Schicksals, entlarvt ironisch seine Unabhängigkeit als Selbsttäuschung.

Ausgerechnet Octavio, der ihn vernichten will, schenkt Wallenstein Vertrauen, weil dieser ihm in seinem »inneren Gesicht« als treuester Freund bezeichnet worden war; allen Warnungen zum Trotz hält er an diesem »Pfand des Schicksals« fest. Sein klarer Blick für politische Realitäten wird verhängnisvoll getrübt, weil er seine Entscheidungen vom astrologischen Placet, einer günstigen Sternenkonstellation abhängig macht. Zwar erkennt er die Notwendigkeit, die Heerführer notfalls auch durch Betrug an sich zu binden, doch selbst als er ihre Unterschriften hat, läßt er die »rasche Tat« nicht folgen und befördert so sein Unglück.

ILLO: Und wenn ich dirs nun bringe, schwarz auf weiß,
  Daß alle Chefs, die hier zugegen sind,
  Dir blind sich überliefern – Willst du dann
  Ernst machen endlich, mit beherzter Tat
  Das Glück versuchen?
WALLENSTEIN: Schaff mir die Verschreibung!
ILLO: Bedenke, was du tust! Du kannst des Kaisers
  Begehren nicht erfüllen – kannst das Heer
  Nicht schwächen lassen – nicht die Regimenter
  Zum Spanier stoßen lassen, willst du nicht
  Die Macht auf ewig aus den Händen geben.
  Bedenk das andre auch! Du kannst des Kaisers
  Befehl und ernste Ordre nicht verhöhnen,
  Nicht länger Ausflucht suchen, temporisieren,
  Willst du nicht förmlich brechen mit dem Hof.
  Entschließ dich! Willst du mit entschloßner Tat
  Zuvor ihm kommen? Willst du, ferner zögernd,
  Das Äußerste erwarten?
WALLENSTEIN: Das geziemt sich,
  Eh man das Äußerste beschließt!
ILLO: O! nimm der Stunde wahr, eh sie entschlüpft.
  So selten kommt der Augenblick im Leben,
  Der wahrhaft wichtig ist und groß ...
  ...
  Sieh! Wie entscheidend, wie verhängnisvoll
  Sichs jetzt um dich zusammenzieht! – ...
  ...
WALLENSTEIN: Die Zeit ist noch nicht da.
TERZKY:                    So sagst du immer.
  Wann aber wird es Zeit sein?
WALLENSTEIN:                    Wenn ichs sage.
ILLO: O! du wirst auf die Sternenstunde warten,
  Bis dir die irdische entflieht! Glaub mir,
  In deiner Brust sind deines Schicksals Sterne.
  Vertrauen zu dir selbst, Entschlossenheit
  Ist deine Venus! Der Maleficus,
  Der einzge, der dir schadet, ist der *Zweifel*.
WALLENSTEIN: Die himmlischen Gestirne machen nicht
  Bloß Tag und Nacht, Flühling und Sommer – nicht
  Dem Sämann bloß bezeichnen sie die Zeiten
  Der Aussaat und der Ernte. Auch des Menschen Tun
  Ist eine Aussaat von Verhängnissen,
  Gestreuet in der Zukunft dunkles Land,
  Den Schicksalsmächten hoffend übergeben.
  Da tut es not, die Saatzeit zu erkunden,

Die rechte Sternenstunde auszulesen,
Des Himmmels *Häuser* forschend zu durchspüren,
Ob nicht der Feind des Wachsens und Gedeihens
In seinen *Ecken* schadend sich verberge.
    Drum laßt mir Zeit. Tut ihr indes das Eure.
Ich kann jetzt noch nicht sagen, was ich tun will.

                                (II.6, 910–999)

Wallenstein glaubt, daß sein Schicksal in den Sternen beschlossen liege, und bildet sich doch ein, Mars ließe sich zwingen, ihm zu dienen. Jupiter, der Großes, Königliches verheißt, wähnt er als sein Sternzeichen, und wie ein Gott – ebenso furchtbar im Zorn wie großzügig in seiner Gunst, unberechenbar auf jeden Fall – präsentiert er sich seiner Umwelt.

Wallenstein war nicht immer so aufs Äußerste fixiert gewesen; seit dem Vertrauensbruch in Regensburg hat er sich verändert. In einem Rückblick, den die Herzogin in ›Wallensteins Tod‹ gibt, erfahren wir, daß er früher leichter und selbstbewußter lebte:

Der ersten Jahre denk ich noch mit Lust.
Da war er noch der fröhlich Strebende,
Sein Ehrgeiz war ein mild erwärmend Feuer,
Noch nicht die Flamme, die verzehrend rast.
Der Kaiser liebte ihn, vertraute ihm,
Und was er anfing, das mußt ihm geraten.
Doch seit dem Unglückstag zu Regenspurg,
Der ihn von seiner Höh herunter stürzte,
Ist ein unsteter, ungesellger Geist
Argwöhnisch, finster, über ihn gekommen.
Ihn floh die Ruhe, und dem alten Glück,
Der eignen Kraft nicht fröhlich mehr vertrauend
Wandt er sein Herz den dunklen Künsten zu,
Die keinen, der sie pflegte, noch beglückt.

                          (WT., III.3, 1396–1409)

Um sein unsicher gewordenes Selbst vor neuerlichen Rückschlägen, einer unvorhersehbaren Zukunft zu schützen, hat sich Wallenstein der Astrologie zugewandt. Berechnen will er seine Schritte, damit ihm kein neues Unglück widerfährt, und gerade dadurch betreibt er seinen Sturz. Das ist die tragische Ironie, die das ganze Stück, im großen wie im kleinen, durchzieht.

Brennender Ehrgeiz ist seit Regensburg die »geheime Triebfeder seines Handelns«. Seine wunderlichen Besprechungen mit dem Astrologen, seine Verstellungskünste kennzeichnen Wallenstein als unoffenen Menschen, der seine wahren Gefühle verbirgt. Er will großartiger und integrer scheinen, als er ist, will sich vielleicht seine unguten Triebe selbst nicht eingestehen. Die Macht zu spüren, ist ihm offensichtlich wichtiger, als sie zu gebrauchen, weil sie gefährlich ist.

Während sich Wallenstein im Kreis seiner Getreuen als ein von okkulten Mächten abhängiger, unentschlossener Mann zeigt, erweist er sich in der folgenden »offiziellen« Begegnung mit seinem Ankläger Questenberg als entschieden, beherrscht, überlegen. Hochmütig und selbstbewußt, geradezu gönnerhaft gegenüber Questenberg, spielt er seine Trümpfe aus: die nicht zu bestreitenden Verdienste um den Kaiser, seine unangreifbare Stellung als Oberkommandierender der Armee, seine Loyalität gegenüber dem Kaiser trotz der ungerechten Absetzung auf dem Regensburger Fürstentag. Seine eigenen Machtbestrebungen als unverschämte Unterstellung zurückweisend, entlarvt er die Befehle des Kaisers als politisch getarnte Intrige gegen ihn, den großen Wallenstein, der schon wieder dem Ränkespiel seiner Neider zum Opfer fallen soll. Er entwaffnet seinen Gegner nicht nur durch vorgetäuschten Gehorsam, sondern er versteht es auch geschickt, den anwesenden Offizieren die katastrophalen Folgen einer Abdankung zu suggerieren.

WALLENSTEIN: Ich merk, ich merk – Acht Regimenter – Wohl!
    Wohl ausgesonnen, Pater Lamormain!
    Wär der Gedank nicht so verwünscht gescheit,
    Man wär versucht, ihn herzlich dumm zu nennen.
    Achttausend Pferde! Ja! Ja! Es ist richtig,
    Ich seh es kommen.
QUESTENBERG: Es ist nichts dahinter
    Zu sehn. Die Klugheit räts, die Not gebeuts.
WALLENSTEIN: Wie, mein Herr Abgesandter? Ich solls wohl
    Nicht merken, daß mans müde ist, die Macht,
    Des Schwertes Griff in meiner Hand zu sehn?
    Daß man begierig diesen Vorwand hascht,
    Den spanschen Namen braucht, mein Volk zu mindern,
    Ins Reich zu führen eine neue Macht,
    Die mir nicht untergeben sei. Mich so
    Gerad beiseitzuwerfen, dazu bin ich
    Euch noch zu mächtig. Mein Vertrag erheischts,
    Daß alle Kaiserheere mir gehorchen,
    So weit die deutsche Sprach geredet wird.
    Von spanschen Truppen aber und Infanten,
    Die durch das Reich als Gäste wandernd ziehn,
    Steht im Vertrage nichts – Da kommt man denn
    So in der Stille hinter ihm herum,
    Macht mich erst schwächer, dann entbehrlich, bis
    Man kürzeren Prozeß kann mit mir machen.

– Wozu die krummen Wege, Herr Minister?
Gerad heraus! Den Kaiser drückt das Paktum
Mit mir. Er möchte gerne, daß ich ginge.
Ich will ihm den Gefallen tun, das war
Beschloßne Sache, Herr, noch eh Sie kamen.
*(Es entsteht eine Bewegung unter den Generalen, welche immer zu-*
*nimmt.)*
Es tut mir leid um meine Obersten,
Noch seh ich nicht, wie sie zu ihren vorgeschoßnen Geldern,
Zum wohlverdienten Lohne kommen werden.
Neu Regiment bringt neue Menschen auf,
Und früheres Verdienst veraltet schnell.
Es dienen viel Ausländische im Heer,
Und war der Mann nur sonsten brav und tüchtig,
Ich pflegte eben nicht nach seinem Stammbaum,
Noch seinem Katechismus viel zu fragen.
Das wird auch anders werden künftighin!
Nun – mich gehts nichts mehr an.
*(Er setzt sich.)*
MAX:                                     Da sei Gott für,
Daß es bis dahin kommen soll! – Die ganze
Armee wird furchtbar gärend sich erheben –
Der Kaiser wird mißbraucht, es kann nicht sein.
ISOLANI: Es kann nicht sein, denn alles ging' zu Trümmern.
WALLENSTEIN: Das wird es, treuer Isolan. Zu Trümmern
Wird alles gehn, was wir bedächtig bauten.

                                               (II.7, 1232–1277)

Wallensteins Auftritt vor Questenberg bringt nun die Dinge endgültig ins Rollen. Die Generäle sind aufgescheucht: Glücksritter,
wie sie sind, fürchten sie, durch Wallensteins Abdankung könnte
sich die Armee, die Basis ihrer Macht und ihres Reichtums, in
nichts auflösen. Durch Wallensteins Finte – seinen vorgeblichen
Rücktritt – betrogen, versuchen sie nun selbst, mit betrügerischen
Mitteln die drohende Katastrophe aufzuhalten. Sie setzen die
schon eingangs erwähnte Loyalitätserklärung auf, die alle Generäle
unterschreiben, auch der sich gleichgültig gebende Octavio, nur
Max nicht, den eine innere Stimme warnt, und der doch Wallensteins einziger aufrechter Freund ist. Die Politik der Generäle ist
genauso intrigant wie die Wallensteins und Octavios.

    Die Liebe zwischen Max und Thekla kontrastiert eindringlich
die ränkevolle Welt des Krieges, der Gewalt und der politischen
Zweckdienlichkeiten, die in Schillers Augen auch die Gegenwart
kennzeichneten. Die beiden Liebenden repräsentieren das Ideal
einer besseren Menschheit: Friedlich, heiter ist ihre Welt, ruhig
und klar, wie sie Schiller in seinem ästhetischen Staat verwirklicht
sah. Max und Thekla verstellen sich in ihrer Liebe nicht, wie es die

Sitte gefordert hätte, sondern bekennen sich offen einander. Für die kurzen Tage ihrer Reise durch friedliche Lande (die Max seinem Vater so enthusiastisch geschildert hatte) waren sie selig entrückt von der unmenschlichen Wirklichkeit des Krieges und der Politik; jetzt in Pilsen, unter dem strengen Auge des Vaters, trennen die Standesunterschiede, die herzoglichen Diamanten, die Thekla anlegen muß, die Liebenden. Allein der Gräfin Terzky, Schwester der Herzogin, vertraut sich Max an:

MAX: ... O! goldne Zeit
    Der Reise, wo uns jede neue Sonne
    Vereinigte, die späte Nacht nur trennte!
    Da rann kein Sand und keine Glocke schlug.
    Es schien die Zeit dem Überseligen
    In ihrem ewgen Laufe still zu stehen.
    O! der ist aus dem Himmel schon gefallen,
    Der an der Stunden Wechsel denken muß!
    Die Uhr schlägt keinem Glücklichen.

                              (III.3, 1476–1484)

Als Idylle, in der die Zeit aufgehoben ist, erlebten Max und Thekla das Glück ihrer Liebe, das sie im Pilsener Hauptquartier vergeblich zu retten suchen. Max hält die Konfrontation mit seiner früheren Soldatenexistenz nicht aus, die er jetzt nur noch als unerträglich lärmend, eitel und eng empfindet. In die Andachtsstille hinter Klostermauern, in Traumwelten muß er sich flüchten, um seinem Gefühl Raum zu finden. Er ist sich selbst fremd geworden auf der »bunten, kriegerischen Bühne« und leidet unter diesem Zwiespalt. Thekla, nach Schillers ästhetischer Anthropologie eine »schöne Seele« wie Max, vereint Ideal und Leben wie selbstverständlich; dem Eigentlichen, ihrem innersten Gefühl kann die Außenwelt nichts anhaben.

MAX: Mir machte sie mein wirklich Glück zum Traum.
    Auf einer Insel in des Äthers Höhn
    Hab ich gelebt in diesen letzten Tagen,
    Sie hat sich auf die Erd herabgelassen,
    Und diese Brücke, die zum alten Leben
    Zurück mich bringt, trennt mich von meinem Himmel.
THEKLA: Das Spiel des Lebens sieht sich heiter an,
    Wenn man den sichern Schatz im Herzen trägt,
    Und froher kehr ich, wenn ich es gemustert,
    Zu meinem schönern Eigentum zurück –
    ...

                              (III.4, 1560–1569)

Das unpersönliche reflexive »sieht sich an« kennzeichnet Theklas Distanz zur Außenwelt; aus dieser Distanz schöpft sie ihre heitere Ruhe. Ganz ehrerbietige, bewundernde Tochter, als die sie im Stift erzogen wurde, ist Thekla zunächst fasziniert von dem großen Vater und dem bunten Treiben des Lagers, gewinnt aber rasch Abstand, ja entdeckt in sich die Kraft, sich dem Willen des Mächtigen zu widersetzen. Das »Neue, Unerhörte«, das sie in der Liebe zu Max erfuhr, hat sie verändert: »Daß ich mir selbst gehöre, weiß ich nun.« Damit emanzipiert sie sich von der Rolle, die ihre Mutter und die Base Terzky ihr noch vorlebten: »Das Weib soll nicht sich selber angehören. / An fremdes Schicksal ist sie fest gebunden.« An fremdes Schicksal, an Max, ist sie tatsächlich gebunden, aber aus freier Entscheidung ist sie die Seine und bereit, »ihm freudig zu folgen« – bis in den Tod, wie sich zeigen wird.

Die Freiheit, die sie aus sich selbst gewinnt, macht Thekla stark und unabhängig. Eine wahre Herrscherseele, braucht sie nicht über andere zu herrschen, anderen ihre Freiheit zu nehmen. Theklas Liebe ist zweckfrei, wie es die ästhetische Bestimmung des Menschen erfordert; sie wird Max nicht zurückhalten, als er sich zum Kampf, zum Tod rüstet. Das Glück, zu lieben und geliebt zu sein, gibt ihr die Kraft, einer irdischen Erfüllung zu entsagen. Daß sie innerlich schon dem Leben entsagt, als sie das Netz der Intrigen erkennt, das auch über ihre Liebe gespannt ist, zeigt das Lied, das sie bereits bei ihrem ersten Auftritt singt.

THEKLA *(spielt und singt):*

Der Eichwald brauset, die Wolken ziehn,
   Das Mägdlein wandelt an Ufers Grün,
   Es bricht sich die Welle mit Macht, mit Macht,
   Und sie singt hinaus in die finstre Nacht,
   Das Auge von Weinen getrübet.

Das Herz ist gestorben, die Welt ist leer,
   Und weiter gibt sie dem Wunsche nichts mehr.
   Du Heilige, rufe dein Kind zurück,
   Ich habe genossen das irdische Glück,
   Ich habe gelebt und geliebet.

(III.7, 1757–1766)

Thekla ist die einzige Figur des Dramas, die den unabänderlichen Ernst des Lebens annehmen kann, ohne sich blind ausgeliefert zu fühlen. Die anderen müssen sich auf ätherferne Inseln, in Scheinwelten flüchten oder sie versuchen, den Ernst des Lebens im Spiel zu hintertreiben, während Thekla konzentriert und ruhig in der Gegenwart lebt. Das große Gefühl der Liebe macht Thekla hellsichtig: Sie weiß, daß sie Max in den Tod folgen wird. Das Schicksal wird sie beide in den Abgrund ziehen und die Hoffnung begraben, daß Liebe, Freundschaft und Treue den irdischen Schauplatz veränderten – um in Theklas Bildern zu bleiben; Gräfin Terzky hatte ihr die letzten Illusionen genommen, ihr klargemacht, daß sie nur ein Faktor im politischen Kampf ihres Vaters ist:

THEKLA *(allein):* Dank dir für deinen Wink! Er macht
   Mir meine böse Ahnung zur Gewißheit.
   So ists denn wahr? Wir haben keinen Freund
   Und keine treue Seele hier – wir haben
   Nichts als uns selbst. Uns drohen harte Kämpfe.
   Du, Liebe, gib uns Kraft, du göttliche!
   O! sie sagt wahr! Nicht frohe Zeichen sinds,
   Die diesem Bündnis unsrer Herzen leuchten.
   Das ist kein Schauplatz, wo die Hoffnung wohnt,
   Nur dumpfes Kriegsgetöse rasselt hier,
   Und selbst die Liebe, wie in Stahl gerüstet,
   Zum Todeskampf gegürtet, tritt sie auf.
   Es geht ein finstrer Geist durch unser Haus,
   Und schleunig will das Schicksal mit uns enden.
   Aus stiller Freistatt treibt es mich heraus,
   Ein holder Zauber muß die Seele blenden.
   Es lockt mich durch die himmlische Gestalt,
   Ich seh sie nah und seh sie näher schweben,
   Es zieht mich fort, mit göttlicher Gewalt,
   Dem Abgrund zu, ich kann nicht widerstreben.
   *(Man hört von ferne die Tafelmusik.)*
   O! wenn ein Haus im Feuer soll vergehn,
   Dann treibt der Himmel sein Gewölk zusammen,
   Es schießt der Blitz herab aus heitern Höhn,
   Aus unterirdschen Schlünden fahren Flammen,
   Blindwütend schleudert selbst der Gott der Freude
   Den Pechkranz in das brennende Gebäude!
                   (III.9, 1887–1912)

In apokalyptische Bilder faßt Thekla ihre Untergangsvision vom Hause Friedland. Bei ihr, die den künftigen ästhetischen Menschen verkörpert, bei dem Kopf und Herz zur Harmonie gekommen sind, ist die Sprache klar, kraftvoll und gleichzeitig distanziert: der Schrecken wird gebändigt in geschlossenen, rationalen Sätzen. Thekla kann das unabänderliche Schicksal ertragen, mit einer gewissen Ruhe noch das drohende Verhängnis in Worte fassen – das verleiht ihr Größe und klassische Idealität. Mit ihrem Monolog schließt Thekla den glücklichen Traum ihrer Liebe mit unerbittlicher Konsequenz ab. Für den Zuschauer ist ihr Selbstgespräch

Vorausdeutung auf die Katastrophe des III. Teils, ›Wallensteins Tod‹, da diese Liebe das tragische Ende noch beschleunigen wird.

Der letzte Akt des Schauspiels ist der entscheidenden Auseinandersetzung zwischen Vater und Sohn Piccolomini gewidmet. Octavio öffnet seinem verblendeten Sohn gewaltsam die Augen: Wallenstein habe den Kaiser verraten, er sei zu den Schweden übergegangen, um »an der Spitze des verbundnen Heers« dem Kaiser seinen Frieden aufzwingen zu können, der ihm mindestens die Königskrone Böhmens sichere. Aber weder der Brief des Kaisers, der die Ächtung Wallensteins bezeugt, noch der Bote, der mit der Nachricht von der Gefangennahme des Friedensunterhändlers Sesina in die Auseinandersetzung platzt, können Max von der Schuld Wallensteins wirklich überzeugen. Er will sich selbst »Licht verschaffen« und Wallenstein zur Rede stellen. Den Freund hofft er verzweifelt zu retten, den Vater hat er verloren, denn dieser hat das betrügerische Spiel mitgemacht.

Octavios Verteidigung, daß es im Leben notwendig Kompromisse geben müsse um des guten Zweckes willen, entlarvt ihn als rein pragmatisch Denkenden und Handelnden, der die Stimme des Herzens leugnet. Damit verurteilt Octavio sich selbst, denn das empfindsame Bürgertum der Hoch- und Spätaufklärung setzte gegen jeden Zweckrationalismus als höchste Instanz die moralische Empfindung, die den Menschen erst zum Menschen mache. In nüchtern-trockener Beamtensprache klügelt Octavio über den Widerstreit zwischen »redlichem Gemüt« und der notgedrungen unreinen Tat, ohne doch eine innere Beteiligung, geschweige denn ein Leiden an diesem Widerspruch erkennen zu lassen. Max wird der Konflikt das Herz zerreißen.

OCTAVIO: Mein bester Sohn! Es ist nicht immer möglich,
   Im Leben sich so kinderrein zu halten,
   Wie's uns die Stimme lehrt im Innersten.
   In steter Notwehr gegen arge List
   Bleibt auch das redliche Gemüt nicht wahr –
   Das eben ist der Fluch der bösen Tat,
   Daß sie, fortzeugend, immer Böses muß gebären.
   Ich klügle nicht, ich tue meine Pflicht,
   Der Kaiser schreibt mir mein Betragen vor.
   Wohl wär es besser, überall dem Herzen
   Zu folgen, doch darüber würde man
   Sich manchen guten Zweck versagen müssen.
   Hier gilts, mein Sohn, dem Kaiser wohl zu dienen,
   Das Herz mag dazu sprechen, was es will.

(V. 1, 2447–2460)

Schillers grundsätzlicher Weltpessimismus tritt in diesen Worten zutage: Auf Erden kann der Mensch Wort und Tat, Idee und Wirklichkeit, Herz und Verstand nicht in Einklang bringen. Nicht nur auf der bösen Tat lastet der Fluch, daß sie »fortzeugend, immer Böses muß gebären«, sondern die Tat an sich, das Realisieren des unumschränkten Gedankens nimmt diesem seine absolute Reinheit. Hatte nicht die jüngste Geschichte wieder gelehrt, daß die großen Ideen der Freiheit und Brüderlichkeit sich nicht »rein« erhalten konnten, indem sie in die politische Tat umgesetzt wurden? Der Rückzug in die politische Passivität, den die beiden Olympier in Jena und Weimar predigten und praktizierten, ist von hier aus zu verstehen.

In dem Gespräch mit seinem Vater zeigt sich Max als torenhaft verblendet und hellsichtig zugleich: Er erkennt das Unheil der schicksalhaften Verkettungen, die Wallenstein vernichten und ihn selbst an seinen Idealen zerbrechen lassen werden, aber er sieht nicht die Freiheit, sich von diesen Idealen zu lösen. So macht er nicht sich oder Wallenstein, sondern die Staatskunst verantwortlich für das Verhängnis:

MAX: O! diese Staatskunst, wie verwünsch ich sie!
Ihr werdet ihn durch eure Staatskunst noch
Zu einem Schritte treiben – Ja, ihr könntet ihn,
Weil ihr ihn schuldig *wollt*, noch schuldig *machen*.
O! das kann nicht gut endigen – und, mag sichs
Entscheiden wie es will, ich sehe ahnend
Die unglückselige Entwicklung nahen. –
Denn dieser Königliche, wenn er fällt,
Wird eine Welt im Sturze mit sich reißen,
Und wie ein Schiff, das mitten auf dem Weltmeer
In Brand gerät mit einem Mal, und berstend
Auffliegt, und alle Mannschaft, die es trug,
Ausschüttet plötzlich zwischen Meer und Himmel,
Wird er uns alle, die wir an sein Glück
Befestigt sind, in seinen Fall hinabziehn.
Halte du es, wie du willst! Doch mir vergönne,
Daß ich auf meine Weise mich betrage.
Rein muß es bleiben zwischen mir und ihm,
Und eh der Tag sich neigt, muß sichs erklären,
Ob ich den Freund, ob ich den Vater soll entbehren.
*(Indem er abgeht, fällt der Vorhang.)*

(V.3, 2632–2651)

Max will die Reinheit, die Unschuld des Herzens bewahren, er fürchtet sich beinahe vor dem bewußten Erkennen der Welt (»Hör auf! Du ängstigest, erschütterst mich.«), denn das würde eine leidvolle Korrektur kindlich-vertrauter Werte und Reichtümer bedeuten. Der Konfrontation mit der unheilen Wirklichkeit ist er nicht gewachsen. Sich selbst entfremdet, wird er nur noch im Tod einen Ausweg finden aus der Desillusionierung. Max hat nicht gelernt, auf sich allein gestellt zu sein. Geradezu fixiert auf die geliebte und gefürchtete Vaterfigur Wallenstein war er seit früher Kindheit, und auch im Untergang bleibt er noch an ihn »befestigt«.

Auch Max sieht, wie Thekla, das unausweichliche Ende voraus, Wallensteins Sturz und die Katastrophe aller, die an ihn gebunden sind; er gebraucht ähnlich starke Bilder wie die Geliebte, in der fürchterlichen Gewißheit zeigt sich ihre seelische Übereinstimmung. Das Stück endet offen: Der Konflikt zwischen Vater und Sohn ist nicht entschieden, Wallensteins Hochverrat ist noch nicht bewiesen, auch nicht vollzogen. Max' letzte Worte enthalten eine Frage.


Wallensteins Tod

Im dritten Teil des Dramas beginnt die eigentliche Tragödie Wallensteins. Die immer unheilvoller gewordene Spannung zwischen äußerem Stillstand und innerer Unruhe löst sich nun; endlich geschieht etwas. In tragischer Ironie wird der Gegensatz von (vermeintlicher) Entscheidungsfreiheit, die sich im Abwarten zeigt, und Handlungszwang gleich zu Beginn des III. Teils aufgedeckt: Als Wallenstein die lang ersehnte Sternenkonstellation vorfindet, die ihn zum Handeln befreien soll, ist der Friedensunterhändler Sesina schon auf dem Weg zu den Schweden abgefangen und dem Kaiser ausgeliefert worden; nur weiß es Wallenstein noch nicht.

Der Herzog befindet sich mit seinem Astrologen Seni in einem Raum, voll von phantastischen astronomischen Geräten. Die ganze Nacht haben sie die Sterne beobachtet und auf schwarzer Tafel die Planetenkonstellation aufgezeichnet, nach der Wallenstein so lange gesucht hatte:

WALLENSTEIN: ... Glückseliger Aspekt! So stellt sich endlich
  Die große Drei verhängnisvoll zusammen,
  Und beide Segenssterne, *Jupiter*
  Und *Venus*, nehmen den verderblichen,
  Den tückschen *Mars* in ihre Mitte, zwingen
  Den alten Schadenstifter mir zu dienen.
  Denn lange war er feindlich mir gesinnt,
  Und schoß mit senkrecht- oder schräger Strahlung
  Bald im *Gevierten*, bald im *Doppelschein*

Die roten Blitze meinen Sternen zu,
Und störte ihre segensvollen Kräfte.
Jetzt haben sie den alten Feind besiegt,
Und bringen ihn am Himmel mir gefangen.

(I.1, 9–21)

Das glückliche Zusammentreffen der Sterne, das Wallenstein hier allein auf sich bezieht, hat aber auch objektive Gültigkeit; es zeigt die Sternenstunde in der Weltgeschichte an, in der Venus und Jupiter (die das Schöne und das Heiter-Zeitlose symbolisieren) Mars bezwingen und ihre segensvolle Regierung hätten antreten können. In Wallensteins hybrider Egozentrik liegt schon ein Grund für das Versäumen dieser Sternstunde: Nicht dem großen Frieden sollen die Segenssterne dienen, sondern ihn als Vollstrecker von Geschichte bestätigen. In den ›Piccolomini‹ sprach er seine Ruhmsucht, die er mit den Friedensideen unselig verquickt, ganz deutlich aus: »Mich soll das Reich als seinen Schirmer ehren.«

Zu den objektiven Bedingungen der Zeit, die Wallensteins Schicksal wesentlich mitbestimmten (vgl. den Prolog), gehört aber auch, daß Österreich diesen Frieden, der Verzicht auf seine Expansionswünsche verlangt hätte, auf jeden Fall verhindern mußte. In Octavio Piccolomini veranschaulicht Schiller diesen österreichischen Widerstand, ja der ganze Konflikt zwischen Kaiser und Wallenstein erhält daraus seine objektive Entsprechung.

Im Grunde haben alle Dramen Schillers, auch wenn sie in entfernten Jahrhunderten spielen, einen eindeutigen Bezug zur eigenen Zeit, eine moral-erzieherische Funktion im Hinblick auf den zukünftigen freien Menschen. Ihren Realismus gewinnen die Figuren, indem sie den (Schillerschen) Zeitgeist spiegeln: die gemeine, charakterlose Gegenwart. Ihre idealistische, überzeitliche Aufgabe leisten sie gewissermaßen indirekt, indem sie auch noch im Scheitern eine Vorstellung wahrer Freiheit vermitteln. Erst im intensiven Mitleiden mit dem Helden *und* im Überwinden dieses »Zustands des Affekts« durch die freie Vernunft wird der ganze Mensch angesprochen, jene pathetisch-erhabene Wirkung erreicht, die Endzweck aller Schillerschen Kunst ist.

Gerade noch fest entschlossen zu handeln, fühlt sich Wallenstein wieder wie gelähmt, als er von Sesinas Gefangennahme erfährt. »Es hat mich überrascht – Es kam zu schnell – / Ich bin es nicht gewohnt, daß mich der Zufall / Blind waltend, finster herrschend mit sich führe.«

Seit dem Schlüsselerlebnis auf dem Reichstag zu Regensburg, wo der Kaiser ihn völlig überraschend absetzte, verläßt sich Wallenstein nicht mehr auf seine Erfahrung, seine Menschenkenntnis und seinen kritischen Verstand, sondern versucht, alle Risiken mit Hilfe der Astrologie auszuschalten. Anstatt die Strategien seiner Gegner zu berechnen, verläßt er sich auf Aberglauben und fragwürdige Orakel. Die Verhaftung Sesinas war, innerhalb von mehr als einem Jahr Verhandlungstätigkeit, eigentlich vorhersehbar; sie war kein Zufall, sondern Octavio Piccolomini hatte sie genauestens vorgeplant; andererseits ist Wallensteins blindes Vertrauen in seinen Hauptfeind von niemandem und nichts zu erschüttern und stützt sich doch nur auf ein mehr als fragwürdiges Traumorakel.

Als Folge seines Taktierens sieht sich Wallenstein jetzt zum Verrat an Wien gezwungen: Das Vertrauen des Kaisers ist verspielt, »Und mag ich handeln, wie ich will, ich werde / Ein Landsverräter ihnen sein und bleiben. / Und kehr ich noch so ehrlich auch zurück / Zu meiner Pflicht, es wird mir nichts mehr helfen«. Der Gegenpartei zuvorzukommen, wäre die einzige Chance, sich und seine Pläne noch zu retten. Die Sicherheit zu diesem gefährlichen Unterfangen – im Bunde mit den Schweden gegen den Kaiser den Krieg zu beenden und selbst König von Böhmen zu werden – müssen Wallenstein andere garantieren: »Das Heer ist meine Sicherheit. Das Heer / Verläßt mich nicht.« Genau wie die Soldaten, die umgekehrt in Wallenstein ihre Sicherheit sahen, täuscht sich der Feldherr.

In dem anschließenden berühmten Monolog, einem Kernstück der ganzen Trilogie, resümiert Wallenstein die Krisis der Verwicklungen – und geht doch weit darüber hinaus:

WALLENSTEIN *(mit sich selbst redend):*
Wärs möglich? Könnt ich nicht mehr, wie ich wollte?
Nicht mehr zurück, wie mirs beliebt? Ich müßte
Die Tat *vollbringen*, weil ich sie *gedacht*,
Nicht die Versuchung von mir wies – das Herz
Genährt mit diesem Traum, auf ungewisse
Erfüllung hin die Mittel mir gespart,
Die Wege bloß mir offen hab gehalten? –
Beim großen Gott des Himmels! Es war nicht
Mein Ernst, beschloßne Sache war es nie.
In dem Gedanken bloß gefiel ich mir;
Die Freiheit reizte mich und das Vermögen.
Wars unrecht, an dem Gaukelbilde mich
Der königlichen Hoffnung zu ergötzen?
Blieb in der Brust mir nicht der Wille frei,
Und sah ich nicht den guten Weg zur Seite,
Der mir die Rückkehr offen stets bewahrte?
Wohin denn seh ich plötzlich mich geführt?
Bahnlos liegts hinter mir, und eine Mauer
Aus meinen eignen Werken baut sich auf,

Die mir die Umkehr türmend hemmt! –
*(Er bleibt tiefsinnig stehen.)*
Strafbar erschein ich, und ich kann die Schuld,
Wie ichs versuchen mag! nicht von mir wälzen;
Denn mich verklagt der Doppelsinn des Lebens,
Und – selbst der frommen Quelle reine Tat
Wird der Verdacht, schlimmdeutend, mir vergiften.
War ich, wofür ich gelte, der Verräter,
Ich hätte mir den guten Schein gespart,
Die Hülle hätt ich dicht um mich gezogen,
Dem Unmut Stimme nie geliehn. Der Unschuld,
Des unverführten Willens mir bewußt,
Gab ich der Laune Raum, der Leidenschaft –
Kühn war das Wort, weil es die Tat nicht war.
Jetzt werden sie, was planlos ist geschehn,
Weitsehend, planvoll mir zusammenknüpfen,
Und was der Zorn, und was der frohe Mut
Mich sprechen ließ im Überfluß des Herzens,
Zu künstlichem Gewebe mir vereinen,
Und eine Klage furchtbar draus bereiten,
Dagegen ich verstummen muß. So hab ich
Mit eignem Netz verderblich mich umstrickt,
Und nur Gewalttat kann es reißend lösen.
*(wiederum still stehen.)*
Wie anders! da des Mutes freier Trieb
Zur kühnen Tat mich zog, die rauh gebietend
Die Not jetzt, die Erhaltung von mir heischt.
Ernst ist der Anblick der Notwendigkeit.
Nicht ohne Schauder greift des Menschen Hand
In des Geschicks geheimnisvolle Urne.
In meiner Brust war meine Tat noch mein:
Einmal entlassen aus dem sichern Winkel
Des Herzens, ihrem mütterlichen Boden,
Hinausgegeben in des Lebens Fremde,
Gehört sie jenen tückschen Mächten an,
Die keines Menschen Kunst vertraulich macht.
*(Er macht heftige Schritte durchs Zimmer, dann bleibt er wieder sin-*
*nend stehen.)*
Und was ist dein Beginnen? Hast du dirs
Auch redlich selbst bekannt? Du willst die Macht,
Die ruhig, sicher thronende erschüttern,
Die in verjährt geheiligtem Besitz,
In der Gewohnheit festgegründet ruht,
Die an der Völker frommem Kinderglauben
Mit tausend zähen Wurzeln sich befestigt.
Das wird kein Kampf der Kraft sein mit der Kraft,
*Den* fürcht ich nicht. Mit jedem Gegner wag ichs,
Den ich kann sehen und ins Auge fassen,
Der, selbst voll Mut, auch mir den Mut entflammt.

Ein unsichtbarer Feind ists, den ich fürchte,
Der in der Menschen Brust mir widersteht,
Durch feige Furcht allein mir fürchterlich –
Nicht was lebendig, kraftvoll sich verkündigt,
Ist das gefährlich Furchtbare. Das ganz
Gemeine ists, das ewig Gestrige,
Was immer war und immer wiederkehrt,
Und morgen gilt, weils heute hat gegolten!
Denn aus Gemeinem ist der Mensch gemacht,
Und die Gewohnheit nennt er seine Amme.
Weh dem, der an den würdig alten Hausrat
Ihm rührt, das teure Erbstück seiner Ahnen!
Das *Jahr* übt eine heiligende Kraft,
Was grau für Alter ist, das ist ihm göttlich.
Sei im Besitze und du wohnst im Recht,
Und heilig wirds die Menge dir bewahren.
*(zu dem Pagen, der hereintritt)*
Der schwedsche Oberst? Ist ers? Nun, er komme.
*(Page geht. Wallenstein hat den Blick nachdenkend auf
die Türe geheftet.)*
Noch ist sie rein – noch! Das Verbrechen kam
Nicht über diese Schwelle noch – So schmal ist
Die Grenze, die zwei Lebenspfade scheidet!

                                                    (I.4, 139–222)

Schon verklagt vom »Doppelsinn des Lebens«, kann Wallenstein
doch noch einmal in seinem Innern die Gegensätze vereinigen, die
in der Außenwelt unüberbrückbar gegeneinander stehen: Traum
und Wirklichkeit, Gedankenspiel und ernste Tat, den freien unverführten Willen und die Leidenschaft, die fromme Unschuld und
den Verrat. Eindeutig zum Verräter stempelt ihn die Außenwelt
nach dem Schein.

Nur weil ihn die Freiheit, die ihm seine Machtfülle bot, reizte,
habe er mit der Idee gespielt, er könne König von Böhmen werden. Nur planlos habe er einen Frieden gegen den Kaiser entworfen und eingeleitet, redet sich Wallenstein ein. Aber wie wäre das
möglich: Der große Rechner, der ehrgeizige Machtmensch sollte
nur zu seinem Ergötzen den ganzen Reichtum seiner Möglichkeiten vor sich ausgebreitet haben?! Behauptet Wallenstein nicht eine
Neutralität der Gefühle, eine spielerisch-ästhetische Zweckfrei-
heit, die er nicht besaß, und die es nicht geben konnte, wenn er die
große Friedensidee tatsächlich verwirklichen wollte? Um das zu
tun, hätte er zwingend, verbindlich wollen und handeln müssen.
Wallenstein spielt sich selbst fromme Unschuld und »Überfluß des
Herzens« vor, um seine egoistischen Königswünsche zu bemän-
teln. Die Verantwortung, die Schuld will er auf die tückischen

Mächte, die unberechenbar einmal geäußerte Gedanken verfälschten, und auf die andern abwälzen, die ihm das tödliche Netz zusammenknüpften; zur »Gewalttat«, sagt er, sei er nun gezwungen.

Die Zwiespältigkeit und Indifferenz der ersten beiden Abschnitte des Monologs entspricht dem bisher vorgeführten Charakter Wallensteins, der mit schönen Ideen und gemeinen Wünschen zugleich befrachtet ist; in seiner vagen Doppelgleisigkeit läßt sich der ganze Monolog ebenso für einen intriganten Bluffer wie für einen skrupulösen Welterneuerer auslegen; und in beide Richtungen ist er schon interpretiert worden.

In der zweiten Hälfte seiner Reflexionen beschwört Wallenstein die Macht der Gewohnheit und der Tradition in einer eindrucksvollen Sequenz: Den ewigen Kampf des Alten gegen das Neue kämpft er selbst. Die Furcht, gegen die tradierten Ordnungen anzugehen, muß er selbst in sich bezwingen, sonst würde er nicht so pathetisch gegen sie anreden. »Sei im Besitze und du wohnst im Recht«, sagt er zwischen bitterer Ironie und Auflehnung. Aber selbst im Schoße dieser Ordnungen aufgewachsen und geborgen, wagt er im Grunde nicht, gegen sie zu rebellieren. Nur mit brachialer Gewalt ließe sich die legale, von der Kirche sanktionierte Macht brechen – kein Wunder, daß Wallenstein so lange wie möglich zögert, den Fahnenwechsel zu vollziehen.

Den Monolog Wallensteins unterbricht ein Page, der schwedische Unterhändler sei eingetroffen. Oberst Wrangel soll im Auftrag des schwedischen Kanzlers den Herzog zu einer verbindlichen Zusage veranlassen, er hat alle Vollmacht, gegen gewisse Garantien das Bündnis abzuschließen oder auch die Verhandlungen endgültig abzubrechen. Ein Lehrstück der Diplomatie ist diese Szene, wie Wallenstein und der schwedische Oberst Wrangel verhandeln über Volk und Vaterland, Treubruch und Vertrauen, Lohn und Garantien gegen neuerlichen Treubruch. Dabei erweist sich Wrangel als Wallenstein durchaus gewachsen, an Entschlußkraft und Unbeirrbarkeit gar überlegen, ohne seine innere Anteilnahme am Geschick der Menschen, über die sie verhandeln, verleugnen zu müssen.

Im letzten Moment schreckt Wallenstein noch einmal zurück, verlangt noch einmal Bedenkzeit. Illo und Terzky bestürmen ihn vergeblich. Erst die machtbesessene Gräfin Terzky vermag ihm schließlich, aus genauer Kenntnis seines Charakters, mit raffinierter, treffsicherer Argumentation die letzten Skrupel auszutreiben. So rät sie ihm mit sarkastisch-ironischem Unterton, sich aus der Politik zurückzuziehen, malt ihm eine belanglose Privatexistenz auf seinen Gütern aus, um ihn zu erhofftem Widerspruch zu reizen:

WALLENSTEIN:
> ... Wenn ich nicht wirke mehr, bin ich vernichtet;
> Nicht Opfer, nicht Gefahren will ich scheun,
> Den letzten Schritt, den äußersten, zu meiden;
> Doch eh ich sinke in die Nichtigkeit,
> So klein aufhöre, der so groß begonnen,
> Eh mich die Welt mit jenen Elenden
> Verwechselt, die der Tag erschafft und stürzt,
> Eh spreche Welt und Nachwelt meinen Namen
> Mit Abscheu aus, und Friedland sei die Losung
> Für jede fluchenswerte Tat.

(I.7, 528–537)

Als der Pakt mit den Schweden endlich besiegelt ist, erscheint Max Piccolomini, Wallensteins besseres Gewissen.

WALLENSTEIN: Ja, Max. Nicht eher wollt ich dirs eröffnen,
> Als bis des Handelns Stunde würde schlagen.
> Der Jugend glückliches Gefühl ergreift
> Das Rechte leicht, und eine Freude ists,
> Das eigne Urteil prüfend auszuüben,
> Wo das Exempel rein zu lösen ist.
> Doch, wo von zwei gewissen Übeln eins
> Ergriffen werden muß, wo sich das Herz
> Nicht *ganz* zurückbringt aus dem Streit der Pflichten,
> Da ist es Wohltat, keine Wahl zu haben,
> Und eine Gunst ist die Notwendigkeit.
> – Die ist vorhanden. Blicke nicht zurück.
> Es kann dir nichts mehr helfen. Blicke vorwärts!
> Urteile nicht! Bereite dich, zu handeln.
> – Der Hof hat meinen Untergang beschlossen,
> Drum bin ich willens, ihm zuvorzukommen.
> – Wir werden mit den Schweden uns verbinden.
> Sehr wackre Leute sinds und gute Freunde.
> *(hält ein, Piccolominis Antwort erwartend)*
> – Ich hab dich überrascht. Antwort mir nicht.
> Ich will dir Zeit vergönnen, dich zu fassen.
> *(Er steht auf und geht nach hinten. Max steht lange unbeweglich, in den heftigsten Schmerz versetzt, wie er eine Bewegung macht, kömmt Wallenstein zurück und stellt sich vor ihn.)*

MAX: Mein General! – Du machst mich heute mündig.
> Denn bis auf diesen Tag war mirs erspart,
> Den Weg mir selbst zu finden und die Richtung.
> Dir folg ich unbedingt. Auf dich nur braucht ich
> Zu sehn und war des rechten Pfads gewiß.
> Zum ersten Male heut verweisest du
> Mich an mich selbst und zwingst mich, eine Wahl
> Zu treffen zwischen dir und meinem Herzen.

WALLENSTEIN: Sanft wiegte dich bis heute dein Geschick,
Du konntest spielend deine Pflichten üben,
Jedwedem schönen Trieb Genüge tun,
Mit ungeteiltem Herzen immer handeln.
So kanns nicht ferner bleiben. Feindlich scheiden
Die Wege sich. Mit Pflichten streiten Pflichten.
Du mußt Partei ergreifen in dem Krieg,
Der zwischen deinem Freund und deinem Kaiser
Sich jetzt entzündet.
...
Streng wird die Welt mich tadeln, ich erwart es.
Mir selbst schon sagt ich, was du sagen kannst.
Wer miede nicht, wenn ers umgehen kann,
Das Äußerste! Doch hier ist keine Wahl,
Ich muß Gewalt ausüben oder leiden –
So steht der Fall. Nichts anders bleibt mir übrig.
MAX: Seis denn! Behaupte dich auf deinem Posten
Gewaltsam, widersetze dich dem Kaiser,
Wenns sein muß, treibs zur offenen Empörung,
Nicht loben werd ichs, doch ich kanns verzeihn,
Will, was ich nicht gutheiße, mit dir teilen.
Nur – zum *Verräter* werde nicht! Das Wort
Ist ausgesprochen. Zum Verräter nicht!
Das ist kein überschrittnes Maß! Kein Fehler,
Wohin der Mut verirrt in seiner Kraft.
O! das ist ganz was anders – das ist schwarz,
Schwarz, wie die Hölle!
WALLENSTEIN *(mit finstern Stirnfalten, doch gemäßigt):*
Schnell fertig ist die Jugend mit dem Wort,
Das schwer sich handhabt, wie des Messers Schneide,
Aus ihrem heißen Kopfe nimmt sie keck
Der Dinge Maß, die nur sich selber richten.
Gleich heißt ihr alles schändlich oder würdig,
Bös oder gut – und was die Einbildung
Phantastisch schleppt in diesen dunkeln Namen,
Das bürdet sie den Sachen auf und Wesen.
*Eng* ist die Welt, und das Gehirn ist *weit*.
Leicht beieinander wohnen die Gedanken,
Doch hart im Raume stoßen sich die Sachen,
Wo *eines* Platz nimmt, muß das *andre* rücken,
Wer nicht vertrieben sein will, muß vertreiben,
Da herrscht der Streit, und nur die Stärke siegt.
– Ja, wer durchs Leben gehet ohne Wunsch,
Sich jeden Zweck versagen kann, der wohnt
Im leichten Feuer mit dem Salamander,
Und hält sich rein im reinen Element.
Mich schuf aus gröberm Stoffe die Natur,
Und zu der Erde zieht mich die Begierde.
Dem bösen Geist gehört die Erde, nicht

Dem guten. Was die Göttlichen uns senden
Von oben, sind nur allgemeine Güter,
Ihr Licht erfreut, doch macht es keinen reich,
In ihrem Staat erringt sich kein Besitz.
Den Edelstein, das allgeschätzte Gold
Muß man den falschen Mächten abgewinnen,
Die unterm Tage schlimmgeartet hausen.
Nicht ohne Opfer macht man sie geneigt,
Und keiner lebet, der aus ihrem Dienst
Die Seele hätte rein zurückgezogen.

(II.2, 691–809)

Wie in fast allen Dramen Schillers ergänzen sich die beiden Hauptcharaktere, bilden erst zusammen den ganzen Menschen: jenes Ideal, das Schiller in der klassischen Antike gefunden zu haben glaubte, für die Gegenwart jedoch verloren sah. Max besitzt die Herzensfülle, die jugendlich-glühende Phantasie und unbedingte Wahrhaftigkeit, die Wallenstein fehlt. Max bewundert in Wallenstein den festen Stand, die charismatische Führungskraft, die Strenge; er projiziert aber auch Tugenden in seinen Charakter, die dieser gar nicht besitzt. Thekla hatte dies erkannt: Als Max zu ihr von Wallensteins edlem Wesen sprach, das alle Verstellung hasse, sagte sie folgerichtig: »Das bist du.« Sie hat die kritische Distanz zu ihrem Vater, die Max vermissen läßt.

Max hat zwar ein sicheres Gefühl, was zu tun und zu lassen ist, und braucht dazu nicht erst die Sterne, aber er geht zugrunde, weil er die Enttäuschung seiner kindlich-unrealistischen Ideale nicht erträgt. Mit etwas mehr Wallensteinscher Härte hätte er sich freimachen können von dem Leitbild seiner Kindheit und versucht, seine Liebe zu Thekla zu retten. Als schöne Realität hätte er diese Liebe integrieren müssen in die grausame, unmenschliche des Krieges. Während Wallenstein die Grenzen seiner Macht nicht erkennt, sieht Max die Grenzen seiner Ohnmacht nicht.

Octavio hatte vergeblich Max auf seine Blindheit verwiesen, ihm die Augen zu öffnen versucht über den wahren Wallenstein, ohne damit Erfolg zu haben. Jetzt bleibt für Max' weltfremden Idealismus kein Raum mehr, er muß sich der Tatsache stellen, daß Wallenstein ein Verräter ist. Mit diesem »Mündig-Werden« vollzieht Max noch einmal symbolisch den Schritt der Menschheit ins »Erwachsenen- oder Mannesalter« (Herder, vgl. Bd. II) nach; Bewußtheit trennt ihn nun für immer von der unschuldigen Kindheit. Max' glücklich-paradiesische Vergangenheit wird in Wallensteins Worten noch einmal heraufbeschworen: »Sanft wiegte dich bis heute dein Geschick...«. Das sanfte Wiegen, die spielerische selbstverständliche Übereinstimmung von Trieb und Pflicht, der ungeteilte ganze Mensch gehören der Idylle an, der Kindheit, die nun auch für Max verloren ist. Der »Riß« in seinem Herzen ist Ausdruck für den Widerstreit der Interessen, die Parteiung, die ihn nun in die leidvolle Gegenwart stellen. Um diese zu überwinden, bedarf es nicht nur schöner Idealität, sondern energischer Tatkraft. Max aber hat diese Stärke nicht.

Wallenstein bekennt sich in der bewegenden Auseinandersetzung mit Max zu seiner gröbern stofflichen Natur, die nach Macht und Reichtum drängt; er zieht damit deutlich eine Trennungslinie zwischen sich und Max, den er als idealistischen Charakter achtet, ja, wie sich zeigen wird, liebt und braucht. In dieser Passage des Gesprächs (»Ja, wer durchs Leben gehet ohne Wunsch…«), eine der schönsten des ganzen Stücks, gebraucht Schiller eine ähnliche Symbolik wie Goethe: An dem Zwiespalt zwischen reiner Geistnatur, die sich dem göttlichen Licht nähern will, und den materiell-sinnlichen Trieben, dem luziferischen dunklen Anteil des Menschen, leidet auch Faust.

Wie sehr Wallenstein Max' als Ergänzung bedurfte, spricht er später aus, als dieses, sein besseres Ich wirklich tot ist. Bis in die lyrische Sprache hinein ist hier die Verschränkung der beiden sichtbar gemacht:

WALLENSTEIN: Die Blume ist hinweg aus meinem Leben,
Und kalt und farblos seh ichs vor mir liegen.
Denn *er* stand neben mir, wie meine Jugend,
Er machte mir das Wirkliche zum Traum,
Um die gemeine Deutlichkeit der Dinge
Den goldnen Duft der Morgenröte webend –
Im Feuer seines liebenden Gefühls
Erhoben sich, mir selber zum Erstaunen,
Des Lebens flach alltägliche Gestalten.
– Was ich mir ferner auch erstreben mag,
Das Schöne ist doch weg, das kommt nicht wieder,
Denn über alles Glück geht doch der Freund,
Ders fühlend erst erschafft, ders teilend mehrt.

(V.3, 3443–3455)

Das realistische und das idealistische Prinzip, sonst unüberbrückbarer Gegensatz, scheinen hier versöhnt. Max, der mit seiner Imaginationskraft, mit seinem »liebenden Gefühl«, Wallensteins nüchtern-klare Wirklichkeit vergoldete und beseelte: in der Freundschaft kamen beide dem erlösten ganzen Menschen nahe. Nur die Kunst konnte dieses heitere Bild versöhnter Gegensätze für einen Augenblick möglich machen. –

Das Bürgertum hatte schon seit der Frühaufklärung die Morali-

tät des Herzens für sich in Anspruch genommen und sich damit
bewußt von der »Unmoral« des herrschenden Adels absetzen wollen. Im ›Wallenstein‹ versucht Schiller, die grundsätzliche Unver-
einbarkeit von Moral und Macht einsichtig zu machen: Die Politik
ist von der Tat bestimmt, die sich rasch loslöst von ihrem Subjekt
und ihren Charakter verändert, sobald sie mit anderen Gegebenheiten in Berührung kommt. Im politischen Leben kommt es aber
auf Taten an, rasche Entscheidungen sind nötig, die das Herz nicht
immer »kinderrein« erhalten. Die Politik ist vom Zweckdenken
bestimmt, sie muß es sein; wer dieses Gesetz nicht befolgt, wird
ausgeschaltet: »Wer nicht vertrieben sein will, muß vertreiben.«
Die einzige Alternative wäre ein unpolitisches Leben, der freiwilli-
ge Rückzug ins Private – die bürgerliche Lösung des 18. Jahrhunderts.

Wie weit sich Wallenstein von allen bürgerlichen Tugenden ent-
fernt hat, zeigt sich in einem späteren Gespräch (III.4) mit der
Herzogin und der Gräfin Terzky; als er erfährt, daß Max und
Thekla sich lieben und verbinden wollen, lehnt er empört ab:

WALLENSTEIN: Ließ ich mirs so viel kosten, in die Höh
  Zu kommen, über die gemeinen Häupter
  Der Menschen wegzuragen, um zuletzt
  Die große Lebensrolle mit gemeiner
  Verwandtschaft zu beschließen? – Hab ich darum –
  *(Plötzlich hält er inne, sich fassend.)*
  Sie ist das Einzige, was von mir nachbleibt
  Auf Erden, eine Krone will ich sehn
  Auf ihrem Haupte, oder will nicht leben.
  Was? Alles – Alles! setz ich dran, um *sie*
  Recht groß zu machen – ja in *der* Minute,
  Worin wir sprechen –
  *(Er besinnt sich.)* Und ich sollte nun
  Wie ein weichherzger Vater, was sich gern hat
  Und liebt, fein bürgerlich zusammengeben?
  Und jetzt soll ich das tun, jetzt eben, da ich
  Auf mein vollendet Werk den Kranz will setzen –
  Nein, sie ist mir ein langgespartes Kleinod,
  Die höchste, letzte Münze meines Schatzes,
  Nicht niedriger fürwahr gedenk ich sie
  Als um ein Königsszepter loszuschlagen –

                                          (III.4, 1516–1534)

Wie ein absolutistischer Herrscher, der willkürlich über seine Untertanen verfügt, tritt Wallenstein »Gleichgültig / ... das Glück
der [Seinen] in den Staub«. Selbst Max und Thekla, die er doch zu
lieben vorgibt, nimmt er, unmenschlich, in Besitz.

Auch Octavio, als Vertreter der kaiserlich-österreichischen Machtpolitik, muß nach seinen eigenen Worten notwendig die Stimme des Herzens leugnen (in der großen Auseinandersetzung mit Max, ›Piccolomini‹ V.1), will er seine politischen Zwecke erreichen. Insgeheim bringt er die meisten Generäle dazu, sich für ihn und den Kaiser zu erklären; auf die höfische Kunst des Intrigierens versteht er sich noch besser als Wallenstein. Mit dem Glücksritter Isolani hat er leichtes Spiel; den Oberst Buttler, der sich weitgehend mit Wallenstein identifiziert, packt er bei der Ehre, denn hier ist der Parvenu verwundbar. Octavio entdeckt ihm das »schändlich Spiel«, das Wallenstein mit ihm getrieben hatte, als er ihn noch ermutigte, um einen Grafentitel einzugeben, und gleichzeitig in seinem Begleitbrief mit Verachtung von ihm sprach, ja »dem Minister [riet], Euren Dünkel, / Wie er ihn nennt, zu züchtigen«. Des betrogenen Buttlers unbedingte Treue wandelt sich in tödlichen Haß; mit seinem Kopf will er dafür bürgen, daß Wallenstein nicht entkommt: »Doch einen Stachel gab Natur dem Wurm, / Den Willkür übermütig spielend tritt.«

Niemand muß sich seiner niedern Abkunft wegen treten lassen, Buttlers Stachel der Rache ist gespitzt. In seinem ehrgeizigen Streben nach oben (»Nichts ist so hoch, wornach der Starke nicht / Befugnis hat, die Leiter anzusetzen«) setzt Buttler auf der mittleren Ebene sozusagen das Karrieredenken des Wachtmeisters aus dem ›Lager‹ fort, das Wallenstein dann auf oberster Stufe personifiziert. Im Gegensatz zu Wallenstein ist Buttlers Verhalten aber konsequent, nicht vom Zweifel angekränkelt. Was er beschlossen hat, setzt er mit der ganzen Energie seines Willens durch: »Den Menschen macht sein *Wille* groß und klein, / Und weil ich meinem treu bin, muß er sterben.«

Tragische Ironie: Ebendiesen Buttler, der Wallensteins Untergang geschworen hat, umarmt der Friedländer bald darauf mit nie gekannter Wärme, zutiefst getroffen vom Verrat Octavios, den Illo und Terzky gerade hinterbracht hatten. Wallenstein, der verratene Verräter, vertraut sich seinem künftigen Mörder an:

> Komm an mein Herz, du alter Kriegsgefährt!
> So wohl tut nicht der Sonne Blick im Lenz,
> Als Freundes Angesicht in solcher Stunde –

> (III.10, 1689–1691)

Die tödlichen Nachrichten prasseln jetzt auf Wallenstein nieder: Sein Vorstoß auf Prag ist mißlungen – die meisten Regimenter sind abgefallen und haben dem Kaiser neu gehuldigt –, er, Terzky und Illo sind geächtet: Der ganze »treulos mürbe Bau« stürzt zusammen. Während Terzky und Illo ihrer Wut und Angst offen Ausdruck geben, bleibt Wallenstein gefaßt. In diesem Augenblick, einsam, verlassen, in die Enge getrieben, zeigt sich zum ersten Mal seine Größe:

WALLENSTEIN *(nach einer Pause)*:
   Es ist entschieden, nun ists gut – und schnell
   Bin ich geheilt von allen Zweifelsqualen,
   Die Brust ist wieder frei, der Geist ist hell,
   Nacht muß es sein, wo Friedlands Sterne strahlen.
   Mit zögerndem Entschluß, mit wankendem Gemüt
   Zog ich das Schwert, ich tats mit Widerstreben,
   Da es in meine Wahl noch war gegeben!
   Notwendigkeit ist da, der Zweifel flieht,
   Jetzt fecht ich für mein Haupt und für mein Leben.

(III.10, 1740–1748)

Jetzt, in der extremen Bedrängnis, spricht Wallenstein von Freiheit, Heilung und hellem Geist; jetzt kann er sich erheben über die äußeren Abhängigkeiten und seinen Geist triumphieren lassen – das ist die Erhabenheit, die Schiller immer wieder pries. Freiheit gibt es nur innerhalb der Notwendigkeit, Freiheit als unumschränkte Wahl der Möglichkeiten ist ein Irrtum. Auf sich selbst verwiesen, auf die eigene Kraft vertrauend, wird Wallenstein erst der pathetisch-erhabene Held. Als »ein entlaubter Stamm«, dem der »Schmuck der Zweige« abgeschlagen ist, sieht er sich, »Doch innen / Im Marke lebt die schaffende Gewalt, / Die sprossend eine Welt aus sich geboren.« In der Selbstbehauptung gegen den Kaiser und gegen die von ihm abgefallenen Truppen fühlt Wallenstein wieder Mut und Schöpfungskraft. Die Übereinstimmung zwischen innerem Entschluß und äußerer Notwendigkeit teilt sich in Rhythmus und Reim der Verse mit. Zum Zeichen seiner legendären Kühnheit und Stärke tritt Wallenstein jetzt zum ersten Mal »im Harnisch« auf (III.13).

Mag Wallenstein auch in der äußeren Not innere Kraft und Erhabenheit gewonnen haben, die es braucht in Zeiten des Krieges – ein menschliches Herz vermag dieser Geharnischte noch weniger zu zeigen. Er will Max, der trotz Octavios Drängen Pilsen nicht verlassen hat und noch einmal, Abschied zu nehmen, erscheint, als Geisel gegen den Vater nehmen; barbarisch tritt er die Freundschaft, in den Augen des spätaufklärerischen Bürgertums die höchste Tugend der Menschlichkeit, mit Füßen.

Max aber berühren Wallensteins Drohungen nicht, Angst um sein Leben kennt er nicht. Sich nicht schuldig zu machen, in der Verwirrung aller Werte treu zu bleiben – das ist der für ihn nicht lösbare Konflikt. Zerrissen zwischen seiner liebenden Verehrung auch noch für den abtrünnigen Herzog und seiner beschworenen Pflicht gegen den Kaiser bittet er schließlich Thekla um Entscheidung; doch die Geliebte verweist ihn nur zurück auf sein eigenes Herz, das längst die »gute Sache« gewählt habe. Einen Ausweg glaubt Max zu sehen, indem er sich den Schweden, die auf Eger marschieren, entgegenwirft, also in seiner Pflichterfüllung weder direkt mit dem Vater noch gegen Wallenstein kämpft. Rücksichtslos, todeswütig wirft er sich in die Schlacht, flüchtet wieder aus der Realität – diesmal in den Selbstmord. So blind wütend, verzweifelt sein Leben und vor allem das seiner ihm anvertrauten Kürassiere zu opfern, beweist sein schuldhaftes Versagen in der Welt.

Daß Max nicht ausweglos verzeifeln mußte, deutet Schiller an mehreren Stellen an. Thekla gab ihm das entscheidende Stichwort: »Wir gehören nicht zu unserm Hause.« Eigenständige Menschen sind sie, nur sich selbst verpflichtet. Thekla hatte sich innerlich von ihrem Vater getrennt, sie wäre Max unbedingt gefolgt. Max hätte seinen geraden Weg gehen können und in der Pflichterfüllung gegen den Kaiser Wallenstein vielleicht sogar noch retten können. Hätte er besonnen gekämpft und die Schweden aufgehalten, wäre ja nicht diese Eile gewesen, Wallenstein zu ermorden. Auch die Herzogin hatte Max eine Hoffnung mit auf den Weg gegeben: »Folgen Sie der Pflicht – So können Sie uns einst / Ein teurer Freund, ein guter Engel werden, / Am Hof des Kaisers.« Noch in der Schlacht selbst, so erfahren wir aus dem Bericht des schwedischen Hauptmanns, bot der Feind dem kühnen Jüngling und seinen Soldaten Rettung an, als diese hoffnungslos eingekeilt waren, doch Max hat es selbst vereitelt.

Max mußte sterben, aus innerer Notwendigkeit: Als einzige nicht historische Figur, nur eine schöne Utopie, durfte er nicht Fuß fassen in der Wirklichkeit. Die Kunst kann die Morgenröte einer besseren Zeit vorführen, aber sie muß die Illusion auch wieder selbst zerstören, daß der ästhetische Zustand des Menschen jetzt schon Wirklichkeit sein könnte.

In ihrer Nänie, der Totenklage für Max, gibt Thekla der Verheißung dieser goldenen Zeit noch einmal »zärtliche Gestalt«. Ihre Verse erinnern an Schillers Gedicht ›Nänie‹, das auch den Untergang des Schönen als unumgängliche Notwendigkeit darstellt: »Auch ein Klaglied zu sein im Mund der Geliebten, ist herrlich«, hieß es dort (s. S. 72).

THEKLA: Sein Geist ists, der mich ruft. Es ist die Schar
   Der Treuen, die sich rächend ihm geopfert.
   Unedler Säumnis klagen sie mich an.

*Sie* wollten auch im Tod nicht von ihm lassen,
Der ihres Lebens Führer war – Das taten
Die rohen Herzen, und *ich* sollte leben!
– Nein! Auch für mich ward jener Lorbeerkranz,
Der deine Totenbahre schmückt, gewunden.
Was ist das Leben ohne Liebesglanz?
Ich werf es hin, da sein Gehalt verschwunden.
Ja, da ich dich, den Liebenden gefunden,
Da *war* das Leben etwas. Glänzend lag
Vor mir der neue goldne Tag!
Mir träumte von zwei himmelschönen Stunden.

Du standest an dem Eingang in die Welt,
Die ich betrat mit klösterlichem Zagen,
Sie war von tausend Sonnen aufgehellt,
Ein guter Engel schienst du hingestellt,
Mich aus der Kindheit fabelhaften Tagen
Schnell auf des Lebens Gipfel hinzutragen,
Mein erst Empfinden war des Himmels Glück,
In dein *Herz* fiel mein erster Blick!
*(Sie sinkt hier in Nachdenken, und fährt dann mit Zeichen des Grauens*
*auf.)*
– Da kommt das Schicksal – Roh und kalt
Faßt es des Freundes zärtliche Gestalt
Und wirft ihn unter den Hufschlag seiner Pferde –
– Das ist das Los des Schönen auf der Erde!

(IV.12, 3155–3180)

Mit einem bewußt gestörten Rhythmus endet Theklas Nänie auf
den Geliebten; die rohe Wirklichkeit zerreißt dissonant die kurze
Harmonie. Thekla folgt Max in den Tod, wie sie es vorausgesehen
hatte.

Die letzten beiden Akte spielen in der Festung Eger, wohin
vereinbarungsgemäß die Schweden vorrücken, um es als strategi-
schen Punkt zu besetzen. Wallenstein ist mit seiner Familie dorthin geflüchtet, da er sich unter den eigenen Truppen nicht mehr
sicher fühlen konnte. Buttlers Regiment soll ihn schützen, bis die
Verstärkung der Schweden kommt. Doch damit hat sich Wallenstein selbst eingeschlossen, der inneren Zwangslage entspricht der
äußere Kerker; und Buttler kann den bis zuletzt noch ahnungslos
Verblendeten heimtückisch ermorden (lassen). Unfähig, auf seine
eigene Intuition zu vertrauen oder die Warnungen anderer ernst zu
nehmen (der Astrologe und die Gräfin Terzky bestürmen ihn vergeblich), läßt er sich wie gewohnt von seinem alten Kammerdiener
zur Nacht fertig machen. Seine vielzitierten letzten Worte: »Ich
denke einen langen Schlaf zu tun, / Denn dieser letzten Tage Qual
war groß. / Sorgt, daß sie nicht zu zeitig mich erwecken«, verwei-

sen in tragischer Ironie auf seinen Tod. An diesem letzten Abend zeigt Wallenstein zum ersten Mal sein menschliches Herz; mitleidig entläßt er seinen alten Kammerdiener:

WALLENSTEIN: ... Du auch noch? Doch ich weiß es ja, warum
  Du meinen Frieden wünschest mit dem Kaiser.
  Der arme Mensch! Er hat im Kärtnerland
  Ein kleines Gut und sorgt, sie nehmens ihm,
  Weil er bei *mir* ist. Bin ich denn so arm,
  Daß ich den Dienern nicht ersetzen kann?
  Nun! Ich will niemand zwingen. Wenn du meinst,
  Daß mich das Glück geflohen, so verlaß mich.
  Heut magst du mich zum letztenmal entkleiden,
  Und dann zu deinem Kaiser übergehn – ...

(V.5, 3666–3675)

Octavio dagegen steht am Ende »schmerzvoll zum Himmel« blikkend, beschämt, von Vorwurfsblicken entehrt auf der Bühne, und Gordon überreicht ihm einen Brief mit kaiserlichem Siegel: »Dem *Fürsten* Piccolomini.« Max' Ahnung »Du steigst durch seinen Fall, Octavio. / Das will mir nicht gefallen« hat sich erfüllt.

Um die »poetische Wahrheit« ging es Schiller und nicht um historische Richtigkeit. Hinter der einmaligen Figur Wallensteins mußte die allgemeine menschliche Natur, in seinem Wirken eine allgemeine Aussage über Staat und Gesellschaft transparent werden. Während des grauenvollen Dreißigjährigen Kriegs mögen tatsächlich Hoffnungen auf einen dauerhaften großen Frieden und eine neue Ordnung auf Wallenstein projiziert gewesen sein, aber diese Hoffnungen mußte der Dichter ausdehnen auf die Gegenwart und die Zukunft. Liest man unter diesem Aspekt noch einmal den Prolog, so bekommt die »alte feste Form«, die jetzt, 150 Jahre nach dem Westfälischen Frieden, zu zerfallen drohte, durchaus etwas Beschützenswertes. Der »erhabene Moment der Zeit« war mit der Wende ins 19. Jahrhundert gegeben, weil in der Umbruchssituation Europas die Herrschafts- und Freiheitsstrukturen neu gestaltet wurden. Schillers Glaube an ein positives vernünftiges Weltprinzip, an den Fortschritt der Menschen war unerschütterlich, trotz der in Frankreich enttäuschten Hoffnungen.

Gordon, Kommandant in Eger und Wallensteins Jugendfreund, hat die Moral des Stückes auszusprechen (wie Schiller in einem Brief an Iffland am 24. Dezember 1798 schrieb); er redet dem »goldnen Mittelweg«, der Mäßigung das Wort, die Wallensteins großartige Entwicklung vielleicht in andere Bahnen gelenkt hätte. »Unnatürlich ... und neuer Art« war die Macht in Wallensteins Händen, sie hätte jeden anderen zu Fall gebracht.

Denn um sich greift der Mensch, nicht darf man ihn
Der eignen Mäßigung vertraun. Ihn hält
In Schranken nur das deutliche Gesetz
Und der Gebräuche tiefgetretne Spur ...

(IV.2, 2484–2487)

Fesseln, aber auch Schranken sind die alten Traditionen und Gesetze, denn der Mensch der Gegenwart kann mit Freiheit noch nicht umgehen, pervertiert sie zu schlimmster Willkür, wie die Schreckensherrschaft Robespierres bewies. Schiller zeigte in den Figuren von Max und Thekla den Weg zu wahrer Freiheit und Menschlichkeit, den er in seinen ›Ästhetischen Briefen‹ entwickelt hatte; sie verkörpern das (sittlich) Schöne, das die Widersprüche im einzelnen und damit zuletzt auch die Zwietracht in der Gesellschaft löst. Die Schönheit aber muß der Freiheit vorangehen; erst wenn der Mensch sich verändert hat, wenn seine schöne Natur durch die Kunst wiederhergestellt ist, können die politischen Verhältnisse sich ändern. Einer Revolution bedarf es dann nicht mehr.

Im April 1799 wurde die ganze Trilogie in Weimar uraufgeführt. Der Erfolg war überwältigend, der Andrang so groß, daß man die Eintrittspreise erhöhte. An den Freund Körner schrieb Schiller (am 8. Mai 1799): »Der Wallenstein hat auf dem Theater in Weimar eine außerordentliche Wirkung gemacht, und auch die Unempfindlichsten mit sich fortgerissen. Es war darüber nur Eine Stimme, und in den nächsten acht Tagen ward von nichts Anderem gesprochen.« Die Druckfassung erschien bei Cotta im Juni 1800, bis Schillers Tod gab es drei weitere Auflagen, die zahlreichen Raubdrucke nicht gerechnet. Die Herzogin Luise von Weimar schenkte Schiller ein silbernes Kaffeegeschirr, der König von Schweden einen Brillantring. Preußens König und Königin kamen eigens nach Weimar, das Stück zu sehen; der Zar bekundete Interesse.

Nur für den Herzog von Württemberg, den späteren König Friedrich I., blieb Schiller ein Revolutionär: erst Karl Moor, dann Wallenstein! Im Dezember 1809 schließlich konnte das Werk in Stuttgart aufgeführt werden. In Wien widersetzte sich der Hof jahrzehntelang der Aufführung, doch hinter der langen Zurückhaltung steckte mehr als das grundsätzliche Verbot, habsburgische Politik auf der Bühne zu diskutieren, oder verletzte Eitelkeit wie in Württemberg: Das Metternichsche System konnte den Vielvölkerstaat nur mit strengster Zensur aufrechterhalten; die Karlsbader Beschlüsse von 1819 zur »Demagogen«-Verfolgung, die die nationalistischen Bestrebungen im Deutschen Bund und in den österreichischen Ländern unterdrücken sollten, ließen keinerlei Toleranz einem Stück gegenüber zu, das die Rebellion (obendrein gegen einen Habsburger) nicht eindeutig verurteilte.


## 4.3 Friedrich Schiller, Wilhelm Tell. Ein Schauspiel

Nach seinen großen historischen Dramen ›Wallenstein‹, ›Maria Stuart‹, ›Die Jungfrau von Orléans‹, nach der antikisierenden ›Braut von Messina‹ schließlich, deren tragische Spannung zwischen idealem Menschsein und geschichtlicher Bedingtheit erst im Tode des Helden aufgelöst wird, schrieb Schiller mit ›Wilhelm Tell‹ ein Schauspiel, das untragisch endet, Idee und Geschichte der Menschheit schon im Diesseits versöhnt. ›Wilhelm Tell‹ wurde Schillers größter Bühnenerfolg, ein Volksstück, das doch gleichzeitig die hohen poetischen Forderungen des Dichters erfüllte. Mehr Bühnenwirksamkeit als in den vorhergegangenen Dramen hatte Iffland, Theaterdirektor in Berlin, ausdrücklich von ihm gefordert; das Stück mußte also eine einfache Handlung, genügend sinnlich-materiellen Reiz bieten, um einem breiten Publikum zu gefallen. Wenige Wochen vor seinem Tode, nachdem der ›Tell‹ längst fertig und im März 1804 uraufgeführt worden war, plagten Schiller noch immer gewisse Skrupel:

... Noch hoffe ich, in meinem poetischen Streben keinen Rückschritt gethan zu haben, einen Seitenschritt vielleicht, indem es mir begegnet seyn kann, den materiellen Forderungen der Welt und der Zeit etwas eingeräumt zu haben. Die Werke des dramatischen Dichters werden schneller als alle andre von dem Zeitstrom ergriffen, er kommt, selbst wider Willen, mit der großen Masse in eine vielseitige Berührung, bei der man nicht immer rein bleibt. Anfangs gefällt es, dem Herrscher zu machen über die Gemüther, aber welchem Herrscher begegnet es nicht, daß er auch wieder der Diener seiner Diener wird, um seine Herrschaft zu behaupten; und so kann es leicht geschehen seyn, daß ich, indem ich die deutschen Bühnen mit dem Geräusch meiner Stücke erfüllte, auch von den deutschen Bühnen etwas angenommen habe ...

(an Wilhelm von Humboldt am 2. April 1805)


Daß Schiller besondere Hemmungen hatte, Konzessionen an den Geschmack der breiten Masse zu machen, ist verständlich; mit seiner aufsehenerregenden Polemik gegen G. A. Bürgers falsch verstandene Popularität (vgl. Bd. II) hatte er sich selbst die strengsten Maßstäbe gesetzt: In seinen Augen mußte ein vollkommenes Kunstwerk einen allgemein menschlichen Stoff mit der »höchsten Simplizität« behandeln; es mußte den *ganzen* Menschen ansprechen, so daß die divergierenden Kräfte von »Kopf und Herz, Scharfsinn und Witz, Vernunft und Einbildungskraft in harmonischem Bunde beschäftigt« seien, und es mußte, »höchster Triumph des Genies«, den ungeheuern Abstand zwischen der gebildeten Klasse und dem »großen Haufen« aufheben können.

›Wilhelm Tell‹, Schillers letztes vollendetes Drama, erfüllte wie kaum ein zweites diesen hohen Anspruch an die Dichtkunst. Es stellt handfestes, buntes Leben auf die Bühne und realisiert darin wie nebenbei philosophisch-ästhetische Gedanken eines idealen Staates; es befriedigt also Schaulust und Affekte und Intellekt des Publikums gleichermaßen und überwindet Kultur- und Standesunterschiede, weil es in einer einfachen, fürs Volk verständlichen Sprache redet, ohne sich anzubiedern. Wohl aus diesem Grund sind aus keiner anderen Dichtung Schillers so viele Zitate bis heute sprichwörtlich geblieben. Die prächtige Szenerie der Schweizer Berge mit ihren Seen, steilen Felsufern, grünen Matten und firnglänzenden Gletschern, die Lieder der Jäger und Hirten, Alphörner und Kuhglocken geben nur das spezielle Lokalkolorit ab, das den Schweizer Freiheitskampf – Beispiel für das ewige Streben des Menschen nach Freiheit – in Bildern und Klängen anschaulich machen sollte.

Die Aufgabe, die Schiller sich damit gestellt hatte, brachte ihn schier zur Verzweiflung. Er wollte, da Tell nun einmal eidgenössischer Sagenheld war, die schweizerischen Nationaleigenheiten sorgfältig herausarbeiten und durfte doch das allgemeine Interesse an dem Stoff nicht gefährden. Das Schweizervolk, das eigentlich neben Tell Held des Dramas ist, mußte als Ganzes und doch auch mannigfaltig genug vorgeführt werden, damit das Typische nicht einförmig würde. Das heißt, Schiller hatte zwischen geschichtlicher Realität und Individualität und einer allgemeingültigen höheren Wahrheit die Balance zu halten.

Die Befreiungsgeschichte der Schweizer Urkantone Schwyz, Uri und Unterwalden, die sich gegen die habsburgischen Annexionsversuche 1291 zum »Ewigen Bund« zusammengeschlossen hatten, erregte allgemein lebhaftestes Interesse, seit 1798 unter dem Druck der napoleonischen Besetzung die Schweiz als »Helvetische Republik« in Abhängigkeit von Frankreich geraten war. Auch hatten die Ideen der Französischen Revolution, trotz Robespierre und Napoleon, nichts von ihrer Faszination verloren. Allein vor diesem Hintergrund mußte eine dramatische Bearbeitung der Sage um den Schweizer Freiheitshelden politische Brisanz besitzen. Um ein »tumultisches Aufjauchzen« des Publikums zu verhindern, wollte Iffland alle politisch bedenklichen Passagen gestrichen oder geändert haben, und Schiller hatte sich, wie bei den ›Räubern‹, gegen eine totale politische Entschärfung seines Werks zu verwahren. Der »Freiheitsatem« des ›Tell‹ war trotz gewisser Konzessionen, die Schiller schließlich für die Bühnenfassung machte, nicht zu ersticken; die Rezeptionsgeschichte des Werks bestätigt das.

In einer Zeitungsnotiz aus den Tagen nach der Märzrevolution 1848 heißt es: »Vor einigen Tagen las man an den Mauern unseres Opernhauses die Worte mit Kreide hingeschrieben ›Übermorgen Wilhelm Tell!‹ Das Volk sehnte sich danach, in diesen ernsten Tagen des Kampfes und der Aufregung einen Ruhepunkt zu finden und in dem erhabenen Schwunge der Freiheitsgedanken unseres großen nationalen Dichters den Ausdruck seiner eigenen Gefühle zu suchen. Den Wünschen des Volkes ist entsprochen worden. Die heutige Aufführung [23. März 1848] des Tell wurde dadurch zu einem Volksfest.« Der politischen Rechten allerdings war das Schauspiel das ganze 19. Jahrhundert hindurch zu demokratisch; Bismarck notierte noch 1898 in seinen ›Gedanken und Erinnerungen‹, daß alle deutsch-nationalen Impulse seiner Jugend »nicht stark genug« gewesen seien, »um angeborene preußisch-monarchische Gefühle auszutilgen. Meine geschichtlichen Sympathien blieben auf Seiten der Autorität.« Für sein »Rechtsgefühl« blieb »Tell ein Rebell und Mörder«.

Ähnlich kontrovers war die Aufnahme des ›Tell‹ im 20. Jahrhundert: Nach dem demütigenden Versailler Vertrag zum Beispiel, während der Rheinland- und Ruhrbesetzung, soll das Theaterpublikum bei der Rütli-Szene von seinen Plätzen aufgestanden sein und mit erhobener Hand die berühmten Sätze mitgesprochen haben: »Wir wollen sein ein einig Volk von Brüdern ...« Ein nationales Bekenntnis – und doch wurde der ›Tell‹ als Schullektüre im Dritten Reich verboten, denn es stehen auch Gedanken darin, die den Widerstandsgeist gegen Unterdrückung und Entwürdigung des Menschen anfachen.

Die erste Erwähnung des ›Wilhelm Tell‹ findet sich in einem Brief Goethes an Schiller aus dem Jahre 1797. Goethe hatte den Stoff von seiner Schweizer Reise mitgebracht und beabsichtigte zunächst selbst, ihn für ein Epos zu verwenden. Erst nach mehrmaligen Ermunterungen durch Goethe begann Schiller mit der Arbeit an dem Drama. Wie immer bei seinen historischen Gegenständen studierte er gründlich die verfügbaren Quellen, wobei das ›Chronicum Helveticum‹ des Ägidius Tschudi (entstanden Mitte des 16. Jahrhunderts, Erstdruck 1734) und das 1512/13 entstandene ›Urner Tellenspiel‹ das wichtigste Material lieferten. Doch in einer wesentlichen Einzelheit wich Schiller von seinen Schweizer Quellen ab: In seinem Drama ist Tell weder ein »heimliches« Mitglied des Volksbundes (wie bei Tschudi), noch nimmt er gar persönlich am Rütli-Schwur teil (wie im ›Tellenspiel‹ und den meisten Sagen). Schillers Dramenheld wird erst dann in den gärenden Volksauflauf verwickelt, als er mit dem grausam erzwungenen Schuß auf seinen Sohn ein *persönliches* Motiv zum Handeln erhält.

›Wilhelm Tell‹ beginnt mit einem Landschaftsbild. Drei Repräsentanten von »Naturberufen«, stellvertretend für ein friedliches Volk, das im Einklang mit der Natur lebt, besingen eine Idylle: Fischer, Hirte und Jäger. Doch *»Die Landschaft verändert sich, man hört ein dumpfes Krachen von den Bergen, Schatten von Wolken laufen über die Gegend«*, so die Regieanweisung. Die rasch wechselnde Naturstimmung entspricht der einsetzenden dramatischen Handlung, symbolisiert den Einbruch der österreichischen Machtpolitik in die friedliche Idylle.

Der Schweizer Konrad Baumgarten stürzt atemlos auf die Bühne, er hat den österreichischen Burgvogt erschlagen, als dieser seine Frau zu vergewaltigen suchte. Das Vergehen des Vogts ist Ausdruck der allgemeinen Willkür der Unterdrücker, Baumgartens persönliches Schicksal Ausdruck der allgemeinen Not des Volks: Er hat getan, »was jeder freie Mann an meinem Platz!«. Vor den Verfolgern retten kann ihn nur die Flucht über den See; doch in dem ausbrechenden Sturm wagt niemand die Fahrt, obwohl alle wissen: »dem Nächsten muß man helfen, / Es kann uns allen Gleiches ja begegnen.« Nur Tell, von dem Gedanken einer solchen Solidarisierung noch weit entfernt, entscheidet sich für das gefährliche Unternehmen. Ohne Bedenken, im Vertrauen auf Gott und seine eigene Kraft, rettet er den Bedrängten vor dem sicheren Tod: »Wos not tut, Fährmann, läßt sich alles wagen.«

Die zweite Szene erläutert in Dialogen die vorher nur angedeutete politische Situation: Die Schweiz gehörte rechtlich zum »Heiligen Römischen Reich Deutscher Nation«; die Kaiser, als anerkannte Lehensherren, hatten bislang die »alte Freiheit« der Schweizer stets respektiert. Doch dieser alten Ordnung, niedergelegt in »Freiheitsbriefen«, droht nun der Umsturz von oben. Denn der neue Kaiser, Albrecht I. (1298–1308), strebt, die freie Schweiz seiner Hausmacht Österreich und damit dem Haus Habsburg einzuverleiben. Um ein militärisches Vorgehen rechtfertigen zu können, versucht er, mit der Einsetzung grausamer Vögte das Volk zum Aufstand zu zwingen. Die Störung des sozialen Friedens wird von den Herrschenden mutwillig provoziert.

Im Volk wächst der latente Aufruhr. Der Ausbau der Burg in Altdorf zu einer Festung wird als Bedrohung empfunden, die Forderung, einen Hut (nicht die Krone!) als Symbol der Macht anzuerkennen, als Beleidigung von »ernsthaft würd'gen Leuten«. Doch Tell will sich nicht provozieren lassen: »Was Hände bauten, können Hände stürzen. *(Nach den Bergen zeigend.)* Das Haus der Freiheit hat uns Gott gegründet.« Und so lehnt er auch die Teilnahme an einer politischen Verschwörung ab:

STAUFFACHER: Mir ist das Herz so voll, mit Euch zu reden.
TELL: Das schwere Herz wird nicht durch Worte leicht.
STAUFFACHER: Doch könnten Worte uns zu Taten führen.
TELL: Die einzge Tat ist jetzt Geduld und Schweigen.
STAUFFACHER: Soll man ertragen, was unleidlich ist?
TELL: Die schnellen Herrscher sinds, die kurz regieren.
　　– Wenn sich der Föhn erhebt aus seinen Schlünden,
　　Löscht man die Feuer aus, die Schiffe suchen
　　Eilends den Hafen, und der mächtge Geist
　　Geht ohne Schaden, spurlos, über die Erde.
　　Ein jeder lebe still bei sich daheim,
　　Dem Friedlichen gewährt man gern den Frieden.
STAUFFACHER: Meint Ihr?
TELL: 　　　　　　　　Die Schlange sticht nicht ungereizt.
　　Sie werden endlich doch von selbst ermüden,
　　Wenn sie die Lande ruhig bleiben sehn.
STAUFFACHER: Wir könnten viel, wenn wir zusammenstünden.
TELL: Beim Schiffbruch hilft der einzelne sich leichter.
STAUFFACHER: So kalt verlaßt Ihr die gemeine Sache?
TELL: Ein jeder zählt nur sicher auf sich selbst.
STAUFFACHER: Verbunden werden auch die Schwachen mächtig.
TELL: Der Starke ist am mächtigsten *allein*.
STAUFFACHER: So kann das Vaterland auf Euch nicht zählen,
　　Wenn es verzweiflungsvoll zur Notwehr greift?
TELL *(gibt ihm die Hand):*
　　Der Tell holt ein verlornes Lamm vom Abgrund,
　　Und sollte seinen Freunden sich entziehen?
　　Doch *was* Ihr tut, laßt mich aus Eurem *Rat*,
　　Ich kann nicht lange prüfen oder wählen,
　　Bedürft Ihr meiner zu bestimmter *Tat*,
　　Dann ruft den Tell, es soll an mir nicht fehlen.

(I.3, 417–445)

Wilhelm Tell ist hier als der naive, unbewußt lebende Mensch der Idylle gezeichnet, der aus dem Innersten seines Wesens handelt, nicht aus Überlegung. Wenn er die Gewaltherrscher mit der Schlange, mit dem Föhn umschreibt, äußert sich sein ganz in Na-

turvorgängen verhaftetes Denken und Reden, aber auch die Unfä-
higkeit, die neue geschichtliche Situation richtig einzuschätzen.
Voller Vertrauen in die eigene Kraft und die Selbstheilungskräfte
der Natur wehrt er sich gegen eine Verschwörung, die nur die
Gegner reizen würde, empfiehlt statt dessen Geduld. In dem frühen Naturzustand der Jäger und Hirten, der hier dargestellt werden soll, ist der einzelne Mensch unabhängig und stark genug, sich
im Katastrophenfall selbst zu helfen – was gegenseitige Hilfe natürlich nicht ausschließt. »Prüfen oder wählen« ist nicht die Sache
des Naturmenschen Tell, sondern spontane Tat aus der Sicherheit
seines Herzens.

Doch die Welt hat sich verändert. Das von Gott gebaute »Haus
der Freiheit«, das die Berge umschlossen und vor der großen Welt
und verändernden Geschichte bewahrten, ist gefährdet. Das alte
patriarchalische Verhältnis zum Kaiser als frei gewählter Schutz-
macht, die Ruhe im Einklang mit der Natur ist bedroht und verlangt eine neue Haltung des Menschen. Der Bauer Melchthal, dessen Vater schändlich gefoltert wurde von den Leuten des Landvogts von Uri, hat die Lande durchreist und erfahren:

– Erschollen war in diesen Tälern schon
　Der Ruf des neuen Greuels, der geschehn,
　Und fromme Ehrfurcht schaffte mir mein Unglück
　Vor jeder Pforte, wo ich wandernd klopfte.
　Entrüstet fand ich diese graden Seelen
　Ob dem gewaltsam neuen Regiment,
　Denn so wie ihre Alpen fort und fort
　Dieselben Kräuter nähren, ihre Brunnen
　Gleichförmig fließen, Wolken selbst und Winde
　Den gleichen Strich unwandelbar befolgen,
　So hat die alte Sitte hier vom Ahn
　Zum Enkel unverändert fortbestanden,
　Nicht tragen sie verwegne Neuerung
　Im altgewohnten gleichen Gang des Lebens ...

(II.2, 1008–1021)

Die patriarchalische Ordnung, die harmonische Einheit mit der
Natur gehören einem Zustand der Naturhaftigkeit an, den die
Menschheit verlieren mußte, um fortzuschreiten. Die Räder der
Zeit, der Geschichte sind notwendig über sie hinweggerollt und
haben neue Energien herausgefordert. Aus der *geschenkten* Idylle
Arkadiens vertrieben, muß der Mensch nun die divergierenden
Wirkungskräfte der Geschichte in Einklang bringen, um auf einer
bewußten Stufe schließlich ins Elysium, in eine *geleistete* Idylle zu
gelangen. Diesen dialektischen Dreischritt, den wir in Schillers

Geschichtsbild immer wieder finden, vollzieht er in ›Wilhelm Tell‹ nach, läßt das Elysium der neuen Menschheit, die Utopie eines vollkommen freien Menschen schon (Kunst-)Wirklichkeit werden.

Davor liegen aber auch im ›Tell‹ Konflikt und Kampf. Erst in der Auseinandersetzung mit den zerstörenden Kräften der Geschichte erwirbt sich die Menschheit ihr neues Paradies. Den Kampf gegen »verwegne Neuerung«, das heißt hier: gegen Willkür, Zwang und Unterdrückung der destruktiven Herrschaftspolitik Österreichs, nehmen die Eidgenossen mutig auf.

Die kleine Welt der Idylle, die ihre Bewohner sich zu bescheiden und mutig zu wehren lehrte gegen die natürlichen Lebensgefahren (Lawinen, Wildwasser, Gletscherabrisse usw.), wurde schon gestört, als der Besitzadel ins Land kam, dem »alles ... um Gold feil ist«: Geld und Macht und sittlicher Verfall charakterisieren die große Welt, die in das naive Glück der Schweizer einbricht. Das Unsittliche schlechthin stellen die Landvögte dar, die bis in die ärmsten, entlegensten Gegenden geizen und rauben, Furcht und empörten Haß säen. Einhellige Entrüstung ist die Antwort der Schweizer auf die fortwährenden Rechtsbrüche, entschlossen sind sie alle, das Joch der Fremdherrschaft abzuschütteln. Notwehr in der äußersten Bedrohung ist elementares Naturrecht, auch das Tier wehrt sich mit aller Kraft gegen den lebensbedrohenden Feind.

STAUFFACHER: ... Nein, eine Grenze hat Tyrannenmacht,
  Wenn der Gedrückte nirgends Recht kann finden,
  Wenn unerträglich wird die Last – greift er
  Hinauf getrosten Mutes in den Himmel
  Und holt herunter seine ewgen Rechte,
  Die droben hangen unveräußerlich
  Und unzerbrechlich, wie die Sterne selbst –
  Der alte Urstand der Natur kehrt wieder,
  Wo Mensch dem Menschen gegenübersteht –
  Zum letzten Mittel, wenn kein andres mehr
  Verfangen will, ist ihm das Schwert gegeben –
  Der Güter höchstes dürfen wir verteidgen
  Gegen Gewalt – Wir stehn vor unser Land,
  Wir stehn vor unsre Weiber, unsre Kinder!

(II.2, 1274–1287)

Stellvertretend für ihre drei Kantone treffen sich die Landleute Melchthal, Walter Fürst und Stauffacher mit je zehn Begleitern heimlich des Nachts auf dem Rütli, einer Lichtung oberhalb des Vierwaldstätter Sees, um den gemeinsamen Kampf gegen die Unterdrückung zu beschließen. Um dem Ruch der Verschwörung zu entgehen, wahren sie ausdrücklich die althergebrachten Rechtsbräuche einer Landsversammlung, wählen umständlich den üblichen »Landesammann« als Versammlungsleiter, schließen um ihn den Kreis, in dem, wie bei einem germanischen Thing, verhandelt wird. Kein Umsturz wird geplant, sondern die Eidgenossen erneuern das alte Bündnis der Vorväter, das die kaiserliche Autorität anerkennt, nicht aber den habsburgischen Zugriff.

WALTER FÜRST *(tritt in den Ring):*
    Abtreiben wollen wir verhaßten Zwang,
    Die alten Rechte, wie wir sie ererbt
    Von unsern Vätern, wollen wir bewahren,
    Nicht ungezügelt nach dem Neuen greifen.
    Dem Kaiser bleibe, was des Kaisers ist,
    Wer einen Herrn hat, dien ihm pflichtgemäß.
    ...
    Was sein muß, das geschehe, doch nicht drüber.
    Die Vögte wollen wir mit ihren Knechten
    Verjagen und die festen Schlösser brechen,
    Doch, wenn es sein mag, ohne Blut. Es sehe
    Der Kaiser, daß wir notgedrungen nur
    Der Ehrfurcht fromme Pflichten abgeworfen.
    Und sieht er uns in unsern Schranken bleiben,
    Vielleicht besiegt er staatsklug seinen Zorn,
    Denn billge Furcht erwecket sich ein Volk,
    Das mit dem Schwerte in der Faust sich *mäßigt.*

                              (II.2, 1352–1374)

Im Sinne der Französischen Revolution bedeutete Freiheit zunächst einmal die Aufhebung aller gewachsenen politischen und sozialen Strukturen; Schillers »eidgenössische« Antwort darauf war bewußtes Festhalten an der gottgewollten sozialen Ordnung, nur innerhalb dieser Grenzen gab es Freiheit. Aber diese Freiheit gehört zu den »unveräußerlichen, unzerbrechlichen« Rechten des Menschen, die zu verteidigen seine Würde verlangt. Die Eidgenossen sind keine Revolutionäre: Maßvoll, ohne Blutvergießen, ordentlich geplant soll die Befreiung von der Tyrannei durchgeführt werden.

Immer wieder hat Schiller mehr oder weniger deutlich seine politische Einstellung in Theorie und Dichtung dargelegt. Die Ideen der Revolution begeisterten ihn wie die meisten bürgerlichen Intellektuellen in Deutschland, aber die Durchsetzung dieser Ziele, die Chaos und Unrecht und wiederum Parteiung aus Eigennutz schaffte, griff er an. Seine philosophisch begründete Konsequenz aus diesen Erfahrungen war die ästhetische Erziehung der Gesellschaft vor allem durch die Kunst, die allmählich zu einem idealen »ästhetischen« Staat führen würde, in dem brüderliche Liebe unter gleichen, freien Menschen selbstverständlich wäre (vgl. ausführlicher S. 21 ff.).

In dem Widmungsgedicht, das Schiller seinem Gönner, dem Mainzer Kurfürsten Dalberg, in den ›Tell‹ schrieb, spricht er die Diskrepanz zwischen dem Ideal und der politischen Wirklichkeit (in Frankreich) direkt an:

Wenn rohe Kräfte feindlich sich entzweien
Und blinde Wut die Kriegesflamme schürt;
Wenn sich im Kampfe tobender Parteien
Die Stimme der Gerechtigkeit verliert;
Wenn alle Laster schamlos sich befreien,
Wenn freche Willkür an das Heil'ge rührt,
Den Anker löst, an dem die Staaten hängen:
Da ist kein Stoff zu freundlichen Gesängen.

Doch wenn ein Volk, das fromm die Herden weidet,
Sich selbst genug nicht fremden Guts begehrt,
Den Zwang abwirft, den es unwürdig leidet,
Doch selbst im Zorn die Menschlichkeit noch ehrt,
Im Glücke selbst, im Siege sich bescheidet:
Das ist unsterblich und des Liedes wert.
Und solch ein Lied darf ich dir freudig zeigen,
Du kennst's, denn alles Große ist dein eigen.

In seinem ›Tell‹ leistet Schiller ganz konkret ästhetische Erziehung. Er zeigt in dem Schweizer Volkscharakter wesentliche Voraussetzungen musterhaften politischen Handelns, allgemein: Voraussetzungen zur Bildung eines idealen Staates der Freiheit auf. Die durch die geographische Lage bedingte Naturnähe der Schweizer, ihr redliches bescheidenes Wesen, ihr Zusammengehörigkeitsgefühl ließen gerade dieses Volk geeignet erscheinen, der verirrten, kultivierten Menschheit den Weg in einen neuen Naturzustand zu weisen. Nicht zufällig hat Goethe ganz ähnliche Existenzbedingungen in Fausts Vision eines »Goldenen Zeitalters« formuliert:

Nur der verdient sich Freiheit wie das Leben,
Der täglich sie erobern muß.
Und so verbringt, umrungen von Gefahr,
Hier Kindheit, Mann und Greis ein tüchtig Jahr.
Solch ein Gewimmel möcht ich sehn,
Auf freiem Grund mit freiem Volke stehn ...

(Faust, 11575–11580)

Der wahre Fortschritt der Menschheit kann nur erreicht werden durch eine Freiheit, die um ihre Gebundenheit weiß und Leidenschaften und Egoismen überwunden hat. Mäßigung ist notwendig und solidarisches Handeln, damit Recht sich nicht in Unrecht verkehrt. Die Männer auf dem Rütli wissen das. Sie reden miteinander, fassen dann gemeinsam den Beschluß, bis Weihnachten im Unglück auszuharren; wenn den Bauern mit ihren Geschenken traditionell Einlaß in die Burgen gewährt wird, wollen sie sich der Tore bemächtigen und auf ein Zeichen hin gleichzeitig in allen drei Kantonen die Zwingburgen schleifen und die Unterdrücker vertreiben. Es beginnt schon zu tagen, als die Versammlung der Eidgenossen mit dem berühmten Rütli-Schwur ihren Höhepunkt und Abschluß findet:

*(Alle haben unwillkürlich die Hüte abgenommen und betrachten mit stiller Sammlung die Morgenröte)*
RÖSSELMANN: Bei diesem Licht, das uns zuerst begrüßt
    Von allen Völkern, die tief unter uns
    Schweratmend wohnen in dem Qualm der Städte,
    Laßt uns den Eid des neuen Bundes schwören.
    – Wir wollen sein ein einzig Volk von Brüdern,
    In keiner Not uns trennen und Gefahr.
    *(Alle sprechen es nach mit erhobenen drei Fingern)*
    – Wir wollen frei sein, wie die Väter waren,
    Eher den Tod, als in der Knechtschaft leben.
    *(Wie oben)*
    – Wir wollen trauen auf den höchsten Gott
    Und uns nicht fürchten vor der Macht der Menschen.
    *(Wie oben. Die Landleute umarmen einander)*
STAUFFACHER: Jetzt gehe jeder seines Weges still
    Zu seiner Freundschaft und Genoßsame,
    Wer Hirt ist, wintre ruhig seine Herde
    Und werb im stillen Freunde für den Bund,
    – *Was* noch bis dahin muß erduldet werden,
    Erduldets! Laßt die Rechnung der Tyrannen
    Anwachsen, bis *ein* Tag die allgemeine
    Und die besondre Schuld auf einmal zahlt.
    Bezähme jeder die gerechte Wut
    Und spare für das Ganze seine Rache,
    Denn Raub begeht am allgemeinen Gut,
    Wer selbst sich hilft in seiner eignen Sache.

*(Indem sie zu drei verschiednen Seiten in größter Ruhe abgehen, fällt das Orchester mit einem prachtvollen Schwung ein, die leere Szene bleibt noch eine Zeitlang offen und zeigt das Schauspiel der aufgehenden Sonne über den Eisgebirgen.)*

                   (II.2, 1443–1464)

Mit dem Bild der prächtig aufgehenden Sonne wird dem Publikum vermittelt, daß Gott den Bund gutheißt. Die Morgenröte stand in den philosophischen Menschheitsentwürfen der Jahrhundertwende immer für die Hoffnung auf eine bessere Welt; das Schlußsymbol der Rütli-Szene verstanden die Zeitgenossen wohl.

Jetzt erst, im III. Akt, beginnt die eigentliche Tellhandlung. Der gemeinsame Entschluß zur gemeinsamen Tat auf dem Rütli kontrastiert dramatisch eindrucksvoll die Person des Tell, die zuvor nur in wenigen Zügen skizziert wurde: ein Einzelgänger, auf sich selbst vertrauend, ohne Sinn für die politische Realität. Und folgerichtig zeigt ihn Schiller in seiner Privatsphäre, in seiner Familie und in seinem Beruf als Alpjäger. Wiederum wird er in seiner Stärke als unerschrockener, in Gott und der eigenen Kraft ruhender Mann dargestellt, der naiv an keine Hinterhältigkeiten zu denken vermag. So kann er auch die Bedenken seiner Frau nicht verstehen, die aus der Begegnung Tells mit dem Landvogt Geßler, von der ihr Mann erzählte, schließt: »Er hat vor dir gezittert – Wehe dir! / Daß du ihn schwach gesehen, vergibt er nie.« Noch immer weigert sich Tell, die reale Lage zu reflektieren: »Wer gar zu viel bedenkt, wird wenig leisten.«

Ahnungen kommenden Unheils bestätigen sich in Schillers Dramen immer. Als Tell mit seinem Sohn Walter nach Altdorf kommt, wo auf dem Dorfanger die Stange mit Geßlers Hut aufgerichtet steht, vergißt er ihn zu grüßen und wird verhaftet. Die umstehenden Landleute protestieren empört, den Tumult beendet Geßler durch sein unverhofftes Erscheinen. Tell und Geßler sind beide keine »gemischten Charaktere«: Geßler ist nur böse, Tell nur gut. (Die Schwarz-Weiß-Malerei ist typisch für ein Volksstück, das auf Differenzierung verzichten muß.) Der Hut bedeutet eine zynische und genau berechnete Provokation, im Augenblick geht es auch gar nicht um die Anerkennung der habsburgischen Ansprüche. Geßler reagiert daher auch nicht auf Tells Entschuldigung, er will seine sadistische Rache an dem Mann, der sich ihm überlegen gezeigt hatte. Der Konflikt von Recht und Freiheit auf der einen, Willkür und Unterdrückung auf der andern Seite ist personalisiert. Geßlers Charakter entspricht dem gestörten Organismus der Gesellschaft, auch der zeitgenössischen Schillers.

GESSLER *(nach einigem Stillschweigen):*
  Du bist ein Meister auf der Armbrust, Tell,
  Man sagt, du nähmst es auf mit jedem Schützen?
WALTER TELL: Und das muß wahr sein, Herr – 'nen Apfel schießt
  Der Vater dir vom Baum auf hundert Schritte.
GESSLER: Ist das dein Knabe, Tell?

TELL: Ja, lieber Herr.

GESSLER: Hast du der Kinder mehr?

TELL: Zwei Knaben, Herr.

GESSLER: Und welcher ists, den du am meisten liebst?

TELL: Herr, beide sind sie mir gleich liebe Kinder.

GESSLER: Nun, Tell! weil du den Apfel triffst vom Baume
Auf hundert Schritte, so wirst du deine Kunst
Vor mir bewähren müssen – Nimm die Armbrust –
Du hast sie gleich zur Hand – und mach dich fertig,
Einen Apfel von des Knaben Kopf zu schießen –
Doch will ich raten, ziele gut, daß du
Den Apfel treffest auf den ersten Schuß,
Denn fehlst du ihn, so ist dein Kopf verloren.
*(Alle geben Zeichen des Schreckens)*

TELL: Herr – Welches Ungeheuere sinnet Ihr
Mir an – Ich soll vom Haupte meines Kindes –
– Nein, nein doch, lieber Herr, das kömmt Euch nicht
Zu Sinn – Verhüts der gnädge Gott – das könnt Ihr
Im Ernst von einem Vater nicht begehren!

GESSLER: Du wirst den Apfel schießen von dem Kopf
Des Knaben – Ich begehrs und wills.

TELL: Ich soll
Mit meiner Armbrust auf das liebe Haupt
Des eignen Kindes zielen – Eher sterb ich!

GESSLER: Du schießest oder stirbst *mit* deinem Knaben.

TELL: Ich soll der Mörder werden meines Kinds!
Herr, Ihr habt keine Kinder – wisset nicht,
Was sich bewegt in eines Vaters Herzen.

GESSLER: Ei, Tell, du bist ja plötzlich so besonnen!
Man sagte mir, daß du ein Träumer seist,
Und dich entfernst von andrer Menschen Weise.
Du liebst das Seltsame – drum hab ich jetzt
Ein eigen Wagstück für dich ausgesucht.
Ein andrer wohl bedächte sich – *Du* drückst
Die Augen zu und greifst es herzhaft an.
...

TELL *(zum Landvogt):*
Erlasset mir den Schuß. Hier ist mein Herz!
*(Er reißt die Brust auf.)*
Ruft Eure Reisigen und stoßt mich nieder.

GESSLER: Ich will dein Leben nicht, ich will den Schuß.
– Du kannst ja alles, Tell, an nichts verzagst du,
Das Steuerruder führst du wie den Bogen,
Dich schreckt kein Sturm, wenn es zu retten gilt,
Jetzt, Retter, hilf dir selbst – du rettest alle!

(III.3, 1873–1989)

Zwei Pfeile zieht Tell schließlich aus dem Köcher. Als der Apfel
getroffen, das Kind unversehrt ist, gibt Tell auf Geßlers hinterlisti-

ge Frage grad heraus zu, der zweite Pfeil habe ihm gegolten, wenn er sein Kind getroffen hätte. Jetzt endlich hat Geßler einen Vorwand, Tell zu verhaften.

Geßler ist das böse Werkzeug aus dem Hause Habsburg, die reine Unnatur. Sein Befehl, Tell solle auf seinen eigenen Sohn zielen, ist ein Angriff auf die heiligsten Familienbande, ein Frevel gegen die Natur schlechthin. Das Ungeheure muß Tell vergelten. Geßlers Tod allein kann die Weltordnung wiederherstellen; aus diesem Bewußtsein heraus wagt Tell den Schuß. Auch wenn er den Sohn retten kann, ist die Rache an Geßler unabwendbar. Die Begegnung mit dem Bösen hat ihn endlich aus der Naivität gerissen.

In der Apfelschußszene, der dramatischen Mitte des Schauspiels, führt Schiller die drei bisher getrennten Handlungsstränge zusammen: die Tellhandlung, die Freiheitsbewegung der Schweizer Landleute und die endliche Parteinahme des Schweizer Adels für die einfachen Stände. Die Männer des Rütli, wiewohl zum Äußersten gereizt von Geßlers Willkürakt, fühlen sich durch ihren Eid gebunden und greifen nicht ein. Ulrich von Rudenz aber, der Neffe des »Bannerherren« von Attinghausen, ergreift mutig Tells Partei, beweist damit seine neue Gesinnung: Verführt vom Glanz der Residenzen, hatte er sich stolz von dem einförmigen gemeinen Leben eines Bauernadeligen losgesagt – in der Hoffnung, sich in der »Welt des Ruhms« das Ritterfräulein Berta von Bruneck zu verdienen, das er liebt. Vergeblich hatte sein Oheim, der greise Attinghausen, selbst hochgeachtet als Erster unter Gleichen mit freien Bauern und Hirten glücklich lebend, ihn an die wahren Werte und Aufgaben eines reichsunmittelbaren Landesherren gemahnt: doch erst die eidgenössisch denkende Berta von Bruneck konnte ihm schließlich die Augen öffnen: »Kämpfe / Fürs Vaterland, du kämpfst für deine Liebe!«

Die Solidarisierung des Schweizer Adels mit dem Freiheitskampf der Bürger ist ein von Schiller frei gestalteter Zusatz, der aber wichtig war, um die Ablösung eines patriarchalischen, vom Adel geleiteten Systems durch einen idealen Bürgerstaat vorzuführen. Auf seinem Sterbebett beschwört der alte Attinghausen die Vision dieser neuen Gesellschaft:

ATTINGHAUSEN (richtet sich langsam in die Höhe, mit großem Erstaunen):
>    Hat sich der Landmann solcher Tat verwogen,
>    Aus eignem Mittel, ohne Hülf der Edeln,
>    Hat er der eignen Kraft so viel vertraut –
>    Ja, dann bedarf es unserer nicht mehr,
>    Getröstet können wir zu Grabe steigen,
>    Es lebt *nach* uns – durch andre Kräfte will

Das Herrliche der Menschheit sich erhalten.
*(Er legt seine Hand auf des Haupt des Kindes, das vor*
*ihm auf den Knien liegt.)*
Aus diesem Haupte, wo der Apfel lag,
Wird euch die neue beßre Freiheit grünen,
Das Alte stürzt, es ändert sich die Zeit,
Und neues Leben blüht aus den Ruinen.
STAUFFACHER *(zu Walter Fürst):*
Seht, welcher Glanz sich um sein Aug ergießt!
Das ist nicht das Erlöschen der Natur,
Das ist der Strahl schon eines neuen Lebens.
ATTINGHAUSEN: Der Adel steigt von seinen alten Burgen
Und schwört den Städten seinen Bürgereid,
Im *Üchtland* schon, im *Thurgau* hats begonnen,
Die edle *Bern* erhebt ihr herrschend Haupt,
*Freiburg* ist eine sichre Burg der Freien,
Die rege *Zürich* waffnet ihre Zünfte
Zum kriegerischen Heer – es bricht die Macht
Der Könige sich an ihren ewgen Wällen –
*(Er spricht das Folgende mit dem Ton eines Sehers –*
*seine Rede steigt bis zur Begeisterung.)*
Die Fürsten seh ich und die edeln Herrn
In Harnischen herangezogen kommen,
Ein harmlos Volk von Hirten zu bekriegen.
Auf Tod und Leben wird gekämpft, und herrlich
Wird mancher Paß durch blutige Entscheidung.
Der Landmann stürzt sich mit der nackten Brust,
Ein freies Opfer, in die Schar der Lanzen,
Er bricht sie, und des Adels Blüte fällt,
Es hebt die Freiheit siegend ihre Fahne.
*(Walter Fürsts und Stauffachers Hände fassend.)*
Drum haltet fest zusammen – fest und ewig –
Kein Ort der Freiheit sei dem andern fremd –
Hochwachten stellet aus auf euren Bergen,
Daß sich der Bund zum Bunde rasch versammle –
Seid einig – einig – einig –.

(IV.2, 2416–2451)

Die dreifache Ermahnung zur Einigkeit, die allein dem geschichtlichen Zustand der Parteiung entgegenwirken kann, in dem bis hinauf zum Kaiser das Recht gebrochen wird zu eigenem Vorteil, wollte Schiller sicher auch als Mahnung an seine deutschen Zeitgenossen verstanden wissen. Der deutsche Idealismus glaubte, daß das Verfechten partikularer Interessen Einheit und allgemeine Wohlfahrt der Nation verhindere, daher das sehnsüchtige Bestreben, die verlorengegangene Ganzheit und Einheit des einzelnen wie der Gesellschaft wiederherzustellen.

Attinghausens Appell an die Einigkeit gibt gewissermaßen das

Stichwort: Jetzt werden Bauern, Adel und Tell zusammenwirken, persönliche Notwehr und gemeinschaftliche Aktion, geplante und spontane Tat zusammenfallen, und damit wird die Befreiung gelingen. Während Rudenz, nach dem Tod seines Oheims selbst Bannerherr, alles weitere Zögern verwirft und entschlossen seine Bürger in den Kampf führt, schickt sich Tell an, seine persönliche, ihm vom Schicksal zugewiesene Aufgabe zu erfüllen: den Mord an Geßler.

*Die hohle Gasse bei Küßnacht*
*(Man steigt von hinten zwischen Felsen herunter, und die Wanderer werden, ehe sie auf der Szene erscheinen, schon von der Höhe gesehen. Felsen umschließen die ganze Szene, auf einem der vordersten ist ein Vorsprung mit Gesträuch bewachsen.)*

TELL *(tritt auf mit der Armbrust)*:
    Durch diese hohle Gasse muß er kommen,
    Es führt kein andrer Weg nach Küßnacht – Hier
    Vollend ichs – Die Gelegenheit ist günstig.
    Dort der Holunderstrauch verbirgt mich ihm,
    Von dort herab kann ihn mein Pfeil erlangen,
    Des Weges Enge wehret den Verfolgern.
    Mach deine Rechnung mit dem Himmel, Vogt,
    Fort mußt du, deine Uhr ist abgelaufen.

    Ich lebte still und harmlos – Das Geschoß
    War auf des Waldes Tiere nur gerichtet,
    Meine Gedanken waren rein von Mord –
    *Du* hast aus meinem Frieden mich heraus
    Geschreckt, in gärend Drachengift hast du
    Die Milch der frommen Denkart mir verwandelt,
    Zum Ungeheuren hast du mich gewöhnt –
    Wer sich des Kindes Haupt zum Ziele setzte,
    Der kann auch treffen in das Herz des Feinds.

    Die armen Kindlein, die unschuldigen,
    Das treue Weib muß ich vor deiner Wut
    Beschützen, Landvogt – Da, als ich den Bogenstrang
    Anzog – als mir die Hand erzitterte –
    Als du mit grausam teufelischer Lust
    Mich zwangst, aufs Haupt des Kindes anzulegen –
    Als ich ohnmächtig flehend rang vor dir,
    Damals gelobt ich mir in meinem Innern
    Mit furchtbarm Eidschwur, den nur Gott gehört,
    Daß meines *nächsten* Schusses *erstes* Ziel
    Dein Herz sein sollte – Was ich mir gelobt
    In jenes Augenblickes Höllenqualen,
    Ist eine heilge Schuld, ich will sie zahlen.

Du bist mein Herr und meines Kaisers Vogt,
Doch nicht der Kaiser hätte sich erlaubt,
Was *du* – Er sandte dich in diese Lande,
Um Recht zu sprechen – strenges, denn er zürnet –
Doch nicht, um mit der mörderischen Lust
Dich jedes Greuels straflos zu erfrechen,
Es lebt ein Gott, zu strafen und zu rächen.

Komm du hervor, du Bringer bittrer Schmerzen,
Mein teures Kleinod jetzt, mein höchster Schatz –
Ein Ziel will ich dir geben, das bis jetzt
Der frommen Bitte undurchdringlich war –
Doch *dir* soll es nicht widerstehn – Und du,
Vertraute Bogensehne, die so oft
Mir treu gedient hat in der Freude Spielen,
Verlaß mich nicht im fürchterlichen Ernst.
Nur jetzt noch halte fest, du treuer Strang,
Der mir so oft den herben Pfeil beflügelt –
Entränn er jetzo kraftlos meinen Händen,
Ich habe keinen zweiten zu versenden.
*(Wanderer gehen über die Szene)*

Auf dieser Bank von Stein will ich mich setzen,
Dem Wanderer zur kurzen Ruh bereitet –
Denn hier ist keine Heimat – Jeder treibt
Sich an dem andern rasch und fremd vorüber,
Und fraget nicht nach seinem Schmerz – Hier geht
Der sorgenvolle Kaufmann und der leicht
Geschürzte Pilger – der andächtge Mönch,
Der düstre Räuber und der heitre Spielmann,
Der Säumer mit dem schwer beladnen Roß,
Der ferne herkommt von der Menschen Ländern,
Denn jede Straße führt ans End der Welt.
Sie alle ziehen ihres Weges fort
An ihr Geschäft – und meines ist der Mord!
*(Setzt sich)*

Sonst, wenn der Vater auszog, liebe Kinder,
Da war ein Freuen, wenn er wiederkam,
Denn niemals kehrt er heim, er bracht euch etwas,
Wars eine schöne Alpenblume, wars
Ein seltner Vogel oder Ammonshorn,
Wie es der Wandrer findet auf den Bergen –
Jetzt geht er einem andern Weidwerk nach,
Am wilden Weg sitzt er mit Mordgedanken,
Des Feindes Leben ists, worauf er lauert.
– Und doch an *euch* nur denkt er, lieben Kinder,
Auch jetzt – euch zu verteidgen, eure holde Unschuld
Zu schützen vor der Rache des Tyrannen,
Will er zum Morde jetzt den Bogen spannen. *(Steht auf)*

Ich laure auf ein edles Wild – Läßt sichs
Der Jäger nicht verdrießen, tagelang
Umherzustreifen in des Winters Strenge,
Von Fels zu Fels den Wagesprung zu tun,
Hinanzuklimmen an den glatten Wänden,
Wo er sich anleimt mit dem eignen Blut,
– Um ein armselig Grattier zu erjagen.
Hier gilt es einen köstlicheren Preis,
Das Herz des Todfeinds, der mich will verderben.
*(Man hört von ferne eine heitre Musik, welche sich nähert)*

Mein ganzes Leben lang hab ich den Bogen
Gehandhabt, mich geübt nach Schützenregel,
Ich habe oft geschossen in das Schwarze
Und manchen schönen Preis mir heimgebracht
Vom Freudenschießen – Aber heute will ich
Den *Meisterschuß* tun und das Beste mir
Im ganzen Umkreis des Gebirgs gewinnen.

(IV.3, 2560–2650)

Tells berühmter Monolog soll in erster Linie den Mord an Geßler
als notwendige Pflicht zum Schutze seiner Familie rechtfertigen.
Darüber hinaus demonstriert er Tells neugewonnenes Bewußtsein
der in die Idylle eingebrochenen Dissonanzen. Still, harmlos,
fromm, friedlich war sein Leben, bevor ihn Geßler da herausriß
und ihm das »Drachengift« des Hassens und Mordens ins reine
Herz goß. »Es bringt die Zeit ein anderes Gesetz«, heißt es an
anderer Stelle; das Gesetz der neuen Lebenssituation ist bewußtes
Sich-zur-Wehr-Setzen, kluges Taktieren gegen den infamen Be-
droher seiner Familie, seiner vaterländischen Freiheit. Im Gegensatz zur Geborgenheit seiner Hütte, zu Freude und Spiel spricht
Tell jetzt vom »fürchterlichen Ernst«, von der Fremdheit und Heimatlosigkeit, die er auf der Straße empfindet. Die Herzensgewiß-
heit, ganz im Sinne Gottes zu handeln, wenn er den gottlosen
Geßler ermordet, ist Tell auch in der Distanz des Reflektierens
nicht verlorengegangen.

Die »eigne schöne Natur des Betragens...«, wo der Mensch
durch die verwickelsten Verhältnisse mit kühner Einfalt und ruhiger Unschuld geht«, zeichnet den vollkommenen ästhetischen
Menschen aus, sagt Schiller am Ende seiner ›Briefe über die ästhetische Erziehung‹. In Wilhelm Tell stellt er einen solchen idealen
Menschen vor, der als Individuum den »Willen des Ganzen« vollzieht, d. h. als Individuum die Gattung repräsentiert. Deshalb kol-
lidiert sein individuelles Tun auch nicht mit der allgemeinen Sache,
sondern stimmt mit dieser vollkommen überein, ohne daß es einer
Absprache bedurft hätte. Da er die Totalität des Seins besitzt, die

Schillers andere Helden erst im Untergang erreichen, braucht Tell als einziger Dramenheld Schillers nicht tragisch zu enden.

Die Möglichkeit, zur Idealität der Gattung zu gelangen, veranschaulichen auch die anderen Figuren, im Versagen wie in ihrem Bemühen darum. Der junge Bauer Melchthal zum Beispiel hatte im blinden Zorn den Knecht seines Landvogts verletzt, konnte zwar noch fliehen, aber sein alter Vater wurde furchtbar für die Schuld des Sohnes bestraft. Solche menschlich verständlichen Affektreaktionen schaden der eigenen Person wie der allgemeinen Sache. Schwer trägt Melchthal an seiner Schuld, die er einsieht; um so mutiger und energischer setzt er sich nun für das Gemeinwohl ein, lernt, »sein Herz zu bezwingen«. Auch Rudenz macht eine Entwicklung vom hochmütigen Junker zum vorbildlichen, bürgerlich gesinnten Landesherrn und Eidgenossen durch. In dem Beschluß, einander zu vertrauen, beweisen Melchthal und Rudenz ihre neue Menschlichkeit:

RUDENZ: Ehrwürdger Vater, gebt mir Eure Hand!
  Gebt mir die Eurige! Melchthal, auch Ihr!
  Bedenkt Euch nicht! O wendet Euch nicht weg!
  Empfanget meinen Schwur und mein Gelübde.
WALTER FÜRST: Gebt ihm die Hand. Sein wiederkehrend Herz
  Verdient Vertraun.
MELCHTHAL: Ihr habt den Landmann nichts geachtet.
  Sprecht, wessen soll man sich zu Euch versehn?
RUDENZ: O denkt nicht des Irrtums meiner Jugend!
STAUFFACHER *(zu Melchthal):*
  Seid einig, war das letzte Wort des Vaters,
  Gedenkt dessen!
MELCHTHAL: Hier ist meine Hand!
  Des Bauern Handschlag, edler Herr, ist auch
  Ein Manneswort! Was ist der Ritter ohne uns?
  Und unser Stand ist älter als der Eure.
RUDENZ: Ich ehr ihn, und mein Schwert soll ihn beschützen.
MELCHTHAL: *Der* Arm, Herr Freiherr, der die harte Erde
  Sich unterwirft und ihren Schoß befruchtet,
  Kann auch des Mannes Brust beschützen.
RUDENZ:                    Ihr
  Sollt *meine* Brust, ich will die *eure* schützen,
  So sind wir einer durch den andern stark.
  – Doch wozu reden, da das Vaterland
  Ein Raub noch ist der fremden Tyrannei?
  Wenn erst der Boden rein ist von dem Feind,
  Dann wollen wirs in Frieden schon vergleichen.
  *(nachdem er einen Augenblick innegehalten)*
  Ihr schweigt? Ihr habt mir nichts zu sagen? Wie?
  Verdien ichs noch nicht, daß ihr mir vertraut?

So muß ich wider euren Willen mich
In das Geheimnis eures Bundes drängen.
– Ihr habt getagt – geschworen auf dem Rütli –
Ich weiß – weiß alles, was ihr dort verhandelt,
Und was mir nicht von euch vertrauet ward,
Ich habs bewahrt gleich wie ein heilig Pfand.
Nie war ich meines Landes Feind, glaubt mir,
Und niemals hätt ich gegen euch gehandelt.
– Doch übel tatet ihr, es zu verschieben,
Die Stunde dringt, und rascher Tat bedarfs –
Der Tell ward schon das Opfer eures Säumens –
STAUFFACHER: Das Christfest abzuwarten schwuren wir.
RUDENZ: *Ich* war nicht dort, ich hab nicht mit geschworen.
Wartet ihr ab, ich handle.
MELCHTHAL:                      Was? Ihr wolltet –
RUDENZ: Des Landes Vätern zähl ich mich jetzt bei,
Und meine erste Pflicht ist, euch zu schützen.
. . .
MELCHTHAL: Kommt, führt uns an! Wir folgen Euch. Warum
Bis morgen sparen, was wir heut vermögen?
Frei war der Tell, als wir im Rütli schwuren,
Das Ungeheure war noch nicht geschehen.
Es bringt die Zeit ein anderes Gesetz,
Wer ist so feig, der jetzt noch könnte zagen!
RUDENZ *(zu Stauffacher und Walter Fürst):*
Indes bewaffnet und zum Werk bereit
Erwartet ihr der Berge Feuerzeichen,
Denn schneller als ein Botensegel fliegt,
Soll Euch die Botschaft unsers Siegs erreichen.
Und seht ihr leuchten die willkommnen Flammen,
Dann auf die Feinde stürzt, wie Wetters Strahl,
Und brecht den Bau der Tyrannei zusammen.

(IV.2, 2477–2559)

Die Bürger begreifen, daß die Geschichte nicht berechenbar ist,
daß jetzt die Stunde zu handeln gekommen ist. Rationales Planen
darf nicht zur Starrheit werden und pedantisch die spontane Tat
verhindern. Vernunft und »männlich kühne Wagetat« müssen sich
ergänzen, soll der ideale ganze Mensch wieder erstehen. Rudenz,
der nicht am Rütli-Schwur beteiligt war, kann als erster die Initia-
tive ergreifen, er besitzt außerdem militärische Erfahrung, die einem Generalangriff auch ohne die weihnachtliche Kriegslist Erfolg
verspricht. In Rudenz' Angriffsplänen klingt schon der baldige
Sieg an. Just in dem Augenblick, als Tell nach der Ermordung
Geßlers ausruft: »Frei sind die Hütten, sicher ist die Unschuld«,
kommen die Erfolgsnachrichten aus den andern Landesteilen. Die
Burgen Roßberg und Sarnen sind gefallen, Signalfeuer brennen auf

den Bergen, in Altdorf ist die Feste Zwing-Uri zerstört: »In diesem Augenblicke... / Ist kein Tyrann mehr in der Schweizer Land.«

Ängstliche Bedenken der Besonnenen, die um die Rache des Kaisers fürchten, werden von Stauffacher zerstreut, der mit der Botschaft »Der Kaiser ist ermordet« das Freiheitsgefühl vollkommen und sicher macht. Albrecht I. ist von seinem Neffen, dem er das väterlicher Erbe vorenthalten wollte, erdolcht worden. Der junge Mann hatte ebenfalls gegen grausame Willkür gekämpft, doch Schiller bemüht sich sehr, keine Parallelen zwischen Tell und dem Mörder des Kaisers aufkommen zu lassen: Albrecht I. ist »Gemordet von den Seinen, *auf* dem Seinen«. Damit hat Herzog Johann gegen die heilige Ordnung der Familie und des Freiheitsrechtes gefrevelt, er kann also weder mit Tell noch mit den Schweizer Bürgern verglichen werden, die sich zum Schutz ihrer Angehörigen gegen fremde Gewaltherrschaft zur Wehr setzten. Während Herzog Johann folgerichtig, von der Nemesis gejagt, einsam durchs Gebirge irrt, sollen Tell Ovationen dargebracht werden:

STAUFFACHER *(zu dem Volk):*
Wo ist der Tell? Soll *er* allein uns fehlen,
Der unsrer Freiheit Stifter ist? Das Größte
Hat *er* getan, das Härteste erduldet.
Kommt alle, kommt, nach seinem Haus zu wallen,
Und rufet Heil dem Retter von uns allen.

(V.1, 3082–3086)

Die vorletzte Szene, »Tells Hausflur«, beginnt mit einem Symbol: *»Ein Feuer brennt auf dem Herd«*, die Familie ist versammelt und erwartet den Vater. Der Schutz des »heiligen Herdfeuers« war Tells eigentliches Motiv, das nun zum Abschluß noch einmal anklingt und seine Tat als selbständige selbstverständliche Handlung eines in Übereinstimmung mit der Gesellschaft lebenden Individuums unterstreicht.

Der heimgekehrte Tell erkennt in einem Mönch, der Obdach in seinem Hause sucht, den Neffen und Mörder des Kaisers, Johannes Parricida. Schiller verlegte die Ermordung des römischen Kaisers vom 1. Mai 1308 in den November 1307, in dem der Freiheitskampf der Schweizer seinen Höhepunkt erreicht hatte. Die Gegenüberstellung von Tell und Herzog Johann dient einmal mehr dazu, den lauteren Charakter des Helden, die Reinheit seiner Ziele deutlich zu machen. Von Tell erwartet Herzog Johann vergeblich Verständnis für seine Tat:

PARRICIDA: Bei Euch hofft ich Barmherzigkeit zu finden,
Auch Ihr nahmt Rach an Euerm Feind.

TELL:                              Unglücklicher!
Darfst du der Ehrsucht blutge Schuld vermengen
Mit der gerechten Notwehr eines Vaters?
Hast du der Kinder liebes Haupt verteidigt?
Des Herdes Heiligtum beschützt? das Schrecklichste,
Das Letzte von den Deinen abgewehrt?
– Zum Himmel heb ich meine reinen Hände,
Verfluche dich und deine Tat – Gerächt
Hab ich die heilige Natur, die *du*
Geschändet – Nichts teil ich mit dir – Gemordet
Hast *du*, ich hab mein Teuerstes verteidigt.

(V.2, 3173–3184)

In einem Volksstück kann die Moral nicht deutlich genug herausgearbeitet werden. Die Ungleichheit des Handelns bei scheinbar
gleichen Motiven zu plakatieren, ließ Schiller Tell allzu selbstge-
recht Parricida verdammen; Nietzsches Hohn über den »Moral-
trompeter von Säckingen« ist zweifellos nicht unbegründet, denn
so erlaubt in der europäischen Rechtsphilosophie der Tyrannen-
mord auch erscheint, so eindeutig enthält Tells Tat ein Motiv der
persönlichen Rache, das sie moralisch mindert. Um so prächtiger
konnte Schiller nach der moralischen Distanzierung Tells Menschlichkeit herausstellen, die noch dem schändlichsten Mörder die
Hilfe nicht versagt: »Ihr seid ein Mensch – Ich bin es auch – / Vom
Tell soll keiner ungetröstet scheiden –«.

In der letzten Szene versammelt sich nun das ganze verfügbare
Bühnenvolk. Unter der Schirmherrschaft von Tell, dem »Schütz«
und dem »Erretter«, wird der Bund der Eidgenossen zum großen
Bund der neuen Menschheit erweitert:

*Parricida geht auf den Tell zu mit einer raschen Bewegung, dieser aber*
*bedeutet ihn mit der Hand und geht. Wenn beide zu verschiedenen*
*Seiten abgegangen, verändert sich der Schauplatz, und man sieht in der*

Letzten Szene

*den ganzen Talgrund vor Tells Wohnung, nebst den Anhöhen, welche*
*ihn einschließen, mit Landleuten besetzt, welche sich zu einem maleri-*
*schen Ganzen gruppieren. Andre kommen über einen hohen Steg, der*
*über den Schächen führt, gezogen. Walter Fürst mit den beiden Knaben,*
*Melchthal und Stauffacher kommen vorwärts, andre drängen nach; wie*
*Tell heraustritt, empfangen ihn alle mit lautem Frohlocken.*

ALLE: Es lebe Tell! der Schütz und der Erretter!
*(Indem sich die vordersten um den Tell drängen und ihn umarmen,*
*erscheinen noch Rudenz und Berta, jener die Landleute, diese die Hed-*

*wig umarmend. Die Musik vom Berge begleitet diese stumme Szene.*
*Wenn sie geendigt, tritt Berta in die Mitte des Volks).*
BERTA: Landleute! Eidgenossen! Nehmt mich auf
  In euern Bund, die erste Glückliche,
  Die Schutz gefunden in der Freiheit Land.
  In eure tapfre Hand leg ich mein Recht,
  Wollt ihr als eure Bürgerin mich schützen?
LANDLEUTE: Das wollen wir mit Gut und Blut.
BERTA:                                        Wohlan!
  So reich ich diesem Jüngling meine Rechte,
  Die freie Schweizerin dem freien Mann!
RUDENZ: Und frei erklär ich alle meine Knechte.
*(Indem die Musik von neuem rasch einfällt, fällt der Vorhang.)*
                                              (V.3, 3281–3290)

In dem neuen Bund sind die Ideen der Französischen Revolution
verwirklicht, nicht durch gewalttätigen Umsturz, sondern durch
eine veränderte Gesinnung der Menschen, die das Alte, bewah-
rend, in ein Neues überführen konnte. Es sind dies die gleichen
Gedanken, wie sie Goethe am Ende von ›Hermann und Dorothea‹
formuliert hatte.


4.4 Goethes dramatisches Haupt- und Spätwerk:

Faust. Eine Tragödie

Der Tragödie erster Teil

Goethes bedeutendstes Drama, ja eines der wichtigsten der Weltliteratur überhaupt, ist zweifellos der ›Faust‹. Ganze Bibliotheken
füllen allein die Interpretationsversuche dieses Werks – ganz im
Sinne des Autors übrigens, der sich von seinem »Hauptgeschäft«
wünschte, daß es »ein offenbares Rätsel bleibe, die Menschen fort
und fort ergötze und ihnen zu schaffen mache« (Brief an Zelter
vom 1. Juni 1831).
  Der Stoff um den zu Beginn des 16. Jahrhunderts lebenden
Schwarzmagier Johann Faustus, der seine Seele dem Teufel ver-
schreibt, um zur Erkenntnis der Welt zu gelangen, fand zunächst
als Volksbuch weite Verbreitung. 1587 gab der Frankfurter Verle-
ger Spieß die ›Historia von D. J. Faustus‹ heraus, die schon zwei
Jahre später den Engländer Christopher Marlowe zu einer dramatischen Bühnenbearbeitung anregte. Dieses Theaterstück kehrte im

17. Jahrhundert im Repertoire der beliebten englischen Komödiantentruppen nach Deutschland zurück und wurde hier zu einem der meistgespielten Stücke des Volksdramas und des Marionettentheaters. Auch Goethe hat nach eigenem Bekunden die erste Bekanntschaft mit ›Faust‹ auf der Bühne eines Marionettentheaters gemacht.

Im 18. Jahrhundert war der Faust-Stoff ein populärer Gegenstand der Dichtung. Der Frühaufklärung, die alles Irrationale als Aberglauben verspottete, mußte Faust zur lächerlichen Zaubererfigur werden. In bewußtem Gegensatz zur gottschedischen Schule entwarf dann Lessing Faust erstmals als positive Figur: als »denkenden, einsamen Jüngling«, der aus Wissensdurst in die Gewalt von Teufeln gerät, am Schluß aber von den Engeln gerettet wird (›Faust‹-Fragment 1759, ›17. Literaturbrief‹). Die Stürmer und Dränger stellten Faust als Kraftnatur, als »großen Kerl« dar, der sich gegen religiöse Autoritäten wie rationalistische Enge durchsetzt (z.B. bei Maler Müller 1778). F.M. Klinger verfaßte ein zehnbändiges Romanwerk über Faust, ein satirisches Sittengemälde, dessen erstes Stück, ›Fausts Leben, Taten und Höllenfahrt‹, 1791 erschien. Klingers Faust will die Welt verbessern, mit Hilfe des von ihm erfundenen Buchdrucks das Glück der Menschen befördern; enttäuscht von der Welt, versucht er nun mit Hilfe des Teufels gegen das Unrecht in der Welt zu kämpfen, vergebens: am Ende verlangt er vom Teufel selbst den Tod. Die Zahl der Bearbeitungen ist insgesamt kaum zu übersehen; bis in unsere Zeit blieb die Faust-Thematik für die Deutschen aktuell: Thomas Manns Roman ›Doktor Faustus‹ von 1947 stellt als bisher letzte große Auseinandersetzung mit der gesamten Faust-Rezeption und dem so unheilvoll ideologisierten Begriff des »Faustischen« ein (vorläufiges) »Endbuch« dar.

Goethe schrieb die ersten Szenen zu seinem ›Faust‹ zwischen 1772 und 1775 in Straßburg bzw. Frankfurt; eine Abschrift davon wurde erst spät entdeckt und 1887 als ›Urfaust‹ publiziert. Während und nach der ersten italienischen Reise arbeitete er diese ersten Szenen um, erweiterte sie und brachte sie 1790 als ›Faust. Ein Fragment‹ heraus. Zur dritten intensiven Arbeitsphase (1797–1808) gab vor allem Schiller den Anstoß; am 29. November 1794 schrieb er an Goethe: »... ich gestehe Ihnen, daß mir das, was ich von diesem Stücke gelesen, der Torso eines Herkules ist. Es herrscht in diesen Szenen eine Kraft und eine Fülle des Genies, die den besten Meister unverkennbar zeigt, und ich möchte diese große und kühne Natur, die darin atmet, so weit als möglich verfolgen.« 1808 erschien ›Faust. Der Tragödie erster Teil‹; der zweite Teil, der im wesentlichen zwischen 1825 und 1831 entstand, wurde auf Wunsch Goethes erst nach seinem Tode veröffentlicht, bis auf den sog. »Helena«-Akt, der, schon um 1800 während der Arbeit an ›Faust I‹ begonnen, in die vom Dichter selbst besorgte ›Ausgabe letzter Hand‹ aufgenommen wurde.

Goethes ›Faust‹ ist kein Drama im traditionell klassischen Sinn: Er hat keine logisch durchgehende Handlung, die sich auf einen dramatischen Höhepunkt hin entwickelt und im V. Akt die Läuterung des Helden bringt; auch die Einheit von Ort und Zeit ist nicht gewahrt. Vielmehr reihen sich zyklisch einzelne Teile, »Weltenkreise«, wie »Perlen an einer Schnur« aneinander, die Fausts Erfahrungen in der Welt spiegeln. Zusammengebunden werden die durchaus selbständigen Einzelepisoden beider Tragödienteile durch den »Prolog im Himmel«, der Leben und Streben des Individuums Faust ins Allgemein-Menschliche erhebt, zum großen Weltspiel ausweitet, und in dem Gott – aus der überlegenen Gewißheit, daß Faust sein göttliches Wesen nicht verlieren wird – Mephisto die Freiheit gibt, Fausts Seele zu verführen. Das Zugeständnis Gottes führt bald darauf zum Pakt zwischen Faust und Mephisto, der fortan handlungsführendes Element wird, nimmt aber im Grunde schon den positiven Ausgang der ganzen Tragödie vorweg. Die Dramatik des Stücks wird damit aufs innere Geschehen verlegt.

Neben dieser quasi äußeren Klammer des Pakts ist es Goethes charakteristische Technik der »Spiegelung«, die wichtige Gedanken und Themenkreise immer wieder kontrastierend bzw. durch Parallelhandlungen tiefer beleuchtend aufnimmt, so daß im höheren Sinne Kontinuität durchaus gegeben ist: »Da sich manches unserer Erfahrungen nicht rund aussprechen oder ... direkt mitteilen läßt, so habe ich seit langem das Mittel gewählt, durch einander gegenübergestellte und sich gleichsam ineinander abspiegelnde Gebilde den geheimeren Sinn dem Aufmerkenden zu offenbaren« (Brief an Iken vom 27. September 1827).

Auch in der sprachlichen Gestaltung ist das ›Faust‹-Drama einzigartig und un-klassisch, zeigt eine nie wieder erreichte Vielfalt und Vollendung von Vers- und Strophenformen, feinfühlig der jeweiligen Stimmung und Intention angepaßt: Neben einer Prosa-Szene wechseln »altdeutsche« Madrigalverse ständig ab mit feierlichen Alexandrinern, Stanzen, Knittelversen, freien Rhythmen, Volksliedstrophen, Psalmen, Gebeten usw., worauf verschiedentlich noch hinzuweisen ist.

Über 60 Jahre, vom Sturm und Drang bis kurz vor seinem Tod, arbeitete Goethe an dem ›Faust‹-Drama; seine ganze Lebensphilosophie, seine gesammelte poetische Aussagekraft ist darin konzentriert. Die verschiedenen Entstehungsphasen mögen dem Stück anzumerken sein, dennoch ist der ›Faust‹ ein faszinierendes Ganzes geworden. Daß er nicht immer rational zu verstehen ist, entspricht Goethes Einsicht in das prinzipielle Wesen der Kunst, wie der oben zitierte Brief an Iken zeigt. Um den »geheimeren Sinn« hinter der vordergründigen Wirklichkeit, um die Wahrheit ging es der Klassik, und die lag nicht immer offen zutage. Die irrationalen Kräfte, die der Sturm und Drang gegen die Vernunft der Aufklärung verteidigt hatte, das Rätselhafte, nur Geahnte, Dämonische, ins Unterbewußtsein Verdrängte, das Sinnliche, das Geschichtliche auch gehörte zum ganzen Menschen, zur Wahrheit des Menschseins. Goethe hat all diese Bereiche in sein Weltdrama einbezogen, in symbolischen Bildern, auch mit Hilfe musikalischer Elemente nachvollziehbar gemacht.

Drei einleitende Teile stehen der eigentlichen Faust-Handlung voran: Die ›Zueignung‹ bezieht sich auf die intensive Wiederaufnahme des Faust-Stoffs (auf Schillers Betreiben) in den Jahren um 1797: »Ihr naht euch wieder, schwankende Gestalten...«; der Dichter empfindet sich fast passiv, als Instrument, das die andrängenden poetischen Gestalten zu Papier bringt – wie die Äolsharfe, vom Wind bewegt, Töne von sich gibt. Von »Gesängen«, vom »Lied« spricht der Dichter, spielt damit auf das musikalische Element an, das dem ›Faust‹ eigen ist.

Der zweite Prolog, das »Vorspiel auf dem Theater«, führt tiefer in das Wesen der Dichtung ein. Theaterdirektor und Dichter geben ihre am ökonomischen Erfolg orientierten bzw. rein künstlerischen Standpunkte wieder, dazwischen vermittelt ein Schauspieler als »lustige Person«. Die Perspektive für das folgende Geschehen wird in den Schlußzeilen des Direktors entworfen:

> ... So schreitet in dem engen Bretterhaus
> Den ganzen Kreis der Schöpfung aus.
> Und wandelt mit bedächt'ger Schnelle
> Vom Himmel durch die Welt zur Hölle.

(239–242)

›Faust‹ als Welttheater, das den ganzen Kreis der Schöpfung umfaßt, ist damit angekündigt, das Tor zur Rahmenhandlung, die der »Prolog im Himmel« darstellt, aufgestoßen.

PROLOG IM HIMMEL

*Der Herr. Die himmlischen Heerscharen.*
*Nachher Mephistopheles.*
*Die drei Erzengel treten vor.*
RAPHAEL: Die Sonne tönt nach alter Weise
In Brudersphären Wettgesang,
Und ihre vorgeschriebne Reise
Vollendet sie mit Donnergang.

Ihr Anblick gibt den Engeln Stärke,
Wenn keiner sie ergründen mag;
Die unbegreiflich hohen Werke
Sind herrlich wie am ersten Tag.

GABRIEL: Und schnell und unbegreiflich schnelle
Dreht sich umher der Erde Pracht;
Es wechselt Paradieseshelle
Mit tiefer, schauervoller Nacht;
Es schäumt das Meer in breiten Flüssen
Am tiefen Grund der Felsen auf,
Und Fels und Meer wird fortgerissen
In ewig schnellem Sphärenlauf.

MICHAEL: Und Stürme brausen um die Wette,
Vom Meer aufs Land, vom Land aufs Meer,
Und bilden wütend eine Kette
Der tiefsten Wirkung rings umher.
Da flammt ein blitzendes Verheeren
Dem Pfade vor des Donnerschlags;
Doch deine Boten, Herr, verehren
Das sanfte Wandeln deines Tags.

ZU DREI: Der Anblick gibt den Engeln Stärke,
Da keiner dich ergründen mag,
Und alle deine hohen Werke
Sind herrlich wie am ersten Tag.

(243–270)

Der Gesang der Erzengel preist die große allgemeine Weltordnung, das ewige Gesetz des Wechsels und die Herrlichkeit der göttlichen Schöpfung, die unergründlich bleibt: denn das Absolute, das Göttliche kann der Mensch nicht fassen. Das ist die Konzeption der Klassik, der Boden, auf den Faust gestellt ist. Diese klare Erkenntnis hat Faust noch nicht, aber Gott wird seinen ihm »nur verworren« dienenden Knecht »bald in die Klarheit führen«; er sieht den »dunklen Drang« nach göttlicher Ganzheit als positiven Prozeß: wie das »Bäumchen«, das Blüten und Früchte treibt, wird der Mensch als Teil der organischen Natur seinen guten Sinn nicht verfehlen. Mephisto widerspricht, um die Schöpfung sei es »herzlich schlecht« bestellt, und als Gott ihm Faust als Gegenbeispiel nennt, will er gar um dessen Seele wetten.

DER HERR: Kennst du den Faust?
MEPHISTOPHELES:          Den Doktor?
DER HERR:                 Meinen Knecht!
MEPHISTOPHELES: Fürwahr! er dient Euch auf besondre Weise.
Nicht irdisch ist des Toren Trank noch Speise.
Ihn treibt die Gärung in die Ferne,
Er ist sich seiner Tollheit halb bewußt;

Vom Himmel fordert er die schönsten Sterne
Und von der Erde jede höchste Lust,
Und alle Näh' und alle Ferne
Befriedigt nicht die tiefbewegte Brust.

DER HERR: Wenn er mir jetzt auch nur verworren dient,
So werd' ich ihn bald in die Klarheit führen.
Weiß doch der Gärtner, wenn das Bäumchen grünt,
Daß Blüt' und Frucht die künft'gen Jahre zieren.

MEPHISTOPHELES: Was wettet Ihr? den sollt Ihr noch verlieren,
Wenn Ihr mir die Erlaubnis gebt,
Ihn meine Straße sacht zu führen!

DER HERR: Solang' er auf der Erde lebt,
Solange sei dir's nicht verboten.
Es irrt der Mensch, solang' er strebt.

MEPHISTOPHELES: Da dank ich Euch; denn mit den Toten
Hab' ich mich niemals gern befangen.
Am meisten lieb' ich mir die vollen, frischen Wangen.
Für einen Leichnam bin ich nicht zu Haus;
Mir geht es wie der Katze mit der Maus.

DER HERR: Nun gut, es sei dir überlassen!
Zieh diesen Geist von seinem Urquell ab,
Und führ' ihn, kannst du ihn erfassen,
Auf deinem Wege mit herab,
Und steh beschämt, wenn du bekennen mußt:
Ein guter Mensch in seinem dunklen Drange
Ist sich des rechten Weges wohl bewußt.

(299–329)

Mephisto wirkt bei Goethe nicht mehr als Gott beinahe ebenbürtige Macht wie im »Volksbuch«, sondern nur als das vom Schöpfer zugelassene Böse, dessen Energie der Mensch bedarf, um in seinem Streben nach höherem Wesen nicht nachzulassen; er erhält also im göttlichen Weltplan die Rolle des negativen Prinzips, das zur Steigerung des Menschseins notwendig ist. – Was die Philosophie der Zeit mit dem dialektischen Dreischritt bezeichnete (These/Harmonie – Antithese/Zerstörung – Synthese/neue, bewußtere Harmonie), hatte Goethe bei seinen Naturforschungen und durch seine Anschauungskraft auf andere Weise in der Organisation der Natur entdeckt: Die ganze Schöpfung ist vom Gesetz der Polarität und Steigerung geprägt; im ewigen Kreislauf des Abfallens vom göttlichen Ursprung und Zurückkehrens zum Ursprünglichen, im Abstoßen und Anziehen, in Konzentration und Ausdehnung liegt das metaphysische Weltgeheimnis. Materie und Geist bedingen, bedürfen einander zur allmählichen Vollendung. Nicht ein einförmiges, sinnloses Auf und Ab, wie es Mephisto in der Welt sehen will, sondern ein stufenweiser Aufstieg ins Vollkommene ist der Sinn dieses Prozesses. Um diesen Widerspruch zwischen Sinnlosigkeit und Sinn allen menschlichen Tuns und Strebens geht es eigentlich im Ringen zwischen Faust und Mephisto – ein scheinbarer Widerspruch, denn der im ›Prolog‹ glorifizierte göttliche Wille wird durch die Gefährdungen nur um so klarer bestätigt.

Der Glaube an die Entelechie der Leibnizschen Monade, die im Keim schon auf ihr höheres Ziel (griech. *telos* = Ziel) an-, ja festgelegt sei, bestimmte Goethes Welt- und Menschenbild; die Freiheit des Menschen ist also nur ein Spielraum im ewigen Wirken und Werden der Schöpfung, in Wahrheit ist er an die göttliche Ordnung und Liebe gebunden. Goethe beschäftigte die Frage nach einem Weiterwirken seiner geistigen Monade nach dem »materiellen« Tod sehr. Zelter gegenüber äußerte er sich dem Sinne nach: eine große Entelechie werde wohl auch nach dem Tode als solche weiterstreben, aber um fortan im Jenseits emporzusteigen, müsse sich die Monade schon hier »in rastloser Tätigkeit erhalten«. – »Wer keinen Namen sich erwarb noch Edles will, / Gehört den Elementen an...«, heißt es im ›Faust II‹: der »auf seinem Faulbett« genießende Materialist wird nur in seine materiellen Bestandteile zerfallen.

Bis in die innere Dramengestaltung hat Goethe sich den organischen Rhythmus von Konzentration und Ausdehnung anverwandelt. Immer wieder wechseln im ›Faust‹ Momente des Sich-Abschließens und des Sich-Öffnens zur All-Natur, zu den Mitmenschen ab. Spielt die erste Szene der eigentlichen Faust-Handlung in der Nacht, »in einem engen gotischen Zimmer«, so sind das Symbole der Verengung auf die reine Ratio. Die finstere Nacht, das Gegenbild zur Licht-Metapher, das enge Eingekerkert-Sein als Gegenbild zum Springen und Fliegen und Schweben – vor allem im II. Teil – ins überirdische Helle des göttlichen Himmels sind nur Beispiele der das ganze Werk bestimmenden Symbolik, mit der Goethe den vordergründigen »Realismus« in anschauliche, tief ins Unterbewußtsein eindringende Bilder umsetzte.

Nach den bunten Szenen der an das Barocktheater erinnernden Vorspiele erscheint nun zum ersten Mal Faust selbst auf der Bühne:

NACHT

*In einem hochgewölbten, engen gotischen Zimmer*
*Faust unruhig auf seinem Sessel am Pulte.*

FAUST: Habe nun, ach! Philosophie,
Juristerei und Medizin,
Und leider auch Theologie
Durchaus studiert, mit heißem Bemühn.
Da steh' ich nun, ich armer Tor,
Und bin so klug als wie zuvor!

Heiße Magister, heiße Doktor gar,
Und ziehe schon an die zehen Jahr'
Herauf, herab und quer und krumm
Meine Schüler an der Nase herum –
Und sehe, daß wir nichts wissen können!
Das will mir schier das Herz verbrennen.
Zwar bin ich gescheiter als alle die Laffen,
Doktoren, Magister, Schreiber und Pfaffen;
Mich plagen keine Skrupel noch Zweifel,
Fürchte mich weder vor Hölle und Teufel –
Dafür ist mir auch alle Freud' entrissen,
Bilde mir nicht ein, was Rechts zu wissen,
Bilde mir nicht ein, ich könnte was lehren,
Die Menschen zu bessern und zu bekehren.
Auch hab ich weder Gut noch Geld,
Noch Ehr' und Herrlichkeit der Welt;
Es möchte kein Hund so länger leben!
Drum hab' ich mich der Magie ergeben,
Ob mir durch Geistes Kraft und Mund
Nicht manch Geheimnis würde kund;
Daß ich nicht mehr mit sauerm Schweiß
Zu sagen brauche, was ich nicht weiß;
Daß ich erkenne, was die Welt
Im Innersten zusammenhält,
Schau' alle Wirkenskraft und Samen,
Und tu' nicht mehr in Worten kramen ...

(354–385)

Die »Gelehrtentragödie«, deren weltberühmten Anfang wir zitierten, und die »Gretchen-Tragödie«, die zwei wesentlichen Kreise
des ersten ›Faust‹-Teils, hatte Goethe schon in seiner Straßburg/
Frankfurter Zeit entworfen. Den Stürmer und Dränger faszinierte
das Titanische der Faust-Figur, dieses Sich-Hinaussehen über die
Grenzen des Irdischen, das Dämonische auch des Drangs nach
Götternähe. Dazu hatte Goethe die eigenen Erfahrungen der Uni-
versität noch lebhaft im Gedächtnis – auch die Enttäuschung über
den trockenen Wissenschaftsbetrieb, der dem lebenszugewandten
vielseitigen Studenten nicht hatte genügen können.

Rationales Bücherwissen hat Faust nicht weitergebracht: Alle
noch so vollkommene Fachbeherrschung zeigt nur neue Grenzen
und befriedigt seine Sehnsucht nach dem Ganzen, nach dem geheimen göttlichen Urquell des Lebens nicht, der geistig und sinnlich
zu fassen sein muß. »Dein Sinn ist zu, dein Herz ist tot«: Faust hat
sich als Wissenschaftler und Gelehrter einseitig auf die Verstandes-
kräfte konzentriert.

In seiner tiefen Verzweiflung versucht er, mit Hilfe der Magie
sich dem Weltgeheimnis zu nähern; er beschwört zunächst einmal

das Zeichen des Makrokosmos. Mit diesem Zeichen hatten die Pansophisten, die Gott als Ganzheit in der Schöpfung zu erkennen suchten, ihren mystischen Weg der Gotteserfahrung zusammengefaßt. Doch Faust genügt das rein kontemplative Schauen ins Weben und Wirken der Natur nicht; er sehnt schließlich mit aller Macht den »Erdgeist« herbei, der das tätige Prinzip des Kosmos vertritt.

Der Erdgeist verkörpert die ewig schöpferische Kraft, die über allem Wechsel Dauer verbürgt. Im Wirken der Natur ist die Polarität alles Irdischen, »auf und ab«, »Geburt und Grab«, sinnvoll aufgehoben; Faust, der das Ganze des Seienden erfahren will, fühlt in der Nähe des Erdgeists glühend neue Kraft, sich tätig in die Welt zu stürzen, die Totalität des Lebens, das ganze Glück und alle Leiden, auszuschöpfen.

Um diesen Geist zu sehen und durch ihn am Tätig-Schöpferischen des Lebens selber teilzuhaben, ist Faust bereit, den höchsten Preis zu zahlen. Er ruft den Erdgeist mit beschwörenden Worten. Die freien Rhythmen, in die er verfällt, sind Zeichen, daß er die Sphäre nüchterner Gelehrtheit verlassen hat und sich in äußerster Erregung befindet:

FAUST: Du, Geist der Erde, bist mir näher;
Schon fühl' ich meine Kräfte höher,
Schon glüh' ich wie von neuem Wein,
Ich fühle Mut, mich in die Welt zu wagen,
Der Erde Weh, der Erde Glück zu tragen,
Mit Stürmen mich herumzuschlagen
Und in des Schiffbruchs Knirschen nicht zu zagen.
Es wölkt sich über mir –
Der Mond verbirgt sein Licht –
Die Lampe schwindet!
Es dampft – Es zucken rote Strahlen
Mir um das Haupt – Es weht
Ein Schauer vom Gewölb' herab
Und faßt mich an!
Ich fühl's, du schwebst um mich, erflehter Geist.
Enthülle dich!
Ha! wie's in meinem Herzen reißt!
Zu neuen Gefühlen
All' meine Sinnen sich erwühlen!
Ich fühle ganz mein Herz dir hingegeben!
Du mußt! du mußt! und kost' es mein Leben!

*Er faßt das Buch und spricht das Zeichen des Geistes geheimnisvoll aus. Es zuckt eine rötliche Flamme, der Geist erscheint in der Flamme.*

GEIST: Wer ruft mir?
FAUST *abgewendet:* Schreckliches Gesicht!

(461–483)

Faust, der in titanisch übersteigertem Selbstgefühl geglaubt hatte, dem Geist standhalten zu können, erträgt den Anblick der ungeheuren Erscheinung nicht. Er muß sich abwenden, während der Geist ihm zuruft:

GEIST: ... Wo bist du, Faust, des Stimme mir erklang,
  Der sich an mich mit allen Kräften drang?
  Bist du es, der, von meinem Hauch umwittert,
  In allen Lebenstiefen zittert,
  Ein furchtsam weggekrümmter Wurm?
FAUST: Soll ich dir, Flammenbildung, weichen?
  Ich bin's, bin Faust, bin deinesgleichen!
GEIST: In Lebensfluten, im Tatensturm
  Wall' ich auf und ab,
  Webe hin und her!
  Geburt und Grab,
  Ein ewiges Meer,
  Ein wechselnd Weben,
  Ein glühend Leben,
  So schaff' ich am sausenden Webstuhl der Zeit
  Und wirke der Gottheit lebendiges Kleid.
FAUST: Der du die weite Welt umschweifst,
  Geschäftiger Geist, wie nah fühl' ich mich dir!
GEIST: Du gleichst dem Geist, den du begreifst,
  Nicht mir! *Verschwindet.*
FAUST *zusammenstürzend:* Nicht dir?
  Wem denn?
  Ich Ebenbild der Gottheit!
  Und nicht einmal dir!

(494–517)

Wenn Faust sich für einen Augenblick in Götternähe wähnt, der irdischen Begrenztheit entbunden glaubt, so muß er im nächsten Augenblick doppelt gedemütigt werden. Der Sturm-und-Drang-Goethe hat die Schranken seines Titanismus gleich mitformuliert (die Szene steht fast wörtlich bereits im ›Urfaust‹ von 1775): Sich mit den Göttern zu vergleichen, ist Vermessenheit! Das Menschenlos ist es, zwischen Tier und Engel stehend, an die irdischen Grenzen gebunden zu sein, im Stofflichen die herrlichsten Götterflüge des Geistes immer wieder gebremst zu finden. Die freie Bejahung dieser Grenzen, wie sie die Klassik forderte, leistet Faust bis an sein Ende nicht.

Leitmotivisch kehren in Goethes Werk bestimmte Metaphern immer wieder: So steht der Vorgang des Webens, hier das Bild des »sausenden Webstuhls«, für das Schöpferische – auch des künstlerischen Genies –, und das »lebendige Kleid« für die sichtbare Schöpfung, die die absolute Wahrheit Gottes umkleidet, da sie der

Mensch unverhüllt nicht ertragen könnte. Auch das später zu behandelnde Schleier-Motiv gehört in diesen Symbolkreis.

Die Erniedrigung zum weggekrümmten Wurme, die er durch die Worte des Erdgeists erleidet, kann Faust nicht ertragen. Noch ist er aus freiem Entschluß fähig, solche Entwürdigung zu beenden und in einer letzten grandiosen Tat seine irdischen Fesseln abzustreifen. Ähnlich wie Werther will Faust im freiwilligen Tod letzte Entgrenzung finden, um ins All, in »Götterhöhe«, zurückzukehren. Der Anblick einer Phiole mit Gift, die das Leiden an dem Ungenügen des menschlichen Daseins beenden soll, versetzt Faust in ähnliche Euphorie, wie sie Werther erfaßt angesichts des schäumenden Wassers, in das er sich stürzen will.

Als er die Schale mit Gift an die Lippen setzt, wird Faust vom Geläut der Osterglocken und hymnischem Chorgesang aus seinem Wahn gerissen. – Die Musik galt Goethe (und den Romantikern) als höchste Kunstform, da sie dem menschlichen Gemüt am eindrücklichsten die Dissonanzen der Welt aufzulösen und in Harmonie zu wandeln vermochte. Faust wollte wegen dieser Dissonanzen sein Leben beenden; folgerichtig setzt der Dichter die Kraft der Musik ein, ihn davon abzubringen. Zugleich beschwört die Osterbotschaft, Zeichen göttlicher Liebe (»der Himmelsliebe Kuß«), vertraute Gefühle seiner Kindheit herauf, da die Phantasie noch reine Allmachts-Wunschbilder entwerfen konnte, ungetrübt von aller zernichtenden Erfahrung. Die Erinnerung an dieses Glück seiner Kindheit führt Faust ins Leben zurück.

Aus der engsten Konzentration auf sich selbst kann Faust nun, nach der hoffnungsvollen Osterbotschaft, im Hochgefühl der schönen Kindheitsträume, befreit hinausgehen in die Natur vor der Stadt, unter der Menschen »buntes Gewimmel«, wo er zufriedenes bürgerliches Dasein erfährt. Sein Schüler Wagner begleitet ihn auf seinem Spaziergang. Fausts neues Lebensgefühl nach den finsteren Selbstmordgedanken spiegelt die frühlingserwachte Natur.

FAUST: Vom Eise befreit sind Strom und Bäche
    Durch des Frühlings holden, belebenden Blick;
    Im Tale grünet Hoffnungsglück;
    Der alte Winter, in seiner Schwäche,
    Zog sich in rauhe Berge zurück.
    Von dorther sendet er, fliehend, nur
    Ohnmächtige Schauer körnigen Eises
    In Streifen über die grünende Flur;
    Aber die Sonne duldet kein Weißes:
    Überall regt sich Bildung und Streben,
    Alles will sie mit Farben beleben;

Doch an Blumen fehlt's im Revier,
Sie nimmt geputzte Menschen dafür.
Kehre dich um, von diesen Höhen
Nach der Stadt zurückzusehen.
Aus dem hohlen finstern Tor
Dringt ein buntes Gewimmel hervor.
Jeder sonnt sich heute so gern.
Sie feiern die Auferstehung des Herrn,
Denn sie sind selber auferstanden,
Aus niedriger Häuser dumpfen Gemächern,
Aus Handwerks- und Gewerbesbanden,
Aus dem Druck von Giebeln und Dächern,
Aus der Straßen quetschender Enge,
Aus der Kirchen ehrwürdiger Nacht
Sind sie alle ans Licht gebracht.
Sieh nur, sieh! wie behend sich die Menge
Durch die Gärten und Felder zerschlägt,
Wie der Fluß, in Breit' und Länge,
So manchen lustigen Nachen bewegt,
Und bis zum Sinken überladen
Entfernt sich dieser letzte Kahn.
Selbst von des Berges fernen Pfaden
Blinken uns farbige Kleider an.
Ich höre schon des Dorfs Getümmel,
Hier ist des Volkes wahrer Himmel,
Zufrieden jauchzet groß und klein;
Hier bin ich Mensch, hier darf ich's sein!...

(903–940)

Das einfache Volk vor der Stadt kontrastiert Fausts selbstquäle-
risch reflektierendes Wesen; indirekt wird damit sowohl sein Charakter wie der der naiv genießenden Spaziergänger schärfer ausge-
leuchtet. Kurz zuvor, nach der niederschmetternden Erscheinung
des Erdgeists, hatte Goethe in der Szene mit Fausts Schüler Wagner dessen »helles, kaltes, wissenschaftliches Streben« Fausts
»idealem Streben nach Einwirken und Einfühlen in die ganze Natur« (Faust-›Schema‹, 1797–99) gegenübergestellt: »Verzeiht! ich
hör' Euch deklamieren; / Ihr last gewiß ein griechisch Trauer-
spiel?...« – so hatte sich der wißbegierige Wagner seinem Meister
genähert. Die charakterisierende Spiegelung entlarvt satirisch die
kümmerliche Kathederexistenz des bloß Gelehrten und zeigt Faust
trotz aller Depression als mächtige, lebenspralle Figur. Als die
beiden jetzt gemeinsam vor der Stadt spazieren gehen, entzückt
sich Wagner an dem Beifall der Menge für den großen Gelehrten,
der diesen eher anwidert; und als sich Faust im goldenen Abend-
dämmer inbrünstig nach Flügeln sehnt, die ihn in den Äther hin-

auftragen, reagiert Wagner vollkommen nüchtern und unverstän-
dig, wehrt ängstlich Fausts Anrufen der Geister ab, die ihn »zu
neuem, buntem Leben« entführen sollen.

Während des Osterspaziergangs beobachtet Faust einen Pudel,
in dem er sogleich, in magischen Dingen erfahren, ein gespenster-
haftes Wesen erkennt. Zu Hause, nach bestimmter Beschwörung,
verwandelt sich das Tier in einen »fahrenden Scholasten«, der sich
als der Teufel Mephistopheles zu erkennen gibt.

FAUST: Bei euch, ihr Herrn, kann man das Wesen
    Gewöhnlich aus dem Namen lesen,
    Wo es sich allzudeutlich weist,
    Wenn man euch Fliegengott, Verderber, Lügner heißt.
    Nun gut, wer bist du denn?
MEPHISTOPHELES:                Ein Teil von jener Kraft,
    Die stets das Böse will und stets das Gute schafft.
FAUST: Was ist mit diesem Rätselwort gemeint?
MEPHISTOPHELES: Ich bin der Geist, der stets verneint!
    Und das mit Recht; denn alles, was entsteht,
    Ist wert, daß es zugrunde geht;
    Drum besser wär's, daß nichts entstünde.
    So ist denn alles, was ihr Sünde,
    Zerstörung, kurz das Böse nennt,
    Mein eigentliches Element.

                                        (1331–1344)

Scharfzüngig, witzig und welterfahren stellt Mephisto durchaus
ein Individuum dar und nicht nur eine Allegorie des Bösen wie im
alten Mysterien- und Marionettenspiel. Dazu war das Wissen über
die menschliche Seele Ende des 18. Jahrhunderts schon zu diffe-
renziert. Da der Mensch Zwienatur ist, gespalten in einen luziferischen, sinnlich-materiellen und zerstörerischen Teil und in einen
göttlichen, geistigen, vorwärtsstrebenden, kann Mephisto in dem
Zusammenspiel mit Faust auch als dessen ureigener Drang zur
Zerstörung, zum Bösen gedeutet werden, als das nach außen proji-
zierte, Gestalt gewordene zweite Ich Fausts. Bezeichnenderweise
trifft Faust auf Mephisto in Pudelsgestalt gerade in dem Augenblick, da er seine Zerrissenheit beklagt.

Mephisto verkörpert den Unglauben; selbst nur verneinender,
zerstörender »Teil«, muß ihm alles andere Tun und Sein auch als
sinnlos und Stückwerk erscheinen. Daher kann er die eigentlichen
Werte des Menschseins nicht wahrnehmen: Wirkliche Liebe, die
Sinne und Seele umfaßt, ist ihm ebenso fremd wie der Genuß des
Ästhetisch-Schönen oder die Befriedigung sozialer Tätigkeit. Zwar
kann er durch sein Zutun Fausts Begehren frevelhaft verzerren

und ihn in immer größere Schuld treiben, doch an dessen »dunklem Drang« zum Guten muß er schließlich scheitern.

Doch im Augenblick ist Faust, nach dem im Grunde einsamen Erlebnis des Osterspaziergangs, in tiefer Skepsis und Depression befangen. Deshalb versteht er sich mit dem Erz-Skeptiker Mephisto rasch, und die beiden schließen nach kurzer Zeit den berühmten Pakt, in dem Faust seine Seele gegen die Verführungen des Teufels verwettet.


MEPHISTOPHELES: Verbinde dich; du sollst, in diesen Tagen,
    Mit Freuden meine Künste sehn,
    Ich gebe dir, was noch kein Mensch gesehn.
FAUST: Was willst du armer Teufel geben?
    Ward eines Menschen Geist, in seinem hohen Streben,
    Von deinesgleichen je gefaßt?
    Doch hast du Speise, die nicht sättigt, hast
    Du rotes Gold, das ohne Rast,
    Quecksilber gleich, dir in der Hand zerrinnt,
    Ein Spiel, bei dem man nie gewinnt,
    Ein Mädchen, das an meiner Brust
    Mit Äugeln schon dem Nachbar sich verbindet,
    Der Ehre schöne Götterlust,
    Die, wie ein Meteor, verschwindet?
    Zeig mir die Frucht, die fault, eh' man sie bricht,
    Und Bäume, die sich täglich neu begrünen!
MEPHISTOPHELES: Ein solcher Auftrag schreckt mich nicht,
    Mit solchen Schätzen kann ich dienen.
    Doch, guter Freund, die Zeit kommt auch heran,
    Wo wir was Guts in Ruhe schmausen mögen.
FAUST: Werd' ich beruhigt je mich auf ein Faulbett legen,
    So sei es gleich um mich getan!
    Kannst du mich schmeichelnd je belügen,
    Daß ich mir selbst gefallen mag,
    Kannst du mich mit Genuß betrügen,
    Das sei für mich der letzte Tag!
    Die Wette biet' ich!
MEPHISTOPHELES:    Topp!
FAUST:          Und Schlag auf Schlag!
    Werd' ich zum Augenblicke sagen:
    Verweile doch! du bist so schön!
    Dann magst du mich in Fesseln schlagen,
    Dann will ich gern zugrunde gehn!
    Dann mag die Totenglocke schallen,
    Dann bist du deines Dienstes frei,
    Die Uhr mag stehn, der Zeiger fallen,
    Es sei die Zeit für mich vorbei!

(1672–1706)

Faust ist die Wette ohne großes Bedenken eingegangen, denn er ist sicher, daß der »arme Teufel« ihm nichts anderes bieten kann als Geld und Liebe und Ruhm, jenes rasch vergängliche und scheinhafte Glück, das ihn nicht »sättigen« und das ihn nicht verführen kann. Als »Lock- und Gaukelwerk« der Welt hat er es gerade verflucht. Nur solche sinnlichen Zerstreuungen aber kann Mephisto ihm andienen, in der Hoffnung, Faust mit der Zeit zu sich herabziehen zu können.

Faust aber wettet anders als Mephisto: Sollte er tatsächlich ein selbstzufriedener Erdenmensch geworden sein, träge und genießerisch im Sinnlichen Genüge finden, dann hätte er sein eigentliches Wesen verloren, und ein Weiterleben für ihn keinen Sinn mehr. Da er selbst an diese Möglichkeit nicht glaubt, formuliert er mit der Vertragsbedingung des schönen Augenblicks vielleicht eine letzte Hoffnung, daß er in der Ausweitung seiner rational verengten Existenz ins Sinnliche sein rastloses Streben nach Steigerung des Daseins befriedigen könnte. Im »Taumel« sinnlichen Erlebens hofft er, sein spekulierendes, kritisches Wesen vergessen zu können, das ihm jede »Ahnung von Lust« schon im Ansatz vergällt. In das bloße Leben will er sich stürzen, um das ganze Wesen des Menschseins zu erfassen, das »Höchst' und Tiefste«, »Wohl und Weh« aller Menschen in sich aufzunehmen, »Und so mein eigen Selbst zu ihrem Selbst erweitern, / Und wie sie selbst, am End' auch ich zerscheitern«. Freude erwartet er nicht, höchstens »schmerzlichsten Genuß«.

Auch wenn Faust wieder Vermessenes will, übernimmt er doch mit seinem rastlosen Suchen auch die Sehnsucht der Klassik und Romantik nach Ganzheit.

> Zwei Seelen wohnen, ach! in meiner Brust,
> Die eine will sich von der andern trennen;
> Die eine hält, in derber Liebeslust,
> Sich an die Welt mit klammernden Organen;
> Die andre hebt gewaltsam sich vom Dust
> Zu den Gefilden hoher Ahnen ...
>
> (1112–1117)

So hatte Faust auf dem Osterspaziergang gerade noch sein Elend dargestellt. In dem Pakt mit Mephisto steckt auch der gar nicht mehr vermessene Wunsch nach einem Augenblick der Erfüllung, nach Überwindung der Zwienatur von Geist und Materie. Wenn das ideale Streben nach ganzem Sein, nach Rückkehr zum göttlichen Ursprung aufhören könnte, da im sinnlichen »Genuß« die Übereinstimmung von Idealität und Realität, von Geist und Materie, gefunden wäre, wäre Faust erlöst von seiner Unrast und bereit zu sterben. Diesen erfüllten Augenblick wird es für ihn nicht geben, denn göttliche Vollendung ist dem Menschen nur in der Annäherung möglich.

Das Scheitern der Wette ist durch den göttlichen Plan vorbestimmt, denn im »Prolog im Himmel« hatte Gott zwar Mephisto gestattet, Faust im Irdischen zu verführen, aber keinen Zweifel daran gelassen, daß er am »rechten Wege« festhalten werde. Bei dem mit allen juristischen Formalitäten besiegelten Bund kann der Teufel nur geprellt werden. Alle Erlebnisse Fausts, die sich an die Wette anschließen, variieren zyklisch nur ein Thema: das Ungenügen am Jetzt, das immer neue Scheitern bei der Suche nach der Vollkommenheit im Irdischen.

Der Tragödie des Gelehrten, deren Ende der Pakt mit dem Teufel markiert, folgt die Tragödie des Liebenden. Nach einer Verjüngungskur in der Küche einer Hexe ist Faust ganz auf sinnlichen Genuß fixiert. Es ist sicher kein Zufall, daß Goethe diese Szene gerade in Italien schrieb, das ihn selbst so verjüngt und sinnlich aufgeschlossen hatte. In einem Spiegel in der Hexenküche erblickt Faust das »schönste Bild von einem Weibe« (eine erste Vorausdeutung und Verknüpfung mit dem »Helena«-Akt des II. Teils). Er begehrt die Frauengestalt leidenschaftlich, doch Mephisto lenkt das Liebesverlangen zunächst auf Gretchen, ein Mädchen aus der »kleinen« bürgerlichen Welt. Faust spielt den galanten Verführer, aber Gretchen reagiert darauf tugendsam schnippisch:

FAUST: Mein schönes Fräulein, darf ich wagen,
Meinen Arm und Geleit Ihr anzutragen?
MARGARETE: Bin weder Fräulein, weder schön,
Kann ungeleitet nach Hause gehn.

(2605–2608)

Faust verlangt von Mephisto, er solle ihm das Mädchen verschaffen. Gretchen, der schon die Annäherung eines sozial Höherstehenden geschmeichelt hat, findet in ihrem Schrank eine Schmuckschatulle, die Faust dort versteckt hat; unbewußt begreift sie die Verführungskraft des anonymen Geschenks:

MARGARETE: Wie sollte mir die Kette stehn?
Wem mag die Herrlichkeit gehören?
*Sie putzt sich damit auf und tritt vor den Spiegel.*
Wenn nur die Ohrring' meine wären!
Man sieht doch gleich ganz anders drein.
Was hilft euch Schönheit, junges Blut?

Das ist wohl alles schön und gut,
Allein man läßt's auch alles sein;
Man lobt euch halb mit Erbarmen.
Nach Golde drängt,
Am Golde hängt
Doch alles. Ach, wir Armen!

(2794–2804)

Bereits mit der Anrede »Mein schönes Fräulein«, die nur einer Adeligen zukam, ist das Heraustreten Gretchens aus ihrer begrenzten Welt angekündigt. Faust spielt die Rolle des Verführers, der weiß, daß man mit Schmeicheleien und Geschenken leichter zum Ziel kommt. Mit dem Goldschmuck, den nach strenger mittelalterlicher Ständeordnung ein bürgerliches Mädchen nicht tragen durfte, verstärkt sich die Gefahr für Gretchen, Ruhe und Sicherheit ihrer sozialen Zugehörigkeit zu verlieren. Zugleich liegt in Gretchens Hinauswachsen über ihren engen kleinbürgerlichen Horizont eine Persönlichkeitserweiterung. Aus dieser Freiheit heraus kann sie später auch die Kraft nehmen, sich ihrem tragischen Geschick zu stellen.

Gretchen ist der eigentliche Gegenpol zu Faust, in ihrer Ruhe, ihrem sanften reinen Gefühl, in ihrer Festigkeit und engelgleichen äußeren Erscheinung zieht sie den stürmischen, unruhig-zerrissenen Denker Faust unwiderstehlich an. Ganz ungekünstelt, ganz unbewußte Natur, gibt sie ihrem natürlichen Gefühl der Liebe nach, vertraut sich blind dem Geliebten; intuitiv sträubt sich alles in ihr beim Anblick Mephistos, der gegen ihre Reinheit machtlos ist. »Über die hab' ich keine Gewalt!« (2626), sagte Mephisto gleich zu Anfang, nachdem er das Mädchen in der Kirche beobachtet hatte; viel zu fest ist sie im religiösen Glauben verwurzelt, als daß er sie mit seinen Satanskünsten erreichen könnte. Gretchen und Mephisto, die Fromme und der Teufel, stoßen sich gegenseitig ab.

Die von Mephisto zynisch als oberflächlicher sinnlicher Genuß inszenierte Affäre entzieht sich schon bald seiner Kontrolle, denn Faust und Gretchen lieben sich und benehmen sich nur noch äußerlich nach dem Muster von Verführer und Verführter. Das von der zeitgenössischen Literatur so oft variierte sozialkritische Thema der verführten Unschuld ist nur der äußere Rahmen, in dem sich, bei aller tragischen Zuspitzung, modellhaft eine Grundsituation der Liebe abspielt: zu lieben, zu verlassen und Leid zu verursachen. Goethe hatte diese existentielle Schuld selbst verarbeiten müssen.

Unmittelbar bevor sie das Schmuckkästchen findet, singt Gretchen das Lied vom ›König in Thule‹:

Es war ein König in Thule
Gar treu bis an das Grab,
Dem sterbend seine Buhle
Einen goldnen Becher gab.

Es ging ihm nichts darüber,
Er leert' ihn jeden Schmaus;
Die Augen gingen ihm über,
So oft er trank daraus.

Und als er kam zu sterben,
Zählt' er seine Städt' im Reich,
Gönnt' alles seinem Erben,
Den Becher nicht zugleich.

Er saß beim Königsmahle,
Die Ritter um ihn her,
Auf hohem Vätersaale,
Dort auf dem Schloß am Meer.

Dort stand der alte Zecher,
Trank letzte Lebensglut,
Und warf den heiligen Becher
Hinunter in die Flut.

Er sah ihn stürzen, trinken
Und sinken tief ins Meer,
Die Augen täten ihm sinken,
Trank nie einen Tropfen mehr.

(2759–2782)

Das »Hohelied der Treue«, wie man die Ballade auch genannt hat,
weist schon an dieser Stelle auf die Unbedingtheit und Treue voraus, mit der Gretchen Faust lieben wird – wie der König seiner
Buhle bis in den Tod treu bleibt. Die aller gesellschaftlichen Kon-
vention enthobene Liebe und Treue zur Geliebten wird im Lied
herausgestellt. Den Becher, das kostbarste Vermächtnis seiner Geliebten, übergibt der König als einziges nicht seinem Erben, aus
ihm trinkt er schließlich rauschhaft »letzte Lebensglut«. Während
der König stirbt, »trinkt« der geopferte Becher das unendliche
Meer und versinkt gleichzeitig in ihm – höchstes Symbol der Entgrenzung durch die Liebe.

Die Liebe vermag Faust für Augenblicke das beseligende Gefühl
zu geben, dem Schöpfungsall und dem Göttlichen nahe zu sein.
Dann ist er sogar bereit, dieses ganz anders gearteten, reinen Ge-
schöpfs zu entsagen, das heißt selbstlos zu lieben. Mephisto aber
gelingt es immer wieder, Fausts Leidenschaften neu zu entfachen.
Zwiespältig ist Faust auch als Liebender, ein »übersinnlicher, sinn-

licher Freier«, wie Mephisto zynisch feststellt. Nach einem ersten Treffen im Garten der Nachbarin Marthe, die ein eher frivoles Techtelmechtel mit Mephisto beginnt, bekennen Gretchen und Faust sich ihre Liebe, die Herz und Sinne umfaßt und beide überwältigt, verzaubert. Goethe charakterisiert die Qualität dieser Liebe indirekt, wie in dem Lied des ›König in Thule‹ oder auch später in Gretchens monologischem Lied »Meine Ruh' ist hin, / Mein Herz ist schwer ...« (3374–3413), das ihre ganze Hingabebereitschaft ausdrückt und ihr tragisches Ende vorwegnimmt. In der berühmten »Garten«-Szene kontrastieren die platten, sexuellen Anzüglichkeiten zwischen der mannstollen Marthe und Mephisto, im Wechsel der Dialoge, das zarte, herzliche Liebesgespräch von Gretchen und Faust: eines der schönsten Beispiele für Goethes eingangs beschriebene Technik der Spiegelung. Auch die Klangstrukturen der Verse, der Versmaße spiegeln erhellend die Personen, die jeweiligen Stimmungen. Gretchen schließt die kurze Szene »Gartenhäuschen« mit schlichten, volksliedhaften, gereimten Versen, die ihrer Einfalt, ihrer Gebundenheit an die feste Ordnung der kleinen Welt entsprechen, der sie entstammt. Die direkt anschließende Szene »Wald und Höhle« beginnt mit einem der Monologe Fausts, dessen großem Gefühl nur die Weite der Natur Raum geben kann; die fünfhebigen Jamben drücken pathetisch die kraftvolle Empfindung des welterfahrenen Gelehrten aus. Die Verschiedenartigkeit der beiden Charaktere wird damit eklatant:

[EIN GARTENHÄUSCHEN]

MARGARETE: Du lieber Gott! was so ein Mann
  Nicht alles, alles denken kann!
  Beschämt nur steh' ich vor ihm da,
  Und sag' zu allen Sachen ja.
  Bin doch ein arm unwissend Kind,
  Begreife nicht, was er an mir find't. *Ab.*

WALD UND HÖHLE

FAUST *allein*: Erhabner Geist, du gabst mir, gabst mir alles,
  Worum ich bat. Du hast mir nicht umsonst
  Dein Angesicht im Feuer zugewendet.
  Gabst mir die herrliche Natur zum Königreich,
  Kraft, sie zu fühlen, zu genießen. Nicht
  Kalt staunenden Besuch erlaubst du nur,
  Vergönnest mir, in ihre tiefe Brust,
  Wie in den Busen eines Freunds, zu schauen.
  Du führst die Reihe der Lebendigen
  Vor mir vorbei, und lehrst mich meine Brüder
  Im stillen Busch, in Luft und Wasser kennen.

Und wenn der Sturm im Walde braust und knarrt,
Die Riesenfichte stürzend Nachbaräste
Und Nachbarstämme quetschend niederstreift,
Und ihrem Fall dumpf hohl der Hügel donnert,
Dann führst du mich zur sichern Höhle, zeigst
Mich dann mir selbst, und meiner eignen Brust
Geheime tiefe Wunder öffnen sich.
Und steigt vor meinem Blick der reine Mond
Besänftigend herüber, schweben mir
Von Felsenwänden, aus dem feuchten Busch
Der Vorwelt silberne Gestalten auf
Und lindern der Betrachtung strenge Lust...

(3211–3239)

Die Gegensätze seiner überstarken Gefühle glaubt Faust tragen zu können, für einen Augenblick hat er diese beglückende Gewißheit; die Klarheit seiner Empfindung spiegelt der »reine Mond«. Doch in das reine Gefühl drängt sich schon bald wieder schmerzhaft das Bewußtsein der ewigen Unvollkommenheit; sinnliches Begehren wird ihn den Göttern wieder entfernen und Mephisto ausliefern. Noch bevor er Gretchen verführt hat, ist sich Faust seiner Schuld bewußt, die darin liegen wird, das unerfahrene, reine Mädchen so rücksichtslos aus seiner Geborgenheit und Ruhe zu reißen. Während der lyrische Eingangsmonolog der Szene von dem getragenen Pathos des Blankverses gekennzeichnet war, spricht Faust jetzt in freien Versen unterschiedlicher Länge, ist er wieder, nach dem Gespräch mit Mephisto, der Zerrissene, Getriebene:

FAUST: Was ist die Himmelsfreud' in ihren Armen?
Laß mich an ihrer Brust erwarmen!
Fühl' ich nicht immer ihre Not?
Bin ich der Flüchtling nicht? der Unbehauste?
Der Unmensch ohne Zweck und Ruh',
Der wie ein Wassersturz von Fels zu Felsen brauste
Begierig wütend nach dem Abgrund zu?
Und seitwärts sie, mit kindlich dumpfen Sinnen,
Im Hüttchen auf dem kleinen Alpenfeld,
Und all ihr häusliches Beginnen
Umfangen in der kleinen Welt.
Und ich, der Gottverhaßte,
Hatte nicht genug,
Daß ich die Felsen faßte
Und sie zu Trümmern schlug!
Sie, ihren Frieden mußt' ich untergraben!
Du, Hölle, mußtest dieses Opfer haben!
Hilf, Teufel, mir die Zeit der Angst verkürzen!

Was muß geschehn, mag's gleich geschehn!
Mag ihr Geschick auf mich zusammenstürzen
Und sie mit mir zugrunde gehn!

(3345–3365)

Auf weit schlimmere Weise als vorhergeahnt wird Faust schuldig, da Mephisto bei der Ausführung von Fausts Wünschen stets zum Verbrechen macht, was dieser leichtfertig oder nur im Keim schuldhaft plant. Leitmotivisch geht dieser Mechanismus seit dem Pakt mit dem Teufel durch das ganze Werk. So wird aus der Liebe zu Gretchen blutiger Ernst, als er ihren Bruder Valentin, der ihre Ehre retten will, in einem unfairen Duell mit Mephistos Hilfe ermordet. Mit einem Schlaftrunk (den Faust wieder von Mephisto hatte) sollte Gretchen ihre Mutter fest schlafen machen, als sie ihren Geliebten einließ; doch an dem giftigen Trank stirbt die Mutter. Und in ihrer Verzweiflung, von Faust verlassen, der vor dem »Blutbann« fliehen mußte, tötet Gretchen sogar ihr Kind, wie es der sterbende Valentin vorausgesagt hatte.

Eine linear fortschreitende Handlung gibt es in der Gretchen-Tragödie so wenig wie im ›Faust‹ als Ganzem. Den »Weltenkreis« der Liebe hat Goethe hier durch eine Reihe rasch wechselnder Szenen schlaglichtartig erhellt, aufs Wesentliche zusammengerafft, wobei der Zuschauer einzelne Stationen oft nur mittelbar aus Gesprächen anderer, aus analogen Bildern, Gebeten, Andeutungen usw. erfährt. Auf diese Weise erreicht Goethe eine tiefere emotionale Wirkung, als wenn er den Zuschauer sozusagen realistisch am Geschehen teilnehmen ließe. Eindringlicher kann das grauenvolle Ende Gretchens kaum dargestellt werden, als es Valentins visionären Worte angstvoll zusammenfassen: wie Gretchen sozial verachtet und ausgestoßen werden wird, weil sie die ehernen Normen der kleinstädtischen Gesellschaft verletzt hat; wie sie, um dieser Not zu entgehen, zur Verbrecherin werden muß und schließlich abgeurteilt wird.

Während Gretchen in der »Dom«-Szene, vermutlich dem Totenamt für ihren Bruder, in Ohnmacht und geistige Umnachtung fällt, führt Mephisto Faust in die »Walpurgisnacht«, wo sich alljährlich Spuk- und Teufelswesen zum Fest treffen, um ihn in sinnlichen Exzessen die Liebe zu Gretchen vergessen zu machen.

In der Walpurgisnacht, dem Rausch des Geschlechtlich-Materiellen – Mäuse, Kröten und anderes Getier symbolisieren das »Tierische« –, läßt Faust sich zuletzt auf den wilden Tanz ein, erkennt dann aber visionsartig das Bild Gretchens, das ihm in seiner Traurigkeit und Verzweiflung ins Herz schneidet. Die Walpurgisnacht spiegelt, gestaltet innere Vorgänge, sowohl Fausts sinnliche Begierde wie seine Schuldgefühle, seine innige Verbundenheit mit Gretchen, die ihm noch im triebhaftesten Gewühle nicht aus dem Sinn geht. Als Faust das ganze Ausmaß ihrer Not erfährt, packt ihn rasende Verzweiflung.

TRÜBER TAG. FELD

FAUST: Im Elend! Verzweifelnd! Erbärmlich auf der Erde lange verirrt und nun gefangen! Als Missetäterin im Kerker zu entsetzlichen Qualen eingesperrt das holde unselige Geschöpf! Bis dahin! dahin! – Verräterischer, nichtswürdiger Geist, und das hast du mir verheimlicht! – Steh nur, steh! Wälze die teuflischen Augen ingrimmend im Kopf herum! Steh und trutze mir durch deine unerträgliche Gegenwart! Gefangen! Im unwiederbringlichen Elend! Bösen Geistern übergeben und der richtenden gefühllosen Menschheit! Und mich wiegst du indes in abgeschmackten Zerstreuungen, verbirgst mir ihren wachsenden Jammer und lässest sie hülflos verderben!

MEPHISTOPHELES: Sie ist die erste nicht.

FAUST: Hund! abscheuliches Untier! – ... – Die erste nicht! – Jammer! Jammer! von keiner Menschenseele zu fassen, daß mehr als ein Geschöpf in die Tiefe dieses Elendes versank, daß nicht das erste genug tat für die Schuld aller übrigen in seiner windenden Todesnot vor den Augen des ewig Verzeihenden! Mir wühlt es Mark und Leben durch, das Elend dieser Einzigen; du grinsest gelassen über das Schicksal von Tausenden hin!

MEPHISTOPHELES: Nun sind wir schon wieder an der Grenze unsres Witzes, da wo euch Menschen der Sinn überschnappt. Warum machst du Gemeinschaft mit uns, wenn du sie nicht durchführen kannst? Willst fliegen und bist vorm Schwindel nicht sicher? Drangen wir uns dir auf, oder du dich uns? ...

Das Bewußtsein der Schuld, das dem »Un-Menschen« Mephisto abgeht, martert Faust. Eine durch Verse gebundene Sprache hätte den Grad der Verzweiflung nicht wiedergeben können, in die Faust sich hineinsteigert. »Trüber Tag. Feld« ist deshalb als einzige Prosaszene kaum verändert aus dem ›Urfaust‹ der Sturm-und-Drang-Jahre übernommen; die Unmittelbarkeit der Prosa entspricht der inneren Wahrheit der Szene; das war Goethe wichtiger als äußere Regelrichtigkeit. – »Trüb« wird später ein Begriff in Goethes ›Farbenlehre‹; er stimmt überein mit Fausts »verworrenem« Streben nach dem Göttlichen, das sich als klares, reines Licht offenbart.

Wo Faust aus Liebe verzweifelt, kann Mephisto nur mit Kaltschnäuzigkeit reagieren, denn er versteht ihn nicht. Immerhin bringt er Faust zu Gretchen in den Kerker.

In ihrem Wahnsinn hält Gretchen Faust für den Henker –

Wahnsinn spricht oft die Wahrheit – und erkennt ihn erst, als er sie beim Namen ruft. Wieder zu sich gekommen, wird sie sich ihrer Schuld erneut bewußt. Die Freiheit, die ihr Faust bietet, lockt sie nicht mehr, denn Faust kann sie nicht wirklich lieben, wenn er mit Mephisto verbunden bleibt. »Heinrich« nennt sie ihn nun, nicht mehr »Freund«. Er soll für die Gräber sorgen, sie wird ihm nicht folgen.

FAUST: Hilft hier kein Flehen, hilft kein Sagen,
　So wag ich's, dich hinweg zu tragen.
MARGARETE: Laß mich! Nein, ich leide keine Gewalt!
　Fasse mich nicht so mörderisch an!
　Sonst hab' ich dir ja alles zu Lieb' getan.
FAUST: Der Tag graut! Liebchen! Liebchen!
MARGARETE: Tag! Ja es wird Tag! der letzte Tag dringt herein;
　Mein Hochzeittag sollt' es sein!
　Sag niemand, daß du schon bei Gretchen warst.
　Weh meinem Kranze!
　Es ist eben geschehn!
　Wir werden uns wiedersehn;
　Aber nicht beim Tanze.
　Die Menge drängt sich, man hört sie nicht.
　Der Platz, die Gassen
　Können sie nicht fassen.
　Die Glocke ruft, das Stäbchen bricht.
　Wie sie mich binden und packen!
　Zum Blutstuhl bin ich schon entrückt.
　Schon zuckt nach jedem Nacken
　Die Schärfe, die nach meinem zückt.
　Stumm liegt die Welt wie das Grab!
FAUST: O wär' ich nie geboren!
　*Mephistopheles erscheint draußen.*
　Auf! oder ihr seid verloren.
　Unnützes Zagen! Zaudern und Plaudern!
　Meine Pferde schaudern,
　Der Morgen dämmert auf.
MARGARETE: Was steigt aus dem Boden herauf?
　Der! der! Schick' ihn fort!
　Was will der an dem heiligen Ort?
　Er will mich!
FAUST: Du sollst leben!
MARGARETE: Gericht Gottes! dir hab' ich mich übergeben!
MEPHISTOPHELES *zu Faust:*
　Komm! komm! Ich lasse dich mit ihr im Stich.
MARGARETE: Dein bin ich, Vater! Rette mich!
　Ihr Engel! Ihr heiligen Scharen,
　Lagert euch umher, mich zu bewahren!
　Heinrich! Mir graut's vor dir

MEPHISTOPHELES: Sie ist gerichtet!
STIMME *von oben.*                    Ist gerettet!
MEPHISTOPHELES *zu Faust:* Her zu mir!
   *Verschwindet mit Faust.*
STIMME *von innen, verhallend.* Heinrich! Heinrich!

(4574–4612)

Gretchen nimmt ihre Schuld an; da sie sich dem Gericht stellt, also
in die Ordnung zurückfindet, gewinnt sie menschliche Größe,
kann sie über ihre irdisch materielle Enge hinauswachsen und eins
werden mit dem Göttlichen. Der Stab der Menschen mag über sie
gebrochen werden, vor Gott ist sie wieder frei von Schuld. – Mephisto hat für Gretchens »Heiligung« keinen Sinn; einen Augenblick glaubt er an einen Triumph, den erst die Stimme Gottes
zerstört. So reißt er Faust mit sich, der am Ende der Verlorene
scheint.

Der Tragödie zweiter Teil

Während Gretchen durch die Gnade Gottes für das Jenseits gerettet ist, findet Faust im Schlaf Erlösung von »des Vorwurfs glühend
bitteren Pfeilen«; die Natur heilt ihn von seinen Gewissensqualen
(vgl. auch Orests Ohnmacht in ›Iphigenie‹). – Ein starres Festhalten an der Schuld führt den Menschen oft in unheilvolle unlösbare
Verstrickungen, aus denen er keinen Ausweg findet. Solch depres-
sives, ja hypochondrisches Beharren auf einem Punkt widersprach
dem Lebensgesetz der Veränderung und der Weiterentwicklung,
schien Goethe krankhaft und widernatürlich. So läßt er Faust seine
Schuldgefühle zwar nicht leichtsinnig wegschieben, aber auch
nicht daran festhalten: schlafend darf Faust neue Kraft und Hoffnung schöpfen. Die im unbewußten Zustand wirkenden reinigen-
den Kräfte, die zur Gesundung des Menschen so unentbehrlich
wie das Bewußtsein sind, versinnlichen im Drama die anmutigen
Naturgeister um den Elfenkönig Ariel. In lyrischem Gesang um-
schweben sie den Schlafenden, wiegen ihm »das Herz in Kindes-
ruh«, das heißt: sie geben ihm kindliche Unschuld und Reinheit
zurück. Die »Himmelsklarheit«, während der Nacht auf die schla-
fende Erde gesenkt, die Werdelust der neu erquickten Natur in der
Morgendämmerung erfüllt nun auch Faust.

FAUST: Des Lebens Pulse schlagen frisch lebendig,
   Ätherische Dämmerung milde zu begrüßen;
   Du, Erde, warst auch diese Nacht beständig
   Und atmest neu erquickt zu meinen Füßen,
   Beginnest schon, mit Lust mich zu umgeben,

Du regst und rührst ein kräftiges Beschließen,
Zum höchsten Dasein immerfort zu streben. –
In Dämmerschein liegt schon die Welt erschlossen,
Der Wald ertönt von tausendstimmigem Leben,
Tal aus, Tal ein ist Nebelstreif ergossen,
Doch senkt sich Himmelsklarheit in die Tiefen,
Und Zweig und Äste, frisch erquickt, entsprossen
Dem duft'gen Abgrund, wo versenkt sie schliefen;
Auch Farb' an Farbe klärt sich los vom Grunde,
Wo Blum' und Blatt von Zitterperle triefen –
Ein Paradies wird um mich her die Runde.

Hinaufgeschaut! – Der Berge Gipfelriesen
Verkünden schon die feierlichste Stunde;
Sie dürfen früh des ewigen Lichts genießen,
Das später sich zu uns hernieder wendet.
Jetzt zu der Alpe grüngesenkten Wiesen
Wird neuer Glanz und Deutlichkeit gespendet,
Und stufenweis herab ist es gelungen;
Sie tritt hervor! – und leider schon geblendet,
Kehr' ich mich weg, vom Augenschmerz durchdrungen.

So ist es also, wenn ein sehnend Hoffen
Dem höchsten Wunsch sich traulich zugerungen,
Erfüllungspforten findet flügeloffen;
Nun aber bricht aus jenen ewigen Gründen
Ein Flammenübermaß, wir stehn betroffen;
Des Lebens Fackel wollten wir entzünden,
Ein Feuermeer umschlingt uns, welch ein Feuer!
Ist's Lieb? ist's Haß? die glühend uns umwinden,
Mit Schmerz und Freuden wechselnd ungeheuer,
So daß wir wieder nach der Erde blicken,
Zu bergen uns in jugendlichstem Schleier.

So bleibe denn die Sonne mir im Rücken!
Der Wassersturz, das Felsenriff durchbrausend,
Ihn schau' ich an mit wachsendem Entzücken.
Von Sturz zu Sturzen wälzt er jetzt in tausend,
Dann abertausend Strömen sich ergießend,
Hoch in die Lüfte Schaum an Schäume sausend.
Allein wie herrlich, diesem Sturm erprießend,
Wölbt sich des bunten Bogens Wechseldauer,
Bald rein gezeichnet, bald in Luft zerfließend,
Umher verbreitend duftig kühle Schauer.
*Der* spiegelt ab das menschliche Bestreben.
Ihm sinne nach, und du begreifst genauer:
Am farbigen Abglanz haben wir das Leben.

(4679–4727)

Fausts veränderte, gereinigte Seele spiegelt sich in diesen ruhigen Versen: Nicht mehr das Göttliche selbst will er nun im Leben finden; das höchste Wünschen und Sehnen, dieser Faustische Superlativ, ist der Erkenntnis gewichen, daß die Menschen »am farbigen Abglanz« des Göttlichen sich genügen müssen. Nur im Spiegel des Vergänglichen vermag der Irdische das Ewige zu schauen; der unmittelbare Anblick würde blenden und schmerzen. (Der Mensch ist gemacht, »Erleuchtetes zu sehen, nicht das Licht«, heißt es in Goethes ›Pandora‹-Fragment.)

In der Erde »jugendlichstem Schleier« will Faust sich bergen, geblendet vom »Flammenübermaß« des Absoluten. Das Bild des Schleiers, der verhüllt und zugleich durchsichtig ist, zeigt die Transparenz der göttlichen Vollkommenheit: nur verschleiert, in nebelhafter Andeutung läßt sich die reine Wahrheit vom Menschen fassen. Auch die Kunst kleidete Goethe gerne in das Symbol des Schleiers: Im poetischen Bild sollte die Wahrheit über die Welt, die ja die Kunst vermitteln will, erkennbar werden; direkt ließ sie sich kaum darstellen.

In Fausts Monolog wird eine großartige Szenerie entworfen; auch ohne bühnentechnische Unterstützung werden die Naturbilder lebendiges, nachvollziehbares Ereignis: mit Nebel gefüllte Täler, Dämmerung über Wald und Wiesen, die allmählich einzelne Farben und Formen freigibt; glänzende Berggipfel, die das Sonnenlicht künden; dann der Lichtblitz des ersten direkten Sonnenstrahls, der schäumende Wasserfall, der dem geblendeten Menschen den Abglanz der Sonne im Regenbogen schenkt. Die Verse, in fünfhebigen Jamben geschrieben, die das kunstvolle Reimschema der Terzine zusammenbindet, gehören zu Goethes vollkommensten Naturgedichten.

Das uralte Bild der mit »Getöse« herannahenden Sonne, die Ariel eingangs besingt, und Fausts Monolog knüpfen an die im »Prolog im Himmel« von den Erzengeln verkündeten ehernen Naturgesetze an. Durch die erhabene Form der sich verschränkenden Terzinen, deren dritter Reim den ersten des folgenden Dreizeilers einschließt – Dante hatte diese Strophenform für seine ›Göttliche Komödie‹ entwickelt –, erreichen Fausts Strophen Feierlichkeit und klangliche Geschlossenheit; sie geben Würde und Ernst der allgemeinen Weltordnung wieder, zeigen darüber hinaus das schöne Gleichgewicht sinnlichen und geistigen Menschseins, wie es Faust nach seiner »Wiedergeburt« durch die Natur empfindet.

Der zweite Teil der ›Faust‹-Tragödie ist noch weniger als der erste auf eine durchgehende Handlung hin konzipiert, sondern eigentlich nur noch ein Nebeneinander von einzelnen »Weltenkreisen«, die in einem symbolischen Zusammenhang stehen. In der Gegenüberstellung, als »sich gleichsam ineinander abspiegelnde Gebilde« enthüllen die einzelnen Szenen »den geheimeren Sinn«, der sich nicht direkt aussprechen läßt, wie Goethe schrieb (vgl. oben S. 259). Die Spiegelungstechnik kennzeichnet insbesondere Goethes Altersstil, sie ist z. B. auch für seinen späten Roman ›Wilhelm Meisters Wanderjahre‹ charakteristisch.

Während die Eingangsszene Faust allein zeigte, sein Inneres im Monolog darlegend – eine Art Korrespondenz zur ersten ›Faust‹-Szene im Studierzimmer –, spielt die nächste Szene bereits am kaiserlichen Hof. Mephisto hat, wie im ersten Teil des Dramas versprochen, Faust in die »große Welt« gebracht, mitten in das bunte Zeremoniell der kaiserlichen Pfalz. In scharfem Kontrast zu dem vorangegangenen Bild der Harmonie, in dem die irrationalen Kräfte der Natur wirkten, stehen die Szenen am Kaiserhof, in denen gesellschaftliche, politische Realität den Ton bestimmt. Nach den lyrischen Strophen der Elfen und den Terzinen Fausts wechselt die Sprache jetzt zu unstrophigen, vier- und fünfhebigen Jamben unterschiedlicher Reimtechnik, den verschiedenen Intentionen der Mitglieder des tagenden Thronrats, aber auch Mephistos Witz sich geschmeidig anpassend.

Wohl ist das äußere Gepränge mittelalterlich, doch die Zeitgenossen verstanden die gesellschaftskritischen Anspielungen: Dieses Reich, das von Korruption und Bürgerkrieg bedroht ist, das mit höfischem Prunk die reale Not im Lande überspielt und dessen Kaiser sich lieber dem Genuß als seinen Herrscherpflichten hingibt, ist das Ancien Régime Frankreichs, schon bedroht von den Vorboten der Revolution. Mephisto führt sich als Hofnarr ein; er muß seinen ganzen Witz einsetzen, um den Kaiser und seine über den Zustand des Reichs ernsthaft beunruhigten Ratgeber schließlich von der grandiosen Idee des Papiergelds zu überzeugen, das den Staatsbankrott aufhalten und im Handumdrehen zu neuem Wohlstand verhelfen kann – in Wahrheit allerdings das Reich in die Inflation stürzen wird. Vorläufig aber vertagt man die Probleme, feiert erst einmal ausgelassen Fastnacht.

Der Hof flüchtet sich in Mummenschanz, in festlich-konventionelle Allegorien, die hinter der tollen Maskerade das wahre Treiben der Menschen aufzeigen sollen: Symbolhaft führen die Figuren des Maskenzugs Grundsituationen menschlicher Gesellschaft vor, ihr Verhältnis zu Kunst und Natur, zu Macht und Besitz. Als Höhepunkt des karnevalistischen Trubels tritt Faust als Plutus auf, dessen prächtig leuchtenden Wagen ein Knabe, der »Genius der Poesie«, lenkt. Der Gott des Goldes stellt den Knaben als seinen Sohn vor. – Gold symbolisierte für Goethe Reichtum, Macht, auch die Macht des Geschlechts – wie die unerschöpfliche Fülle des künstlerischen Genies. Faust, der das magische Geschehen dieser Szene bestimmt, wird damit auch in seiner schöpferischen Kraft vorgestellt, die ihn vor allem im II. und III. Akt leiten wird. Mephisto, der als »Geiz« verkleidet neben dem verschwenderisch seine Schätze verteilenden Knaben sitzt, stellt wiederum die negative Möglichkeit des Reichseins dar, kauft sich mit seinen Talern höchstens sexuelle Lust. Als die im Wagen mitgeführte Goldkiste abgeladen und in den Saal gebracht ist, kann der Genius der Poesie, dessen Schätze von der Hofgesellschaft rein materiell aufgenommen wurden, wieder frei seiner eigentlichen Bestimmung nachgehen.

PLUTUS *zum Lenker:*
>Nun bist du los der allzulästigen Schwere,
>Bist frei und frank, nun frisch zu deiner Sphäre!
>Hier ist sie nicht! Verworren, scheckig, wild
>Umdrängt uns hier ein fratzenhaft Gebild.
>Nur wo du klar ins holde Klare schaust,
>Dir angehörst und dir allein vertraust,
>Dorthin, wo Schönes, Gutes nur gefällt,
>Zur Einsamkeit! – Da schaffe deine Welt.

(5689–5696)

Plutus/Faust weist den Knaben Lenker in die Einsamkeit, in der die Kunst sich nicht als repräsentativer Bestandteil dieser Scheinwelt von Reichen und Mächtigen mißbrauchen läßt. Die Kunst ist damit in die einsame Sphäre des Genies zurückverwiesen, ihre Außenseiterrolle im gesellschaftlichen Leben (kritisch) dargestellt.

Als wichtigste Figuren des Maskenzuges kündigt der Herold schließlich eine Gruppe um einen Elefanten an, der die Staatsmacht symbolisiert; er wird gelenkt von einer »zierlich-zarten Frau«, der »Klugheit«, und trägt auf seinem Rücken die geflügelte Gestalt der Göttin des Sieges. Zu beiden Seiten, in Ketten, gehen »Furcht« und »Hoffnung«. Dem Kaiser soll in den allegorischen Figuren vorgeführt werden, wie Klugheit zum Sieg verhilft, wenn sie die lähmende Furcht und die irreale Hoffnung maßvoll zu regieren weiß.

Später erscheint der Kaiser selbst, als der antike Hirtengott Pan verkleidet, der einerseits Symbol für sinnlichen Genuß ist, aber auch das All, die ganze Welt repräsentiert. Der Kaiser läßt sich von der Goldkiste Reiz verführen und wäre beinahe in Feuer aufgegangen, hätte Plutus, also Faust, nicht rettend eingegriffen. Aber der Kaiser begreift den Sinnzusammenhang nicht: Die aus der Kiste quellenden Schätze und Reichtümer waren »nur ein Maskenspaß«, ein »artiger Schein«. Der trügerischen Hoffnung auf schnellen Reichtum, auf Lösung der realen Finanzprobleme ohne Mühe und Arbeit, die Mephistos Idee des Papiergelds (des Geld-Scheins) vorgaukelt, erliegt selbst der Kaiser.

Kaiser und Hof bleiben unvernünftig; im Umgang mit dem neuen Papiergeld zeigt nur der Hofnarr Verstand und legt es in Grundbesitz an. Amüsement ist verlangt, nachdem die Not behoben scheint. Faust, der sich voller Lust der magischen Kräfte Mephistos bedient, sagt der zauber-lüsternen Hofgesellschaft die Beschwörung Helenas und Paris' zu. Mephisto jedoch kann sie nicht herbeischaffen – »Das Heidenvolk geht mich nichts an, / Es haust in seiner eignen Hölle« –, doch weiß er den Weg: Faust müsse sich zu den Müttern begeben, Urgöttinnen, die, den Menschen unbekannt, im »Tiefsten« hausten.

Über kaum eine Passage des ›Faust II‹ ist soviel gerätselt und spekuliert worden wie über die »Mütterszene«. Mephisto selbst nennt die Mütter nur ungern als »höheres Geheimnis«; Faust reagiert mit Schaudern, als die Rede auf sie kommt. Dennoch fühlt er sich dem »Ungeheuren«, »Grenzenlosen«, das ihn im Reich der Mütter erwartet, gewachsen. Nicht »im Erstarren«, weiß er, sondern in der Fähigkeit zum »Schaudern« – zur durchaus auch religiös gemeinten Ergriffenheit – liegt des Menschen bestes Teil, da nur diese Haltung ihn umgestalten und steigern kann. Mephisto gibt ihm einen goldenen Schlüssel, der ihn führen soll in die raum- und zeitlose Einsamkeit.

MEPHISTOPHELES: Ein glühnder Dreifuß tut dir endlich kund,
 Du seist im tiefsten, allertiefsten Grund.
 Bei seinem Schein wirst du die Mütter sehn,
 Die einen sitzen, andre stehn und gehn,
 Wie's eben kommt. Gestaltung, Umgestaltung,
 Des ewigen Sinnes ewige Unterhaltung.
 Umschwebt von Bildern aller Kreatur;
 Sie sehn dich nicht, denn Schemen sehn sie nur.
 Da faß ein Herz, denn die Gefahr ist groß,
 Und gehe grad' auf jenen Dreifuß los,
 Berühr ihn mit dem Schlüssel!

(6283–6293)

Gestaltung, Umgestaltung ist für Goethe das Urprinzip aller Schöpfung. So wie der Wasserfall für den ewigen Wechsel des Irdischen stand, symbolisieren die »Mütter« die schöpferischen Urkräfte, sind sie Repräsentanten des weiblichen Prinzips der Natur. Bei ihnen findet sich Faust in seinem Schaffensdrang bestärkt (»Du sendest mich ins Leere, / Damit ich dort so Kunst als Kraft vermehre«); bei ihnen, »in der Gebilde losgebundnem Reiche«, entsteht das Idealbild der Schönheit, Helena, neu.

Faust führt, als er wieder in der Kaiserpfalz erscheint, den Dreifuß mit sich. Als er ihn mit dem glühenden Schlüssel berührt, treten aus dem aufquellenden Nebel, begleitet von sphärischer Musik, Paris und Helena hervor. Für den Hof ist der ganze geheimnisvolle Vorgang nur ein Schauspiel, eine Unterhaltung mehr; für Faust dagegen wird die Erscheinung zum aufwühlenden Erlebnis:

FAUST: Hab' ich noch Augen? Zeigt sich tief im Sinn
    Der Schönheit Quelle reichlichstens ergossen?
    Mein Schreckensgang bringt seligsten Gewinn.
    Wie war die Welt mir nichtig, unerschlossen!
    Was ist sie nun seit meiner Priesterschaft?
    Erst wünschenswert, gegründet, dauerhaft!
    Verschwinde mir des Lebens Atemkraft,
    Wenn ich mich je von dir zurückgewöhne! –
    Die Wohlgestalt, die mich voreinst entzückte,
    In Zauberspiegelung beglückte,
    War nur ein Schaumbild solcher Schöne! –
    Du bist's, der ich die Regung aller Kraft,
    Den Inbegriff der Leidenschaft,
    Dir Neigung, Lieb', Anbetung, Wahnsinn zolle.

                          (6487–6500)

In seinem Enthusiasmus will Faust Helena mit Gewalt dem Geisterreich entreißen und in die Wirklichkeit ziehen. Aber da trübt sich das Bild des schönen Scheins; nach einer »Explosion« liegt Faust am Boden, und die »Geister gehen in Dunst auf«.

Die antike Schönheit, die Helena verkörpert, läßt sich nicht gewaltsam ergreifen, rein äußerlich verwirklichen – oder allgemein gesagt: die Begeisterung des »modernen« Menschen für die antike Schönheit darf nicht in einer oberflächlichen Nachahmung steckenbleiben (das sagten schon Winckelmann und Herder, vgl. Bd. II). Zur fruchtbaren Synthese von Neuzeit und Antike, von Nordischem und Südlichem ist es notwendig, sich auch Mythos, Geschichte, Natur des Griechentums mit Leib und Seele anzuverwandeln. Erst wenn sich Faust aus innerer Beseeltheit, in schöpferischem Eros Helena nähert, kann ihm die Wiederbelebung des Schönen gelingen. Im zweiten Akt, in der »Klassischen Walpurgisnacht«, wird dieser einzig mögliche innere Weg zur Antike aufgezeigt. Eine verschwenderische Fülle mythisch-magischer Bilder ersann der Dichter, »das Land der Griechen mit der Seele suchend« (›Iphigenie‹), um die kunsttheoretische Frage seiner Zeit zu beantworten: wie das geschichtlich vergangene Schöne in späteren Zeitaltern wieder erstehen könne.

Gestaltwerdung, hieß es in der Begegnung mit den Müttern, vollziehe sich in ewiger Metamorphose in der Natur oder im Dichter, der als Magier und Priester aus gleichem liebenden Impuls wirke wie Gott in der Natur. Die Kraft der Begeisterung und Imagination, die den Künstler Faust vorwärtstreibt, schafft nach den gleichen inneren Gesetzen wie die Natur – so ist höchste Kunst zugleich höchste Natürlichkeit. Das Schöne ist geistige Schöpfung und es wurzelt in der Natur, ist das Endergebnis einer langen Kette von Metamorphosen vom amorphen Uranfang des Kosmos bis zur höchsten Stufe der Entwicklung, dem schönen Menschen. Wenn Helena, das Urbild der Schönheit, neu erstehen soll, kann dieses geistige Werden symbolisch mit den Gestaltungskräften der Natur dargestellt werden: Dies wird in der »Klassischen Walpurgisnacht« in bedeutungsvoller Bildersprache veranschaulicht.

Um diesen inneren Prozeß anzuzeigen, den Fausts »Ins-Leben-Ziehen« des Schönen bedeutet, versetzt Goethe seinen Helden noch einmal in einen schlafähnlichen Zustand. Faust befindet sich wieder in seinem gotischen Studierzimmer im Norden. Mephisto belächelt den Erschöpften, schlüpft erneut in Fausts alten Pelz, in die Rolle des weisen Gelehrten. Wie in der Schülerszene des ersten Teils beginnt er ein Gespräch mit dem inzwischen zum Baccalaureus avancierten Studenten, der, stolz auf seine Erkenntnisse, nun den Alten belehren will. Mephisto überläßt Baccalareus seinem Eifer, um dessen Hochmut zu entlarven:

BACCALAUREUS: Hat einer dreißig Jahr vorüber,
  So ist er schon so gut wie tot.
  Am besten wär's, euch zeitig totzuschlagen.
MEPHISTOPHELES: Der Teufel hat hier weiter nichts zu sagen.
BACCALAUREUS: Wenn ich nicht will, so darf kein Teufel sein.
MEPHISTOPHELES *abseits:* Der Teufel stellt dir nächstens doch ein Bein.
BACCALAUREUS: Dies ist der Jugend edelster Beruf!
  Die Welt, sie war nicht, eh' ich sie erschuf;
  Die Sonne führt' ich aus dem Meer herauf;
  Mit mir begann der Mond des Wechsels Lauf;
  Da schmückte sich der Tag auf meinen Wegen,
  Die Erde grünte, blühte mir entgegen.
  Auf meinen Wink, in jener ersten Nacht,
  Entfaltete sich aller Sterne Pracht.
  Wer, außer mir, entband euch aller Schranken
  Philisterhaft einklemmender Gedanken?
  Ich aber frei, wie mir's im Geiste spricht,
  Verfolge froh mein innerliches Licht,

Und wandle rasch, im eigensten Entzücken,
Das Helle vor mir, Finsternis im Rücken. *Ab.*
MEPHISTOPHELES: Original, fahr hin in deiner Pracht! –
Wie würde dich die Einsicht kränken:
Wer kann was Dummes, wer was Kluges denken,
Das nicht die Vorwelt schon gedacht? –
Doch sind wir auch mit diesem nicht gefährdet,
In wenig Jahren wird es anders sein:
Wenn sich der Most auch ganz absurd gebärdet,
Es gibt zuletzt doch noch e' Wein . . .

(6787–6814)

Halb ironisch, halb ernsthaft setzt sich Goethe hier mit der von
dem Philosophen Fichte propagierten Vorstellung des »absoluten« Geistes auseinander, der sich die Welt erst schaffen muß, um
ihrer gewiß zu sein, dem rein theoretisch nichts unmöglich ist,
keine Grenzen gesetzt sind, da er alle Erfahrung als Wissens-
grundlage ablehnt. Goethe war dem Leben, den »lieblichen Grenzen«, die Erfahrung ihn lehrte, viel zu sehr verhaftet, als daß er
sich mit den philosophischen Spekulationen der jüngeren Generation, die in den zwanziger Jahren schließlich Mode wurden, identifiziert hätte. Auch dem von den Romantikern propagierten neu-
en »Original«-Begriff stand er, der soviel Sinn für Tradition, für
das Weiterwirken nach großen Vorbildern besaß, durchaus skeptisch gegenüber. Dennoch hat die Unbeirrbarkeit von Baccalaureus' Streben nach Erkenntnis etwas Faustisches, was auch die
Schlußmetapher (»Das Helle vor mir, Finsternis im Rücken«) signalisiert. Deshalb legt Goethe Mephisto eine durch den Frankfurter Dialekt (»e' Wein«) so behaglich wirkende, positive Beurteilung in den Mund.
   Die nächste Szene zeigt Fausts ehemaligen Famulus Wagner in
einem phantastischen mittelalterlichen Laboratorium. Der fleißige,
unbeirrt in seinem Fortschrittsglauben weiterstrebende Gelehrte,
der es inzwischen zum Professor gebracht hat, ist gerade dabei, ein
Retorten-Menschlein herzustellen. »Homunculus«, zu dessen Existenz Mephisto freilich noch etwas nachgeholfen hat, kann als
Produkt des reinen Denkens nur »reiner Geist« sein. Die Lichtge-
stalt in der Glasphiole sehnt sich nach wirklicher, körperlicher
Existenz, drängt als geistige Entelechie nach der Geschöpfwer-
dung. Homunculus teilt also Fausts schöpferische Sehnsucht und
Unruhe; wie dieser das geistige Bild Helenas zu wirklicher Gestalt
beleben will, strebt auch das Geistwesen aus der Retorte nach
Leben.
   Faust befindet sich, während Homunculus entsteht, in einem
Nebenzimmer, tief schlafend, träumend. Auf Mephistos Auffor-

derung, an ihm seinen Tätigkeitsdrang zu erfüllen, entschwebt Homunculus in seiner Phiole den Händen Wagners, beleuchtet den Schlafenden. Als reines Bewußtsein weiß er um Fausts Inneres, kann dessen Traum von der Zeugung Helenas durch Zeus, der sich als Schwan Leda näherte, lesen und deuten. In diesem Traum erschafft Faust Helena gewissermaßen aufs neue; die Erinnerung an dieses beglückende Ereignis wird ihn in der »Klassischen Walpurgisnacht«, in der er Helenas Gestalt sucht, begleiten. Mephisto, der die Traumbilder nicht wahrnehmen kann, erklärt Homunculus zum Vertreter des Nordens, der für heidnisch-sinnliche Freude und Schönheit kein Verständnis hat.

> HOMUNCULUS: Das glaub' ich. Du aus Norden,
> Im Nebelalter jung geworden,
> Im Wust von Rittertum und Pfäfferei,
> Wie wäre da dein Auge frei!
> Im Düstern bist du nur zu Hause. *Umherschauend.*
> Verbräunt Gestein, bemodert widrig,
> Spitzbögig, schnörkelhaftest, niedrig!
>
> (6923–6929)

Das Nordische, d. h. Romantische, war den Zeitgenossen Goethes zunächst alle »moderne«, nachantike christliche Kunst, dann insbesondere das Mittelalterliche, Düstere, eingeschlossen das Himmelstrebende der Gotik, das Überladene des Barock, schließlich christliche Innerlichkeit als Gabe wie als Gefahr. Als »klassisch« dagegen galt das Heitere, das Sinnliche und Helle der Antike. Die Bezeichnung »romantisch« bedeutet in der Goethezeit also erst einmal mittelalterlich – im Unterschied zum »Klassischen« der Antike – und darf nicht mit dem späteren Epochenbegriff der Romantik gleichgesetzt werden.

Faust, erfüllt von der Sehnsucht nach Helena, wird von Homunculus in die Antike entführt. Der wissende Geist kennt den Weg zu ihr, für den Körperlosen sind Zeit und Raum keine Hindernisse.

> Jetzt eben, wie ich schnell bedacht,
> Ist klassische Walpurgisnacht;
> Das Beste, was begegnen könnte.
> Bringt ihn zu seinem Elemente!
>
> (6940–6943)

Erst auf griechischem Boden erwacht Faust, seine erste Frage lautet: »Wo ist sie?«; der unbedingte Wille, die Schöne zu finden, bewußt und unbewußt zugleich, leitet ihn.

Während Faust, sobald er griechischen Boden erreicht hat, seine grüblerische Denkernatur ablegen kann und zur sinnlich-natürlichen Anschauung der Griechen fähig wird, bleibt Mephisto der rationalistische Vertreter des Nordens und des Christentums. Die Sünde aber, das Böse, das er dort vertrat, ist im ästhetischen Griechentum bedeutungslos, denn hier regiert allein die Naturgewalt des Eros, frei von jeder Moral; damit aber fällt auch Mephistos Bestimmung, die als Negation des moralisch Guten definiert war. Mephistos schiere Geschlechtslust, sein intellektueller Witz werden in der »Klassischen Walpurgisnacht« verspottet. Er fühlt sich sichtlich deplaziert in Hellas, sehnt sich nach dem tollen Hexenspuk auf dem Blocksberg, der sein Element war. Kontrapunktisch ist der »Walpurgisnacht«-Orgie auf dem Blocksberg die »Klassische Walpurgisnacht« zugeordnet, die das »Fabelreich« der Mythen und der Dichter bevölkert, und in der »Eros, der alles begonnen«, herrscht.

Erst als Mephistopheles in die Maske der Phorkyaden, der Urhäßlichen, schlüpft, kann er seine ihm gemäße Rolle des negativen Prinzips spielen, das im naiven, sinnlich-ästhetischen Dasein nicht das Böse, sondern das Häßliche ist. Zum Vertreter des Häßlichen und des Chaos geworden, kann Mephisto als polarer Gegensatz das Schöne hervortreiben helfen; denn das Chaos ist notwendig, um Ordnung und Harmonie entstehen zu lassen, und Schönheit kann erst als Gegensatz aus dem Häßlichen gebildet werden.

Als Ort der »Klassischen Walpurgisnacht«, die eine einzige große Vorbereitung auf Helenas Wiedergeburt darstellt, wählte Goethe Thessalien in Griechenland. Diese Landschaft schien ihm aus mehreren Gründen geeignet, das geheime Zusammenwirken von Natur, Mythos und Geschichte symbolisch darzustellen, das Helena in homerischer Vergangenheit hervorbringen konnte. Auf den Pharsalischen Feldern fand 48 v. Chr. die berühmte Schlacht zwischen Pompeius und Cäsar statt, die von der düsteren Hexe Erichto (die Pompeius den Ausgang der Schlacht wahrsagen sollte) zum Sinnbild sich ewig wiederholenden Krieges und Parteienstreites in der Menschheitsgeschichte erhoben wird. Erichto führt in die phantastische Atmosphäre der »Klassischen Walpurgisnacht« ein: Die Zaubermächtige erlebt über die Zeiten hinweg die ewige Wiederkehr der grauenvollen Schlacht; wieder erscheinen ihr nun in dieser Nacht die grauen Zelte der Krieger, die ihre Wachfeuer brennen. Später versammeln sich, wie alljährlich, Götter und Helden der hellenischen Sage auf dem Feld. Der ganze fabelhafte Spuk deutet auf Zeitlosigkeit hin, stellt einen ersten Hinweis dar, daß auch Helenas Wiederbelebung möglich ist. – Das magische Geschehen der (von Goethe frei erfundenen) »Klassischen Walpurgisnacht« beleuchtet von Anfang an der Mond, der am Ende herrlich »im Zenit verharrt«: Sternstunde für Fausts Vorhaben, so weiß es Homunculus.

Auch die geologische Struktur Thessaliens bot sich dem Dichter für sein tiefes Symbolsystem an: Hier vereinigen sich vulkanische Felsenlandschaft und Wasser. Indem die drei Hellasfahrer, auf ihrem je eigenen Weg, vom »Oberen Peneios«, einer vulkanischen Urlandschaft mit starrem unwirtlichen Granit, zum »Unteren Peneios« in die lieblich bewachsenen Flußniederungen, schließlich zur ägäischen Bucht gelangen, die eine einzige Idylle darstellt mit freiem Blick über blühendes Leben und das gewaltige Meer, vollziehen sie die Entwicklung vom Amorphen und Schroffen zu schönster Lebendigkeit und Fülle nach.

Goethe nahm in der »Klassischen Walpurgisnacht« indirekt Stellung zum Wissenschaftsstreit seiner Zeit, ob die »vulkanischen«, gewaltsam-eruptiven Kräfte die Erde wesentlich bewegen und verändern oder die »neptunischen«, die, vom Wasser als Quelle allen organischen Lebens ausgehend, eine langsam sich steigernde Entwicklung bewirken. Goethe, die Neptunismus-Lehre bestärkend, sah in dem gewaltsamen Wirken der Elemente, aus dem plötzlich Gebirge, Einbrüche usw. entstehen, nur ein scheinhaftes Naturgeschehen, das von dem langsamen organischen Wachsen, dem wahren kosmischen Gesetz, überdauert wird.

Diese Naturgesetzlichkeit und -ordnung überträgt Goethe, immer den großen Weltzusammenhang herstellend, auch auf das Politisch-Gesellschaftliche. Mag der Trieb nach Macht und Reichtum Herrscher und Volk immer wieder in blutigen Krieg führen, mag gewaltsamer Umsturz, Rebellion, Revolution, kurz das vulkanische Element die Menschheitsgeschichte scheinbar kennzeichnen: Die wahre wirkliche Veränderung und Steigerung (zur Freiheit) vollzieht sich in ruhiger Evolution. (Die Verurteilung der Französischen Revolution ist unüberhörbar.) Der vulkanischen Landschaft ordnete Goethe im Fabelreich der »Klassischen Walpurgisnacht« das Gespenstische, Schnarrende, Rauhe zu; halb tierhafte dämonische Wesen, greifenartig, kolossal, allegorisieren in ihrem Sammeln, Greifen und Bewahren elementares Sein, in ihrem habgierigen Raffen, Klauen und Kämpfen gewaltsame Besitznahme und Ausbeutung des Schwächeren. Der unteren Peneios-Region, den lieblichen Flußniederungen, gehören Nymphen und der freundliche Chiron an; in der ägäischen Bucht schließlich sind die anmutigen Meerjungfrauen, die Doriden und Nereiden, die Galateas Muschelwagen begleiten, und die Halbgötter Proteus und Nereus zu Hause.

Die Gestaltenvielfalt und Fülle der Anspielungen der »Klassischen Walpurgisnacht« auch nur annähernd wiederzugeben, ist hier nicht möglich. Ein Beispiel sei herausgegriffen, das den ironisch-humorvollen Ton zeigt, der trotz aller bedeutungsvollen Symbolik diesen Akt kennzeichnet. Mephisto trifft am oberen Peneios zunächst auf die Sphinxe und Greifen:

MEPHISTOPHELES *umherspürend:*
  Und wie ich diese Feuerchen durchschweife,
  So find' ich mich doch ganz und gar entfremdet,
  Fast alles nackt, nur hie und da behemdet:
  Die Sphinxe schamlos, unverschämt die Greife,
  Und was nicht alles, lockig und beflügelt,
  Von vorn und hinten sich im Auge spiegelt...
  Zwar sind auch wir von Herzen unanständig,
  Doch das Antike find' ich zu lebendig;
  Das müßte man mit neustem Sinn bemeistern
  Und mannigfaltig modisch überkleistern...
  Ein widrig Volk! Doch darf mich's nicht verdrießen,
  Als neuer Gast anständig sie zu grüßen...
  Glückzu den schönen Fraun, den klugen Greisen!
GREIF *schnarrend:*
  Nicht Greisen! Greifen! – Niemand hört es gern,
  Daß man ihn Greis nennt. Jedem Worte klingt
  Der Ursprung nach, wo es sich her bedingt:
  Grau, grämlich, griesgram, greulich, Gräber, grimmig,
  Etymologisch gleicherweise stimmig,
  Verstimmen uns.
MEPHISTOPHELES: Und doch, nicht abzuschweifen,
  Gefällt das *Grei* im Ehrentitel *Greifen.*
GREIF *wie oben und immer so fort:*
  Natürlich! Die Verwandtschaft ist erprobt,
  Zwar oft gescholten, mehr jedoch gelobt;
  Man greife nun nach Mädchen, Kronen, Gold,
  Dem Greifenden ist meist Fortuna hold.

(7080–7103)

Mephisto stört sich an der selbstverständlichen Nacktheit der Antike, die er sich lieber schlüpfrig verhüllt wünscht, um ihr etwas von der Sündhaftigkeit zu geben, für die er selbst im christlichen Abendland zuständig ist. Auch mit seinen intellektuellen Pointen trifft er ins Leere, wenn es ihm auch gelingt, eine (Goethesche) Spitze gegen die Etymologienmode im Gefolge der romantischen Sprachwissenschaft anzubringen. Mephisto jedenfalls wird von den Greifen vergrault, während Faust, der sich den fremdartigen Wesen mit Ernst und Respekt nähert, von ihnen freundlich aufgenommen wird. Die Sphinxe geben dem Helena-Suchenden den Rat, sich an Chiron zu wenden.

Der rastlose Chiron, ein Kentaur und der Sage nach der Erzieher von Herkules, Achill und anderen Helden, verkörpert die ewig kreisende Zeit; so verbindet er die elementare Vorzeit mit den heroisch-klassischen Tagen, von denen er Faust erzählt. Er versteht zwar dessen seliges Entzückt-Sein nicht, wenn er von Helena schwärmt, und hält ihn für krank, aber er trägt ihn wie einst Helena ein gutes Stück des Weges und bringt ihn schließlich zur Seherin Manto, die ihn heilen soll. Die in sich ruhende Manto, die Tochter Äskulaps und Symbol der Zeitlosigkeit, weist Faust zu Persephone in den Hades, wie sie einst auch Orpheus hinabgesandt hatte, als dieser Eurydike suchte. »Den lieb' ich, der Unmögliches begehrt«, sind ihre Worte. Sie versteht Faust und weiß seine Unbedingtheit zu schätzen, die ihn zum Ziel bringen wird. (Das eigentliche Losbitten Helenas von Persephone schildert Goethe nicht.)

Homunculus hat sich auf seinem Weg durch die »Klassische Walpurgisnacht« zuletzt dem Naturphilosophen Thales anvertraut, der, die Lehren des Neptunismus vertretend, dem ungeduldig nach körperlichem Sein drängenden Geistwesen zu langsamem organischen Wachstum rät. Thales führt Homunculus zum Wasser, der Quelle allen Lebens; in der ägäischen Bucht erreicht dieser die Schwelle naturhaften Seins: Hier, wo Eros den schönen Menschen, den Gipfel der Gestaltwerdung schuf, drängt sich Homunculus in höchster Werdelust an den Triumphwagen Galateas; im Zusammenstoß zerschellt die gläserne Hülle, und der zur Flamme Gewordene taucht ins All des Wassers ein. Vom Elementaren des Wassers ausgehend, wird Homunculus sich in sanfter Steigerung weiterentwickeln, bis er eines Tages zur Gestalt des Menschen gelangen kann.

In einem großartigen heidnisch-kultischen Fest wird Eros als elementare Naturgewalt gefeiert, die das Wunder der Vereinigung von Feuer (Homunculus) und Wasser vollbracht hat. In vielstimmigem enthusiastischen Gesang macht der Dichter die Feierfreude fühlbar:

NEREUS: Welch neues Geheimnis in Mitte der Scharen
    Will unseren Augen sich offengebaren?
    Was flammt um die Muschel, um Galatees Füße?
    Bald lodert es mächtig, bald lieblich, bald süße,
    Als wär' es von Pulsen der Liebe gerührt.
THALES: Homunculus ist es, von Proteus verführt ...
    Es sind die Symptome des herrischen Sehnens,
    Mir ahnet das Ächzen beängsteten Dröhnens;
    Er wird sich zerschellen am glänzenden Thron;
    Jetzt flammt es, nun blitzt es, ergießet sich schon.

SIRENEN: Welch feuriges Wunder verklärt uns die Wellen,
Die gegeneinander sich funkelnd zerschellen?
So leuchtet's und schwanket und hellet hinan:
Die Körper, sie glühen auf nächtlicher Bahn,
Und ringsum ist alles vom Feuer umronnen;
So herrsche denn Eros, der alles begonnen!
Heil dem Meere! Heil den Wogen,
Von dem heiligen Feuer umzogen!
Heil dem Wasser! Heil dem Feuer!
Heil dem seltnen Abenteuer!
ALL-ALLE! Heil den mildgewogenen Lüften!
Heil geheimnisreichen Grüften!
Hochgefeiert seid allhier,
Element' ihr alle vier!

(8464–8487)

Homunculus' »Hochzeit mit dem Ozean« schließt die »Klassische Walpurgisnacht« ab und weist voraus auf Fausts Vereinigung mit Helena.

Nach dem Gestaltenrausch der »Klassischen Walpurgisnacht« beginnt der »Helena«-Akt, Zentrum des ›Faust II‹, im strengen klassischen Maß der sechsfüßigen Jamben: Die aus dem Hades befreite Helena tritt mit dem Chor gefangener Trojanerinnen in Sparta auf, das Siegesopfer des Menelaos vorzubereiten. (Der Sage nach wurde Helena, als ihr Gatte, der Spartanerkönig Menelaos, sich auf einem Kriegszug befand, von dem schönen Prinzen Paris nach Troja entführt. Im zehnjährigen Trojanischen Krieg siegten die vereinigten Griechen, und Menelaos brachte Helena nach Sparta zurück, allerdings, wie es z. B. in Euripides' Tragödie ›Die Troerinnen‹ heißt, um sie als Sühne für die Gefallenen zu opfern.)

Die »Klassizität« von Helenas Auftritt drückt sich in der feierlich gehobenen Sprache der griechischen Tragödie aus, die Goethe bis in den Chor, dem traditionsgemäß die Rolle lyrischer Kommentierung zugewiesen ist, nachgestaltet hat. Mephisto/Phorkyas, als Vertreter des Häßlichen und des Nordisch-Mittelalterlichen polarer Gegensatz zur antiken Schönheit Helenas, wird die treibende Kraft, die die symbolische Vermählung Fausts und Helenas einleitet. Als Verwalterin des verlassenen Palastes von Menelaos tritt sie Helena entgegen, eröffnet ihr, daß der König sie selbst zum Opfer ausersehen habe; sie rät zur Flucht und führt Helena mit ihren Frauen in Fausts Burg.

Faust hat sich in der »Klassischen Walpurgisnacht« auf diese Begegnung vorbereitet; nun muß auch Helena aus ihrer verwirrenden Vergangenheit – in der sich Mythos und Dichtung verschränken – herausgelöst werden. Indem Phorkyas sie mit ihrer Vergangenheit konfrontiert, Helena in der Rückerinnerung ihre Geschichte noch einmal durchlebt und – überwindet, wird auch sie frei für die Ehe mit Faust, deren tiefere Symbolik in der Idee einer Vereinigung von abendländisch-modernem Bewußtsein und antikem Geist liegt. In Sparta, auf Helenas geschichtlichem Heimatboden, und in Fausts mittelalterlicher Zeit findet die Vermählung von Faust und Helena, die Vereinigung von Antike und Moderne statt. Wie sich nun nordischer fünftaktiger Vers und griechischer fünffüßiger Jambus einander nähern, südliche Würde und Erhabenheit und nordische Innerlichkeit verschränken, gehört zu den hinreißendsten Passagen des Dramas:

HELENA *zu Faust:*
    Ich wünsche dich zu sprechen, doch herauf
    An meine Seite komm! Der leere Platz
    Beruft den Herrn und sichert mir den meinen.
FAUST: Erst knieend laß die treue Widmung dir
    Gefallen, hohe Frau; die Hand, die mich
    An deine Seite hebt, laß mich sie küssen.
    Bestärke mich als Mitregenten deines
    Grenzunbewußten Reichs, gewinne dir
    Verehrer, Diener, Wächter all' in einem!
HELENA: Vielfache Wunder seh' ich, hör' ich an,
    Erstaunen trifft mich, fragen möcht' ich viel.
    Doch wünscht' ich Unterricht, warum die Rede
    Des Manns mir seltsam klang, seltsam und freundlich.
    Ein Ton scheint sich dem andern zu bequemen,
    Und hat ein Wort zum Ohre sich gesellt,
    Ein andres kommt, dem ersten liebzukosen.
FAUST: Gefällt dir schon die Sprechart unsrer Völker,
    O so gewiß entzückt auch der Gesang,
    Befriedigt Ohr und Sinn im tiefsten Grunde.
    Doch ist am sichersten, wir üben's gleich;
    Die Wechselrede lockt es, ruft's hervor.
HELENA: So sage denn, wie sprech' ich auch so schön?
FAUST: Das ist gar leicht, es muß von Herzen gehn.
    Und wenn die Brust von Sehnsucht überfließt,
    Man sieht sich um und fragt –
HELENA:                                    wer mitgenießt.
FAUST: Nun schaut der Geist nicht vorwärts, nicht zurück,
    Die Gegenwart allein –
HELENA:                              ist unser Glück.
FAUST: Schatz ist sie, Hochgewinn, Besitz und Pfand;
    Bestätigung, wer gibt sie?
HELENA:                                    Meine Hand.
. . .
HELENA: Ich fühle mich so fern und doch so nah,

Und sage nur zu gern: Da bin ich! da!
FAUST: Ich atme kaum, mir zittert, stockt das Wort;
    Es ist ein Traum, verschwunden Tag und Ort.
HELENA: Ich scheine mir verlebt und doch so neu,
    In dich verwebt, dem Unbekannten treu.
FAUST: Durchgrüble nicht das einzigste Geschick!
    Dasein ist Pflicht, und wär's ein Augenblick.

                                  (9356–9418)

In dieser Gipfelszene des »Helena«-Aktes vollzieht sich die Vereinigung der Liebenden, d.h. in der Symboldeutung: die Verschmelzung von antik-klassischer und romantisch-nordischer
Kunst, ausgedrückt mit den rein poetischen Mitteln des Verses
und des Reims, den Helena sogleich als Ausdruck der Liebe interpretiert. Wie von selbst lernt sie die Kunst des Reimens (als vom
Herzen kommende Innerlichkeit), bis am Ende der Szene mit Bin-
nen- und Endreim beide Reden rhythmisch-klanglich nicht mehr
zu unterscheiden sind – Symbol ihrer glückhaften Vereinigung.

Noch einmal wird die Idylle der Liebenden gestört: Die Truppen des König Menelaos bedrohen Fausts Burg, aber Faust, als
machtvoller mittelalterlicher Fürst, läßt ihn durch seine Paladine
zurückschlagen. »Zugleich innen mit sicherster Mauer, / Außen
mit mächtigstem Heer« weiß er sich und seine Königin zu schützen; in eine Innenwelt, in den arkadischen Frieden seliger Übereinstimmung, ziehen sich die beiden zurück.

FAUST: Hier ist das Wohlbehagen erblich,
    Die Wange heitert wie der Mund,
    Ein jeder ist an seinem Platz unsterblich:
    Sie sind zufrieden und gesund.

    Und so entwickelt sich am reinen Tage
    Zu Vaterkraft das holde Kind.
    Wir staunen drob; noch immer bleibt die Frage:
    Ob's Götter, ob es Menschen sind?

    So war Apoll den Hirten zugestaltet,
    Daß ihm der schönsten einer glich;
    Denn wo Natur im reinen Kreise waltet,
    Ergreifen alle Welten sich.

    *Neben ihr sitzend.*

    So ist es mir, so ist es dir gelungen;
    Vergangenheit sei hinter uns getan!
    O fühle dich vom höchsten Gott entsprungen,
    Der ersten Welt gehörst du einzig an.

Nicht feste Burg soll dich umschreiben!
Noch zirkt in ewiger Jugendkraft
Für uns, zu wonnevollem Bleiben,
Arkadien in Spartas Nachbarschaft.

Gelockt, auf sel'gem Grund zu wohnen,
Du flüchtetest ins heiterste Geschick!
Zur Laube wandeln sich die Thronen,
Arkadisch frei sei unser Glück!

(9550—9573)

Faust, der unruhig Wandernde und Grübelnde, lernt in Helenas
Gegenwart das Glück ungeteilten Daseins, das selige Verweilen im
Jetzt: »Dasein ist Pflicht, und wär's ein Augenblick.« Endlich
kann er den Augenblick ruhig, bewußt genießen. – Die Frage, ob
Mephisto damit seine Wette gewonnen habe, wird in der neueren
Forschung kaum mehr gestellt: Helena ist für Faust keine Versu-
chung; auch zielte die Bedingung des Pakts auf Sättigung im irdi-
schen Genuß, nicht auf ästhetisch-geistiges Glück. Zur zeitlosen
Sphäre der schöpferischen Phantasie, der Kunst, hat Mephisto keinen Zugang.

Mit dem Stichwort »Arkadisch frei sei unser Glück!« wird der
Szenenwechsel von Fausts Burg zu einer amoenen Landschaft Arkadiens vorbereitet; die Regieanweisung verlangt einen Umbau auf
offener Bühne:

*Der Schauplatz verwandelt sich durchaus. An eine Reihe von Felsenhöhlen
lehnen sich geschloßne Lauben. Schattiger Hain bis an die rings umgeben-
de Felsensteile hinan. Faust und Helena werden nicht gesehen. Der Chor
liegt schlafend verteilt umher.*

Dieser zweite Teil der Szene (»Schattiger Hain«, wie er meist benannt wird, ist nur ein philologisches Konstrukt, keine Bezeichnung Goethes) soll das wunschlose Glück, die Selbstgenügsamkeit
der Liebenden zum Ausdruck bringen. Daher hat Goethe sie auf
den Peloponnes entrückt, der seit Vergils ›Bucolica‹ als Paradies
der Hirten, als symbolischer Ort glücklich-natürlichen Lebens
galt: Arkadien ist Seelenlandschaft, ist das geschichtslose Goldene
Zeitalter, da der Mensch in Einheit mit sich selbst lebt, alle Gegensätze von Natur und Kunst, von Leib und Seele aufgehoben sind.
Hier regiert die liebende Natur: Throne – Symbole der Geschichte
und der Macht – wandeln sich zur Laube.

»Abgesondert / Von der Welt«, von ihren Mißklängen, die sich
in Kriegstrompeten und Kanonenlärm nähern (aber in Arkadien
verstummen müssen), zeugen Faust und Helena einen Sohn, Euphorion. In ihm vereinen sich Helenas Fähigkeit, ganz dem Au-

genblick des Daseins zu leben, und das Faustische Streben nach dem Unendlichen. Gekennzeichnet durch »scharfen Blick«, d.h. kritisches Bewußtsein und einfühlsame Innerlichkeit (»Mitsinn jedem Herzensdrang«), die sich in seiner Musikalität ausdrückt – die ganze Euphorion-Szene über soll »durchaus vollstimmige Musik« erklingen –, erlebt er Kindheit, Jugend, Mannesalter und Tod in märchenhafter Zeitlosigkeit.

Euphorion ist eine allegorische Figur; als ein »Genius ohne Flügel« wird er von Phorkyas beschrieben, die allein als vertraute Dienerin bei seiner Geburt anwesend war. Von Anfang an wird der behende Knabe mit dem Motiv des Hüpfens und Springens verknüpft, das dem Himmelstürmenden seines Vaters entspricht. Seine ungestüme Kühnheit ängstigt die Eltern; die Mutter warnt:

... Springe wiederholt und nach Belieben,
Aber hüte dich, zu fliegen, freier Flug ist dir versagt.
Und so mahnt der treue Vater: In der Erde liegt die Schnellkraft,
Die dich aufwärts treibt; berühre mit der Zehe nur den Boden,
Wie der Erdensohn Antäus bist du alsobald gestärkt.

(9607–9611)

Schon als Faust zum ersten Mal griechischen Boden betrat, fühlte er sich »ein Antäus an Gemüte« *(7077)*. Antäus war ein Riese, der seine Kraft aus der Berührung mit der Erde zog; wenn Faust von Euphorion verlangt, auf der Erde zu bleiben, will er, dessen Unruhe und grenzenloses Sehnen auf dem Boden des klassischen Griechenland gestillt sind, seinem Sohn zu gleichem inneren Frieden verhelfen.

Aber Euphorion hört nicht auf die Eltern, er muß seinen eigenen Weg gehen. Phorkyas schildert dem Chor, wie er in einer Felsspalte verschwindet, aus der er, ein Jüngling bereits, mit Blumengewand, goldener Leier, »völlig wie ein kleiner Phöbus«, wohlgemut wieder heraustritt. Eine leuchtende Aura umgibt ihn, seine übermächtige Geisteskraft kennzeichnend. Mit seinem melodischen Saitenspiel rührt er die Herzen aller Anwesenden. In wildem Übermut greift er sich eines der Chormädchen, die einzige, die sich ihm nicht selbst gibt; seinen Mut, seine Kraft will er spüren, die von den Eltern auferlegte Mäßigung, Enge und Frieden Arkadiens fliehen. Sich Ruhm zu erwerben, in Kampf und Gefahr sein Blut zu verschwenden, wird dem hochherzigen Jüngling »heiliger Sinn«. Mit Entsetzen verfolgen die Eltern und der Chor Euphorions Drang in schwindelnde Höhen, seine Todesverachtung. Seine Begeisterung scheint ihm Flügel zu verleihen, Ikarus gleich wagt er den Flug zur Sonne: »Dorthin! Ich muß! ich muß! / Gönnt mir den Flug!« Nachdem er einen Augenblick, einen Lichtschweif nach sich ziehend, in den Lüften schwebt, stürzt Euphorion zu Boden.

Euphorion ist ein Genius der Poesie wie der Knabe Lenker im I. Akt – ein Sohn Fausts in seinem schöpferischen Drang, seinem Willen zum Unbedingten. Aber er ist auch Sohn Helenas, da er gelassen, selbstverständlich sein ihm bestimmtes Los annimmt: »Und der Tod / Ist Gebot, / Das versteht sich nun einmal«, sind seine Worte, bevor er sich, »Sorg' und Not« des Landes teilend, die er vom höchsten Berggipfel der Peloponnes wahrgenommen hat, zum tödlichen Flug entschließt. Euphorion ist nicht nur Sinnbild der Dichtung, sondern auch des kämpferischen Heldenmuts. Goethe setzt Euphorion hier mit der Figur Lord Byrons gleich, der ihm in höchster Idealität Dichtergenie und heroischen Geist zu verbinden schien und der 1824 im Freiheitskampf der Griechen fiel. Von daher wird überhaupt erst der Hinweis der Regieanweisung verständlich, daß man »in dem Toten eine bekannte Gestalt zu erblicken« glaubt. Dem bewunderten englischen Dichter hat Goethe die folgende Trauerklage auch gewidmet.

HELENA und FAUST: Der Freude folgt sogleich
  Grimmige Pein.
EUPHORIONS STIMME *aus der Tiefe.*
  Laß mich im düstern Reich,
  Mutter, mich nicht allein! *Pause.*
CHOR *Trauergesang:*
  Nicht allein! – wo du auch weilest,
  Denn wir glauben dich zu kennen;
  Ach! wenn du dem Tag enteilest,
  Wird kein Herz von dir sich trennen.
  Wüßten wir doch kaum zu klagen,
  Neidend singen wir dein Los:
  Dir in klar- und trüben Tagen
  Lied und Mut war schön und groß.

  Ach! zum Erdenglück geboren,
  Hoher Ahnen, großer Kraft,
  Leider früh dir selbst verloren,
  Jugendblüte weggerafft!
  Scharfer Blick, die Welt zu schauen,
  Mitsinn jedem Herzensdrang,
  Liebesglut der besten Frauen
  Und ein eigenster Gesang.

  Doch du ranntest unaufhaltsam
  Frei ins willenlose Netz,
  So entzweitest du gewaltsam
  Dich mit Sitte, mit Gesetz;

Doch zuletzt das höchste Sinnen
Gab dem reinen Mut Gewicht,
Wolltest Herrliches gewinnen,
Aber es gelang dir nicht.

Wem gelingt es? – Trübe Frage,
Der das Schicksal sich vermummt,
Wenn am unglückseligsten Tage
Blutend alles Volk verstummt.
Doch erfrischet neue Lieder,
Steht nicht länger tief gebeugt:
Denn der Boden zeugt sie wieder,
Wie von je er sie gezeugt.
*Völlige Pause. Die Musik hört auf.*

(9903–9938)

Die abendländische, subjektive Kunst, die Euphorion symbolisiert, will Ausdruck des Gefühls, der Innerlichkeit sein, der im Musikalischen am reinsten gegeben ist; daher ist Euphorions Element die Musik, die liedhafte Sprache, die das einzelne Wort weniger gewichtet als Reim, Rhythmus und Klang.

Daß die neuzeitliche Poesie absolut frei sein muß, hat Euphorion demonstriert: Sie muß sich von den Idealen der Antike, der Schönheit der reinen Form lösen, die Helena mit ihrer klaren formvollendeten Sprache repräsentiert. Sie muß das Neue wagen, auch wenn sie dabei scheitert; darin liegt ihre Größe und ihre Gefahr. Denn bei allen euphorischen Aufschwüngen ins Idealistische, Unendliche, muß sie sich doch immer den realen Bedingungen der Zeit stellen: »So entzweitest du gewaltsam / Dich mit Sitte, mit Gesetz ...« Wem gelingt schon das Herrliche auf Erden? heißt der resignative Kommentar dazu.

Euphorion vollendete sich im Tod, »schön und groß« wird er der Nachwelt in Erinnerung bleiben. Die glückliche Verbindung von Moderne und Antike, das im Zeitlosen gezeugte Schöne ist kein dauernder Besitz. Es hat sich ereignet, es wird sich wieder ereignen. Deshalb besteht kein Grund zur Trauer, denn der schöpferische Eros wird immer wieder »neue Lieder« zeugen – oder kunsttheoretisch formuliert: Das Schöne wird sich in der Dichtung immer wieder aus Natur und Geschichte erheben.

Euphorions »Aureole steigt wie ein Komet zum Himmel auf; Kleid und Mantel und Lyra bleiben liegen« steht in der Regieanweisung, d.h. die göttliche Flamme der Begeisterung kehrt zum Göttlichen zurück, das Instrument des dichtenden Genius und sein Gewand bleiben als sichtbare Zeichen der Kunst im Diesseits zurück und zeugen weiterhin von ihrer Existenz. – Mit ihrem

Sohn stirbt auch Helena, um wieder zeitloses Ideal der Schönheit zu werden.

Nach der Nänie des Chores kehrt Helena in den Hades, in die Vergangenheit zurück. Phorkyas legt die Maske ab und zeigt sich wieder als Mephisto. Die Illusion der »Klassischen Walpurgisnacht« und des »Helena«-Aktes wird aufgelöst: Für Faust waren sie künstlerisches Wagnis – »Schöpfungsgenuß von innen« –, dem Publikum ein magisches Intermezzo, ein märchenhaftes Spiel im Spiel.

Dem Weltgesetz von Polarität und Steigerung entsprechend, das auch dem Faust-Drama seine Spannung gibt, folgt dem ideellen geschichtslosen Arkadien die (tatenvolle) zeitbedingte Realität des IV. Aktes: Die schöne Gegenwärtigkeit der Kunst, mit Euphorions und Helenas Tod wieder in ihr Schattendasein gedrängt, wird überrollt von den Rädern der Geschichte, vom »dumpfen Wettern« des Krieges, der »vulkanischen«, gewaltsam treibenden Kraft der Menschheit. Mephisto identifiziert sich mit dieser zerstörerischen Energie, während Faust das schöpferisch-organische Prinzip verteidigt. Im Bilden und Schaffen der Natur ebenbürtig, ja überlegen zu sein, ist sein neues Ziel: Die »zwecklose Kraft« der Meereswellen will er geistig »überfliegen«, dem »herrischen Meer« Grenzen setzend, fruchtbares Land gewinnen. »Tatengenuß von außen« heißt das Stichwort für den IV. Akt.

Dieser für die eigentliche Faust-Thematik eher unbedeutende Akt, der also ein retardierendes Moment im Sinne der klassischen Tragödientheorie darstellt, bringt Faust und Mephisto wieder mit der großen Politik in Berührung. Die beiden diskutieren die Situation im Reich, das inzwischen von Chaos und Anarchie, Folgen der Inflation durch das Papiergeld, verheert ist. Der schwache Kaiser, der »regieren und zugleich genießen« wollte, hat sich vor dem Heer des Gegenkaisers an den Rand des Gebirges zurückgezogen und wartet auf die entscheidende Schlacht. Mit Hilfe der Zauberkräfte Mephistos kann er schließlich die feindliche Macht besiegen und vorübergehend die alte Ordnung im Reich wiederherstellen – in Wahrheit aber muß er so viele Königsrechte an die weltlichen und geistlichen Fürsten auf seiner Seite abgeben, daß von einer echten Herrschaft des Kaisers nicht mehr die Rede sein kann.

Goethe nutzt diesen IV. Akt zur kritischen Schilderung der politischen Realität, die von eigensüchtigen Intrigen, kleinlichem Parteienstreit und Heuchelei geprägt ist. Am Ende, als der Kaiser feierlich seine Kurfürsten mit den Reichsämtern belehnt, verwendet Goethe den Alexandriner-Vers, der wie im Barock höfisches Repräsentieren markiert; er unterstreicht mit dem pathetischen

Vers Bedeutung und Rechtskraft der alten Reichsordnung, enthüllt aber auch hinter dem würdigen Metrum die Unaufrichtigkeit und leere Förmlichkeit der Sprechenden: Der Erzkanzler und Erzbischof von Mainz fordert vom Kaiser, dessen »hochgeheiligt Haupt mit Satanas im Bunde« gewesen sei, ganz pragmatisch Land und Geld, nicht etwa christliche Buße.

Faust erhält als Gegenleistung für die Hilfe vom Kaiser den Meeresstrand des Reichs zu Lehen. Energisch, kühn beginnt er den Bau eines Deiches, ein gigantisches Kolonisationswerk, mit dem er sich ein ewiges Denkmal setzen will. »Es soll die Spur von meinen Erdentagen / Nicht in Äonen untergehn.« Nicht aus ethischen Gründen, um andern Menschen neuen Lebensraum zu schaffen, will er das »Meisterstück« menschlichen Könnens liefern, sondern um »Weltbesitz«, Ruhm und Macht, zu erlangen.

In der Ausführung seines großen Projekts bedient sich Faust wiederum Mephistos und seiner Helfershelfer: der »drei Gewaltigen« Raufebold, Habebald, Haltefest, die schon im Namen ihr verbrecherisches Wesen festgeschrieben haben. Sie scheuen Menschenopfer nicht, um den Deichbau voranzutreiben; Fausts in die Welt gesandten Handelsschiffe treiben unter ihrer Hand Piraterie und kehren mit reicher Beute beladen zurück. Auf diese Weise wird Faust mächtig.

Ein Dorn im Auge muß dem gewaltig ausgreifenden stolzen Tatmenschen Faust die idyllische Hütte der beiden Alten Philemon und Baucis sein, die ihm ein selbstgenügsames bescheidenes Glück vorleben, in dem er sich nicht einzurichten vermag. Wiederum kontrastiert die Gegenwelt Fausts Lebenseinstellung: Die beiden Alten repräsentieren das naive natürliche Dasein, Zufriedenheit, ruhiges Einssein mit sich und dem schutzsuchenden fremden Gast; in diesen idyllischen Urzustand kann der moderne, wissende Mensch nicht mehr zurück. Unruhig wird er weiter ins unendliche Weltgeheimnis vorstoßen und seine Geistesfertigkeiten proben. Die Gegenwelt von Philemon und Baucis, ihre Hütte und ihre Kapelle nahe seinem Palast, macht Faust seine grundsätzlich beschränkte Macht deutlich. So befiehlt er, das greise Paar umzusiedeln. Mephisto aber läßt die Hütte der beiden, die Widerstand leisten, gewaltsam aufbrechen, so daß die Alten »vor Schrecken ... entseelt« zu Boden fallen. Wiederum verzerrt er ins Abgründig-Böse, was Faust im Ansatz selbst gebar; wiederum belädt er Faust mit schwerer Schuld.

Alt geworden inzwischen und dem Tode nahe, ist Faust noch ebenderselbe verworren irrende »Knecht« wie zu Anfang. Nach seinen vergeblichen fluchbeladenen Unternehmungen mit Hilfe Mephistos, von der Sorge des Alters bedrängt, sehnt er sich danach, wieder »frei von Magie« zu sein. Geblendet schließlich vom Anhauch der »Sorge« (die als allegorische Gestalt auftritt), blind geworden für die irdische Welt und ihre niederdrückenden Begierden, nimmt er in sich das »helle Licht« wahren Menschseins wahr:

FAUST: Ein Sumpf zieht am Gebirge hin,
Verpestet alles schon Errungene;
Den faulen Pfuhl auch abzuziehn,
Das Letzte wär' das Höchsterrungene.
Eröffn' ich Räume vielen Millionen,
Nicht sicher zwar, doch tätig-frei zu wohnen.
Grün das Gefilde, fruchtbar; Mensch und Herde
Sogleich behaglich auf der neusten Erde,
Gleich angesiedelt an des Hügels Kraft,
Den aufgewälzt kühn-emsige Völkerschaft.
Im Innern hier ein paradiesisch Land,
Da rase draußen Flut bis auf zum Rand,
Und wie sie nascht, gewaltsam einzuschießen,
Gemeindrang eilt, die Lücke zu verschließen.
Ja, diesem Sinne bin ich ganz ergeben,
Das ist der Weisheit letzter Schluß:
Nur der verdient sich Freiheit wie das Leben,
Der täglich sie erobern muß.
Und so verbringt, umrungen von Gefahr,
Hier Kindheit, Mann und Greis sein tüchtig Jahr.
Solch ein Gewimmel möcht' ich sehn,
Auf freiem Grund mit freiem Volke stehn.
Zum Augenblicke dürft' ich sagen:
Verweile doch, du bist so schön!
Es kann die Spur von meinen Erdentagen
Nicht in Äonen untergehn.
Im Vorgefühl von solchem hohen Glück
Genieß' ich jetzt den höchsten Augenblick.
*Faust sinkt zurück, die Lemuren fassen ihn auf und legen ihn auf den Boden.*

(11559–11586)

Dies ist Fausts letztes Lebensziel: Frei von despotischer Gewalt, frei auch von frevelhafter Magie soll der Mensch in tätiger Gemeinschaft mit anderen, im Bewußtsein eines paradiesischen, aber gefährdeten Besitzes ein erfülltes Leben führen können. Das Goldene Zeitalter, das Faust visionsartig heraufbeschwört, wird eines Tages möglich sein; göttliche Klarheit läßt ihn dies erkennen. Die geistige Kraft der Faustischen Monade ist ungebrochen, wird weiterstreben auch nach dem Tode und in den »Sphären reiner Tätigkeit« das Menschheitsideal befördern helfen. Noch ist die Menschheit nicht so weit, aber im Vorgefühl solchen Glücks genießt Faust den Augenblick – der seinen Tod bedeutet.

Tragik, Ironie und lächelnde Weltweisheit kennzeichnen diesen Schluß. Daß Faust glaubt, sein letztes großartiges Werk des Entwässerungskanals werde in Angriff genommen und sich Äonen-Ruhm ausmalt, während doch die Lemuren nur sein Grab schaufeln, ist höchste Ironie – und hat doch auch viel Versöhnliches und Wahres. Idee und »reine« vollkommene Tat können auf Erden nur scheinbar übereinstimmen. Aber mit dem schönen Entwurf für das Morgen der Menschheit und der trügerischen Hoffnung, daß sein irdisches Werk sich vollende und von Dauer sei, darf Faust doch für einen kurzen Augenblick volle Genugtuung erleben; nun kann er ruhig sterben. Mephisto hat, genaugenommen, die Wette halb gewonnen, nämlich dem Wortlaut nach, aber er hat Faust bis zum Schluß nicht zum oberflächlichen Genießen verführen können.

So geht die Wette ohne eindeutiges Ergebnis aus. Mephisto aber ist der Geprellte, wie sich in dem Spektakel der »Grablegung«-Szene erweist, die in ihrer derben Komik wie der Beginn des Gesamtwerks an die mittelalterlichen Mysterienspiele erinnert. Im Jenseits hat Mephisto keine Macht. Noch versucht er, Fausts Seele habhaft zu werden, als sie den Körper verläßt, aber die Engel Gottes, deren Schönheit der Teufel nur teuflisch mit sexueller Lust begegnet, wissen Fausts »Unsterbliches« sicher in den Himmel zu leiten. In sich steigernder Metamorphose muß Fausts Entelechie die »alte Hülle«, ihre erdhafte Materie, abstreifen, nähert sie sich allmählich ihrer Erlösung im Göttlichen (vgl. oben S. 262 f.). Die stufenweise Aufwärtsbewegung ist im Szenenbild der »Bergschluchten«, im Emporsteigen vom festverwurzelten Wald über die Berggipfel zur reinen Himmelssphäre nachvollzogen. Ohne die ewige Liebe aber, die sich dem nach Rückkehr ins Göttliche Sehnenden entgegenneigt, wäre alles Streben vergebens. An weibliche Gestalt (christliche Muttergottes und Göttin aller Schöpfung ist die um Gnade angeflehte »Mater Gloriosa«) hat Goethe diese erlösende Liebe assoziiert. Vergebung für Fausts Taten erbittet der Chor der Büßerinnen, unter ihnen ist Gretchen:

UNA POENITENTIUM, *sonst Gretchen genannt. Sich anschmiegend:*
Neige, Neige,
Du Ohnegleiche,
Du Strahlenreiche,
Dein Antlitz gnädig meinem Glück!
Der früh Geliebte,
Nicht mehr Getrübte,
Er kommt zurück.

SELIGE KNABEN, *in Kreisbewegung sich nähernd:*
Er überwächst uns schon
An mächtigen Gliedern,
Wird treuer Pflege Lohn
Reichlich erwidern.
Wir wurden früh entfernt
Von Lebechören;
Doch dieser hat gelernt,
Er wird uns lehren.

DIE EINE BÜSSERIN, *sonst Gretchen genannt:*
Vom edlen Geisterchor umgeben,
Wird sich der Neue kaum gewahr,
Er ahnet kaum das frische Leben,
So gleicht er schon der heiligen Schar.
Sieh, wie er jedem Erdenbande
Der alten Hülle sich entrafft
Und aus ätherischem Gewande
Hervortritt erste Jugendkraft.
Vergönne mir, ihn zu belehren,
Noch blendet ihn der neue Tag.

MATER GLORIOSA:
Komm! hebe dich zu höhern Sphären!
Wenn er dich ahnet, folgt er nach.

DOCTOR MARIANUS, *auf dem Angesicht anbetend:*
Blicket auf zum Retterblick,
Alle reuig Zarten,
Euch zu seligem Geschick
Dankend umzuarten.
Werde jeder beßre Sinn
Dir zum Dienst erbötig;
Jungfrau, Mutter, Königin,
Göttin, bleibe gnädig!

(12069–12103)

Göttliche Gnade und Liebe haben sich dem Menschen gleichnishaft immer wieder auf Erden offenbart: in der menschlichen Liebe,
in der Natur, im Schönen; unzulänglich, d.h. nur durchscheinend
für das Unendliche, muß der »Abglanz« des Göttlichen auf Erden
bleiben, erst im Mysterium der Erlösung, der geistigen Vereinigung mit dem Göttlichen, wird das »Unbeschreibliche« Ereignis.
Ewige allmächtige Liebe ist dieses Unbeschreibliche: zeugende,
sichtbare (männliche) Tat und (weibliches) empfangendes, nach
erlösender Umgestaltung (»Mütter«) strebendes Prinzip zugleich.
In der Kreisbewegung der himmelwärts strebenden Engel, aber
vor allem in der Musikalität ihrer sentenzhaften Strophen deutet
sich an, daß in dieser Liebe alle polaren Gegensätze aufgehoben
sind, ja das Gesetz des Kosmos ruht.

CHORUS MYSTICUS:
Alles Vergängliche
Ist nur ein Gleichnis;
Das Unzulängliche,
Hier wird's Ereignis;
Das Unbeschreibliche,
Hier ist's getan;
Das Ewig-Weibliche
Zieht uns hinan.

FINIS

ANHANG

(Die folgenden Erläuterungen sollen lediglich eine erste Orientierungshilfe darstellen; ein literarisches Lexikon ersetzen sie natürlich nicht.)

*Alexandriner*: sechshebiger jambischer Reimvers mit 12 oder 13 Silben und einer Zäsur nach der dritten Hebung:
x x́ / x x́ / x x́ // x x́ / x x́ / x x́ / (x)
*Allegorie*: die bildhafte Darstellung eines abstrakten Begriffes, oft als Personifikation (z. B. Justitia mit Waage und Augenbinde)
*Alliteration*: Stabreim, Gleichklang des Anlauts zweier Wörter in betonter Silbe
*Anekdote*: kleine Geschichte, die insbesondere durch ihre Pointe einen charakteristischen Zug einer (meist historischen) Person, das Merkwürdige eines Ereignisses oder einer Situation erhellt
*Aphorismus*: einzelner, kurzer Prosasatz, der in zugespitzter, oft witziger Form eine Lebensweisheit oder subjektive Erkenntnis formuliert
*Arkadien*: griechische Landschaft (Peloponnes); in der Literatur ist die ideale arkadische Landschaft als Schauplatz der Hirten- und Schäferdichtung zugleich typisches Szenarium und utopisches Wunschbild

*Ballade*: Erzählgedicht, das ein besonderes, meist tragisches Geschehen wiedergibt, oft in dramatisch zugespitzter, mit Dialogen durchsetzter Form; enthält nach Goethe Elemente aller drei poetischen Gattungen: lyrische (Liedcharakter), epische (Erzählung) und dramatische (Dialogform)
*Blankvers*: fünfhebiger Jambenvers ohne Reimbindung:
x x́ / x x́ / x x́ / x x́ / x x́ (x)

*Daktylus*: antikes Versmaß, das aus einer Hebung und zwei Senkungen besteht: x́ x x
*Distichon*: Verspaar, bestehend aus einem Hexameter (mit sechs Daktylen) und einem Pentameter (ebenfalls sechs Daktylen, jedoch ohne Hebungen beim dritten und sechsten Daktylus)
*Dithyrambe (-us)*: getanztes Chorlied mit Wechselgesang von Chorführer und Chor (als solches Ursprung der attischen Tragödie), bis zur Ekstase sich steigernd, daher i. a. ohne festen Vers- und Strophenbau

*Elegie*: ursprünglich antike Gedichtform in Distichen, später wehmütigklagende Lyrik ohne Festlegung auf ein Versmaß; im Zeitalter des Idealismus Sehnsucht nach dem Ideal
*Enjambement*: Zeilensprung; über das Versende hinausgreifender Satz
*Epigramm*: kurzes Sinn- oder Spottgedicht, meist in Distichen
*Epitheton ornans*: formelhaft wiederkehrendes schmückendes Beiwort
*Exposition*: Einführung in Vorgeschichte und Personenkonstellation des dramatischen Konflikts

*Fragment*: unvollständig überliefertes oder unvollendetes Werk
*Freie Rhythmen*: metrisch ungebundene, reimlose, nur rhythmisch akzentuierte Verse

*Genre*: franz. für »Gattung«
*Ghasel*: islamische Gedichtform, in der der Reim des ersten Verspaars nach dem Muster aa ba ca da ... beliebig fortgesetzt wird

*Hebung*: betonte Silbe im Vers
*Hexameter*: antiker Vers aus sechs Daktylen:
x́ x x / x́ x x / x́ x x / x́ x x / x́ x x / x́ x (x)
*Hymne*: feierlicher Lobgesang zu Ehren eines Gottes oder Helden; seit Klopstock auch Dichtung hohen Tones mit religiösen, patriotischen Themen

*Hyperbolik*: Übertreibung im Ausdruck

*Jambus*: zweiteiliger antiker Versfuß aus einer unbetonten und folgenden betonten Silbe: x x́.

*Kanzone*: romanische Gedichtform aus fünf bis zehn Strophen mit kunstvollem Reimschema, die aus zwei gleichgebauten »Stollen« (Aufgesang) und frei gestaltetem Abgesang bestehen; eine kürzere Strophe bildet den Schluß
*Knittelvers*: vierhebiger Paarreimvers entweder mit freier oder fester Zahl der Senkungen, dann mit acht oder neun Silben, je nach Reim; anders als im mittelhochdeutschen Reimpaarvers, aus dem er sich entwickelt, fallen im Knittelvers des 16.–18. Jahrhunderts Wortbetonung und Hebung nicht mehr zusammen, daher wirkt der Rhythmus oft holprig

*Locus amoenus*: lieblicher Ort, stilisierter Schauplatz (mit Bäumen, Wiesen, Bächen oder Quellen, Grotten usw.)

*Madrigal*: ursprünglich einfaches Hirtenlied, im 17. Jahrhundert zu fester Strophenform entwickelt, bestehend aus drei Terzetten und zwei Reimpaaren; Reimschema abb cdd eff gg hh
*Metapher*: bildliche Veranschaulichung eines abstrakten Begriffs oder einer Eigenschaft, wobei Vergleichspartikel (»wie«) entfallen, z.B. die Wogen der Begeisterung
*Metrum*: Versmaß oder Versfuß

*Nänie*: Totenklage, Klagelied

*Ode*: ursprünglich Chorgesang in der griechischen Tragödie; allgemein lyrische Form des Erhabenen, feierlicher Ergriffenheit, die sich von Lied und Hymne durch Distanz und strenge Formgebung unterscheidet

*Pentameter*: antiker Vers mit sechs Daktylen, deren dritter und sechster
ohne Senkung sind, ferner einer Zäsur in der Mitte:
x́ x x / x́ x x / x́ // x́ x x / x́ x x / x́

*Retardierendes Moment*: Verzögerung oder Unterbrechung der Handlung, meist im vorletzten Akt eines Dramas, soll durch die Andeutung
von Scheinlösungen des Konflikts die Spannung steigern

*Satire*: literarische Darstellung menschlicher Schwächen und Laster, um
sie durch Übertreibung der Lächerlichkeit und Verachtung preiszuge-
ben
*Senkung*: unbetonte Silbe, vgl. Hebung
*Sentenz*: stets im Kontext einer Dichtung stehende, knapp formulierte,
allgemeine Erkenntnis in ganzem geschlossenen Satz; meist auch in der
Form (Vers, Prosa) der Dichtung angepaßt
*Sonett*: Gedicht aus zwei vierzeiligen Strophen (Quartette) und zwei drei-
zeiligen (Terzette), mit i. a. festem Reimschema: abba abba cdc dcd
*Ständeklausel*: von Aristoteles abgeleitete Forderung, in der Tragödie nur
hohe Standespersonen auftreten zu lassen, um durch die »Fallhöhe« der
Dramenfiguren die Tragik des Scheiterns besonders anschaulich zu ma-
chen, während umgekehrt in der Komödie nur nichtadelige (niedrige)
Personen der Lächerlichkeit preisgegeben werden dürften
*Stanze*: italienische Strophenform aus acht elfsilbigen Jambenversen (im
Deutschen meist jambischen Fünfhebern) und alternierendem Reim in
den ersten sechs, Paarreim in den letzten beiden Versen: ababab cc
*Syntax*: Teil der Grammatik, Lehre vom Satzbau

*Terzett*: s. Sonett
*Terzine*: italienische Strophenform aus drei elfsilbigen Jambenversen, mit
den Folgestrophen durch kunstvollem Kettenreim (aba bcb cdc ded
usw.) verbunden
*Topos*: Gemeinplatz, Klischee; Topoi sind in der Literatur traditionelle
Versatzstücke des Erzählens inhaltlicher oder formaler Art
*Traktat*: Prosaabhandlung, oft durchaus tendenziös gehalten; in Deutsch-
land gern im Titel populärer religiöser Erbauungstexte
*Trochäus*: antiker Versfuß mit der Folge Hebung und Senkung: x́ x

*Utopie*: von dem Staatsroman ›Utopia‹ [Nirgendwo] des Thomas Morus
abgeleitete Bezeichnung für einen fiktiven gesellschaftlichen oder politischen Idealzustand

*Zäsur*: Einschnitt in einen Vers, der durch ein Wortende oder ein Satz-,
bzw. Nebensatzende entsteht, dabei jedoch den Rhythmus des Verses
nicht wesentlich unterbricht

Die Werke Goethes wurden stets nach der »Hamburger Ausgabe« (erschienen bei dtv) zitiert; die Schillerzitate entstammen der Ausgabe von G. Fricke, H. G. Göpfert und H. Stubenrauch im Carl Hanser Verlag, München. Die Quellenhinweise wurden so abgefaßt, daß die Zitate in jeder Textausgabe aufgefunden werden können.

# dtv-Atlas
## zur
# deutschen
# Sprache

**Tafeln und Texte**
**Mit Mundart-Karten**

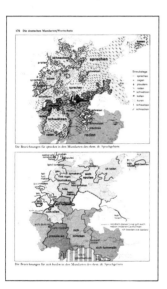

# Sprachatlas

**dtv-Atlas zur deutschen**
**Sprache**
von Werner König
Tafeln und Texte
Mit Mundart-Karten
Originalausgabe

Aus dem Inhalt:
Einführung: Sprache, Text, Satz,
Wort, Laut, Bedeutung,
Sprache und Weltbild, Schrift
Geschichte der deutschen
Sprache: Indogermanisch. Alt-,
Mittel- und Neuhochdeutsch.
Sprachstatistik. Entwicklungs-
tendenzen. Sprache und Politik.
Namenkunde. Sprachsozio-
logie.
Mundarten: Sprachgeographie,
Phonologie, Morphologie.
Wortschatzkarten: Junge,
Mädchen, Schnupfen, klein,
gestern, warten, Kohl, Mütze,
Sahne, Tomate, Stecknadel
u. v. a.

dtv 3025

# Über die Literatur

# Johann Wolfgang von Goethe
## Die vollständige ›Hamburger Ausgabe‹ in zwanzig Bänden

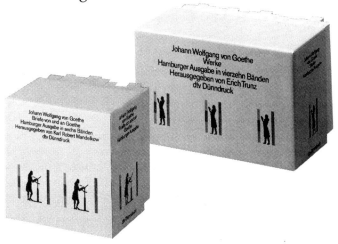

Die ›Hamburger Ausgabe‹ von Goethes Werken nimmt unter den modernen Goethe-Editionen einen herausragenden Platz ein: Keine abgeschlossene Goethe-Ausgabe bietet eine solche Materialfülle zur Entstehungs- und Wirkungsgeschichte der Werke, zur Interpretation, zu Wortdeutungen, Personen und Anspielungen. Zu ihren Vorzügen gehört die Aktualisierung: Jeder Band wurde bei Neuauflagen gründlich durchgesehen und auf den neuesten wissenschaftlichen Stand gebracht.
Als Ergänzung der berühmten 14bändigen ›Hamburger Ausgabe‹ von Goethes ›Werken‹ erschienen ›Goethes Briefe und Briefe an Goethe‹, eine Auswahl in 6 Bänden,

textkritisch durchgesehen und kommentiert von Karl Robert Mandelkow und Bodo Morawe.

Johann Wolfgang von Goethe
Werke
Hamburger Ausgabe in 14 Bänden
Herausgegeben von Erich Trunz
Dünndruck-Ausgabe
dtv 5986

Goethes Briefe und
Briefe an Goethe
Hamburger Ausgabe in 6 Bänden
Herausgegeben von
Karl Robert Mandelkow
und Bodo Morawe
Dünndruck-Ausgabe
dtv 5917

**Das Programm im Überblick**

**Das literarische Programm**
Romane, Erzählungen, Anthologien

**dtv großdruck**
Literatur, Unterhaltung und Sachbücher in großer Schrift zum bequemeren Lesen

**Unterhaltung**
Heiteres, Satiren, Witze, Stilblüten, Cartoons, Denkspiele

**dtv zweisprachig**
Klassische und moderne fremdsprachige Literatur mit deutscher Übersetzung im Paralleldruck

**dtv klassik**
Klassische Literatur, Philosophie, Wissenschaft

**dtv sachbuch**
Geschichte, Zeitgeschichte, Gesellschaft, Politik, Wirtschaft, Religion, Theologie, Kunst, Musik, Natur und Umwelt

**dtv wissenschaft**
Geschichte, Zeitgeschichte, Philosophie, Literatur, Musik, Naturwissenschaften, Augenzeugenberichte, Dokumente

**dialog und praxis**
Psychologie, Therapie, Lebenshilfe

**Nachschlagewerke**
Lexika, Wörterbücher, Atlanten, Handbücher, Ratgeber

**dtv MERIAN reiseführer**

**dtv Reise Textbuch**

**Beck-Rechtsliteratur im dtv**
Gesetzestexte, Rechtsberater, Studienbücher, Wirtschaftsberater

**dtv junior**
Kinder- und Jugendbücher

---

**Wir machen Ihnen ein Angebot:**
Jedes Jahr im Herbst versenden wir an viele Leserinnen und Leser regelmäßig und kostenlos **das aktuelle dtv-Gesamtverzeichnis.** Wenn auch Sie an diesem Service interessiert sind, schicken Sie einfach eine Postkarte mit Ihrer genauen Anschrift und mit dem Stichwort »dtv-Gesamtverzeichnis regelmäßig« an den dtv, Postfach 40 04 22, 8000 München 40.